생활 속 예제로 배우는

생생 데이터 분석

지은이 조인석 isi.cho@gmail.com

국내외 제조, 플랜트, 금융 등 다양한 현장에서 십수년간 실무 경험을 쌓은 소프트웨어 엔지니어로 현대정보기술 해외금융기술팀, 삼성 SDS 방법론&프레임워크팀, 두산중공업 소프트웨어개발팀을 거쳐, 현재는 오픈소스 검색 엔진 글로벌 1위 회사인 엘라스틱(https://www.elastic.co)의 수석 기술지원 엔지니어로 근무하고 있다. 파이콘 코리아 2017&2019의 연사로 활동한 이력이 있다. 저서로는 『초보자도 간단히 단숨에 배우는 파이썬』(터닝포인트, 2020), 『파이썬 프로그래밍(2판)』(혜지원, 2019), 『파이선으로 쉽게 배우는 프로그래밍 입문』(한빛아카데미, 2017) 등이 있으며, 역서로는 『파이썬 스킬 업』(길벗, 2021), 『파이썬 핵심 개발자들과의 인터뷰』(터닝포인트, 2019) 등이 있다.

- **저자의 유튜브 파이썬 멘토 채널** https://www.youtube.com/pythonmento
- **저자의 페이스북** https://www.facebook.com/insuk.chris.cho

생활 속 예제로 배우는 생생 데이터 분석

초판발행 2023년 01월 01일
2쇄발행 2024년 01월 20일

지은이 조인석 / **펴낸이** 전태호
펴낸곳 한빛아카데미(주) / **주소** 서울시 서대문구 연희로2길 62 한빛아카데미(주) 2층
전화 02-336-7112 / **팩스** 02-336-7199
등록 2013년 1월 14일 제2017-000063호 / **ISBN** 979-11-5664-631-0 93000

총괄 박현진 / **책임편집** 김성무 / **기획** 김예원 / **편집** 김예원, 신꽃다미 / **진행** 김예원
디자인 박정우 / **전산편집** 이소연 / **삽화** 임의영 / **제작** 박성우, 김정우
영업 김태진, 김성삼, 이정훈, 임현기, 이성훈, 김주성 / **마케팅** 길진철, 김호철, 심지연

이 책에 대한 의견이나 오탈자 및 잘못된 내용에 대한 수정 정보는 아래 이메일로 알려주십시오.
잘못된 책은 구입하신 서점에서 교환해 드립니다. 책값은 뒤표지에 표시되어 있습니다.

홈페이지 www.hanbit.co.kr / 이메일 question@hanbit.co.kr

Published by HANBIT Academy, Inc. Printed in Korea

생활 속 예제로 배우는 생생 데이터 분석

조인석 지음

한빛아카데미
Hanbit Academy, Inc.

복잡한 알고리즘이나 수식 없이도 데이터 분석을 할 수 있습니다!

'데이터 분석'을 향한 관심이 나날이 높아지고 있는 요즘, 데이터 분석가의 핵심 업무를 수행하는 프로그래밍 언어로 파이썬이 큰 인기를 끌고 있습니다. 이에 따라 파이썬과 데이터 분석 관련 서적 또한 무척 많이 출간되고 있습니다. 그런데 흥미롭게도 이런 책을 읽은 독자들의 반응이 양극단으로 나뉘는 걸 볼 수 있습니다.

'너무 쉽다'

'너무 어렵다'

너무 쉬웠다면, 대부분 파이썬의 기초를 다루고 데이터 분석에서 사용하는 코드 일부를 실행하여 결과를 확인하는 수준의 책이었을 것입니다. 실무에서 활용하기에는 턱없이 부족하고, 책을 다 읽어도 무엇을 배웠는지 잘 기억이 나지 않는 경우입니다. 이런 책은 아무리 많이 읽어도 실력이 늘지 않고, 실제 데이터 분석 프로젝트를 수행할 실력을 쌓기에는 역부족입니다.

너무 어려웠다면, 데이터 분석에서 사용하는 통계 지식이나 복잡한 알고리즘을 수식과 함께 상세하게 풀어놓은 책이었을 것입니다. 이런 책은 데이터 분석 알고리즘을 개발하는 사람에게는 적합할 수 있지만, 데이터 분석에 입문을 하는 분에게는 너무 어렵습니다. 게다가 근래에는 복잡한 알고리즘을 쉽게 사용할 수 있는 방법이 꾸준히 등장하고 있기 때문에, 알고리즘의 특성만 잘 이해해도 꽤 수준 높은 데이터 분석 업무를 수행하는 데 큰 무리가 없습니다.

이 책은 이 두 영역의 접점에 위치합니다. 복잡한 알고리즘이나 수식을 상세히 다루고 있지는 않지만, 파이썬을 사용하여 실무 데이터 분석 업무 프로젝트를 스스로 수행할 수 있는 역량을 갖추는 것을 목표로 하고 있습니다. 신문 기사나 뉴스에서 쉽게 찾아 볼 수 있는 그래프를 이해할 수 있다면, 누구든지 도전할 수 있습니다.

이 책은 파이썬 프로그래밍 언어의 기초를 학습한 사람을 대상으로 합니다. 따라서 파이썬 기본 데이터 타입이나 제어문을 포함한 기본 문법을 이해하고 있다고 가정하였습니다.

이 책이 데이터 분석에 입문하는 분들이 실력 있는 데이터 분석가로 성장하기 위해 필요한 선수 지식을 습득하고 다음 단계로 나아가는 길을 제시하는 이정표가 되기를 바랍니다. 응원합니다.

지은이 **파이썬 멘토 조인석**

이 책을 읽기 전에

누구를 위한 책인가

데이터 분석에 호기심과 관심이 생겼는데, 무엇을 어떻게 시작해야 할지 아직 갈피를 잡지 못한 독자들이 첫발을 뗄 수 있도록 가이드를 해 주는 책입니다. 복잡한 알고리즘과 수식은 배제하고 기술의 동작 원리를 가볍게 이해하는 데 초점을 맞추었으며, 생활 속에서 접하는 문제를 해결하기 위한 데이터 분석 프로젝트를 직접 수행하면서 자연스럽게 개념을 이해할 수 있도록 구성하였습니다.

선수 연계 과목

데이터 분석 입문자를 대상으로 하기 때문에 파이썬에 대한 기초 지식이 있다면 학습에 도움이 될 것입니다. 하지만 이 책에서 필요한 파이썬 문법은 그때그때 소개하고 있으므로 문법 지식을 완벽하게 갖추고 있지 않아도 괜찮습니다.

이 책의 뼈대만 빨리 보기

❶ 데이터 분석 준비하기(1~2장)

1장에서는 데이터 분석 프로젝트를 수행하는 데 필요한 도구인 아나콘다를 설치하고, 2장에서는 파이썬 기초 지식을 복습합니다. 쉽게 지나칠 수 있지만 데이터 분석을 수행하기 위해서 제대로 알아야 할 내용들을 짚어보고, 핵심 데이터 타입 중 데이터 분석에서 주로 사용하는 문법들을 점검합니다.

❷ 코로나 바이러스 감염 현황 분석(3~4장)

데이터 분석 프로세스를 이해하고 인터넷에서 다운로드한 데이터를 가공하여 선 그래프로 표현합니다. 3장에서 한국과 미국의 코로나 감염 현황을 비교 분석하고, 4장에서는 하와이 주로 범위를 좁힙니다.

❸ 전 세계 개발자 현황 분석(5장)

전 세계에서 가장 활발한 개발자 커뮤니티인 스택오버플로의 설문 조사 결과를 기반으로 개발자 현황을 분석하고, 결과를 막대그래프와 파이 그래프로 시각화합니다.

❹ 서울 지하철 승하차 현황 분석(6장)

데이터 분석 커뮤니티로 유명한 캐글에서 다운로드한 데이터로 서울 지하철의 승/하차 인원을 출/퇴근 시간으로 구분하여 지도에 히트맵으로 표현합니다.

❺ 주식 시세 현황 분석과 미래 예측(7~8장)

7장에서는 주식 웹 사이트에서 웹 스크래핑으로 확보한 데이터를 가공하여 과거와 현재 주식 시세를 선 그래프와 상자 수염 그래프로 분석합니다. 8장에서는 과거 주식 시세를 학습하여 미래 주식 시세를 예측하고 시각화합니다. 기계 학습의 기본적인 개념과 지도 학습 활용법을 이해할 수 있습니다.

❻ 연관 규칙 분석(9장)

기계 학습, 비지도 학습, 알고리즘 중 연관 규칙 분석에 사용되는 어프라이어리 알고리즘을 적용하여 전 세계 데이터 분석가들이 사용하는 프로그래밍 언어 간의 연관 규칙을 분석해 봅니다. 워드클라우드, 트리맵, 산점도 그래프, 히트맵 등 다양한 유형으로 데이터를 분석하고 시각화하는 방법을 익힙니다.

❼ 데이터 분석의 이해(10장)

데이터 분석 기법의 전체적인 청사진을 확인합니다. 고급 데이터 분석가가 되려면 어떤 역량을 쌓고 어떤 분야를 학습해야 하는지 방향을 잡을 수 있습니다.

| 학습목표 |

해당 장에서 중점적으로 학습할 내용을 간략하게 정리하여 미리 살펴봅니다.

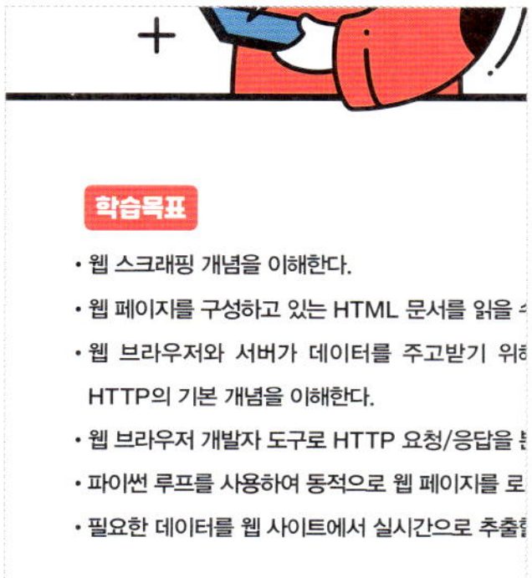
학습목표

- 웹 스크래핑 개념을 이해한다.
- 웹 페이지를 구성하고 있는 HTML 문서를 읽을 수
- 웹 브라우저와 서버가 데이터를 주고받기 위해 HTTP의 기본 개념을 이해한다.
- 웹 브라우저 개발자 도구로 HTTP 요청/응답을
- 파이썬 루프를 사용하여 동적으로 웹 페이지를
- 필요한 데이터를 웹 사이트에서 실시간으로 추출

| 문제 정의 |

해당 장에서 진행할 프로젝트의 목표를 잡고 해결할 문제를 스토리로 미리 정의합니다.

2 문제 정의

우선 이번 분석 프로젝트의 문제를 정의하겠습니다. 이해를 돕기 위해 안 겠습니다.

| CHECK/여기서 잠깐 |

본문과 관련된 도움말이나 참고로 알아두면 좋은 내용, 실수하기 쉬운 내용을 다룹니다.

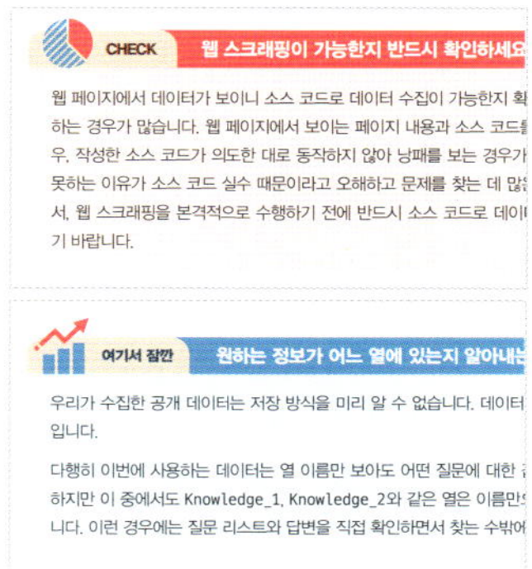
CHECK 웹 스크래핑이 가능한지 반드시 확인하세요

웹 페이지에서 데이터가 보이니 소스 코드로 데이터 수집이 가능한지 확 하는 경우가 많습니다. 웹 페이지에서 보이는 페이지 내용과 소스 코드 우, 작성한 소스 코드가 의도한 대로 동작하지 않아 낭패를 보는 경우가 못하는 이유가 소스 코드 실수 때문이라고 오해하고 문제를 찾는 데 많은 서, 웹 스크래핑을 본격적으로 수행하기 전에 반드시 소스 코드로 데이터 기 바랍니다.

여기서 잠깐 원하는 정보가 어느 열에 있는지 알아내는

우리가 수집한 공개 데이터는 저장 방식을 미리 알 수 없습니다. 데이터 입니다.

다행히 이번에 사용하는 데이터는 열 이름만 보아도 어떤 질문에 대한 하지만 이 중에서도 Knowledge_1, Knowledge_2와 같은 열은 이름만 니다. 이런 경우에는 질문 리스트와 답변을 직접 확인하면서 찾는 수밖에

| 직접 풀어보기 |

독자 스스로 복습할 수 있도록 해당 장에서 배운 프로젝트를 응용한 문제를 제시합니다.

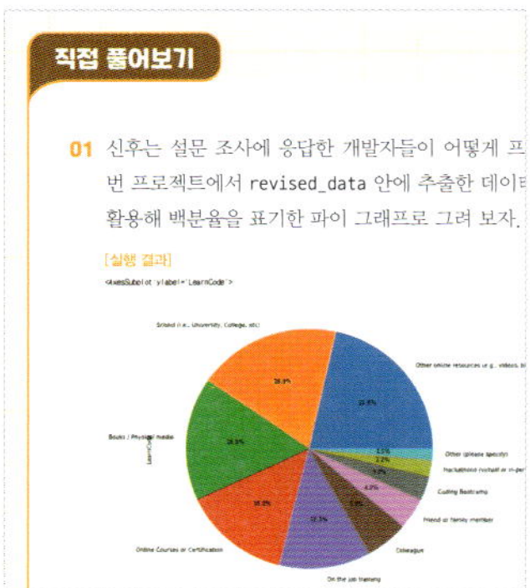
직접 풀어보기

01 신후는 설문 조사에 응답한 개발자들이 어떻게 프 번 프로젝트에서 revised_data 안에 추출한 데이터 활용해 백분율을 표기한 파이 그래프로 그려 보자.

[실행 결과]

| 요약 |

각 장이 끝날 때마다 핵심 내용을 요약하여 정리합니다.

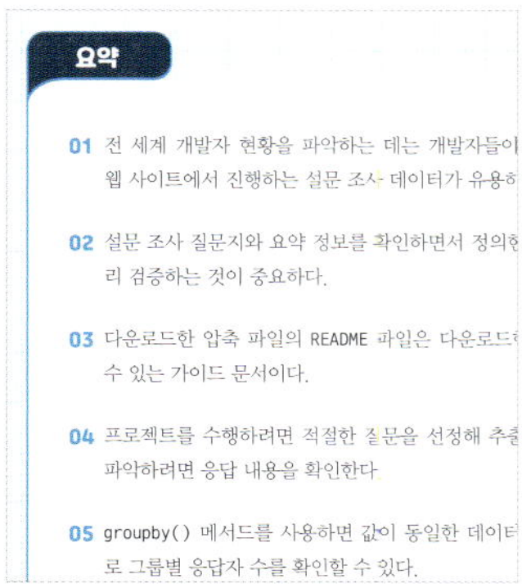
요약

01 전 세계 개발자 현황을 파악하는 데는 개발자들이 웹 사이트에서 진행하는 설문 조사 데이터가 유용하

02 설문 조사 질문지와 요약 정보를 확인하면서 정의한 리 검증하는 것이 중요하다.

03 다운로드한 압축 파일의 README 파일은 다운로드 수 있는 가이드 문서이다.

04 프로젝트를 수행하려면 적절한 질문을 선정해 추출 파악하려면 응답 내용을 확인한다

05 groupby() 메서드를 사용하면 값이 동일한 데이터 로 그룹별 응답자 수를 확인할 수 있다.

| 연습문제 |

본문에서 배운 핵심 개념과 실습에 사용한 코드를 분석하는 문제를 통해 스스로 실력을 테스트할 수 있습니다.

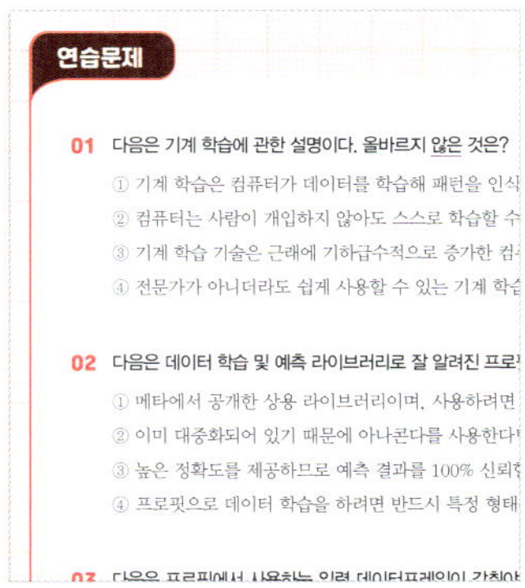
연습문제

01 다음은 기계 학습에 관한 설명이다. 올바르지 않은 것은?

① 기계 학습은 컴퓨터가 데이터를 학습해 패턴을 인식
② 컴퓨터는 사람이 개입하지 않아도 스스로 학습할 수
③ 기계 학습 기술은 근래에 기하급수적으로 증가한 컴
④ 전문가가 아니더라도 쉽게 사용할 수 있는 기계 학습

02 다음은 데이터 학습 및 예측 라이브러리로 잘 알려진 프로

① 메타에서 공개한 상용 라이브러리이며, 사용하려면
② 이미 대중화되어 있기 때문에 아나콘다를 사용한다
③ 높은 정확도를 제공하므로 예측 결과를 100% 신뢰
④ 프로펫으로 데이터 학습을 하려면 반드시 특정 형태

이 책의 사용 설명서

실습 자료

본 책의 실습에서 사용된 데이터와 예제 소스는 아래 주소에서 다운로드할 수 있습니다.

http://www.hanbit.co.kr/src/4631

실습 환경

이 책의 실습 환경은 다음과 같습니다.

- **운영체제 :** Windows 11(Windows 7 이후라면 모두 사용 가능)
- **실습 도구 :** 아나콘다(Anaconda3 2022.05) – 필요한 다음 도구를 한 번에 설치함
  - 파이썬 : Python 3.9.12
  - 넘파이 : Numpy 1.21.5
  - 판다스 : Pandas 1.4.2
  - 매트플랏립 : Matplotlib 3.5.1
  - 씨본 : Seaborn 0.11.2
- **프로젝트 수행 중에 추가로 설치하는 외부 라이브러리**
  - 6장(지도) : Folium 0.13.0
  - 8장(예측) : Prophet 1.0.1
  - 9장(시각화) : Wordcloud 1.8.2.2
  - 9장(기계학습) : Mlxtend 0.21.0

동영상 강의 안내

저자가 직접 강의한 내용을 유튜브(Youtube)에서 확인할 수 있습니다. 다음 링크로 들어가거나, 유튜브 검색 창에서 '파이썬 멘토'를 입력하세요.

- **파이썬 멘토 유튜브 채널 :** https://www.youtube.com/pythonmento

강의 보조 자료

한빛아카데미 홈페이지에서 '교수회원'으로 가입하신 분은 인증 후 교수용 강의 보조 자료를 제공받을 수 있습니다. 한빛아카데미 홈페이지 상단의 〈교수전용공간〉 메뉴를 클릭하세요.

http://www.hanbit.co.kr/academy

연습문제 해답 안내

이 책은 대학 강의용 교재로 개발되었으므로 연습문제 해답을 제공하지 않습니다.

강의 계획표

본 책의 챕터는 10개 장이기 때문에 주마다 한 챕터를 학습하기에는 무리가 있습니다. 아래의 강의계획표에서는 해당 주차에 맞는 장과 주제를 안내합니다.

주	해당 장 / 과제	주제
1	1장	아나콘다, 주피터 노트북 설치하기
2	2장	데이터 분석을 위한 파이썬 문법
3	3장	코로나 바이러스 감염 현황 분석1
4	3장	코로나 바이러스 감염 현황 분석1
5	4장	코로나 바이러스 감염 현황 분석2
6	5장	전 세계 개발자 현황 분석
7	6장	서울 지하철 승/하차 현황 분석
8	필기 / 실기	중간고사
9	7장	주식 시세 현황 분석
10	7장	주식 시세 현황 분석
11	8장	주식 시세 미래 예측
12	8장	주식 시세 미래 예측
13	9장	프로그래밍 언어 사이의 연관 규칙 분석
14	9장	프로그래밍 언어 사이의 연관 규칙 분석
15	10장	데이터 분석의 이해
16	필기 / 실기	기말고사

CHAPTER 02 데이터 분석을 위한 파이썬 문법

CHAPTER 03 코로나 바이러스 감염 현황 분석 1

CHAPTER 04 코로나 바이러스 감염 현황 분석 2

CHAPTER 05 전 세계 개발자 현황 분석

CHAPTER 10

데이터 분석의 이해

CHAPTER 01

데이터 분석 준비하기

학습목표

- 데이터 분석 영역에서 파이썬이 주목받는 이유를 이해한다.
- 데이터 분석을 위한 기본 개발 환경으로 아나콘다를 설치할 수 있다.
- 주피터 노트북의 기본 사용법을 익힌다.

Section 01 파이썬: 데이터 분석의 최강자

1 파이썬을 배워야 하는 이유

여러분은 아마 파이썬의 인기를 이미 실감하고 있을 것입니다. 여러 프로그래밍 언어 중 파이썬이 유독 데이터 분석 프로젝트에서 널리 사용되고 있는 중요한 이유를 몇 가지 살펴봅시다.

배우기 쉽다

파이썬은 배우기 쉬운 언어라는 이야기를 많이 들어 봤을 것입니다. 왜 파이썬이 다른 프로그래밍 언어보다 쉽다고 하는 걸까요?

파이썬은 다른 프로그래밍 언어에 비해 상대적으로 문법이 단순합니다. 즉 컴퓨터에 작업 지시를 내리기 위해 알아야 하는 지식이 다른 언어에 비해 적습니다. 프로그래밍 언어에는 개념을 설명하기 위해 사용하는 의사코드Pseudocode라는 것이 있습니다. 의사코드는 실행되는 소스 코드가 아니라, 어렵고 복잡한 소스 코드를 설명하기 위한 코드라서 사람이 알아보기 쉬운 특징이 있습니다. 파이썬에는 '동작하는 의사코드'라는 별명이 있습니다. 그만큼 읽기 쉽고 편하다는 이야기입니다.

그렇기 때문에 컴퓨터 전공자가 아니더라도 파이썬을 이용하면 쉽게 프로그램을 만들 수 있습니다. 파이썬이 더 많은 사람에게 프로그래밍의 길을 열어준 셈입니다. 이는 다양한 분야에 있는 사람이 본인의 분야에 프로그래밍을 접목하거나 프로그램으로 영역을 확장하고자 할 때 파이썬을 선택하는 가장 큰 이유가 되었고, 파이썬의 진화에도 큰 영향을 미쳤습니다.

데이터 분석의 강자

파이썬은 데이터 분석에 강하다는 말도 많이 들어 봤을 것입니다. 파이썬이 데이터 분석의 강자가 될 수 있었던 이유는 다양한 분야의 사람이 모여서 독특한 커뮤니티를 형성하고, 각자의 영역에서 파이썬에 기여했기 때문입니다. 데이터 분석에서 주로 사용하는 라이브러리의 창시자나 핵심 개발자 중에는 컴퓨터와 무관한 분야의 대학 교수나 학생이 많다는 것이 이를 증명합니다. 파이썬은 지난 10년간 데이터 과학, 기계 학습을 중심으로 한 과학 계산 컴퓨팅 영역에서 가장 중요한 프로그래밍 언어로 성장했습니다.

데이터 분석을 수행하는 데 쓰이는 다양한 오픈소스나 상용 소프트웨어가 있지만, 파이썬의 역량은 그에 전혀 뒤지지 않습니다. 오히려 안정적이고 성숙한 라이브러리들을 갖추고 있으며, 데이터 수집/가공/시각화의 모든 영역에서 손쉽게 구현할 수 있는 방법도 제공합니다.

이때 등장하는 데이터 분석 핵심 라이브러리가 바로 넘파이Numpy, 판다스Pandas, 매트플롯립Matplotlib, 그리고 주피터 노트북Jupyter Notebook입니다. 각 라이브러리에 대한 설명은 사용하는 시점에 천천히 다루겠습니다.

데이터 분석 어플리케이션 개발의 핵심 도구

파이썬은 데이터 분석뿐만 아니라 범용 어플리케이션 개발에도 널리 사용됩니다. 따라서 데이터 분석용 어플리케이션을 개발하여 패키징 솔루션으로 제공하는 데에도 안성맞춤입니다. 예를 들어 전기를 생성하는 발전소의 주기기 고장을 미리 예측해 알려주는 솔루션 개발에는 자바나 닷넷과 같은 프로그래밍 언어를 사용하는데, 이때 파이썬이 이들을 붙여주는 접착제 역할을 할 수 있습니다. 이런 이유로 파이썬을 접착 언어Glue language라고 부르기도 합니다. 이처럼 파이썬은 다른 데이터 분석용 도구와는 차별화된 장점이 있습니다.

여기서 잠깐 **스택오버플로 웹 사이트**

프로그래밍을 하다가 막히는 부분이 있어 구글링을 하면 스택오버플로Stack Overflow라는 웹 사이트가 자주 눈에 띕니다. 스택오버플로는 프로그래밍과 관련된 수많은 질문에 대한 고품질의 답을 무료로 얻을 수 있어 프로그래머들이 가장 많이 방문하는 웹 사이트입니다. 한국의 네이버 지식인과 같은 웹 사이트라고 생각하면 이해하기 쉬울 것입니다. 아래 그래프는 스택오버플로에 매달 올라오는 질문의 개수를 프로그래밍 언어별로 통계를 낸 결과입니다. 파이썬 관련 질문이 얼마나 급격하게 많아지고 있는지 한눈에 확인할 수 있습니다.

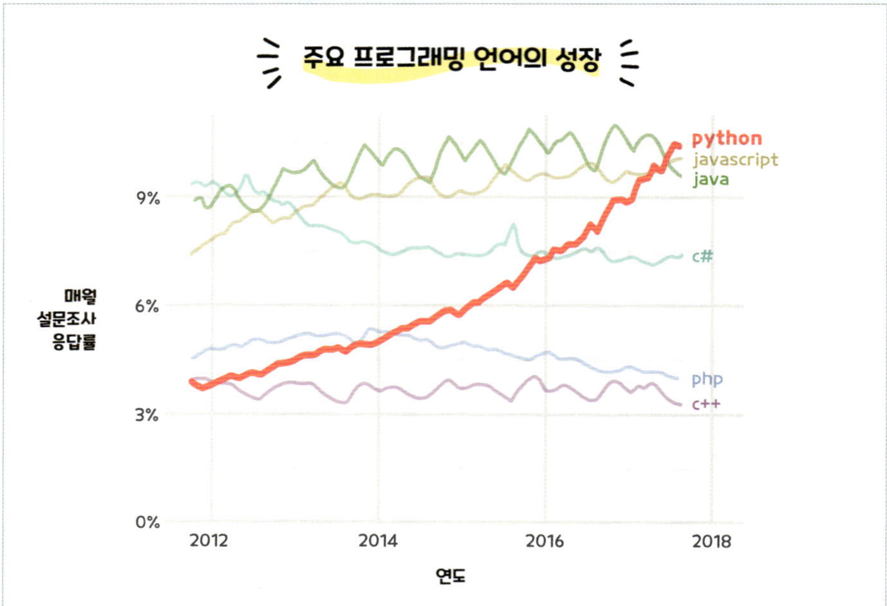

그림 1-1 파이썬의 놀라운 성장(출처: Stack Overflow Trends)

Section 02 아나콘다: 한 번에 끝내는 설치

1 실습 환경 소개

파이썬은 기본적으로 공식 웹 사이트(https://www.python.org)에서 운영 체제에 맞는 설치 파일을 다운로드해 설치합니다. 이 방법으로 파이썬을 설치해서 코드를 작성해 본 분도 많을 것입니다. 하지만 이 책에서는 조금 다른 방법으로 설치하려고 합니다.

이 책에서는 데이터 분석에서 주로 사용하는 핵심 라이브러리들을 사용해 여러 프로젝트를 수행할 것입니다. 라이브러리는 파이썬과 별도로 다운로드해서 설치해야 하는데, 이 과정이 생각보다 복잡합니다. 파이썬 버전과 라이브러리 버전이 별도로 관리되고 있고, 서로 호환되는 버전이 정해져 있기 때문입니다.

게다가 라이브러리들은 서로 참조하기도 합니다. 예를 들어 판다스 라이브러리는 넘파이를 사용합니다. 이때 파이썬 버전과 라이브러리 버전을 섞어서 사용하다 보면, 라이브러리가 호환되지 않거나 버전이 충돌해 애써 작성한 프로그램이 작동하지 않는 경우가 굉장히 많습니다.

따라서 이 책에서는 데이터 분석 핵심 라이브러리를 대부분 포함하고 있고 현재 데이터 분석 프로젝트에서 가장 많이 사용하는 아나콘다 배포판Anaconda Distribution을 설치할 것입니다. 윈도 10 64비트 기준으로 진행하며, 최소 5GB의 디스크 여유 공간이 필요합니다.

CHECK 아나콘다 배포판을 설치하기 전에 시스템 요구사항을 확인하세요

이 책의 실행 화면과 같은 환경이 아니더라도 대부분의 컴퓨터에 설치가 가능합니다. 더 자세한 사항은 아래 리스트를 참고하세요.

- **운영 체제:** 윈도 8 이상, 64비트용 맥 OS 10.13 이상, 리눅스 등

- **시스템 아키텍처:** Windows– 64–bit x86, 32–bit x86; MacOS– 64–bit x86; Linux– 64–bit x86, 64–bit aarch64(AWS Graviton2/arm64), 64–bit Power8/Power9, s390x(Linux on IBM Z & LinuxONE)
- **디스크 여유 공간 5GB 이상**

2 아나콘다 설치하기

이제 본격적으로 아나콘다 배포판을 설치하겠습니다.

01 웹 브라우저를 열고 아나콘다 홈페이지(https://www.anaconda.com/products/distribution)에 접속합니다.

TIP 웹 브라우저는 어떤 것이든 상관없습니다. 이 책에서는 기본적으로 크롬을 사용합니다.

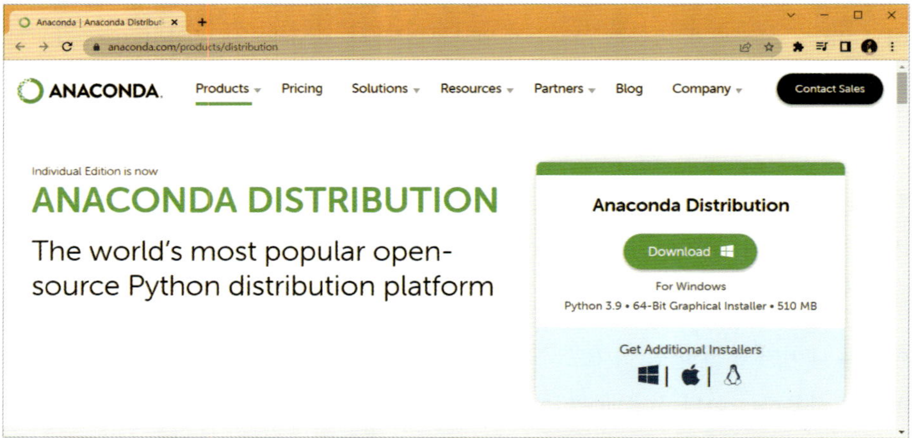

그림 1-2 아나콘다 배포판 다운로드 페이지

02 사용하는 운영 체제에 맞는 설치 패키지를 선택하고 〈Download〉 버튼을 클릭하여 설치 파일을 다운로드합니다. C 드라이브에 anaconda3 폴더를 만들고 다운로드한 파일을 C:\anaconda3으로 옮깁니다.

- **운영 체제:** Windows 11 Home 64비트
- **설치 파일 다운로드 경로:** C:\anaconda3

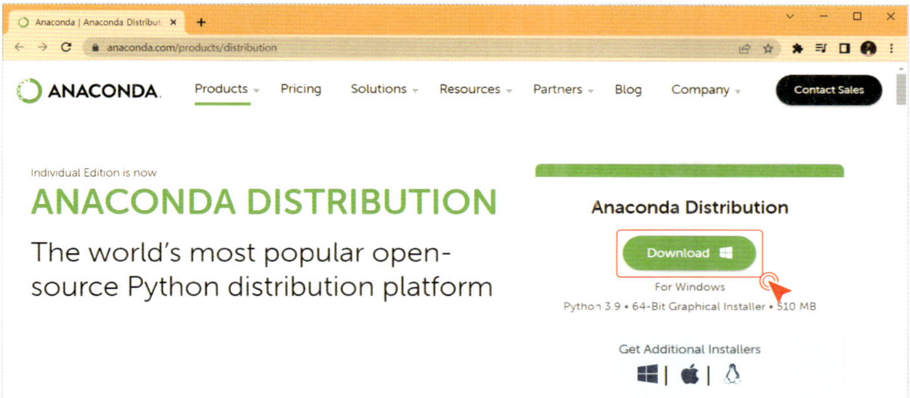

그림 1-3 설치 파일 다운로드

03 'Anaconda3-2022.05-Windoes-x86_64.exe' 파일을 마우스 오른쪽 버튼으로 클릭하고 [관리자 권한으로 실행]을 클릭합니다. '이 앱이 디바이스를 변경할 수 있도록 허용하시겠어요'라는 메시지가 열리면 〈예〉 버튼을 클릭하여 설치를 시작합니다.

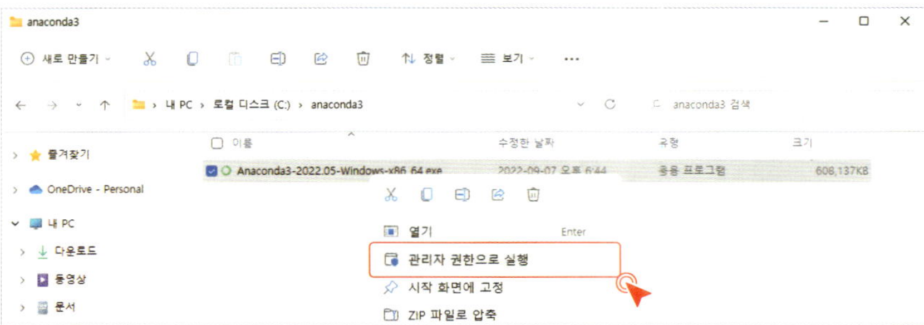

그림 1-4 설치 파일을 관리자 권한으로 실행

TIP 설치된 아나콘다의 버전에 따라 넘파이, 판다스의 버전도 달라질 수 있습니다. 이 책과 동일한 실습 환경을 구축하고 싶다면 다음 링크(https://repo.anaconda.com/archive/Anaconda3-2022.05-Windows-x86_64.exe)에 들어가 파일을 다운로드합니다.

04 설치 프로그램의 첫 화면에서 〈Next〉 버튼을 클릭합니다.

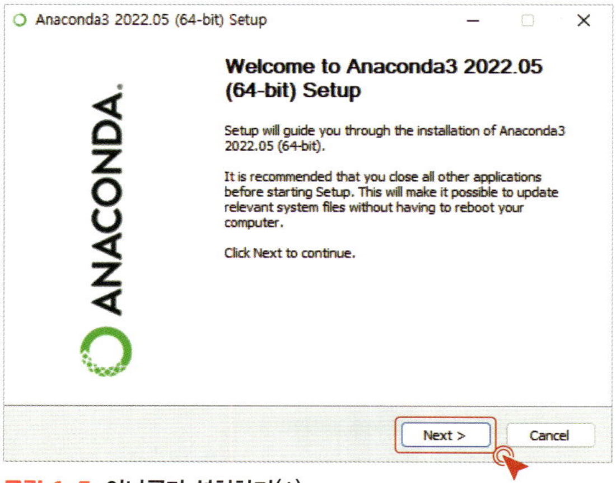

그림 1-5 아나콘다 설치하기(1)

05 라이선스 동의 여부를 묻는 창에서 〈I Agree〉 버튼을 클릭합니다.

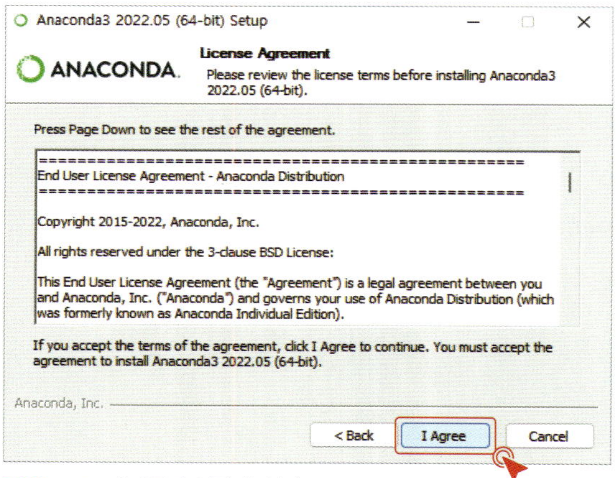

그림 1-6 아나콘다 설치하기(2)

여기서 잠깐 올바른 비트 선택하기

32/64비트를 잘못 선택하면 설치가 제대로 되지 않는 경우가 있으니 주의합니다. 운영 체제의 비트를 확인하는 방법은 다음과 같습니다.

파일 탐색기를 열어 [내 PC]를 마우스 오른쪽 버튼으로 클릭하고 [속성]을 클릭합니다.

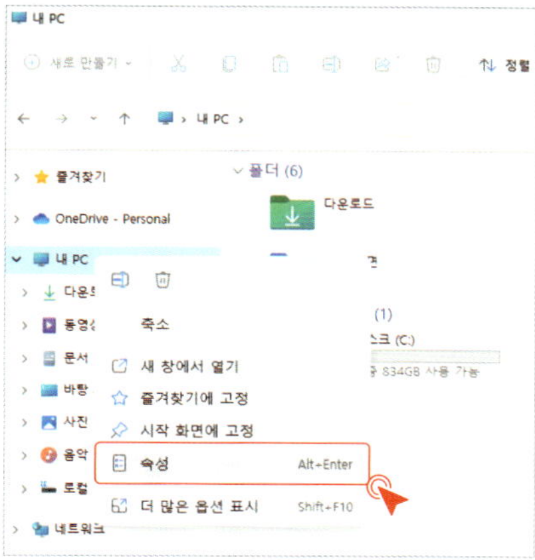

그림 1-7 운영 체제 버전 및 비트 확인하기(1)

다음과 같이 내 컴퓨터의 운영 체제와 시스템 종류를 확인할 수 있습니다.

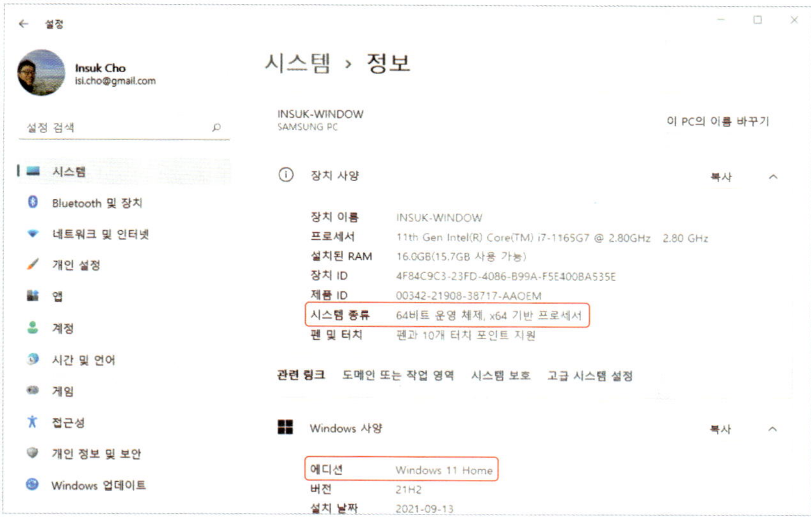

그림 1-8 운영 체제 버전 및 비트 확인하기(2)

06 아나콘다 사용자를 선택하는 창이 나옵니다. 현재 운영 체제에 로그인한 사용자만 사용할 수 있도록 설정을 'Just Me(recommended)'로 변경하고 〈Next〉 버튼을 클릭합니다.

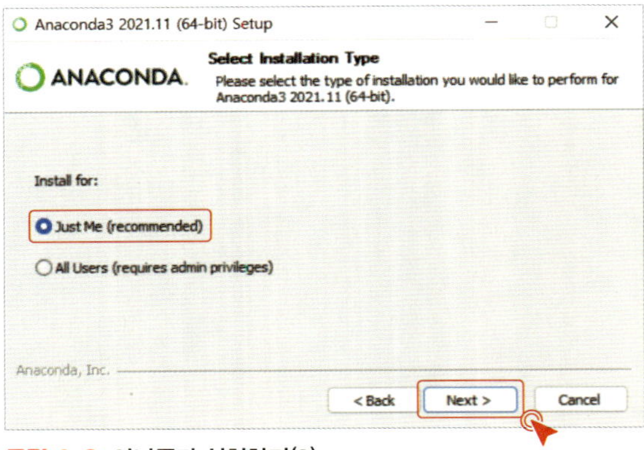

그림 1-9 아나콘다 설치하기(3)

07 아나콘다를 설치할 위치를 지정합니다. C 드라이브에 Anaconda 폴더를 새로 만들고 이곳(C:\Anaconda)에 설치하겠습니다. 각자 기억하기 쉬운 위치로 지정하기 바랍니다.

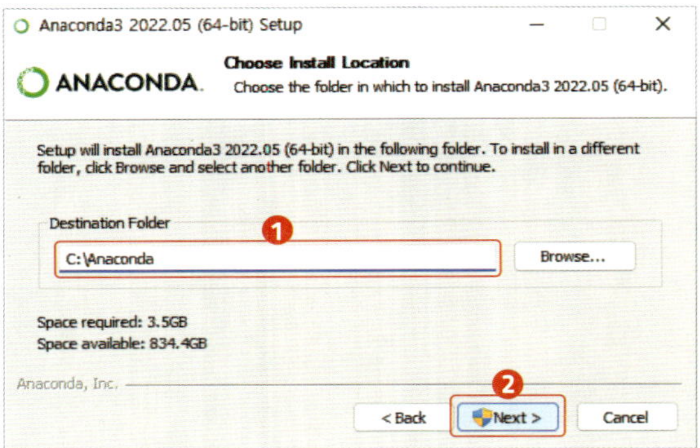

그림 1-10 아나콘다 설치하기(4)

TIP 아나콘다를 설치할 폴더의 내부가 비어있지 않으면 설치 오류가 발생하므로 반드시 새로운 폴더를 생성하세요.

CHECK 설치 경로는 최대한 짧게, 폴더명은 빈칸이 없는 영어로 지정하세요

간혹 '바탕 화면'과 같이 이름이 한글이거나 중간에 빈칸이 있는 폴더에 설치하면 문제가 생기기도 합니다. 또한 경로가 너무 길면 라이브러리 참조 시 저장할 수 있는 최대 길이를 초과하는 경우도 생깁니다. 따라서 최대한 짧은 경로의 빈칸이 없는 영문 이름 폴더에 설치하는 것이 좋습니다. 이 책에서와 같이 C 드라이브에 폴더를 하나 생성하여 설치하는 것을 추천합니다.

여기서 잠깐 권한^{permission}이 없어서 설치가 진행되지 않는 경우

아나콘다 실행 파일을 '관리자 권한으로 실행'하지 않은 경우, 에러 메시지가 나타날 수 있습니다. 〈확인〉 버튼을 클릭하여 설치를 취소하고 27p의 **03**번부터 다시 시작하세요.

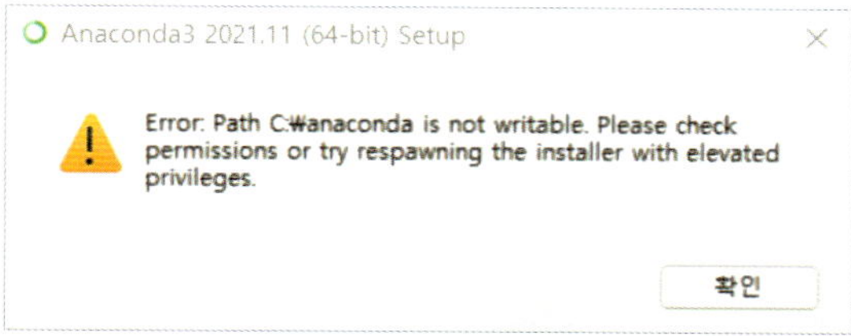

그림 1-11 관리자 권한으로 실행하지 않고 설치를 시도하면 나타나는 에러 메시지

08 설치 마지막 단계인 고급 옵션 설정 창이 열립니다. 첫 번째 옵션에 체크하고 〈Install〉 버튼을 클릭하여 설치를 시작합니다.

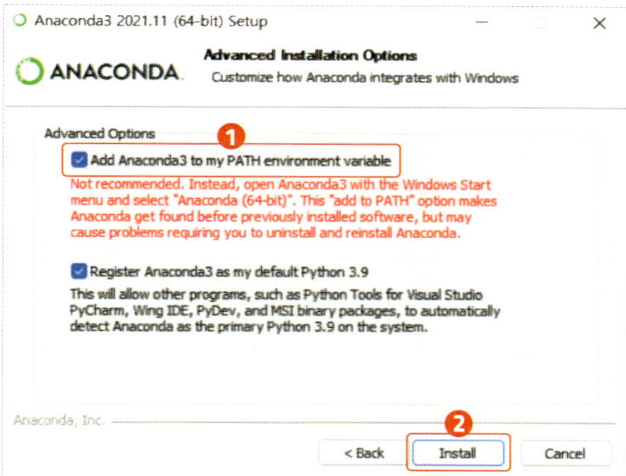

그림 1-12 아나콘다 설치하기(5)

TIP 첫 번째 옵션에 체크하면 아래 설명이 빨간색 글씨로 바뀝니다. 추후에 아나콘다 재설치가 어려울 수 있다는 경고 메시지를 강조하기 위함입니다. 이 옵션에 체크해야 혹시라도 미리 설치해 놓은 환경으로 인해 본 책의 실습이 방해받는 것을 방지할 수 있습니다. 나중에 쉽게 변경할 수 있으니 염려하지 않아도 됩니다.

09 설치가 진행됩니다. 초록색 진행 상태 바를 통해 얼마나 진행되었는지 확인할 수 있습니다. 설치가 끝나면 〈Next〉 버튼을 클릭합니다.

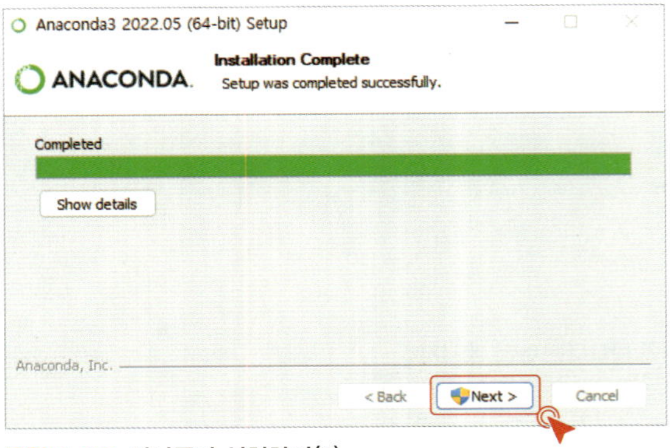

그림 1-13 아나콘다 설치하기(6)

10 파이썬 코드 편집기로 유명한 파이참PyCharm 설치를 유도하는 창이 나옵니다. 이 책에서는 파이참을 사용하지 않기 때문에 〈Cancel〉 버튼을 클릭합니다.

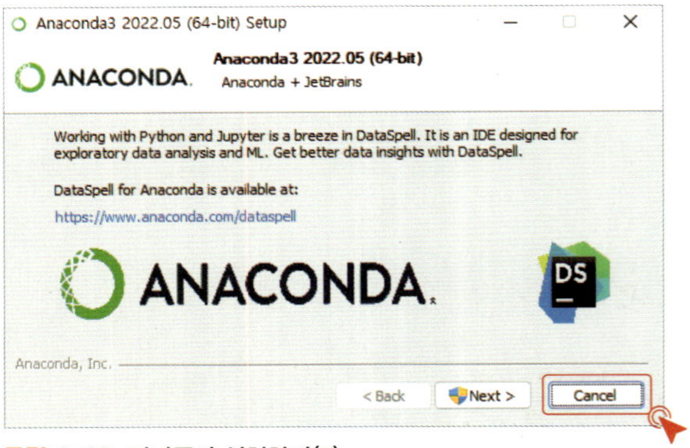

그림 1-14 아나콘다 설치하기(7)

11 아나콘다 설치를 마칠 것인지 확인하는 창이 열리면 〈예(Y)〉 버튼을 클릭합니다.

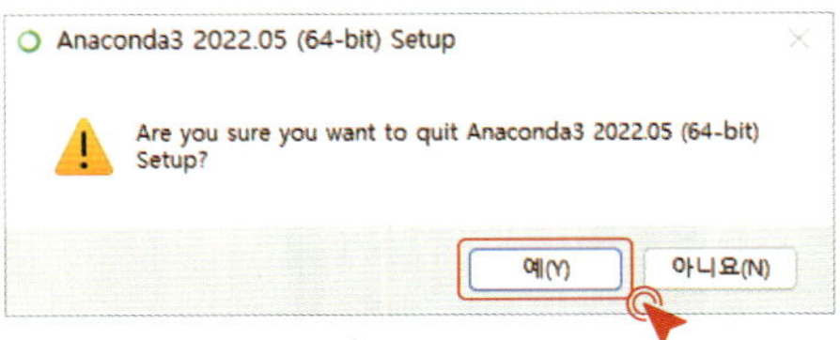

그림 1-15 아나콘다 설치하기(8)

3 아나콘다 설치 확인하기

아나콘다가 바르게 설치되었는지 확인하겠습니다.

01 윈도의 [시작]을 클릭하고 검색 창에 'anaconda'를 입력합니다. Anacoda로 시작하는 메뉴가 여러 개 보이는데, 그 중에서 [Anaconda Prompt (Anaconda)]를 클릭하여 열어 보겠습니다.

그림 1-16 아나콘다 설치 확인하기

02 윈도 터미널과 같은 형식의 창이 열립니다. 이렇게 명령어를 입력하는 창을 프롬프트Prompt라고 합니다. 간단하게 다음 명령어를 입력하여 설치된 파이썬 버전을 확인해 보겠습니다.

```
python --version
```

03 다음 [그림 1-17]과 같이 Python 3.9.12가 출력되면 설치가 잘 된 것입니다. 설치 버전이 책과 다르다면 이 부분이 다르게 보일 수 있습니다. 이 책의 실습을 진행하는 데는 큰 영향을 미치지 않으니 넘어가도 좋습니다.

그림 1-17 파이썬 설치 버전 확인하기

파이썬과 이 책에서 필요한 라이브러리와 도구를 한 번에 설치했습니다. 다음 절부터는 데이터 분석 프로젝트를 수행할 때 사용할 도구인 주피터 노트북을 실행해 보겠습니다.

Section 03

주피터 노트북: 최고의 데이터 분석 도구

1 주피터 노트북 소개

주피터 노트북 Jupyter Notebook 은 웹 브라우저에서 실행되는 일종의 소스 코드 작성 도구로, 소스 코드 작성과 실행을 한 화면에서 쉽게 수행할 수 있는 기능을 제공합니다. 특히 소스 코드 실행 결과를 그대로 저장하여 공유할 수 있기 때문에 복잡한 데이터 분석 과정을 차례로 전달할 수 있어 편리합니다. 데이터 분석 세계에서 파이썬이 크게 성장할 수 있었던 이유 중 하나가 주피터 노트북이라 해도 과언이 아닐 것입니다.

그림 1-18 주피터 노트북 공식 홈페이지(https://jupyter.org) 화면

이 책에서는 모든 소스 코드 작성과 실행 결과 확인을 주피터 노트북에서 진행할 것입니다. 제공되는 소스 코드 역시 주피터 노트북 전용 파일이므로 사용법을 반드시 숙지해야 합니다. 그럼 주피터 노트북을 만나 봅시다.

2 주피터 노트북 실행하기

주피터 노트북은 앞에서 설치한 아나콘다 배포판에 포함되어 있으므로 별도로 설치할 필요가 없습니다.

주피터 노트북 열기

01 윈도의 [시작]을 클릭하고 'jupyter'를 입력해 검색합니다. 검색 결과 중에서 [Jupyter Notebook (Anaconda)]을 클릭합니다.

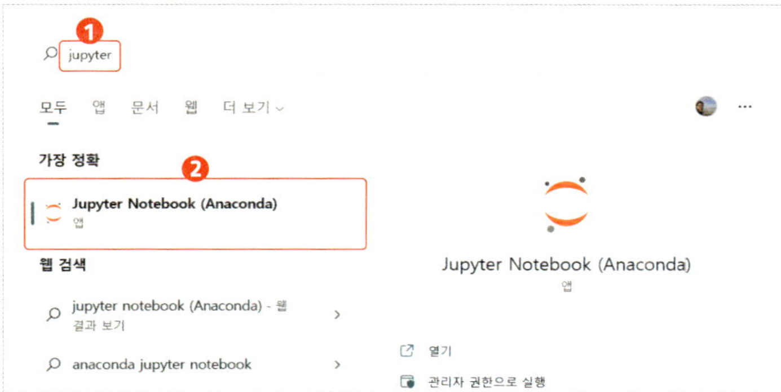

그림 1-19 주피터 노트북 찾기

02 [그림 1-20]과 같이 터미널 창이 열리고 하단에서 다음과 같은 메시지를 확인할 수 있습니다. 이 정보는 매번 실행할 때마다 값이 변경되며, 여러분의 터미널 창에는 다른 값이 보일 것입니다. 항상 변경되는 값이니 실행할 때마다 확인해야 합니다.

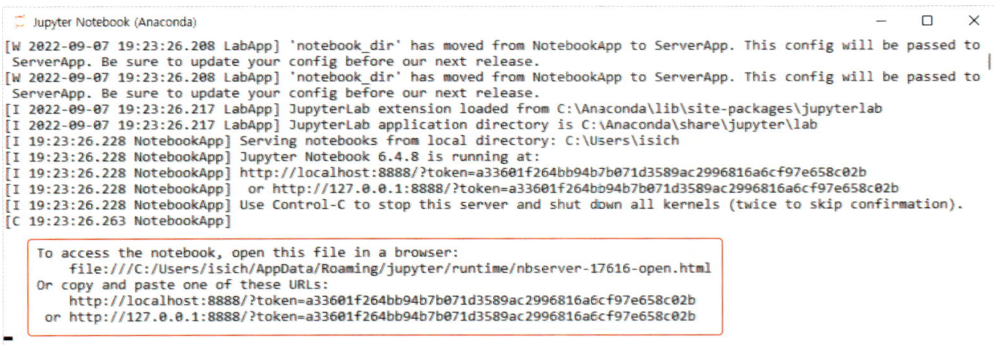

그림1-20 주피터 노트북 실행 창

일반적으로 이 창이 열리자마자 운영 체제의 기본 웹 브라우저가 자동으로 실행되면서 주피터 노트북 홈페이지로 이동합니다. [그림 1-20]의 터미널 창이 주피터 노트북 실행 환경이며, 웹 브라우저가 여러분의 컴퓨터에서 실행된 서버에 접속하는 개념입니다.

만약 웹 브라우저가 자동으로 실행되지 않으면, 터미널 창에 출력된 두 가지 경로 중 하나를 복사하여 웹 브라우저 주소 창에 붙여 넣으면 접속할 수 있습니다.

```
To access the notebook, open this file in a browser:
    file:///C:/Users/isich/AppData/Roaming/jupyter/runtime/nbserver-25680-open.html
Or copy and paste one of these URLs:                                      경로1
    http://localhost:8888/?token=a12f8a1515aa7cb7efb814c64afca7d80c3471f6d89a5a33
 or http://127.0.0.1:8888/?token=a12f8a1515aa7cb7efb814c64afca7d80c3471f6d89a5a33
                                                                          경로2
```

또는 파일 탐색기에서 아래 경로에 위치한 파일을 직접 호출하는 방법도 있습니다.

```
file:///C:/Users/isich/AppData/Roaming/jupyter/runtime/nbserver-25680-open.html
```

03 주피터 노트북이 잘 실행되었다면 다음과 같이 웹 브라우저에서 주피터 노트북 홈페이지를 확인할 수 있습니다. [그림 1-21]에 보이는 폴더 목록은 로그인한 윈도 사용자의 홈 디렉터리입니다. 보통 `C:\Users\[사용자 이름]` 하단에 위치한 폴더 목록이기 때문에 [그림 1-21]과는 다르게 보일 것입니다.

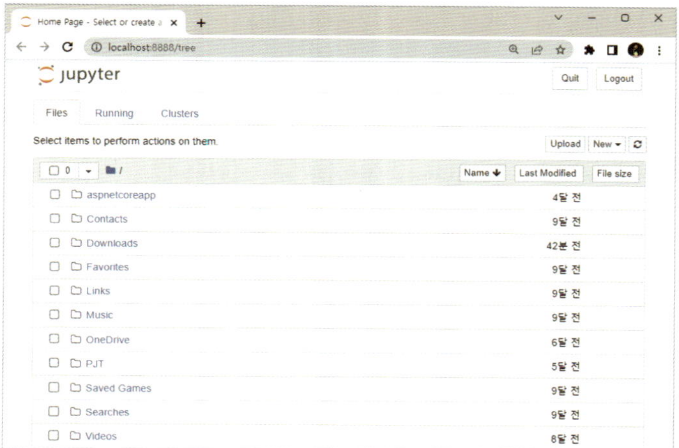

그림 1-21 주피터 노트북 첫 화면 불러오기

[그림 1-21] 화면에는 주피터 노트북이나 파이썬 학습과 무관한 파일들이 있습니다. 앞으로 진행할 프로젝트 파일만 보관하기 위해서 주피터 노트북의 시작 폴더를 변경하겠습니다.

주피터 노트북 홈 디렉토리 경로 변경하기

01 우선 현재 열려 있는 주피터 노트북을 종료합니다. 조금 전 실행된 터미널 창으로 이동하여 Ctrl + C 키를 누르거나 오른쪽 상단의 ✕ 버튼을 클릭하여 창을 닫습니다.

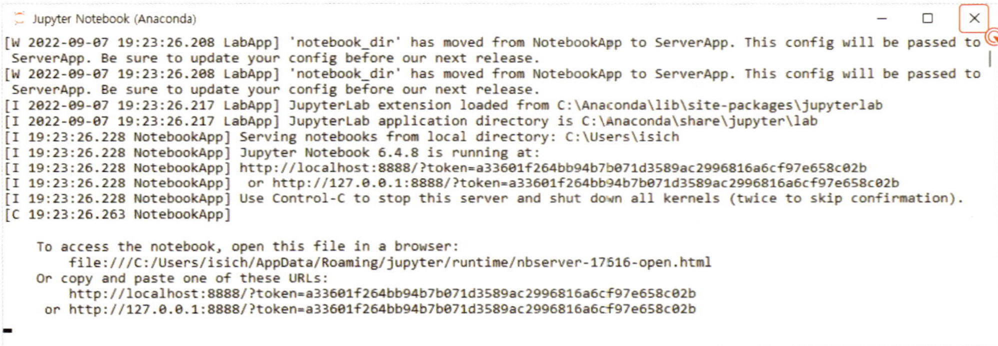

그림 1-22 주피터 노트북 종료하기

02 주피터 노트북 전용 폴더를 하나 만들겠습니다. C 드라이브에 `jupyter` 폴더를 생성합니다.

- 주피터 노트북 전용 폴더 경로: `C:\jupyter`

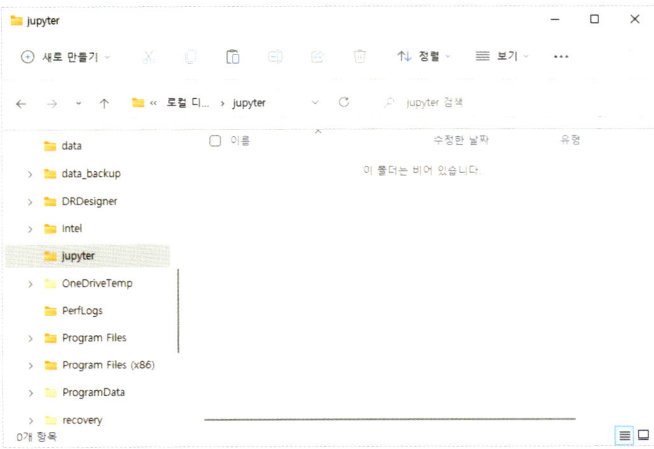

그림 1-23 주피터 노트북 전용 폴더 생성

03 이제 주피터 노트북 실행 바로가기 파일을 수정하겠습니다. 윈도의 [시작]을 클릭하고 주피터 노트북을 검색합니다. [Jupyter Notebook (Anaconda)]을 마우스 오른쪽 버튼으로 클릭하고 [파일 위치 열기]를 클릭합니다.

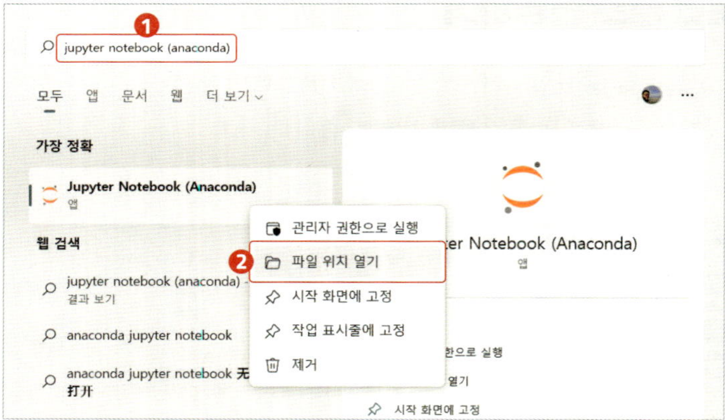

그림 1-24 주피터 노트북 바로가기 파일 위치 열기

04 주피터 노트북 바로가기 파일이 있는 폴더가 열립니다. 바로가기 파일을 마우스 오른쪽 버튼으로 클릭하고 [속성]을 클릭하거나 Alt + Enter를 누릅니다.

- 주피터 노트북의 현재 경로: `C:\Users\isich\AppData\Roaming\Microsoft\Windows\Start Menu\Programs\Anaconda (64-bit)`

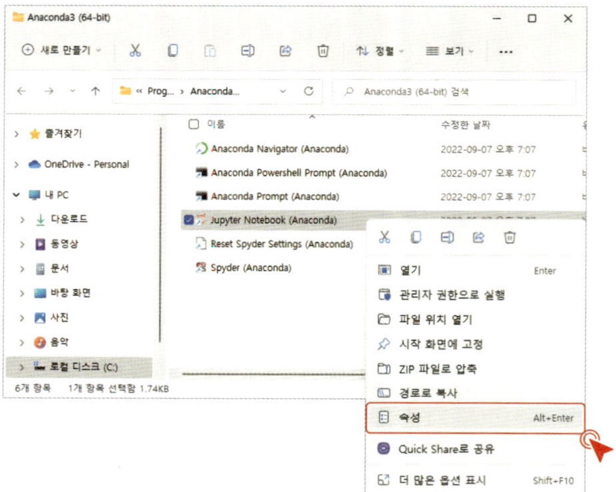

그림 1-25 주피터 노트북 파일 속성 열기

05 속성 창이 열립니다. '대상(T):'에 파란색 음영으로 표시된 영역이 이 바로가기 파일이 실제로 실행하는 프로그램과 프로그램 실행을 위해 필요한 옵션을 넣을 수 있는 곳입니다.

그림 1-26 주피터 노트북 바로가기 속성 창 열기

06 이제 대상(T)의 값 중 "%USERPROFILE%"를 **02**번에서 생성한 주피터 노트북 전용 폴더의 경로인 "C:\jupyter"로 변경합니다. 이때 다른 문자는 지우지 않도록 주의합니다. 마지막으로 〈적용(A)〉 버튼을 클릭한 뒤 〈확인〉 버튼을 클릭합니다.

- **대상(T)의 경로 변경:** %USERPROFILE% → C:\jupyter

그림 1-27 주피터 노트북 전용 폴더 적용하기

07 다시 주피터 노트북을 실행하면 다음과 같이 파일이나 폴더가 하나도 없는 깨끗한 시작 화면이 열립니다.

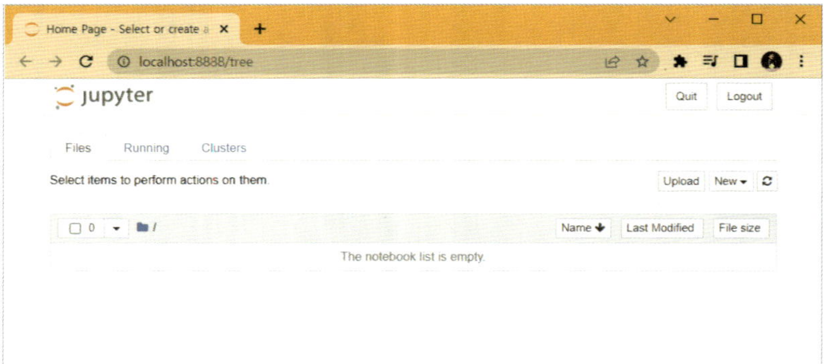

그림 1-28 새로 시작한 주피터 노트북 시작 화면

이제 주피터 노트북을 본격적으로 사용해 봅시다.

3 주피터 노트북 사용하기

신규 노트북 파일을 하나 생성하고, 코드도 작성하겠습니다.

'나의 첫 주피터 노트북' 생성하기

01 오른쪽 상단에 있는 [New]를 클릭한 후 [Python 3] 항목을 클릭합니다.

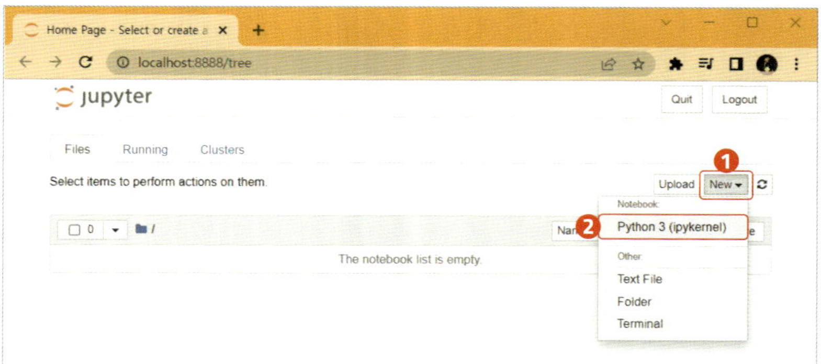

그림 1-29 주피터 노트북 파일 생성하기

02 다음과 같이 새로운 탭이 열리면서 신규 노트북 파일이 생깁니다.

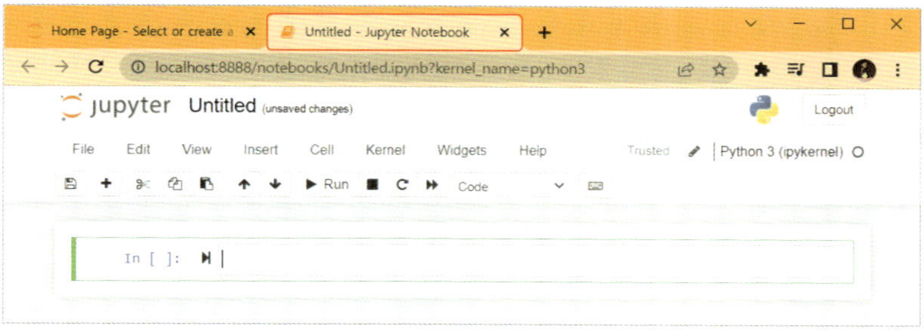

그림 1-30 신규 주피터 노트북 파일 생성 결과

03 신규 노트북 파일의 이름을 바꾸겠습니다. 상단에 있는 'Untitled'를 클릭하면 파일 이름을 변경할 수 있는 창이 열립니다. 장과 절을 포함하여 '1-3. 나의 첫 주피터 노트북'으로 입력하고 〈Rename〉 버튼을 클릭합니다.

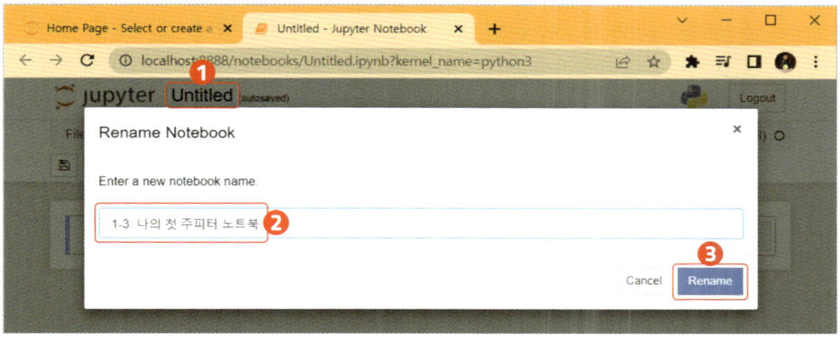

그림 1-31 노트북 파일 이름 변경하기

04 다음과 같이 이름이 변경됩니다.

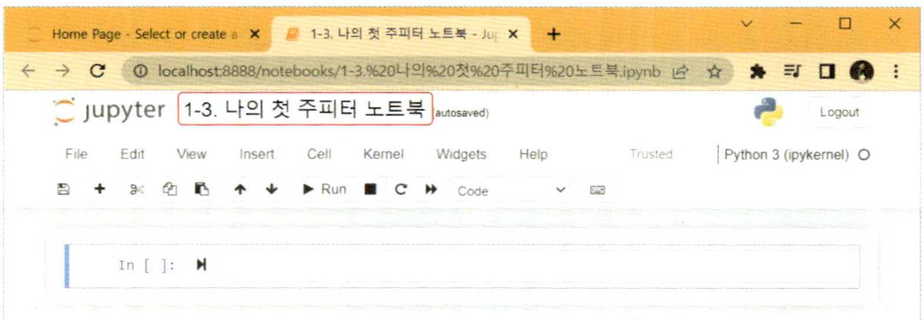

그림 1-32 노트북 파일 이름 변경 확인하기

05 변경된 이름은 주피터 노트북 시작 화면에서도 확인 가능합니다. 파일 이름 뒤에 붙은 `.ipynb`는 확장자입니다.

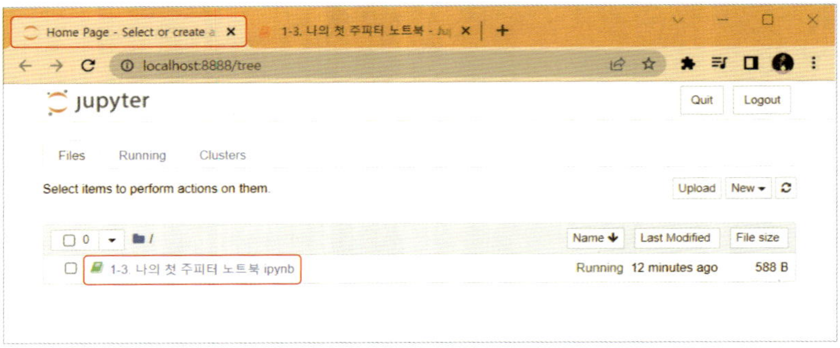

그림 1-33 노트북 파일 이름 시작 화면에서 확인하기

06 윈도우 파일 탐색기를 실행하고 주피터 노트북 전용 폴더인 `C:\jupyter`를 열면 생성한 노트북 파일을 확인할 수 있습니다.

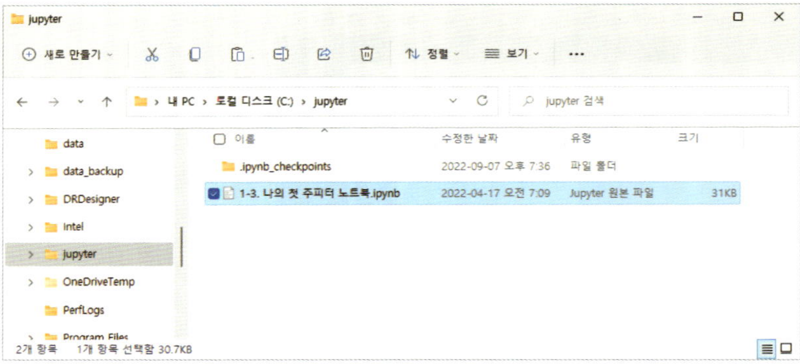

그림 1-34 파일 탐색기에서 노트북 파일 확인하기

여기서 잠깐 **ipynb 확장자의 의미**

ipynb는 'IPYthon NoteBook'의 약자로, 이전에 사용하던 주피터 노트북 프로젝트의 확장자를 그대로 사용하고 있습니다. 과거에는 파이썬 프로그래밍을 위해 생성한 프로젝트이지만, 앞으로 파이썬뿐만 아니라 여러 프로그래밍 언어에서도 사용 가능한 도구가 되겠다는 의미로 이름이 '주피터 노트북'으로 변경되었습니다.

'나의 첫 주피터 노트북' 코드 작성하기

첫 주피터 노트북 파일을 생성했으니 이제 코드를 작성해 보겠습니다.

01 다시 노트북 탭으로 이동하면 소스 코드를 작성할 수 있는 입력 창이 보입니다. 이 입력 창을 **셀**Cell이라고 부릅니다. 셀에 다음 코드를 입력합니다.

```
In [1]: print('처음 만들어본 노트북')
```

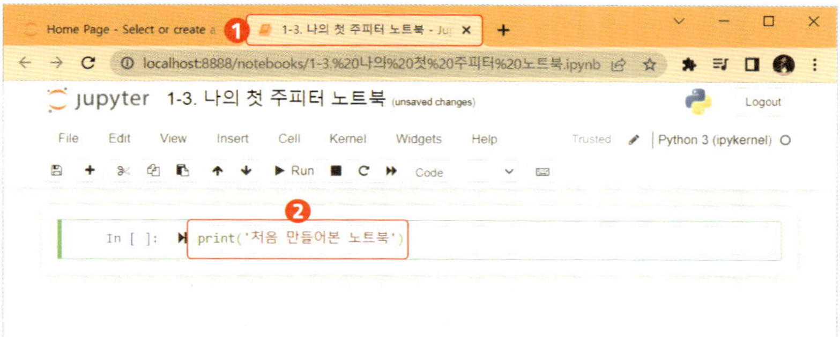

그림 1-35 셀에 소스 코드 입력하기

02 이제 Ctrl + Enter 키를 눌러 소스 코드를 실행합니다. 입력 창 바로 아래에 소스 코드 실행 결과가 출력됩니다.

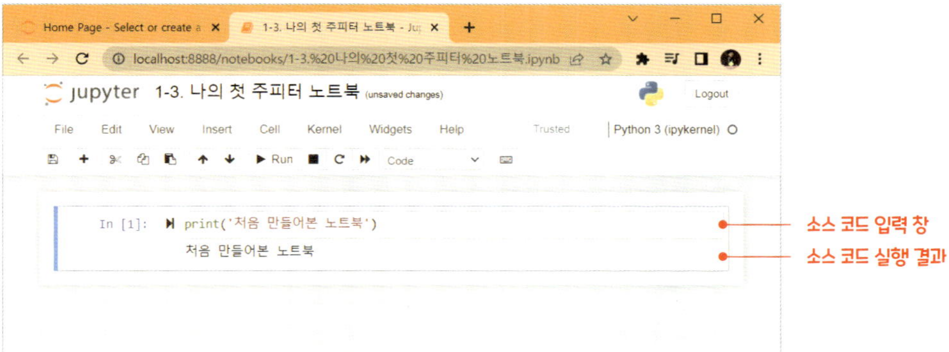

그림 1-36 소스 코드 실행 결과 확인하기

이번에는 조금 더 재미있는 코드를 작성해 보겠습니다.

03 상단의 메뉴 [Insert]-[Insert Cell Below], 혹은 **+** 버튼을 클릭해 셀을 하나 더 추가합니다.

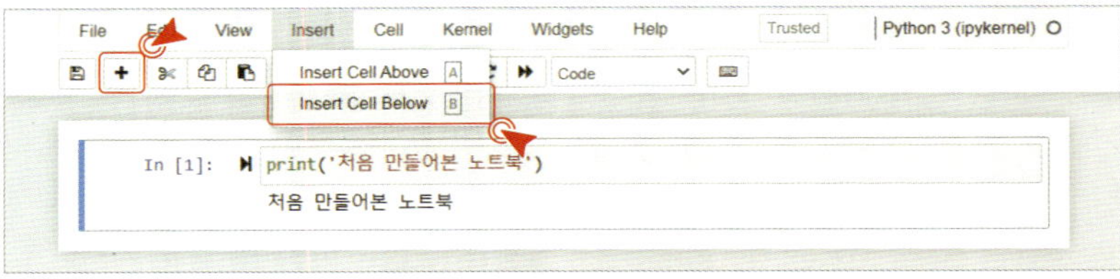

그림 1-37 셀 추가하기

04 추가된 셀에 다음 소스 코드를 입력합니다. 문법에 대한 이해는 차차 하기로 합니다. 모두 입력했으면 Alt + Enter 키를 눌러 코드를 실행합니다.

```
In [2]:  import numpy as np
         import pandas as pd
         import matplotlib

         data = np.random.rand(50)
         seri = pd.Series(data)
         seri.plot()
```

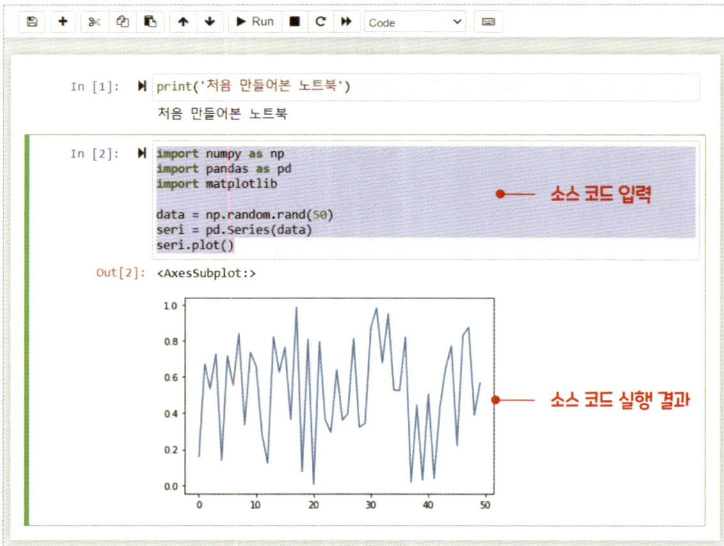

그림 1-38 소스 코드 실행 결과 확인하기

TIP 소스 코드 실행 방법

- Ctrl + Enter : 소스 코드 실행만 합니다.
- Alt + Enter : 소스 코드 실행 후 해당 셀 아래에 셀을 추가합니다.
- Shift + Enter : 소스 코드 실행 후, 아래 셀을 선택합니다. 아래 셀이 존재하지 않는 경우에만 아래에 셀을 추가합니다.

여러분은 방금 처음으로 주피터 노트북을 사용하여 50개의 난수를 이용한 그래프를 그렸습니다. 몇 줄밖에 되지 않는 소스 코드로 이런 그래프를 그릴 수 있다니 놀랍지 않나요?

'나의 첫 주피터 노트북' 실행 중단하기

이제 주피터 노트북 파일의 실행을 중단해 보겠습니다.

01 주피터 노트북 시작 화면 탭으로 이동하면, 여러분이 만든 노트북 파일 왼쪽에 초록색 노트북 모양 아이콘이 보일 것입니다. 해당 노트북 파일이 실행 중이라는 의미입니다. 오른쪽에는 같은 의미의 'Running' 글자가 보입니다.

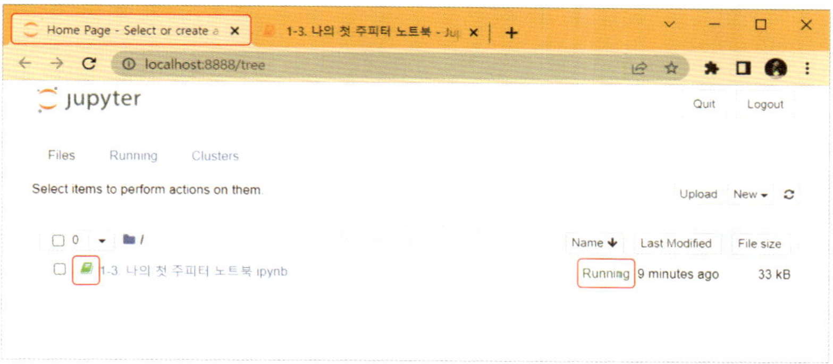

그림 1-39 노트북 파일의 현재 상태 확인하기

여기서 잠깐 | 실행 중단Shutdown의 의미

서버에서 동작하는 주피터 노트북은 그 자체로는 파이썬 코드를 실행할 수 없습니다. 코드 실행은 커널kernel이라는 엔진(실행 환경)에서 이루어집니다. 파일이 Running 상태라는 것은 커널이 구동 중이라는 의미이고, 〈Shutdown〉 버튼을 클릭하면 커널 구동이 종료되면서 소스 코드 실행이 중단됩니다. 개발을 마치고 실행 결과를 확인한 프로젝트는 실행을 중단하는 것이 좋습니다.

주피터 노트북 오른쪽 상단에는 〈Quit〉, 〈Logout〉 두 개의 종료 버튼이 있는데, 〈Logout〉 버튼을 클릭해 종료하면 사용자 로그아웃을 하는 것이므로 파일 실행 상태는 유지됩니다. 〈Quit〉는 서버를 종료하는 버튼인데, 공동 프로젝트 파일이 실행 중일 때 서버를 종료하면 오류가 발생할 수 있으니 주의해야 합니다. 서버를 종료할 것이라면 먼저 각 파일의 〈Shutdown〉 버튼을 클릭해 실행을 중단합니다.

02 이 노트북 파일의 실행을 중단하겠습니다. 왼쪽의 선택 상자에 체크하면, 이 파일에 대해 실행할 수 있는 메뉴 버튼들이 상단에 나타납니다. 〈Shutdown〉 버튼을 클릭합니다.

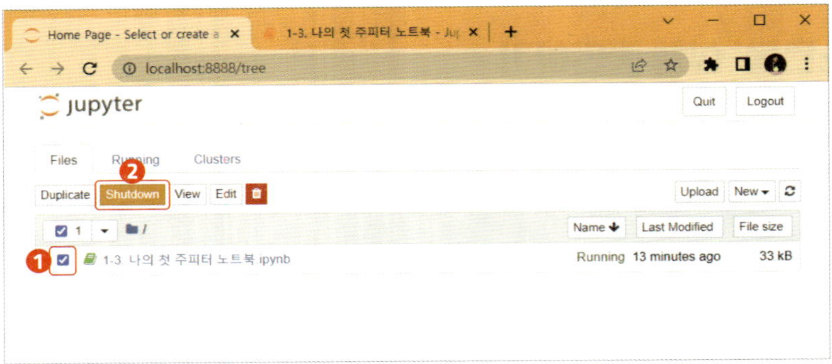

그림 1-40 노트북 파일의 실행 중단하기

03 초록색이었던 노트북 아이콘이 회색으로 변경되고, 'Running' 글자도 사라집니다.

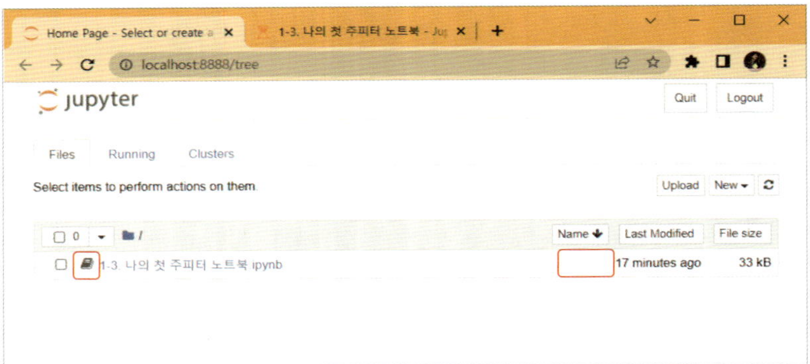

그림 1-41 실행 중단 상태 확인하기

04 해당 노트북 탭으로 이동하면 [Dead kernel] 창이 열리고 메시지가 표시됩니다. **커널**Kernel은 파이썬 코드를 실행하기 위한 엔진(실행 환경)을 의미하는데, 이 커널에서의 실행이 현재 중단되었으므로 다시 시작하기 전까지는 소스 코드를 실행할 수 없다는 메시지입니다. 〈Don't Restart〉 버튼을 클릭해 실행 중단 상태를 유지하겠습니다.

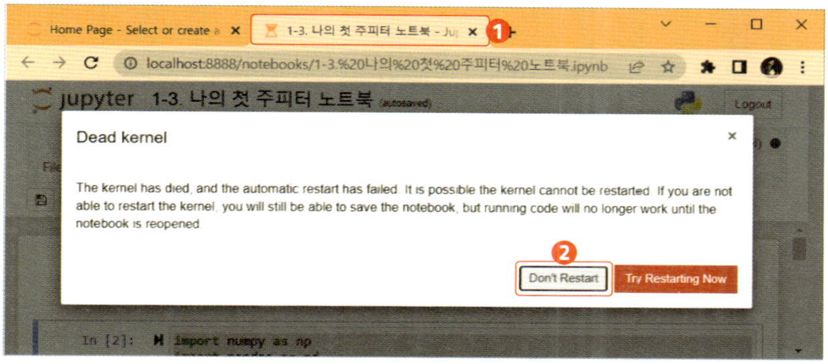

그림 1-42 실행 중단 상태 유지하기

05 커널이 중단되어 코드를 더 이상 실행할 수는 없지만, 앞에서 확인한 소스 코드 실행 결과는 그대로 남아 있습니다.

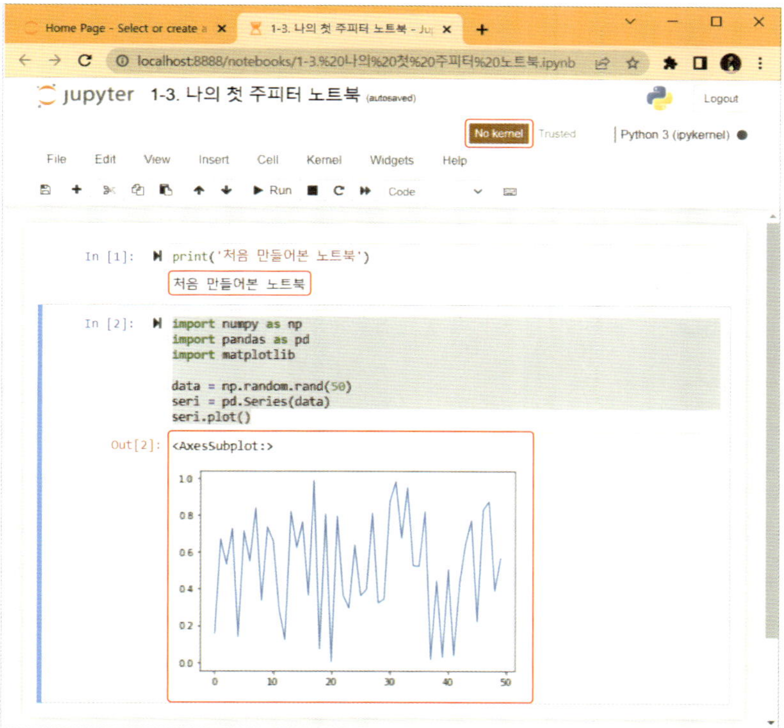

그림 1-43 중단된 노트북 내용 확인하기

보통 여러분이 작성한 소스 코드를 다른 사람에게 전달하면서 실행 결과까지 전달하는 것은 그리 간단한 문제가 아닙니다. 하지만 주피터 노트북으로는 복잡한 실행 결과를 셀 단위로 나눠서 순서대로 공유할 수 있기 때문에, 분석 결과가 어떻게 진행이 되었는지 자세히 확인할 수 있어 학습에도 큰 도움이 됩니다. 여러분도 함께 학습하는 친구들과 주피터 노트북으로 소스 코드를 공유하여 활용해 보세요.

여기서 잠깐 **주피터 노트북 단축키**

주피터 노트북은 다양한 단축키를 제공합니다. 상단 메뉴의 [Help]–[Keyboard Shortcuts]를 클릭하면 모든 단축키를 확인할 수 있으니 참고하세요.

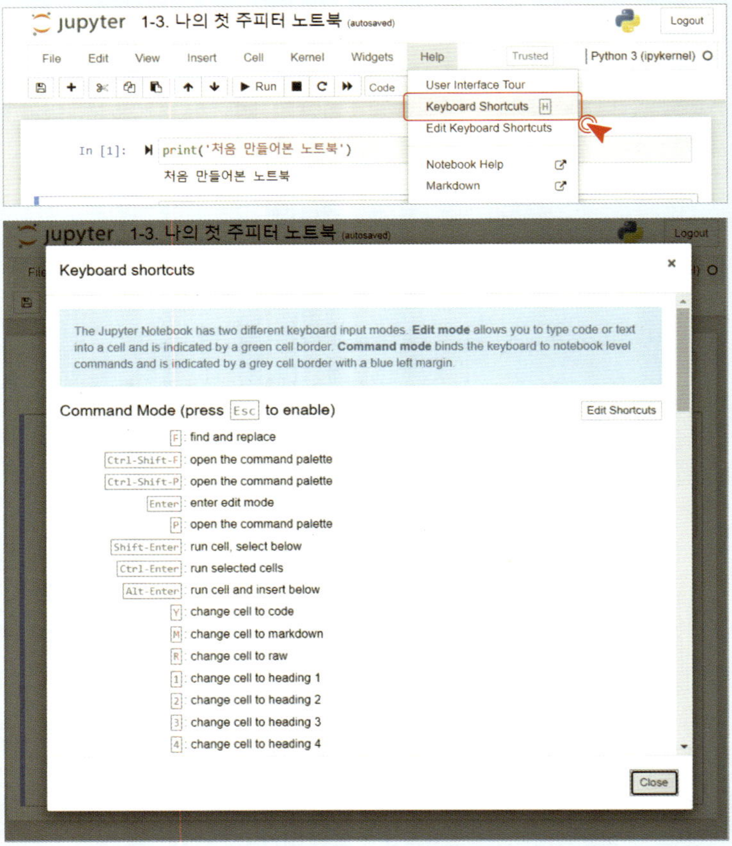

그림 1-44 단축키 확인 방법

요약

01 파이썬은 쉽고 간결한 문법으로 다양한 배경을 가진 사람들이 프로그래밍을 배울 수 있는 길을 열었다.

02 데이터 분석 관련 라이브러리의 생태계가 풍부해지면서 파이썬은 데이터 분석에서 가장 인기 있는 프로그래밍 언어로 자리매김했다.

03 파이썬은 일반 어플리케이션 개발도 가능하므로 데이터 분석용 어플리케이션 개발에 적합하다.

04 아나콘다 배포판 설치를 통해 파이썬과 함께 소스 코드 작성 도구인 주피터 노트북을 설치한다.

05 주피터 노트북은 웹 브라우저 기반의 대화형 소스 코드 편집 도구로, 데이터 분석 분야에서 널리 사용되고 있으며 파이썬이 데이터 분석 분야에서 명성을 얻는 데 크게 기여했다.

연습문제

01 파이썬을 학습하는 이유로 적절하지 않은 것은?

① 배우기 쉽다.
② 데이터 분석에서 많이 활용한다.
③ 컴퓨터를 깊이 이해해야만 사용할 수 있다.
④ 일반 어플리케이션 개발에 사용할 수 있다.
⑤ 분석용 어플리케이션 개발에 탁월하다.

02 다음 중 아나콘다에 대한 가장 적절한 설명은?

① 파이썬과 쌍벽을 이루는 프로그래밍 언어다.
② 파이썬의 진화된 버전이다.
③ 파이썬과 다양한 라이브러리 및 도구를 한 번에 설치하는 패키지다.
④ 아나콘다를 설치하려면 파이썬을 반드시 먼저 설치해야 한다.
⑤ 아나콘다를 설치하기 위한 디스크 용량은 1GB면 충분하다.

03 주피터 노트북을 가장 적절하게 설명한 것은?

① 파이썬으로 데이터 분석을 하기 위해서 반드시 사용해야 한다.
② 웹 브라우저 기반의 대화형 소스 코드 편집 도구이다.
③ 파이썬 프로그래밍을 위해 특별히 제작된 노트북 장치이다.
④ 소스 코드 실행 결과를 공유할 수 없다.
⑤ 제대로 사용하려면 많은 기능을 숙지해야 한다.

04 주피터 노트북에서 소스 코드를 실행하는 키보드 단축키로 적합하지 않은 것은?

① Alt + Enter
② Shift + Enter
③ Ctrl + Enter
④ Ctrl + Shift + Enter

05 주피터 노트북에서 소스 코드를 작성하는 곳을 무엇이라고 부르는지 쓰시오.

06 다음은 파이썬이 쉽다는 것을 설명하는 문장이다. 빈칸을 채우시오.

> 파이썬은 상대적으로 다른 프로그래밍 언어보다 단순한 [　　　　　]을 제공한다. '동작하는 [　　　　　]'라는 별명이 있을 정도이다.

07 다음 빈칸을 채우시오.

> 이 책에서 다룰 데이터 분석 핵심 라이브러리는 넘파이, [　　　　　], 매트플랏립, 그리고 [　　　　　]이다.

08 다음 소스 코드 실행 결과를 참고하여 빈칸을 채우시오.

In [1]:

```
for n in [          ](1, 10):
    print(n, 'x', n, '=', [          ])
```

Out [1]:

```
1  x  1  =  1
2  x  2  =  4
3  x  3  =  9
4  x  4  =  16
5  x  5  =  25
6  x  6  =  36
7  x  7  =  49
8  x  8  =  64
9  x  9  =  81
```

09 서술형 데이터 분석용 라이브러리로 유명한 판다스의 창시자 웨스 맥키니는 수학 전공자이다. 컴퓨터 공학자가 아닌 사람이 파이썬 라이브러리를 만들 수 있었던 이유는 무엇이라고 생각하는지 서술하시오.

10 서술형 아나콘다를 사용하는 이유를 설명하시오.

CHAPTER 02

데이터 분석을 위한 파이썬 문법

학습목표

- 컴퓨터 동작 원리를 알고 파이썬 변수의 역할을 이해한다.
- 기본 데이터 타입인 정수, 실수, 문자열 타입을 만들 수 있다.
- 실수 타입 연산 처리 시 부동 소수점 오차에 대한 제약 사항을 숙지한다.
- 각 시퀀스 타입의 특징을 이해하여 선택할 수 있다.
- 딕셔너리 타입과 세트 타입을 만들 수 있다.
- 라이브러리의 개념을 살펴보고, 데이터 분석에서 자주 사용되는 라이브러리를 익힌다.

Section
01 변수와 데이터 타입 기본

이번 장에서는 데이터 분석 프로젝트를 수행하기 위해서 반드시 알아야 할 기본 문법을 점검하는 시간을 갖겠습니다. 여러분이 알고 있던 지식을 복습해 보세요.

먼저 이번 절에서는 파이썬 프로그래밍에서 가장 기본적으로 이해해야 하는 '변수'를 컴퓨터 기본 동작 원리와 함께 살펴봅니다. 그리고 정수, 문자열, 실수와 같은 기본 데이터 타입을 살펴보고, 데이터 분석을 할 때 주의해야 할 몇 가지 사항을 점검하겠습니다.

1 파이썬 변수와 컴퓨터 동작 원리

1장의 Section 03을 참고하여 이름이 '2-1. 변수와 데이터 타입 기본'인 신규 노트북 파일을 생성하고 다음과 같이 코드를 작성합니다. 소스 코드를 입력하고 Enter 키를 누르면 다음 줄에 소스 코드를 입력할 수 있으며, Shift + Enter 키를 누르면 셀에 있는 모든 소스 코드가 실행됩니다.

실행 결과는 코드 바로 아래에서 확인할 수 있으며, 다음 셀이 생성되면서 커서가 이동한 것을 확인할 수 있습니다. 이런 방식으로 쭉 실습을 수행합니다.

다음과 같이 x, y, z라는 3개 변수에 값을 넣어서 덧셈을 수행해 보겠습니다.

In [1]:
```
x = 10
y = 25
z = 40
x + y + z
```

Out [1]:
```
75
```

여러분은 아마 '변수'라는 용어가 익숙할 것입니다. 그런데 변수는 정확히 무엇을 의미할까요? 변수를 제대로 이해하려면 컴퓨터의 동작 원리를 정확하게 알고 있어야 합니다.

컴퓨터의 동작 원리

컴퓨터나 노트북, 혹은 스마트폰을 구매할 때 수많은 제조사의 제품을 비교하는 기준에는 어떤 것들이 있을까요? 멋진 외관도 중요하지만, 프로그래머인 여러분에게는 장비의 사양과 성능이 중요한 지표가 될 것입니다.

그중에서도 가장 눈여겨볼 것은 크게 세 가지, 즉 CPU, RAM, 디스크 용량입니다. 그럼 실습에 사용하고 있는 컴퓨터의 세 가지 사양을 살펴보겠습니다. 윈도의 [시작]을 클릭하거나 키보드에서 윈도 ⊞ 키를 누르고 '시스템 정보'라고 입력한 뒤, 오른쪽의 [열기]를 클릭하여 시스템 정보 앱을 엽니다.

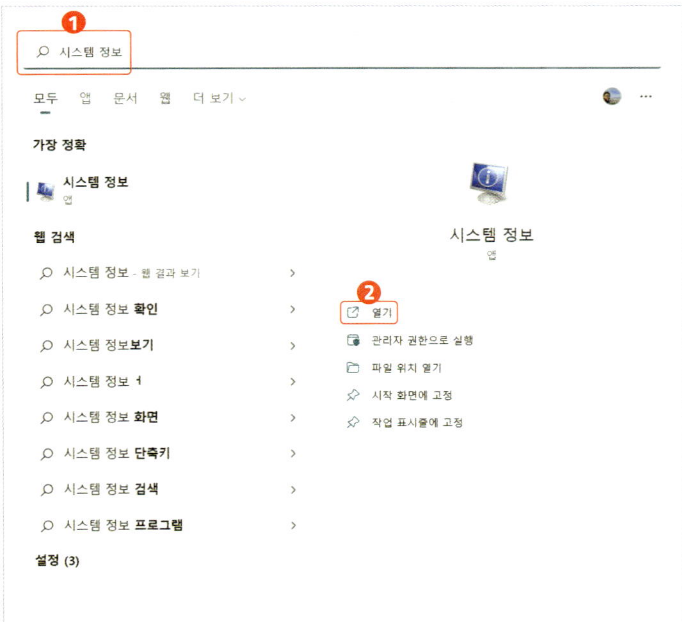

그림 2-1 내 컴퓨터 시스템 정보 확인하기

[시스템 요약]의 [프로세서] 항목에서 CPU 정보를 확인할 수 있으며, [설치된 실제 메모리(RAM)] 항목에서 RAM 정보를 확인할 수 있습니다.

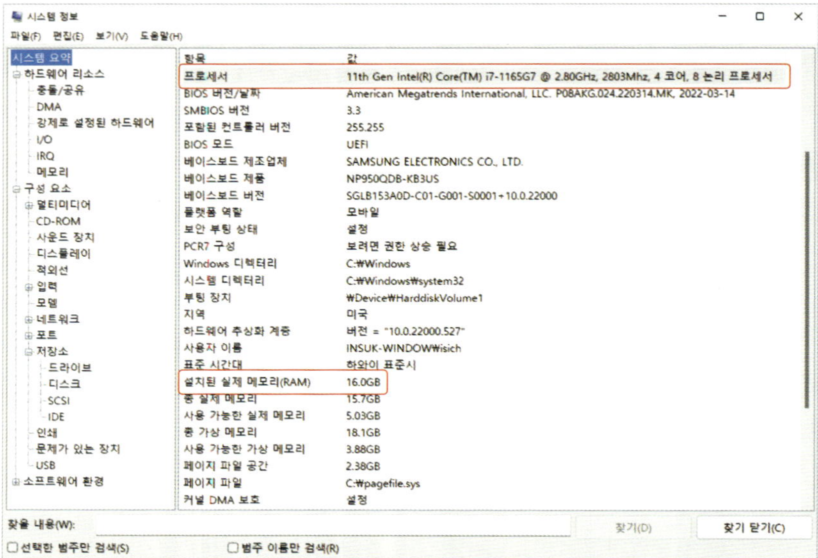

그림 2-2 내 컴퓨터의 CPU 정보와 RAM의 용량 확인하기

[저장소]–[드라이브]의 [크기] 항목에서 설치 당시 디스크 크기를 확인할 수 있으며, [사용 가능한 공간] 항목에서 현재 사용할 수 있는 여유 공간을 확인할 수 있습니다.

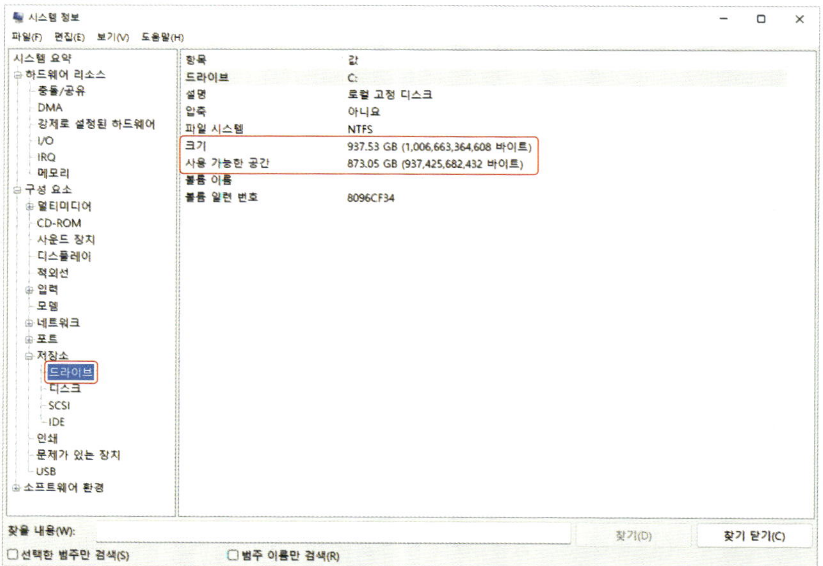

그림 2-3 내 컴퓨터 디스크 용량 확인하기

CPU, RAM, 디스크가 무엇이고 왜 중요한지 간단하게 살펴보겠습니다.

CPU

CPU는 컴퓨터의 두뇌에 해당하며, 모든 연산 처리를 주관합니다. 앞서 실행한 소스 코드의 덧셈을 실제로 수행하는 부분이 바로 CPU입니다. [그림 2-2]에서 확인할 수 있듯이 현재 CPU는 '프로세서 11th Gen Intel(R) Core(TM) i7-1165G7 @ 2.80GHz, 2803Mhz, 4 코어, 8 논리 프로세서'입니다. 제조사는 Intel이고, 11세대 i7 프로세스인 것을 확인할 수 있습니다.

여기서 '2.80GHz'는 한 번에 얼마나 빨리 연산 처리를 할 수 있는지 보여주는 지표로, 높을수록 성능이 좋습니다. '4코어'는 쿼드 코어라고도 불리며 한 번에 4번의 연산이 가능합니다. 따라서 데이터 분석으로 복잡한 연산 처리를 수행하는 사람에게 CPU는 성능을 가늠하는 중요한 지표입니다.

RAM

RAM^Random Access Memory^은 컴퓨터의 손에 해당하며, CPU가 연산 처리를 하는 데이터를 담는 그릇 역할을 합니다. CPU는 RAM에 있는 데이터를 읽을 수 있으며, 디스크에 저장되어 있는 데이터에는 바로 접근이 불가능합니다.

[그림 2-2]에서 메모리는 '16.0GB'입니다. 한 번에 최대로 사용할 수 있는 데이터의 크기가 16.0GB보다 작다는 의미입니다. 대용량 데이터를 읽어서 처리하고 싶다면 이 RAM이 여러분이 읽을 수 있는 데이터 크기의 최대치를 정해줍니다.

TIP 운영 체제에서 이미 메모리의 일정 부분을 사용하고 있기 때문에 전부를 사용할 수는 없습니다.

RAM에는 재미있는 성질이 하나 더 있는데, 바로 전원이 사라지는 순간 가지고 있던 데이터를 모두 잃어버린다는 것입니다. 마치 연기처럼 날아가 버리기 때문에 RAM을 '휘발성^Volatile^ 메모리'로 분류합니다. 그럼 그냥 전원이 없어도 데이터를 저장할 수 있는 디스크를 RAM 대신 쓰면 되지 않을까 하는 의문이 생길 수 있습니다. 그런데 CPU는 디스크에 바로 접근할 수 없으며, RAM은 디스크보다 읽기/쓰기 속도가 훨씬 빠릅니다. 이러한 특성은 데이터 분석을 수행하는 시간을 줄이는 데 기여합니다. 꼭 기억해 두기 바랍니다.

디스크

앞에서 언급했듯이 디스크는 전원이 없어도 데이터를 잃지 않습니다. 데이터를 보관할 수 있는 최고의 저장 창고인 셈입니다. RAM에 비해 가격도 무척 저렴합니다.

디스크의 가장 큰 단점은 속도입니다. RAM보다 훨씬 많은 데이터를 안전하게 저장할 수 있지만, 속도가 느리고 CPU에서 데이터를 즉시 읽고 쓸 수 없습니다. 따라서 데이터가 디스크와 RAM 사이를 오고가는 과정에 따라 데이터 분석 시간이 엄청나게 달라질 수 있습니다. 이 내용 역시 반드시 기억해 두기 바랍니다.

변수

변수는 RAM에 있는 데이터를 쉽게 기억하고 가져오기 위한 이름표라고 할 수 있습니다. 실제로 메모리에 저장된 데이터의 주소는 기억하기가 매우 어렵기 때문에 변수가 이를 대체한다고 생각하면 됩니다. 지금까지 살펴본 'CPU – RAM – 디스크'를 통한 컴퓨터의 동작을 제어하기 위해서 우리는 '파이썬'이라는 프로그래밍 언어를 사용하여 컴퓨터에 명령을 내리는 것입니다.

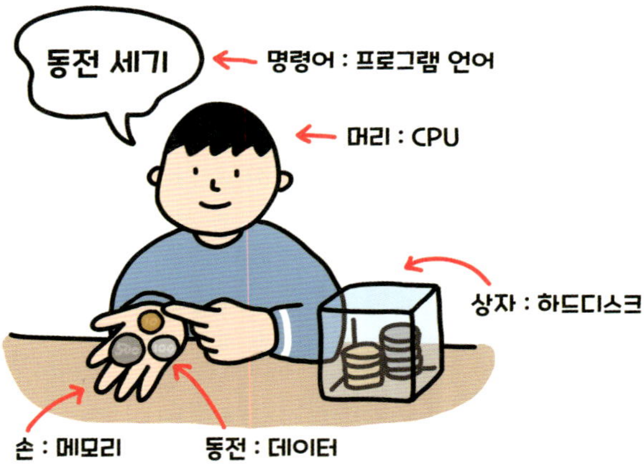

그림 2-4 컴퓨터 동작 원리 개념

CHECK **변수 이름을 지을 때는 규칙을 지켜야 합니다**

❶ 첫 글자는 반드시 영문자나 언더 바(_)로 시작합니다.

예 name(○), _name (○), 123 (×), 1name (×)

❷ 나머지 글자는 영문자, 숫자, 혹은 언더 바(_)로 이루어집니다. 언더 바를 제외한 특수 기호는 쓰지 못합니다.

❸ 대소문자를 구분합니다. 즉, 'name'과 'nAme'은 다른 변수입니다.

❹ 길이에 대한 제약은 없지만 짧을수록 좋습니다.

TIP 커뮤니티에서 권하는 소스 코드 한 줄의 문자 개수는 79개 이하입니다.

❺ 다음 [표 2-1]의 문자들은 이미 다른 용도로 사용되기 때문에 변수 이름으로는 사용할 수 없습니다. 이런 단어를 '예약어 Reserved words'라고 부릅니다.

표 2-1 예약어

False	class	finally	is	return	continue
None	for	lambda	try	def	from
True	nonlocal	while	and	del	global
not	with	as	elif	if	or
yield	assert	else	impcrt	pass	break

2 동적 타입 언어이자 강한 타입 언어인 파이썬

동적 타입 언어

파이썬 **변수** Variable 는 대입 Assign 한 값에 따라 **데이터 타입** Data type 이 정해집니다. 파이썬이 아닌 다른 프로그래밍 언어를 배운 사람이라면 이 부분이 조금 이상해 보일 수도 있습니다. 왜냐하면 어떤 언어는 변수에 값을 대입할 때 데이터 타입을 미리 선언해야 하기 때문입니다. 하지만 파이썬에서는 데이터 타입을 미리 선언할 필요가 없습니다.

그렇다면 파이썬은 어떻게 변수의 데이터 타입을 알 수 있는 것인지 확인하기 위해 다음과 같이 파이썬 변수 a에 정숫값을 대입해 보겠습니다.

```
In [2]:  a = 10              # 정수 넣기
         a?
```

Shift + Enter 키를 누르면 다음과 같이 웹 브라우저 하단에 특별 창이 나타납니다.

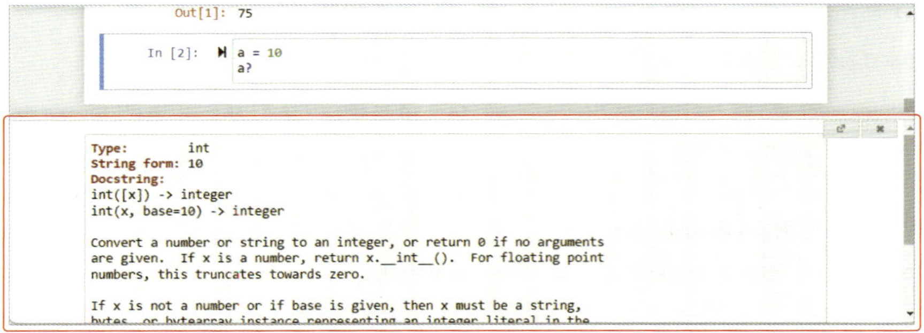

그림 2-5 정수 타입 변수 선언하기

이 소스 코드에서 두 번째 줄에 있는 물음표 기호(?)는 파이썬 기본 문법에는 존재하지 않지만, 주피터 노트북에서만 사용할 수 있는 일종의 매직 키워드입니다. a?는 변수 a에 대한 자세한 설명이 담긴 도움말을 불러옵니다.

[그림 2-5]의 출력 결과 첫 줄을 보면 해당 변수가 정수 타입이라는 의미로 int가 출력되었습니다. 즉 대입한 값이 정수 타입이기 때문에 변수 a는 정수 타입이 되는 것입니다. 이 기능을 인트로스펙션Introspection이라고 부릅니다.

이번에는 문자열 값을 변수 b에 대입해 보겠습니다.

```
In [3]:  b = "10"              # 문자열 넣기
         b?
```

여기서 잠깐 파이썬 소스 코드의 주석 처리

일반적으로 프로그래밍 언어는 소스 코드 실행과는 무관하게 소스 코드를 보충 설명하기 위하여 사용하는 주석statement을 제공합니다. 소스 코드에 샵(#) 기호가 보이면, #을 포함한 문자부터 해당 줄이 끝날 때까지를 주석으로 생각하면 됩니다. 주석은 소스 코드 이해를 돕기 위해 자주 등장할 예정이지만, 실습할 때 반드시 입력할 필요는 없습니다.

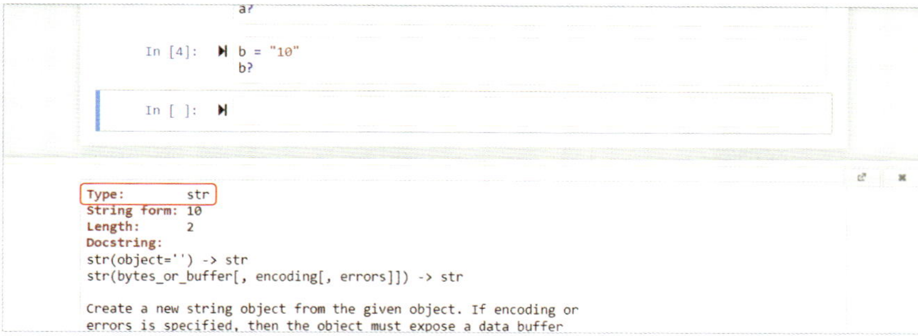

그림 2-6 문자열 타입 변수 선언하기

이번에는 문자열 타입이라는 의미로 str이 출력되었습니다. 숫자인 10을 큰따옴표 기호(" ")로 감쌌기 때문입니다. 작은따옴표 기호(' ')로 감싸도 같은 결과가 나옵니다.

여기서 잠깐 　여러 문자열 표기법

여러 줄의 문자열을 표기하려면 큰따옴표 혹은 작은따옴표 3개를 앞뒤로 붙이면 됩니다. 다음 코드를 봅시다.

```
In [4]: """
        문자열을 여러 줄을 표기하기 위해서는,
        큰따옴표 혹은 작은따옴표 3개로 전체 문장을
        앞뒤로 감싸면 됩니다.
        """
```

파이썬 소스 코드에서는 이런 표기를 많이 볼 수 있습니다. 이는 주석과 같이 소스 코드 부연 설명을 하는 데도 널리 사용됩니다.

이렇게 대입한 값에 따라 타입이 결정되는 것을 덕 타이핑Duck typing이라고도 합니다. duck은 오리를 뜻하는데, 오리 실험에서 사용하는 다음 명제에서 유래한 이름입니다.

> "만약 어떤 새가 오리처럼 걷고, 헤엄치고, 꽥꽥거리는 소리를 낸다면
> 나는 그 새를 오리라고 부를 것이다."

같은 의미로 파이썬을 동적 타입 언어Dynamic typed language라고도 부릅니다. 데이터 타입은 미리 정해진 것이 아니라 상황에 따라 동적으로 정해진다는 의미입니다.

강한 타입 언어

다음과 같이 정수로 선언한 변수 a와 문자열로 선언한 변수 b를 더하면 어떻게 되는지 알아보겠습니다.

```
In [5]:  a + b
```

다음 보기 중에서 정답을 찾아보세요.

❶ 20
❷ 1010
❸ 에러 발생
❹ 아무 일도 일어나지 않는다.

정답은 3번입니다. 다음과 같이 타입 에러가 발생합니다.

```
Out [5]: ---------------------------------------------------------------------------
TypeError                                 Traceback (most recent call
last)
~\AppData\Local\Temp/ipykernel_44320/1216668022.py in <module>
----> 1 a + b

TypeError: unsupported operand type(s) for +: 'int' and 'str'
```

맨 아랫줄의 오류 메시지를 한글로 풀면 다음과 같습니다.

```
타입 에러: 정수 타입(int)과 문자열 타입(str) 간에 지원하지 않는 연산자 + 사용
```

이렇듯 파이썬에서는 데이터 타입이 서로 다른 변수들을 타입 변환 없이 연산 처리할 수 없습니다. 이런 특징이 있는 프로그래밍 언어를 **강한 타입 언어**Strongly typed language라고 부릅니다. 이러한 특징은 데이터 분석 프로젝트를 수행하면서 데이터 타입 간에 연산 처리를 하는 경우, 예상치 못한 에러를 마주치는 원인이 됩니다.

TIP 파이썬은 동적 타입 언어인 동시에 강한 타입 언어입니다. 파이썬은 동적 타입 언어이니 강한 타입 언어는 아니라고 하는 개발자를 종종 볼 수 있는데, 이는 잘못된 생각입니다. 이 책을 읽는 여러분은 이 점을 명확하게 구분하기 바랍니다. 이는 프로그래밍에서 가장 기본적인 변수에 값을 대입하는 방법을 자연스럽게 익히는 데 도움이 됩니다.

여기서 잠깐　프로그래밍 언어 특징에 따른 구분

파이썬 이외에 다른 프로그래밍 언어들은 무슨 타입인지 궁금한 분이 있을 것입니다. 파이썬과 같은 동적[Dynamic] 타입 언어인 자바스크립트[JavaScript]는 약한[Weak] 타입 언어이기 때문에 데이터 타입이 다른 변수를 함께 연산 처리할 수 있습니다. 예를 들어 `10 + "10"`의 경우, 앞에서 살펴보았듯이 파이썬에서는 타입 에러가 발생하지만 자바스크립트에서는 오류 없이 `"1010"`이 됩니다. 자동으로 정수가 문자열로 타입이 변경되는 것입니다.

C와 C++는 파이썬과 정반대의 특징을 가지고 있습니다. 즉 데이터 타입을 선언해야 하는 정적[Static] 타입 언어이면서, 타입이 다른 변수끼리 연산 처리가 됩니다. 하지만 잘 알려진 정적 언어인 자바[Java]는 파이썬과 같이 강한[Strong] 타입 언어이기 때문에 연산 처리 전에 반드시 타입 변환이 필요합니다.

다음 [그림 2-7]은 잘 알려진 프로그램 언어들의 특징 위치를 표시한 차트입니다. 파이썬의 위치를 기억해 두기 바랍니다.

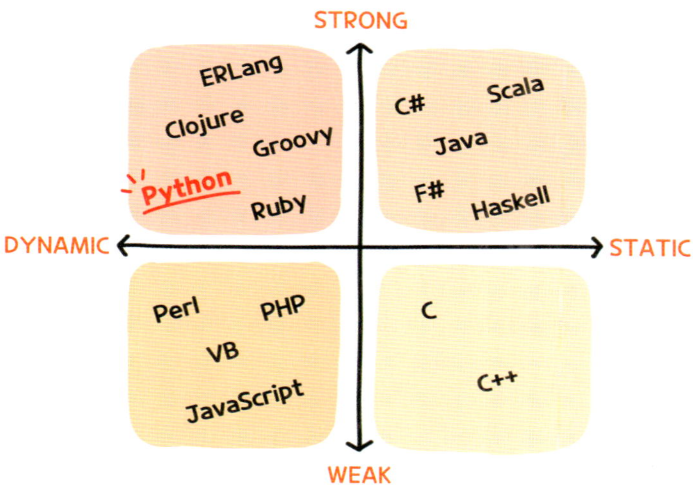

그림 2-7 프로그래밍 언어 타입 구분

3 실수와 부동 소수점 오차

부동 소수점 오차

파이썬으로 숫자 연산을 하면서 만나는 가장 흔한 이슈는 아마도 실수를 표현하는 방식 중 하나인 부동소수점과 관련된 문제일 것입니다. 필자도 이 제약 사항을 처음 알았을 때 굉장히 당황했던 기억이 있습니다. 이해를 위해 다음 소스 코드를 입력해 봅시다.

In [6]:	0.1 + 0.2
Out [6]:	0.30000000000000004

기대했던 값(0.3)과는 다른 값이 나온 것을 볼 수 있습니다. 마치 파이썬 프로그래밍 언어 자체의 버그처럼 보일 수도 있지만, 그렇지 않습니다. 컴퓨터가 부동소수점 숫자를 인식하려면 반드시 2진수로 표현해야 하는데, 정확하게 2진수로 표현할 수 없는 값들이 존재하기 때문에 이러한 문제가 생기는 것입니다.

예를 들어 10을 3으로 나눈 값은 컴퓨터에서 어떻게 표현하는 것이 맞을까요? 0.3? 0.33? 0.333? 파이썬은 이러한 값을 표현하기 위해 근사치를 사용합니다.

사람은 대체로 익숙한 근사치를 사용하기 때문에 정확한 값과 다르다는 것을 인지하지 못합니다. 가령 1을 10으로 나눈 값을 본래 십진수로 표현하면 다음과 같습니다.

```
0.1000000000000000055511151231257827021181583404541015625
```

하지만, 사람이 이 값을 기억하고 자유롭게 다루기는 어렵습니다. 그러므로 파이썬은 반올림된 값인 0.1을 대신 표시하여 모든 사람이 일반적으로 알고 있는 값으로 쉽게 다룰 수 있도록 합니다. 따라서 다음과 같이 1을 10으로 나눈 값이 정확히 0.1로 보인다 해도 실제 저장된 값은 그렇지 않다는 것을 기억하기 바랍니다.

In [7]:	1 / 10
Out [7]:	0.1

제약 사항 해결 방법

실숫값을 가진 데이터를 분석하다 보면, 가공하거나 연산 처리를 진행하는 과정에서 예상한 값과 무시할 수 없는 오차로 인해 데이터 분석 결과가 크게 왜곡되는 경우가 종종 있습니다. 이런 제약 사항을 해결하는 방법 몇 가지를 짚고 넘어가겠습니다.

■ **문자열 포매팅 함수 사용**

format() 함수를 사용하여 연산 처리가 끝난 값의 소수점 자릿수를 제한할 수 있습니다. 다음 코드에서 '.1f'는 앞의 값에서 소수점을 한 자릿수까지만 출력하라는 의미입니다. 단, 출력 결괏값이 문자열로 변한다는 것만 주의하면 됩니다.

In [8]:	format((0.1 + 0.2), '.1f') — 소수점 한 자리까지만 출력
Out [8]:	'0.3'

■ **반올림 함수 사용**

round() 함수를 사용하여 연산 처리가 끝난 값의 소수점 자릿수를 제한할 수 있습니다. 두 번째 인수에 원하는 소수점 자릿수를 입력하면 됩니다.

In [9]:	round(0.1 + 0.2, 1) — 출력하려는 소수점 자릿수
Out [9]:	0.3

CHECK round() 함수로 항상 원하는 결과를 얻지는 못합니다

반올림 함수인 round()를 사용하는 것으로는 근사치 관련 이슈를 모두 해결하지 못합니다. 원하는 값으로 반올림하지 못하는 경우가 발생할 수 있기 때문입니다.

사람은 일반적으로 2.675의 소수점 두 자리로 반올림한 결과로 2.68을 생각합니다. 하지만 다음 코드를 보면 2.67이 출력된 것을 알 수 있습니다. 따라서 정확한 수치 계산이 필요하다면 반올림 방식도 피해야 합니다.

In [10]:	round(2.675, 2)
Out [10]:	2.67

■ **Decimal 타입 사용**

정확한 십진수 부동소수점 연산 처리가 필요하다면 Decimal 타입을 사용하는 것이 가장 좋습니다. Decimal은 해당 모듈을 탑재[Import]하여 사용할 수 있으며, 다음 코드와 같이 사용합니다.

```
In [11]:  from decimal import Decimal
          result = Decimal("0.1") + Decimal("0.2")
          print(result)

Out [11]: 0.3
```

여기서 잠깐 **부동소수점 처리 관련 공식 레퍼런스 문서**

부동소수점 처리에 대해서는 파이썬 공식 문서에 자세한 자료가 있으니 참고하기 바랍니다. 앞으로 궁금한 점이 생길 때마다 공식 웹 사이트에서 확인하는 습관을 들이기 바랍니다.

- https://docs.python.org/ko/3.9/tutorial/floatingpoint.html
- https://docs.python.org/ko/3.9/library/decimal.html#module-decimal

Section 02

튜플

1 시퀀스 타입 소개

데이터 분석을 수행할 때는 각 데이터 타입의 특성을 잘 파악하여 적절한 것을 선택하는 것이 굉장히 중요합니다. 이제부터는 앞서 살펴본 기본 데이터 타입인 숫자 타입 혹은 문자열 타입 여러 개를 하나의 변수에 나열한 형태로 담을 수 있게 해주는 **시퀀스**Sequence **데이터 타입**인 튜플Tuple, 리스트List, 레인지Range를 살펴볼 것입니다.

추후에 배울 라이브러리를 이해하기 위해서도 이번 장에서 설명하는 각 데이터 타입의 특징을 숙지해야 합니다. 시작에 앞서 이름이 '2-2. 시퀀스 데이터 타입'인 신규 주피터 노트북 파일을 생성합니다.

2 튜플: 불변 시퀀스 타입

불변 시퀀스 타입인 **튜플**Tuple을 먼저 살펴보겠습니다.

튜플 만들기

튜플은 쉼표 기호(,)를 사용하여 구분한 열거 데이터를 소괄호 기호(())로 감싸서 생성할 수 있으며, 소괄호 기호는 생략할 수 있습니다. 소괄호가 생략된 소스 코드 문장은 다소 생소해 보일 수 있지만, 파이썬만의 독특한 문법으로 볼 수 있습니다.

TIP 빈 튜플은 `tuple()` 함수나, 항목 없이 ()만 대입하여 만들 수 있습니다.

다음 소스 코드를 입력합니다. 변수 myBook에 책 한 권의 정보를 넣어 보겠습니다. 출판연도, 제목, 저자, 페이지를 순서대로 넣고 소괄호 기호는 생략합니다. 앞 절에서 배운 대로 변수 이름에 물음표 기호(?)를 붙여서 상세한 정보를 확인할 수 있습니다. 하나씩 살펴보겠습니다.

```
In [1]:  myBook = 2019, 'Python for Data Analysis', '웨스 맥키니', 664
         myBook?
```

```
Type:          tuple
String form:   (2019, 'Python for Data Analysis', '웨스 맥키니', 664)
Length:        4
Docstring:
Built-in immutable sequence.
```

▪ Type(타입)

데이터 타입이 튜플인 것을 확인할 수 있습니다.

▪ String form(문자열 양식)

변수에 저장된 데이터를 문자열 형태로 확인할 수 있습니다. 소괄호 기호 없이 튜플을 생성했지만, 값에는 붙어 있습니다.

▪ Length(길이)

튜플에 저장된 데이터 개수를 보여줍니다.

▪ Docstring(상세 설명)

튜플 데이터 타입에 대한 상세 설명을 영문으로 확인할 수 있습니다. 그런데 첫 번째 줄에 굉장히 중요한 표현이 보입니다. 하나씩 살펴보겠습니다.

```
Built-in immutable sequence.
```

- **Built-in(빌트인, 내장)**: 별도 설치 없이 파이썬이 기본으로 내장하고 있는 데이터 타입이라는 뜻입니다.

- **immutable(임뮤터블, 불변)**: 데이터를 한번 저장하면 변경할 수 없다는 뜻입니다. 굉장히 중요한 개념이지만 초보 개발자들이 간과하는 부분입니다. 왜 이 내용이 중요한지는 조금 뒤에 살펴보겠습니다.
- **sequence(시퀀스, 열거)**: 여러 데이터가 열거한 상태로 저장되어 있다는 의미입니다.

여기서 잠깐 **튜플 패킹과 언패킹**

조금 전 살펴본 방식으로 튜플을 생성하는 것을 다른 말로 패킹[Packing]이라고 부릅니다. 마치 여러 데이터 타입 항목을 하나의 가방에 넣는 것과 같아서 패킹이라는 단어를 사용하는 듯합니다.

```
myBook = 2019, 'Python for Data Analysis', '웨스 맥키니', 664
```

반대로 언패킹[Unpacking]을 할 수도 있습니다. 튜플의 항목들을 각각 다른 변수에 대입하는 개념으로, 다음과 같이 사용할 수 있습니다. 간혹 나오는 문법이니 가볍게 기억해 두기 바랍니다.

```
year, title, author, page = myBook
```

변수 myBook으로 이름을 지은 튜플 데이터를 사용하여, 튜플을 사용할 수 있는 다양한 메서드를 살펴보겠습니다.

여기서 잠깐 **함수 vs 메서드**

함수는 영문으로 function, 메서드는 method로 표현합니다. 두 가지 모두 한글로 번역하면 함수라고 할 수 있지만, 파이썬에서는 이 둘을 다른 용도로 사용합니다.

함수는 print(), format(), round()와 같이 변수 없이 단독으로 사용할 수 있는 기능을 뜻하지만, 메서드는 변수 없이 사용할 수 없으며 데이터 타입에 속한 기능을 사용하는 데 쓰입니다. 따라서 이 책에서는 function은 함수, method는 메서드로 표현하겠습니다.

색인으로 각 항목 조회하기

튜플에 항목이 추가되면 0부터 시작하는 양수 **색인**[Index]이 매겨집니다. 이 색인으로 각 항목의 값을 추출할 수 있습니다.

```
In [2]:  myBook[0]              # 첫 번째 항목 값 확인
Out [2]: 2019
In [3]:  myBook[2]              # 세 번째 항목 값 확인
Out [3]: '웨스 맥키니'
```

이때 튜플 항목 색인의 범위를 벗어나는 색인을 사용하면 **색인 에러**IndexError가 발생하니 주의해야 합니다. 가장 많이 하는 실수는 색인이 0부터 시작하는 것을 잊고 마지막 항목을 가져올 때 튜플 길이를 색인으로 넣는 경우입니다. 다음은 myBook의 길이를 색인으로 넣어 오류가 발생한 코드입니다.

```
In [4]:  myBook[4]              # 색인 에러
         ---------------------------------------------------------------------------
         IndexError                        Traceback (most recent call last)
         ~\AppData\Local\Temp/ipykernel_33264/448702713.py in <module>
         ----> 1myBook[4]

         IndexError: tuple index out of range
```

항상 마지막 항목은 **튜플 길이-1**이라는 것을 잊지 마세요. 다음과 같이 튜플 길이를 반환하는 함수 **len()**를 사용해 가져올 수도 있습니다.

```
In [5]:  myBook[len(myBook)-1]  # 마지막 항목 값 확인
Out [5]: 664
```

마지막 항목을 가져오는 가장 좋은 방법은 음수 색인을 사용하는 것입니다. 음수 색인은 마지막 항목 색인을 -1로 설정하여 역순으로 매겨집니다. 음수 색인을 처음 보았다면 다소 생소할 수도 있지만, 앞으로 자주 마주칠 문법이니 기억해 두기 바랍니다.

```
In [6]:  myBook[-1]             # 마지막 항목 값 확인
Out [6]: 664
```

```
In [7]:  myBook[-4]              # 첫 번째 항목 값 확인
Out [7]: 2019
```

음수 색인도 범위를 벗어나면 색인 에러가 발생하니 주의합니다.

```
In [8]:  myBook[-5]              # 색인 에러

---------------------------------------------------------------------
IndexError                          Traceback (most recent call last)
~\AppData\Local\Temp/ipykernel_33264/4060996440.py in <module>
----> 1myBook[-5]

IndexError: tuple index out of range
```

값을 변경할 수 없는 딱딱한 튜플

앞에서 튜플 타입 변수를 확인했을 때 데이터를 한번 저장하면 변경할 수 없다는 뜻의 immutable(불변, 이후 임뮤터블) 메시지를 보았습니다. 튜플 타입의 항목을 하나 변경해 이에 대해 확인하겠습니다.

```
In [9]:  myBook[-1] = 700        # 마지막 항목 값 변경 시도

---------------------------------------------------------------------
TypeError                           Traceback (most recent call last)
~\AppData\Local\Temp/ipykernel_33264/669424165.py in <module>
----> 1myBook[-1]=700

TypeError: 'tuple' object does not support item assignment
```

타입 에러가 발생했습니다. 에러 메시지 중 맨 아랫줄을 한글로 풀어 보겠습니다.

```
타입 에러: 튜플(tuple) 객체는 항목 대입을 지원하지 않음
```

튜플은 변경하지 못하는 타입이기 때문에 객체의 항목 값을 변경할 수 없다는 내용입니다. 여기서 말하는 객체[Object]는 굉장히 중요한 개념으로, 바로 이어서 자세히 살펴보겠습니다.

여기서 잠깐 에러 메시지를 읽는 방법

에러가 발생하여 소스 코드가 동작하지 않는다면 당황하지 말고 에러 메시지를 주의 깊게 살펴보기 바랍니다. 에러가 발생한 이유가 자세하게 설명되어 있기 때문입니다. 에러 메시지는 대부분 마지막 줄에 있습니다. 앞 예시의 경우 다음과 같이 번역할 수 있습니다.

```
IndexError: tuple index out of range
```
→ 색인 에러: 범위를 벗어난 튜플 색인

3 변수와 객체의 관계

튜플은 변경할 수 없는 임뮤터블 타입이라고 여러 번 언급했습니다. 그렇다면 이미 생성한 튜플을 담은 myBook 변수의 값을 변경하는 다음 소스 코드는 어떻게 동작할까요?

```
In [10]:  print(myBook)                                  # myBook 내용 확인
          myBook = (2023, '생생 데이터 분석', '조인석', 435)
          print(myBook)                                  # myBook 내용 확인
```

다음 보기 중 정답을 찾아보세요.

❶ 타입 에러 발생
❷ 에러는 발생하지 않으나 myBook 값은 변경되지 않음
❸ 아무 문제 없이 myBook 튜플 값이 변경됨

정답은 3번입니다. 다음과 같이 두 값 모두 차례로 출력됩니다.

```
(2019, 'Python for Data Analysis', '웨스 맥키니', 664)
(2023, '생생 데이터 분석', '조인석', 435)
```

예상한 결과와 일치했나요? 만약 그렇지 않다면 파이썬 '변수'가 '객체'와 어떻게 관계를 맺는지 다시 한 번 살펴볼 좋은 기회입니다.

파이썬이 소괄호 기호로 감싼 열거형 데이터를 '튜플'로 인식하려면 어디엔가 이 내용을 미리 정의해 놓아야 합니다. 일종의 명세서가 필요한 셈입니다. 이렇게 타입을 미리 정의해 놓은 명세서를 '클래스'라고 부릅니다. 튜플 역시 이러한 '클래스'가 있는 것입니다.

이 튜플 클래스가 명시한 대로 데이터를 생성하면, 각 데이터는 튜플 클래스의 '객체'가 됩니다. 클래스라는 틀에서 찍어 낸 실체인 셈입니다. 이 '객체'에 대입 연산자를 사용하면, '변수'를 사용해 '객체'를 사용할 수 있게 되는 것입니다.

여기서 중요한 것은 '변수에 객체를 저장하는 개념이 아니다.'라는 것입니다. '변수'는 메모리에 저장된 객체를 불러오기 위한 일종의 라벨입니다. 그러므로 앞서 실행한 코드는 변수의 값을 바꾼 것이 아니라, 서로 다른 객체에 동일한 변수를 사용한 것뿐입니다.

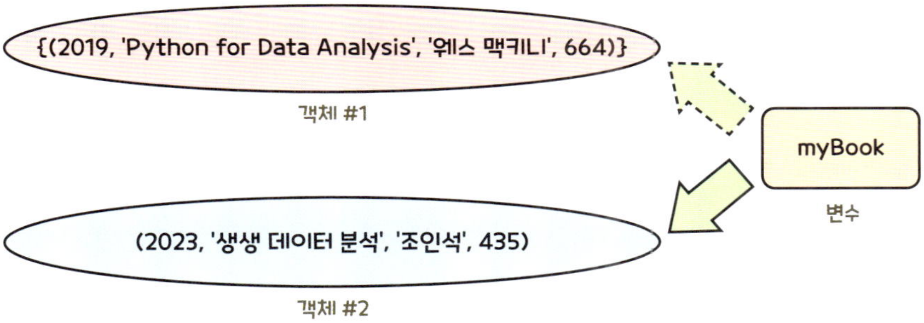

그림 2-8 myBook 변수의 재활용

파이썬은 변수 타입을 미리 저장하지 않으니 어쩌면 이 개념은 무척 당연한 것일 수 있습니다. 변수에 특정 값을 대입(=)하는 경우라면, 대입 연산자 오른쪽의 객체를 왼쪽에 있는 변수 이름으로 부르겠다는 의미가 됩니다. 굉장히 기본적이면서도 간과하기 쉬운 개념입니다.

이를 제대로 이해하지 못하면 데이터 분석 프로젝트를 수행할 때 본인 의도와 상관없이 데이터가 변질되거나 아예 값을 잃어버려서 다시 사용할 수 없는 경우도 발생하니 꼭 기억해야 합니다.

Section 03

리스트

1 리스트 : 가변 시퀀스 타입

항목의 값을 변경할 수 없는 튜플과는 다르게, 항목의 값을 변경할 수 있는 가변 열거형 데이터 타입이 있습니다. 바로 리스트[List] 입니다.

리스트 만들기

리스트는 소괄호(( ))를 사용하는 튜플과 달리 대괄호([ ])를 사용하여 쉼표 기호(,)로 구분한 열거형 데이터를 감싸는 방식으로 정의합니다. 그리고 대괄호 기호는 생략할 수 없습니다. 만약 생략할 수 있다면 튜플과 구분이 되지 않을 것입니다. 따라서 반드시 대괄호 기호를 표기해야 합니다.

TIP 빈 리스트는 `list()` 함수나, 항목 없이 `[]` 만 대입하여 만들 수 있습니다.

다음은 `numbers`라는 리스트에 4개의 데이터를 넣는 코드입니다. 변수 이름에 물음표 기호(?)를 붙여서 상세한 정보를 확인하겠습니다. '2-2.시퀀스 데이터 타입' 파일에 이어서 작성해 봅시다.

In [11]:

```
numbers = [4, 1, 3, 2]
numbers?
```

```
Type:           list
String form:    [4, 1, 3, 2]
Length:         4
Docstring:
Built-in mutable sequence.
```

■ Type(타입)

데이터 타입이 리스트인 것을 확인할 수 있습니다.

■ String form(문자열 양식)

변수에 저장된 데이터를 문자열 형태로 확인할 수 있습니다.

■ Length(길이)

리스트에 저장된 데이터 개수를 확인할 수 있습니다.

■ Docstring(상세 설명)

리스트 데이터 타입에 대한 상세 설명을 확인할 수 있습니다. 이번에도 첫 번째 줄에 굉장히 중요한 표현이 보입니다. 하나씩 살펴보겠습니다.

```
Built-in mutable sequence.
```

- `Built-in`(빌트인, 내장): 별도의 설치 없이 파이썬에 기본으로 내장된 데이터 타입이라는 뜻입니다.
- `mutable`(뮤터블, 가변): 생성된 객체의 값을 변경할 수 있다는 뜻입니다.
- `sequence`(시퀀스, 열거): 여러 데이터가 열거한 상태로 저장되어 있다는 뜻입니다.

리스트는 튜플보다 더 다양한 메서드를 제공합니다. 몇 가지만 살펴보겠습니다.

색인으로 각 항목 조회하기

색인을 사용하는 방법은 튜플과 똑같고, 양수 색인과 음수 색인이 모두 제공됩니다.

In [12]:	`numbers[0]                # 첫 번째 항목 값 확인`
Out [12]:	4
In [13]:	`numbers[-1]               # 마지막 항목 값 확인`
Out [13]:	2

범위를 벗어난 색인을 사용하면 색인 에러가 발생합니다.

In [14]:	numbers[4] # 색인 에러
	--- IndexError Traceback (most recent call last) ~\AppData\Local\Temp/ipykernel_19068/417937980.py in <module> ----> 1cards[4] IndexError: list index out of range

색인으로 항목 값 변경하기

리스트는 가변 열거형 데이터이므로 객체에 담은 항목 값을 변경할 수 있습니다. 다음 소스 코드를 실행하면 아무 에러 없이 리스트 객체의 값이 변경됩니다.

In [15]:	numbers[1] = 7 # 두 번째 항목 값 변경 numbers # 리스트 값 확인
Out [15]:	[4, 7, 3, 2]

항목 추가/제거하기

이번에는 항목을 추가해 보겠습니다. **append()** 메서드를 사용하면 맨 끝에 원하는 값을 추가할 수 있습니다.

In [16]:	numbers.append(8) # 항목 추가 numbers # 리스트 값 확인
Out [16]:	[4, 7, 3, 2, 8]

remove() 메서드를 사용하면 원하는 값에 해당하는 항목을 제거할 수 있습니다.

TIP remove() 메서드에 제거 대상 항목의 값이 들어가야 합니다. 간혹, 색인을 넣어서 원하지 않는 값이 제거될 수 있으니 주의하기 바랍니다.

In [17]:	numbers.remove(3) numbers	# 항목 제거 # 리스트 값 확인
Out [17]:	[4, 7, 2, 8]	

항목 삽입하기

이번에는 원하는 위치에 값을 삽입하는 방법을 알아보겠습니다. **insert()** 메서드에 색인과 값을 인수로 넣으면 원하는 위치에 값을 넣을 수 있습니다.

In [18]:	numbers.insert(2, 9) numbers	# 세 번째 항목에 9 삽입 # 리스트 값 확인
Out [18]:	[4, 7, 9, 2, 8]	

항목 추출하기

항목을 추출하고 싶다면 **pop()** 메서드를 사용해 원하는 항목의 값을 확인함과 동시에 제거할 수 있습니다.

In [19]:	numbers.pop(1)	# 두 번째 항목 추출
Out [19]:	7	
In [20]:	numbers	# 리스트 값 확인
Out [20]:	[4, 9, 2, 8]	

항목 개수 확인하기

튜플과 마찬가지로 **len()** 함수를 사용하면 항목의 전체 개수를 확인할 수 있습니다.

In [21]:	len(numbers)	# 항목 개수 확인하기
Out [21]:	4	

2 슬라이싱으로 부분 리스트 만들기

리스트 기능 중 가장 재미있는 기능이자 파이썬의 독특한 문법인 슬라이싱Slicing 기능을 살펴보겠습니다. 문법은 다음과 같습니다. 색인으로 항목 값을 조회하는 것과 유사하지만, 대괄호 기호 안에 클론 기호(:)로 구분한 숫자가 들어갈 수 있습니다.

```
리스트_변수_이름 [시작 : 끝]
```

이 문법은 다음과 같이 동작합니다.

- 리스트의 **시작** 색인부터 **끝-1** 색인까지에 해당하는 부분 리스트를 반환한다.
- **시작** 색인이 생략되면 0으로 간주한다.
- **끝** 색인이 생략되면 마지막 항목 색인(**리스트 길이 - 1**)으로 간주한다.

그럼 소스 코드를 작성해 보겠습니다.

In [22]:	`numbers[1:3]                # 두 번째부터 세 번째까지 슬라이싱`
Out [22]:	`[9, 2]`

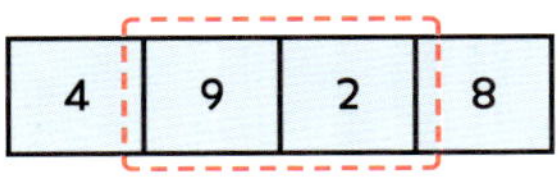

그림 2-9 슬라이싱 [1:3] 결과

In [23]:	`numbers[0:3]                # 첫 번째부터 세 번째까지 슬라이싱`
Out [23]:	`[4, 9, 2]`

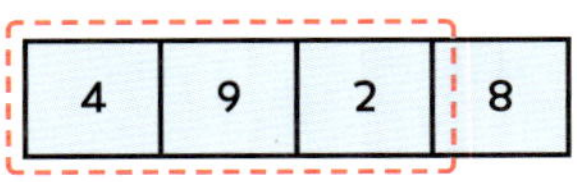

그림 2-10 슬라이싱 [0:3] 결과

이번에는 색인을 생략한 코드를 실행해 보겠습니다.

```
In [24]:  numbers[:3]            # 처음부터 세 번째까지 슬라이싱
Out [24]: [4, 9, 2]
```

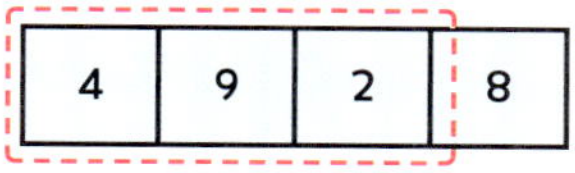

그림 2-11 슬라이싱 [:3] 결과

```
In [25]:  numbers[1:]            # 두 번째부터 끝까지 슬라이싱
Out [25]: [9, 2, 8]
```

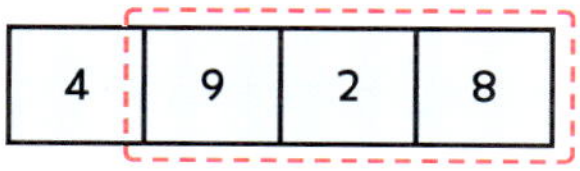

그림 2-12 슬라이싱 [1:] 결과

지금까지 여러 방법으로 리스트를 슬라이싱했지만, 기존의 리스트 값에는 변화가 없었습니다. 슬라이싱을 수행하면 해당 범위에 해당하는 리스트 객체를 새로 생성하여 반환하기 때문입니다. 꼭 기억해 두기 바랍니다.

여기서 잠깐 **슬라이싱을 불변 데이터 타입에도 사용할 수 있는 이유**

리스트가 가변 데이터 타입이라서 슬라이싱으로 해당 리스트를 바로 잘라내는 것이라고 오해할 수 있습니다. 하지만 슬라이싱을 수행할 때마다 새로운 객체를 생성하여 반환하기 때문에 기존 리스트에는 변화가 없습니다. 이러한 이유로 슬라이싱 기술은 불변 타입인 튜플이나 문자열에도 사용할 수 있습니다.

리스트 얕은 복사

이번에는 두 색인을 모두 생략해 보겠습니다.

```
In [26]:  numbers[:]             # 전체 리스트 복제본 반환
Out [26]: [4, 9, 2, 8]
```

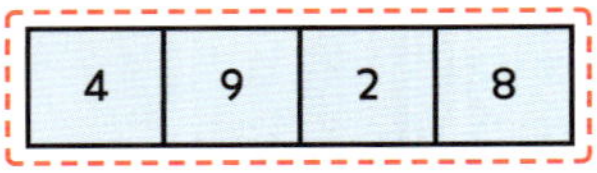

그림 2-13 리스트 [:] 결과(얕은 복사)

두 색인을 모두 생략했더니 전체 리스트의 복제본이 출력되었습니다. 이 문법은 어떤 경우에 사용할까요? 다음과 같이 리스트를 다른 변수에 대입하여 항목을 하나 추가해 보겠습니다.

In [27]:	`new_numbers = numbers          # 신규 리스트 변수 생성`
	`new_numbers.append(7)          # 신규 리스트에 항목 추가`
	`new_numbers                    # 신규 리스트 값 확인`

Out [27]:	`[4, 9, 2, 8, 7]`

이렇게 하면 기존 리스트인 numbers에 있는 값은 어떻게 될까요? 앞에서 설명한 변수와 객체 관계를 잘 이해했다면 쉽게 맞힐 수 있을 것입니다.

❶ 기존 값을 유지한다: [4, 9, 2, 8]
❷ 신규 리스트와 같이 항목이 추가된다: [4, 9, 2, 8, 7]

정답은 2번입니다. 신규 리스트를 생성할 때 new_numbers는 numbers가 참조하고 있는 객체를 참조하는 또 다른 변수가 된 것일 뿐 새로운 객체가 생성된 것이 아닙니다.

In [28]:	`numbers                        # 기존 리스트 값 확인`
Out [28]:	`[4, 9, 2, 8, 7]`

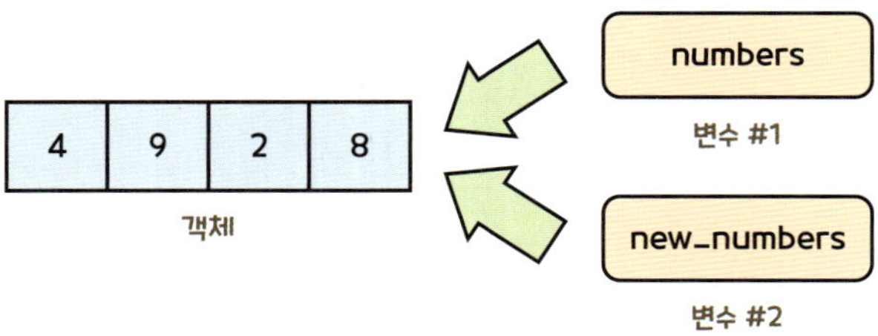

그림 2-14 리스트 복사 없이 변수를 대입한 결과 동일 객체 사용

따라서 의도대로 새로운 리스트를 만들어서 별도로 사용하고 싶다면, 신규 리스트 생성 시 해당 리스트를 '복제'해야 합니다. 그럴 때 색인을 넣지 않은 슬라이싱 기능을 사용할 수 있습니다. 다음은 그 예시입니다.

```
In [29]:   cloned_numbers = numbers[:]       # 신규 리스트 생성
           cloned_numbers.append(11)         # 신규 리스트에 항목 추가
           cloned_numbers                    # 신규 리스트 값 확인
Out [29]:  [4, 9, 2, 8, 7, 11]
In [30]:   numbers                           # 기존 리스트 값 확인
Out [30]:  [4, 9, 2, 8, 7]
```

cloned_numbers와 numbers가 서로 분리된 것을 확인할 수 있습니다. [:] 문법으로 기존 리스트의 복제본을 사용했기 때문입니다. 하지만 이것도 완벽한 '복제'라고 볼 수는 없습니다. 객체는 새로 생성했지만 리스트가 품고 있는 항목들의 객체도 새로 생성한 것은 아니기 때문입니다. 이렇게 복제하는 것을 **얕은 복사**Sallow copy 라고 부릅니다.

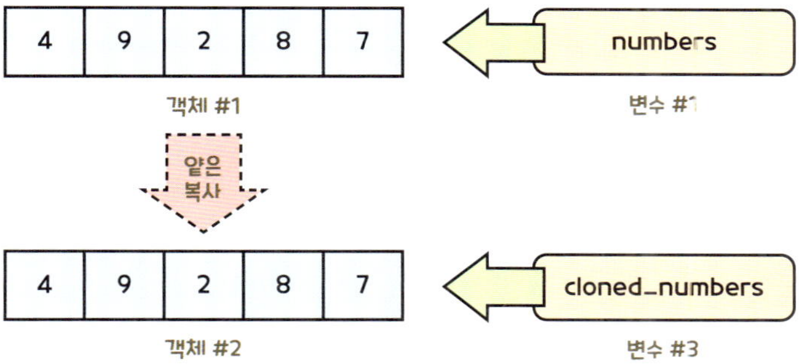

그림 2-15 리스트 얕은 복사를 사용한 경우

중첩 리스트와 깊은 복사

리스트 항목의 데이터 타입은 무엇이든 상관없습니다. 리스트 항목 자체가 또 다른 리스트가 되는 경우, 이를 중첩 리스트라고 부릅니다. 데이터 분석 프로젝트에서는 중첩 리스트를 빈번하게 사용합니다. 우선 중첩 리스트를 하나 만들어 봅시다.

다음은 한 항목에 3개의 숫자로 구성된 리스트가 3개 있는 3×3 리스트입니다.

In [31]:
```
nested_numbers = [[1, 2, 3], [4, 5, 6], [7, 8, 9]]
nested_numbers[1]             # 두 번째 항목 값 확인
```
Out [31]:
```
[4, 5, 6]
```
In [32]:
```
nested_numbers[1][2]          # 두 번째 항목의 세 번째 값 확인
```
Out [32]:
```
6
```

리스트의 두 번째 항목 값을 확인했더니 또 다른 리스트가 출력되는 것을 볼 수 있습니다. 또한 대괄호 기호를 두 번 사용하니 항목 리스트의 항목 값을 확인할 수 있었습니다. 이렇게 리스트가 여러 리스트를 품는 형태라서 **중첩**Nested **리스트**라고 부릅니다. 앞으로 행렬 관련 연산 처리를 할 때 정말 빈번하게 사용할 데이터 구조입니다.

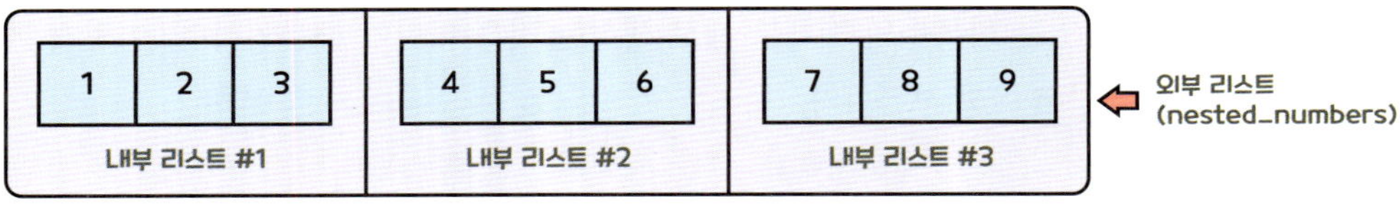

그림 2-16 3×3 중첩 리스트 예시

여기서 잠깐 **중첩 리스트 항목의 개수**

이번 예시에서는 항목으로 추가한 내부 리스트의 항목 개수가 3개로 동일하지만, 항목 개수가 꼭 동일해야 하는 것은 아닙니다. 파이썬은 이렇게 굉장히 유연한 데이터 구조를 제공하며, 어떤 유형의 데이터도 담을 수 있습니다.

이 중첩 리스트도 앞에서 살펴본 슬라이싱 방법으로 복사한 뒤, 내부 리스트의 항목 값 하나를 바꿔 보겠습니다.

In [33]:
```
cloned_nested_numbers = nested_numbers[:]      # 얕은 복사
cloned_nested_numbers[1][2] = 11               # 항목 값 변경
cloned_nested_numbers                          # 신규 리스트 값 확인
```
Out [33]:
```
[[1, 2, 3], [4, 5, 11], [7, 8, 9]]
```

다시 문제를 내 보겠습니다. 기존 중첩 리스트인 nested_numbers에 들어 있는 값은 어떻게 될까요? 정답을 맞혀 보세요.

> ❶ 기존 값을 유지한다: [[1, 2, 3], [4, 5, 6], [7, 8, 9]]
> ❷ 신규 리스트와 같이 값이 변경된다: [[1, 2, 3], [4, 5, 11], [7, 8, 9]]

정답은 2번입니다. 분명 복사했는데 의도와 다르게 신규 리스트에 반영한 수정 사항이 기존 리스트에도 반영되었습니다.

In [34]:	`nested_numbers                              # 기존 리스트 값 확인`
Out [34]:	`[[1, 2, 3], [4, 5, 11], [7, 8, 9]]`

이유는 항목에 위치한 가변 리스트의 객체 값을 변경했기 때문입니다. 만약 항목 자체를 변경했다면 기존 리스트에 영향을 미치지 않습니다.

In [35]:	`cloned_nested_numbers[1] = [11, 12, 13]  # 신규 리스트 항목 변경` `cloned_nested_numbers`
Out [35]:	`[[1, 2, 3], [11, 12, 13], [7, 8, 9]]`
In [36]:	`nested_numbers                              # 기존 리스트 값 확인`
Out [36]:	`[[1, 2, 3], [4, 5, 11], [7, 8, 9]]`

얕은 복사를 하면 외부 리스트를 복제한 객체는 새로 생성되지만, 리스트 안에 있는 항목들은 복제가 되는 것이 아니라 해당 객체를 그대로 참조하고 있는 것을 알 수 있습니다.

항목까지 복제해서 완전히 분리하고 싶다면 **깊은 복사**Deep copy를 수행합니다. copy 모듈을 탑재import하여, **deepcopy()** 메서드를 사용하면 됩니다. 다음과 같이 깊은 복사를 수행하여 내부 리스트 항목 값을 변경해 봅시다.

In [37]:	`import copy                                 # 모듈 탑재`
	`deep_cloned_numbers = copy.deepcopy(nested_numbers)  # 깊은 복사`
	`deep_cloned_numbers                         # 신규 리스트 값 확인`

Out [37]:	`[[1, 2, 3], [4, 5, 11], [7, 8, 9]]`

In [38]:	deep_cloned_numbers[1][2] = 6 # 신규 리스트 항목 값 변경 deep_cloned_numbers # 신규 리스트 값 확인
Out [38]:	[[1, 2, 3], [4, 5, 6], [7, 8, 9]]

이제 기존 리스트 값을 보면, 변경되지 않았음을 알 수 있습니다.

In [39]:	nested_numbers # 기존 리스트 값 확인
Out [39]:	[[1, 2, 3], [4, 5, 11], [7, 8, 9]]

정리하자면, 리스트를 내부에 있는 모든 항목까지 포함하여 완전히 복제하고 싶다면 반드시 copy.deepcopy() 메서드를 사용하여 깊은 복사를 해야 합니다.

만약 복제 대상 리스트의 항목에 가변 객체가 없어서 어차피 변경될 수 없는 상황이라면 약한 복사를 사용해도 문제가 없습니다. 굉장히 중요한 개념이니 반드시 기억하기 바랍니다.

TIP 이 개념을 정확하게 이해하고 약한 복사를 사용해 항목을 의도적으로 복제하지 않고 공유하는 경우도 있습니다. 다만 너무 복잡해지고 제어하기 힘들어지기 때문에 권장하지는 않으니 참고하세요.

3 리스트 합치고 삭제하기

리스트 합치기

리스트 2개를 더하기 기호(+)로 서로 연결할 수 있습니다.

In [40]:	a = [1, 2] b = [3, 4] c = a + b # 리스트 합치기 c # 결과 확인하기
Out [40]:	[1, 2, 3, 4]

더하기 기호는 두 리스트를 합친 새로운 객체를 생성하여 반환합니다. 만약 새로운 객체를 생성하지 않고 a 리스트에 b 리스트를 이어 붙이고 싶다면 extend() 메서드를 사용할 수 있습니다.

In [41]:	`a.extend(b)` `# 리스트 확장하기` `a` `# 결과 확인하기`
Out [41]:	`[1, 2, 3, 4]`

CHECK 무조건 새로운 객체를 생성하는 것은 효율적이지 않습니다

지금 작성하고 있는 코드는 컴퓨터 메모리 영역을 거의 차지하지 않습니다. 하지만 하나의 리스트가 가용 메모리의 절반을 차지한다면 어떻게 될까요? 리스트를 합치는 행위만으로도 메모리 부족으로 프로그램을 실행할 수 없는 상황이 됩니다. 따라서 리스트를 합치는 과정에서도 단순히 더할 것인지 기존 리스트를 확장할 것인지 고민하여 메모리를 효율적으로 사용하는 소스 코드를 작성하는 습관을 길러야 합니다.

삭제하기

마지막으로 del 키워드를 사용하여 리스트 항목 혹은 리스트 자체를 삭제하는 방법을 알아보겠습니다.

파이썬은 객체를 삭제하는 용도로 del 키워드를 제공합니다. del 키워드의 사용법은 일반 함수와는 다릅니다. 키워드 바로 뒤에 삭제 대상 객체를 위치하는 방법으로 사용할 수 있는데, 이런 점이 일반 함수나 메서드와 구분됩니다. 리스트의 특정 항목을 삭제해 보겠습니다.

```
In [42]:  del c[2]          # 세 번째 항목 삭제하기
          c                 # 결과 확인하기
Out [42]: [1, 2, 4]
```

항목뿐 아니라 전체 리스트를 삭제할 수도 있습니다. 삭제된 변수는 존재하지 않기 때문에, 변수를 호출하면 다음과 같이 에러가 발생합니다.

```
In [43]:  del c             # 리스트 삭제
          c                 # 삭제한 리스트 호출
```

```
---------------------------------------------------------------
NameError                         Traceback (most recent call last)
~\AppData\Local\Temp/ipykernel_19576/2962017530.py in <module>
      1del c
----> 2c

NameError: name 'c' is not defined
```

마지막 에러 내용을 풀이하면 다음과 같습니다.

```
이름 에러: 이름 'c'는 정의되어 있지 않다.
```

CHECK 더 이상 사용하지 않는 객체는 삭제하세요

지금 작성하고 있는 코드는 컴퓨터 메모리 영역을 거의 차지하지 않기 때문에 객체가 메모리에 남아 있어도 프로그램에 크게 영향을 미치지 않습니다. 하지만 더 이상 사용하지 않는 거대한 리스트가 메모리에 남아 있다면 프로그램이 사용할 수 있는 메모리가 부족해지기 때문에 프로그램을 제대로 실행할 수 없는 상황이 생길 수 있습니다. 따라서 메모리를 효율적으로 사용하려면 더 이상 사용하지 않는 객체는 삭제하는 습관이 중요합니다.

del 키워드는 리스트를 포함한 모든 타입의 객체를 삭제할 수 있습니다. 참고로 삭제하는 순간 해당 객체가 메모리에서 제거되는 것은 아닙니다. 하지만 파이썬의 메모리 청소를 담당하는 가비지 컬렉터Garbage collector가 주기적으로 청소를 하기 때문에 결국 메모리 여유 공간이 만들어집니다.

4 튜플 vs 리스트

지금까지 튜플과 리스트에 대해 살펴보았습니다. 튜플은 리스트와 무척 흡사하지만 값을 변경할 수 없는 특징이 있으므로 리스트에 비해 제공하는 메소드가 현저히 적습니다. append(), extend(), insert(), remove(), pop() 등 값을 변경하는 메서드가 아예 존재하지 않습니다. 이렇게 제공하는 메서드가 부족한 데이터 타입을 왜 만들었을까요?

튜플은 일단 값 자체를 바꿀 수 없게 하는 데 필요합니다. 데이터 분석을 실행하는데 프로그램 내에서 절대로 변경하면 안 되는 원천 데이터가 있다고 가정합시다. 이 데이터가 변경되면, 추후에 분석이 끝난 데이터와 비교할 때 분석 결과가 크게 왜곡될 스도 있습니다.

튜플이 중요한 이유는 또 있습니다. 단순하고 간결한 기능만 제공함으로써 성능 측면에서 이점을 가져다 주기 때문입니다. 바뀔 필요가 없는 데이터이니 그냥 읽는 용도로만 쓰면 되는 것입니다. 이러한 장점은 실행 속도가 매우 중요한 프로그램에서 튜플을 요긴하게 사용하는 주요 이유가 됩니다.

여러분이 만들고자 하는 프로그램의 데이터 중 강제로 변경을 못 하게 하거나 실행 속도를 빠르게 해야 하는 경우가 있다면 리스트보다는 튜플을 사용하는 것이 좋습니다. 이런 이유로 대용량 데이터를 다루는 데이터 분석 프로젝트에서 여러 타입의 데이터를 튜플로 변환하여 처리하는 경우가 빈번합니다.

다음 소스 코드는 리스트를 튜플로, 튜플을 리스트로 변환하는 소스 코드입니다. 결괏값에 출력된 결과물을 감싸고 있는 괄호 기호에 주목하기 바랍니다.

```
In [44]:  tup_a = tuple(a)             # 리스트를 튜플로 변환
          tup_a                        # 변환 결과 확인
Out [44]: (1, 2, 3, 4)
In [45]:  lis_a = list(tup_a)          # 튜플을 리스트로 변환
          lis_a                        # 변환 결과 확인
Out [45]: [1, 2, 3, 4]
```

CHECK 항상 튜플 사용을 먼저 고려하세요

프로그램을 작성하다 보면 열거형 데이터를 튜플에 담을지 리스트에 담을지 확신이 들지 않는 경우가 있을 수 있습니다. 그럼 먼저 튜플에 담는 것을 고려하세요. 항목 값을 반드시 변경할 필요가 없다면 튜플을 사용하는 것이 더 좋습니다. 항목 값을 변경할 필요가 전혀 없는 경우에 리스트를 사용하는 것은 프로그램 수행 속도를 늦추는 원인이 되기도 합니다. 효율적으로 빠르게 동작하는 프로그램을 작성하려면 튜플을 적극적으로 사용해야 합니다.

5 레인지와 순회

파이썬에서는 숫자로 이루어진 불변 시퀀스 데이터를 만드는 데 레인지 타입을 사용합니다. 레인지 타입은 일반적으로 for 문을 사용하여 특정 횟수만큼 순회할 때 주로 사용됩니다. range() 함수 사용 시 인수 개수에 따라서 생성되는 시퀀스에 차이가 있습니다.

각 예시를 for 문, print() 함수와 함께 실행해 봅시다.

range(종료)

range() 함수에 인수를 1개만 사용하여 0부터 (종료 - 1)까지 1씩 증가하는 시퀀스를 생성합니다.

In [46]:

```
for n in range(10):
    print(n)
```

Out [46]:

```
0
1
2
3
4
5
6
7
8
9
```

range(시작, 종료)

range() 함수에 인수를 2개 사용하여 (시작)부터 (종료 - 1)까지 1씩 증가하는 시퀀스를 생성합니다.

In [47]:

```
for n in range(3, 10):
    print(n)
```

```
Out [47]: 3
4
5
6
7
8
9
```

range(시작, 종료, 간격)

range() 함수에 인수를 3개 사용하여 (시작)부터 (종료 - 1)까지 (간격)씩 증가하는 시퀀스를 생성합니다

```
In [48]: for n in range(3, 10, 2):
             print(n)
```

```
Out [48]: 3
5
7
9
```

TIP range() 대신 리스트 혹은 튜플을 사용할 수 있습니다. 직접 작성한 리스트 혹은 튜플을 순회하고 싶다면, 레인지와 같은 방식으로 모든 항목을 순회할 수 있습니다.

Section 04

딕셔너리와 세트 타입

이제부터는 데이터를 다른 방식으로 모아서 저장할 수 있는 데이터 타입인 딕셔너리와 세트 타입을 살펴보겠습니다. 독특한 기능과 특징이 있는 만큼, 여기에서 소개하는 내용을 숙지하고 있는지 확인해 보세요. 먼저 이름이 '2-3. 딕셔너리와 세트 타입'인 신규 주피터 노트북 파일을 생성합니다.

1 키와 값을 모은 딕셔너리

프로그래밍 언어에서 제공하는 데이터 타입 중 가장 빈번하게 사용하는 타입은 **딕셔너리**Dictionary 타입입니다. 한글로 직역하면 '사전' 타입이지만, 일반적인 의미의 사전과 구분하기 위해 영문명을 그대로 사용하겠습니다.

리스트나 튜플은 나열한 값 항목에 순서대로 숫자 색인이 매겨지지만, 딕셔너리 타입은 프로그래머가 정의한 **키**Key에 의해 색인이 매겨집니다. 즉 숫자 색인이 아니라, 여러분이 원하는 특정 키로 **값**Value을 찾을 수 있다는 뜻입니다. 또한 딕셔너리 타입은 항목을 넣고 빼는 것이 자유로운 가변 데이터 타입입니다.

딕셔너리 만들기

딕셔너리 타입은 '전체 항목이 정렬되지 않은 키와 값의 쌍Pair으로 구성된 가변 데이터 타입'이라고 정의할 수 있습니다. 키와 값의 쌍은 **키 : 값** 형태로 표현하며, 각 항목은 쉼표로 구분하고, 전체 데이터 집합은 중괄호 기호({ })로 감쌉니다.

TIP 빈 딕셔너리는 `dict()` 함수나, 항목 없이 `{}`만 대입하여 만들 수 있습니다.

```
In [1]: family = { '안나': 12, '신후': 9, '우진': 2 }    # 딕셔너리 생성
        family?                                           # 딕셔너리 확인
```

```
Type:         dict
String form:  {'안나': 12, '신후': 9, '우진': 2}
Length:       3
```

키 색인으로 값 조회하기

값을 추출할 때는 리스트에서 숫자 색인으로 값을 추출하는 방법과 마찬가지로 대괄호 기호([])와 키 색인을 사용합니다.

```
In [2]: family['안나']
Out [2]: 12
In [3]: family['우진']
Out [3]: 2
```

항목 값 변경하기

특정 항목 값을 변경하려면 다음과 같이 키 색인을 사용하여 값을 대입합니다.

```
In [4]: family['우진'] = 3
        family
Out [4]: {'안나': 12, '신후': 9, '우진': 3}
```

항목 추가하기

특정 항목 값을 추가하려면 다음과 같이 추가 대상 키 색인을 사용하여 값을 대입합니다.

```
In [5]: family['막내'] = 1
        family
Out [5]: {'안나': 12, '신후': 9, '우진': 3, '막내': 1}
```

항목 삭제하기

특정 항목 값을 제거하려면 다음과 같이 del 키워드를 이용해 삭제 대상 키 색인을 사용합니다.

In [6]:	del family['막내'] family
Out [6]:	{'안나': 12, '신후': 9, '우진': 3}

항목 개수 확인하기

딕셔너리 역시 튜플이나 리스트와 같이 **len()** 함수로 전체 항목 개수를 확인할 수 있습니다.

In [7]:	len(family)
Out [7]:	3

전체 키 확인하기

전체 키 리스트를 확인하려면 **keys()** 메서드를 사용합니다.

In [8]:	family.keys()
Out [8]:	dict_keys(['안나', '신후', '우진'])

전체 값 확인하기

전체 값 리스트를 확인하려면 **values()** 메서드를 사용합니다.

In [9]:	family.values()
Out [9]:	dict_values([12, 9, 3])

항목 존재 유무 확인하기

특정 키와 in 키워드를 사용하면 해당 항목의 존재 여부를 확인할 수 있습니다.

In [10]:	'막내' in family
Out [10]:	False
In [11]:	'우진' in family
Out [11]:	True

여기서 잠깐 **in 키워드와 not in 키워드의 용도**

in 키워드는 딕셔너리뿐 아니라, 튜플, 리스트, 세트와 같은 다른 데이터 타입에도 사용할 수 있습니다. in의 반대 개념인 not in 키워드는 해당 항목이 존재하지 않는 것을 확인하는 용도로 사용합니다.

모든 항목 제거하기

딕셔너리 내에 있는 모든 항목을 제거하려면 clear() 메서드를 사용합니다.

In [12]:
```
family.clear()                    # 모든 항목 제거하기
family                            # 값 확인하기
```
Out [12]:
```
{}
```

2 딕셔너리 순회하기

딕셔너리는 키와 값의 쌍으로 이루어진 데이터이기 때문에 일반 시퀀스 타입 데이터와는 조금 다른 방법으로 순회할 수 있습니다. 몇 가지 재미있는 특징을 소스 코드와 함께 확인하겠습니다.

딕셔너리 자체를 순회하면 키 리스트를 순회합니다.

In [13]:
```
for key in family:
    print(key)
```
Out [13]:
```
안나
신후
우진
```

이는 keys() 메서드를 사용하여 얻은 키 리스트를 순회하는 것과 결과가 같습니다.

In [14]:
```
for key in family.keys():
    print(key)
```
Out [14]:
```
안나
신후
우진
```

print 문을 수정하여 각 키에 해당하는 값을 출력해 보겠습니다.

In [15]:
```
for key in family.keys():
    print(key, ':', family[key])
```
Out [15]:
```
안나 : 12
신후 : 9
우진 : 3
```

items() 메서드를 사용하면 각 항목을 튜플로 확보하여 출력할 수도 있습니다. 출력 결과가 소괄호로 묶여 있는 것을 확인하세요.

In [16]:
```
for item in family.items():
    print(item)
```
Out [16]:
```
('안나', 12)
('신후', 9)
('우진', 3)
```

각 튜플을 바로 언패킹하여 변수에 대입하면 키와 값을 따로 출력하는 것도 가능합니다.

In [17]:
```
for key, value in family.items():
    print(key, ':', value)
```
Out [17]:
```
안나 : 12
신후 : 9
우진 : 3
```

이번엔 조건을 추가하여 해당 키만 출력하겠습니다. 항목의 값이 10보다 작은 경우에만 출력하려면 순회문에 if 문을 추가합니다.

In [18]:
```
for key, value in family.items():
    if (value < 10):
        print(key)
```

Out [18]:
```
신후
우진
```

이번엔 전체 항목을 순회하면서 각 항목의 값에 1을 더해 보겠습니다.

In [19]:
```
for key, value in family.items():
    family[key] = value + 1

family
```

Out [19]:
```
{'안나': 13, '신후': 10, '우진': 4}
```

이런 식으로 딕셔너리에 저장된 각 항목을 조건에 맞춰 추출하거나 각 항목에 일괄적으로 연산 처리를 하는 작업을 앞으로 많이 하게 될 것입니다.

3 유일한 키만 모은 세트

세트 타입은 데이터 중복을 허용하지 않고 순서를 지키지 않는 데이터 타입입니다. 딕셔너리 타입의 키만 모아 놓은 것으로 생각하면 됩니다. '세트'는 '집합'으로 불리기도 하지만, 일반적인 의미의 '집합'과 구분하기 위해 '세트'라고 하겠습니다.

세트 만들기

세트 타입은 리스트나 튜플과 같이 쉼표로 구분된 항목을 중괄호 기호로 감싸 생성할 수 있습니다. 다음 예시를 보면, 중복 항목이 자동으로 제거되고 순서는 지켜지지 않는다는 것을 알 수 있습니다.

TIP 빈 세트는 반드시 set() 함수를 사용해서 만들어야 합니다. 딕셔너리와 구분하기 위하여 항목 없이 중괄호 기호만으로 만들 수는 없으니 참고하세요.

```
In [20]: languages = {'C++', 'Python', 'C', 'C', 'C++', 'Python', 'C', 'C++'}
         languages
Out [20]: {'C', 'C++', 'Python'}
```

항목 추가하기

그럼 이제 항목을 추가하겠습니다. **add()** 메서드를 사용합니다.

```
In [21]: languages.add('Java')                  # 항목 추가하기
         languages                              # 값 확인하기
Out [21]: {'C', 'C++', 'Java', 'Python'}
```

항목 제거하기

세트 내에 존재하는 항목을 제거하려면 **remove()** 메서드를 사용합니다. 만약 제거 대상 항목이 세트 안에 없으면 에러(KeyError)가 발생합니다.

```
In [22]: languages.remove('C')                  # 항목 제거하기
         languages                              # 값 확인하기
Out [22]: {'C++', 'Java', 'Python'}
In [23]: languages.remove('go')
---------------------------------------------------------------------
KeyError                           Traceback (most recent call last)
~\AppData\Local\Temp/ipykernel_31876/3614242297.py in <module>
----> 1languages.remove('go')

KeyError: 'go'
```

여기서 잠깐 존재 여부가 불확실할 때 사용할 수 있는 discard() 메서드

항목을 제거할 때 remove() 대신 discard() 메서드를 사용하면 제거 대상 항목이 존재하지 않더라도 에러가 발생하지 않습니다.

```
In [24]: languages.discard('go')
```

임의의 항목 추출하기

세트에는 항목 중 하나를 임의로 '추출'하는 pop() 메서드가 있습니다. '추출'한다는 의미는 해당 항목 값을 반환하고 세트에서 제거한다는 뜻입니다. 참고로 세트가 비어 있다면 에러(KeyError)가 발생합니다.

```
In [25]: languages.pop()                          # 임의의 항목 추출하기
Out [25]: 'C++'
In [26]: languages                                # 값 확인하기
Out [26]: {'Java', 'Python'}
```

모든 항목 제거하기

세트 내에 있는 모든 항목을 제거하려면 clear() 메서드를 사용합니다.

```
In [27]: languages.clear()                        # 모든 항목 제거하기
         languages                                # 값 확인하기
Out [27]: set()
```

4 세트를 활용한 집합 연산

세트 타입은 흥미롭게도 수학 시간에 배웠던 합집합, 교집합, 차집합 등을 구하는 데에도 유용하게 쓰입니다. 파이썬 공식 레퍼런스 문서에서 설명하고 있는 수학적 집합 연산을 위한 예제를 함께 살펴보겠습니다.

In [28]:	```A = set('abracadabra') # A 세트 생성```
	```B = set('alacazam') # B 세트 생성```
	```A # A 세트 값 확인```
Out [28]:	{'a', 'b', 'c', 'd', 'r'}

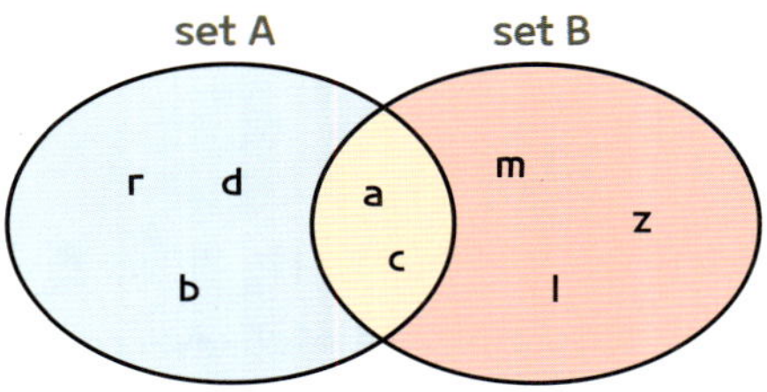

그림 2-17 A 세트와 B 세트를 항목과 함께 표시

차집합 구하기

- 기호를 사용하면 한 집합에서 다른 집합과 공통인 항목을 제외한 나머지 항목을 반환합니다.

In [29]:	A - B
Out [29]:	{'b', 'd', 'r'}

합집합 구하기

| 기호를 사용하면 두 집합의 모든 항목을 반환합니다.

In [30]:	A ¦ B
Out [30]:	{'a', 'b', 'c', 'd', 'l', 'm', 'r', 'z'}

교집합 구하기

& 기호를 사용하면 두 집합에 모두 있는 공통 항목을 반환합니다.

In [31]:	A & B
Out [31]:	{'a', 'c'}

대칭차집합 구하기

^ 기호를 사용하면 두 집합의 모든 항목 중 공통 항목을 제외한 나머지 항목을 반환합니다.

In [32]:	A ^ B
Out [32]:	{'b', 'd', 'l', 'm', 'r', 'z'}

Section 05

데이터 분석을 위한 파이썬 라이브러리

1 라이브러리 개념

책을 모아 놓은 도서관을 영어로 '라이브러리'라고 하듯이, 프로그래밍에서 '라이브러리'는 이미 만들어 놓은 소스 코드를 모아서 재사용할 수 있게 해 주는 의미로 널리 쓰입니다. 즉 순수 파이썬 프로그래밍 언어로 모든 것을 직접 구현하는 것이 아니라, 누군가 이미 만들어 놓은 것을 가져다 쓰기 위해서 라이브러리를 사용합니다.

책이 여러 권 있는 책장에서 필요한 내용이 담긴 책을 찾아서 읽을 수 있는 도서관이라는 개념이 잘 어울리는 듯합니다. 그렇지만 관리가 잘 되는 라이브러리는 기능이 추가되거나 개선되면서 버전이 올라간다는 특성이 있습니다. 이 점은 내용이 잘 변경되지 않는 책과는 다소 거리가 있어 보입니다.

라이브러리는 크게 두 종류로 나눌 수 있습니다. 별도의 설치 과정 없이 파이썬을 설치하자마자 사용할 수 있는 **표준 라이브러리**와 별도로 설치해야만 사용할 수 있는 **써드파티**3rd party **라이브러리**입니다. 이번 프로젝트에서 사용할 라이브러리는 써드파티 라이브러리 중 데이터 분석에 가장 널리 사용되는 넘파이, 판다스, 메트플랏립입니다. 다음 장부터는 프로젝트를 진행하면서 각 라이브러리가 무슨 역할을 하는지 알아보겠습니다.

2 넘파이: 과학적 컴퓨팅의 기초 패키지

파이썬 데이터 분석을 위한 가장 기초적인 기능들을 제공합니다. **넘파이**의 강력한 N차원 배열 객체는 다양한 형태로 사용할 수 있으며, 데이터를 정교하게 제어할 수 있는 여러 방법을 제공합니다.

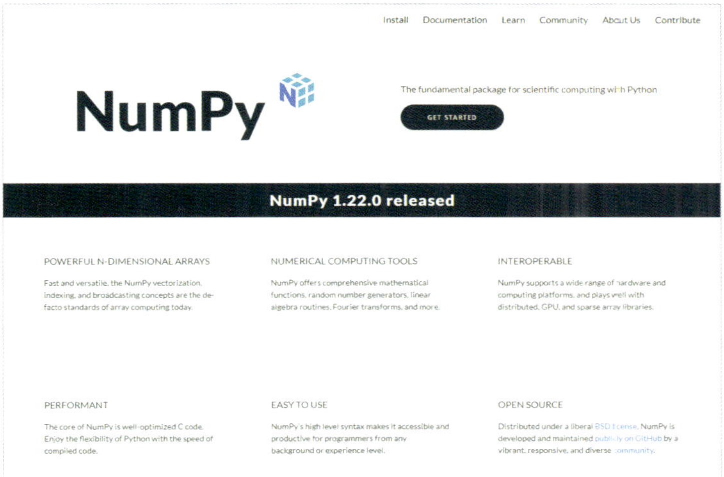

그림 2-18 넘파이 공식 홈페이지(http://www.numpy.org)

3 판다스: 파이썬 데이터 분석 라이브러리

판다스는 데이터를 쉽게 활용할 수 있는 **시리즈**Series, **데이터프레임**DataFrame과 같은 데이터 타입을 제공하며, 데이터 분석을 위한 다양한 도구가 있습니다. 특히 데이터프레임은 마이크로소프트 엑셀과 흡사한 방식으로 데이터를 다룰 수 있게 해 주며, 엑셀 파일이나 쉼표로 구분된 데이터를 나열한 CSV 파일 등 여러 형식의 데이터를 읽고 쓰고 시각화할 수 있는 다양한 함수를 제공합니다.

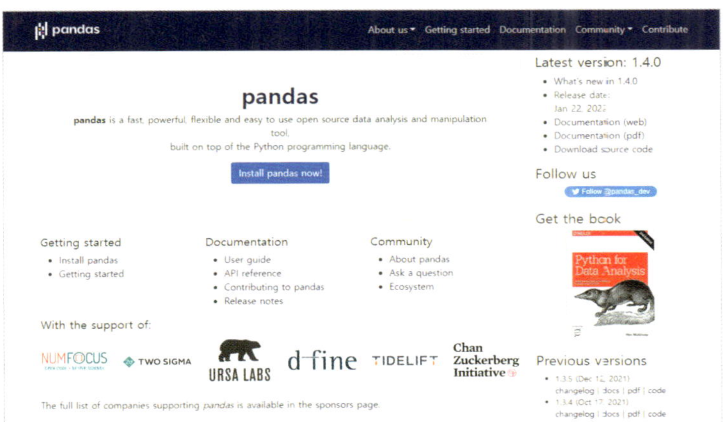

그림 2-19 판다스 공식 홈페이지(http://pandas.pydata.org)

4 매트플랏립: 데이터 시각화 라이브러리

매트플랏립은 다양한 형태의 2차원 그래프를 그려 주는 라이브러리입니다. 선 그래프, 막대그래프, 히스토그램, 파이 그래프 등 다양한 형태의 그래프를 손쉽게 그릴 수 있으며, 주피터 노트북으로 소스 코드와 실행 결과를 바로 확인할 수 있는 기능이 있습니다.

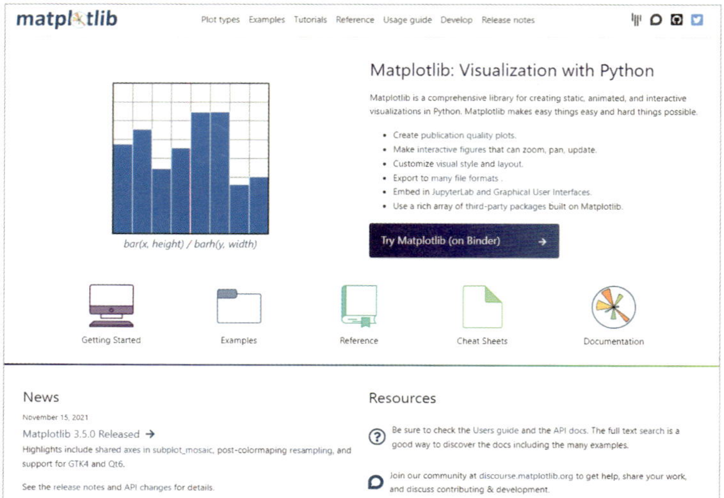

그림 2-20 매트플랏립 공식 홈페이지(http://matplotlib.org)

이 책의 프로젝트에서는 주로 판다스에서 제공하는 함수들을 활용할 것입니다. 판다스에는 넘파이와 매트플랏립을 사용해 구현한 기능이 많기 때문입니다. 참고로 이 라이브러리들은 써드파티 라이브러리이지만 모두 아나콘다에 포함되어 있으므로 별도로 설치할 필요가 없습니다.

직접 풀어보기

01 다음 소스 코드는 두 학급의 학생들이 다룰 줄 아는 프로그래밍 언어를 저장한 세트 2개를 제공하고 있다.

```
In [1]: languages_a = {'C', 'JavaScript', 'Python', 'R', 'Swift', 'Kotlin'}
        languages_b = {'C++', 'Java', 'Python', 'C#', 'JavaScript', 'R'}
```

각 문제의 정답을 제시하기 위한 소스 코드를 작성하고 질문에 답하시오.

❶ 두 학급에서 공통으로 다루는 프로그래밍 언어는 무엇인가?

```
In [2]:
```

❷ A 학급에서만 다루는 프로그래밍 언어 3개는 무엇인가?

```
In [3]:
```

❸ B 학급에서만 다루는 프로그래밍 언어 3개는 무엇인가?

```
In [4]:
```

❹ 두 학급에서 다루는 프로그래밍 언어는 총 몇 개인가?

```
In [5]:
```

직접 풀어보기

02 다음 소스 코드는 40명의 학생에게 50~100점 사이의 점수를 무작위로 할당한 딕셔너리 scores를 제공한다. 각 문제의 정답을 제시하기 위한 소스 코드를 작성하고 결과를 입력하시오.

```
In [1]: import random

        scores = dict()

        for i in range(10, 50):
            scores['S' + str(i)] = random.randrange(50, 100)

        scores?
```

```
Type:          dict
String form:   {'S10': 58, 'S11': 94, 'S12': 75, 'S13': 69, 'S14': 78, 'S15': 65,
                'S16': 84, 'S17': 63, 'S18': 6 <...> S41': 58, 'S42': 77, 'S43':
                99, 'S44': 90, 'S45': 64, 'S46': 73, 'S47': 82, 'S48': 65, 'S49':
                53}
Length:        40
```

❶ 40명 학생의 평균 점수를 구하시오.

```
In [2]:
```

```
평균 점수:
```

❷ 40명 중 최고 득점을 한 학생과 점수를 출력하시오. 여러 명인 경우, 학번이 가장 빠른 한 명만 출력되도록 하시오.

In [3]:	
	최고 득점자: 최고 점수:

요약

01 변수는 CPU가 메모리에 저장된 데이터를 쉽게 가져오기 위해 사용한다.

02 파이썬은 덕 타이핑 언어이자 동적 타이핑 언어이기 때문에 미리 데이터 타입을 선언하지 않는다.

03 파이썬은 타입 간 연산 처리를 위해 반드시 타입 변환을 하는 강한 타입 언어이다.

04 파이썬 기본 데이터 타입에는 정수, 문자열, 실수 등이 있다.

05 실수를 부동소수점까지 정확하게 표현하는 데는 문자열 포매팅, 반올림, 그리고 `Decimal` 타입을 사용하는 방법이 쓰인다.

06 시퀀스 데이터 타입에는 튜플, 리스트, 레인지가 있다.

07 튜플은 불변이기 때문에 항목 값을 변경할 수 없지만, 변수를 다른 튜플에서 재사용하는 것은 가능하므로 변숫값 자체를 변경할 수 있다.

08 튜플 패킹과 언패킹을 사용하면 한 번의 대입 연산으로 여러 변수에 값을 넣거나 대입할 수 있다.

09 튜플과 리스트 모두 양수 혹은 음수 색인으로 항목 값을 조회할 수 있다.

10 리스트에는 튜플에 비해 항목 값을 변경할 수 있는 다양한 메서드가 있다.

11 슬라이싱을 사용하면 튜플이나 리스트의 부분 시퀀스를 생성할 수 있다.

12 리스트와 같은 가변 객체를 제대로 복제하려면 깊은 복사를 수행해야 한다.

13 레인지는 인수 개수에 따라 각각 규칙이 다른 시퀀스를 생성한다.

14 딕셔너리는 키와 값의 쌍을 항목으로 갖고 순서를 지키지 않는 가변 데이터 타입이다.

15 직접 정한 키를 색인으로 항목 조회를 할 수 있고 여러 방법으로 순회할 수 있다.

16 세트는 중복을 허용하지 않고 순서를 지키지 않는 가변 데이터 타입이며, 딕셔너리의 키만 모은 것과 유사하다. 세트를 활용하여 집합 연산을 쉽게 수행할 수 있다.

연습문제

01 컴퓨터 동작 원리에 대한 다음 설명 중 적절하지 않은 것은?

① CPU는 연산 처리를 담당하는 두뇌 역할을 한다.

② 메모리는 CPU가 연산 처리를 위해서 필요한 데이터를 저장하지만, 전력이 없으면 저장한 데이터가 모두 사라진다.

③ 디스크는 전력과 상관없이 데이터를 영구적으로 저장하기 위해서 사용한다.

④ CPU는 경우에 따라 디스크에 있는 데이터를 바로 읽을 수 있다.

⑤ 변수는 메모리에 있는 데이터에 쉽게 접근하기 위해 사용한다.

02 다음 소스 코드에 대한 설명 중 올바른 것은?

```
In [1]: A = 100
        B = '100'
        C = A + B
        C
```

① A와 B의 데이터 타입은 서로 다르지만 묵시적으로 연산 처리가 가능하다.

② 연산 처리가 끝난 C의 값은 200이다.

③ 세 번째 줄에서 에러가 발생한다.

④ 아무 일도 일어나지 않는다.

⑤ 연산 처리가 끝난 C의 값은 '100100'이다.

03 다음 소스 코드 중 실행 결과가 다른 하나는?

① `print(0.1 + 0.2)`

② `print(format((0.1 + 0.2), '.1f'))`

③
```
from decimal import Decimal
print(Decimal("0.1") + Decimal("0.2"))
```

④ `print(round(0.1 + 0.2, 1))`

⑤ `print(round(3/10, 1))`

04 다음은 파이썬 특징 중 하나를 설명한 문장이다. 빈칸을 채우시오.

> 파이썬은 타입 변환을 명시적으로 해야 연산 처리를 할 수 있는 ______ 타입 언어이다.

05 다음은 튜플과 리스트 특징에 대한 설명이다. 빈칸을 채우시오.

> 튜플은 ______ 시퀀스인 반면 리스트는 ______ 시퀀스 데이터이다. ______ 은 항목 값을 변경할 수 없는 특징 때문에 ______ 에 비해서 제공하는 메서드가 적다. 하지만, 연산 처리 속도가 훨씬 더 빠르기 때문에 적극적으로 사용하는 것이 좋다.

06 다음은 튜플 언패킹 예시이다. 대입 연산자(=) 왼쪽의 변수 3개에 어떤 값이 저장되는지 채우시오.

```
In [2]:  name, age, sex = '홍길동', 21, 'M'
```

❶ name : ______

❷ age : ______

❸ sex : ______

07 다음 소스 코드는 중첩 리스트를 복사하여 항목 값을 변경한 예시이다. 다음 보기 중 올바른 설명은?

```
In [3]:
01  nested_numbers = [[1, 2, 3], [4, 5, 6], [7, 8, 9]]
02  cloned_nested_numbers = nested_numbers[:]
03  cloned_nested_numbers[1][2] = 11        # 항목 값 변경
04  nested_numbers                          # 기존 리스트 값 확인
```

① 기존 리스트인 nested_numbers의 값도 함께 변경된다.

② 리스트는 불변이기 때문에 세 번째 줄에서 에러가 발생한다.

③ 두 번째 줄에서 [:] 문법으로 모든 항목이 복제되었다.

④ 두 번째 줄에서 얕은 복사가 수행되었기 때문에 신규 리스트는 생성되지 않는다.

⑤ 에러도 발생하지 않고 nested_numbers 값도 변경되지 않는다.

연습문제

08 다음은 리스트의 깊은 복사를 수행하는 방법이다. 빈칸을 채우시오.

> 리스트의 모든 항목까지 복제하려면 깊은 복사를 해야 한다. 깊은 복사를 수행하려면 [   ] 모듈을 탑재하여 [   ] 메서드를 사용한다.

09 다음은 레인지 타입을 생성하는 소스 코드의 일부이다. 조건에 맞는 시퀀스를 얻기 위해 인수를 어떻게 설정해야 하는지 빈칸을 채우시오. (단, 인수 개수는 최소 1개, 최대 3개이다.)

❶ 0부터 9까지 1씩 증가하는 수열: range(   )

❷ 1부터 10까지 1씩 증가하는 수열: range(   )

❸ 20보다 작은 3의 배수로 구성된 수열: range(   )

❹ 20보다 크고 50보다 작은 짝수로 구성된 수열: range(   )

10 다음 소스 코드 실행 결과를 참고하여 빈칸을 채우시오.

In [4]:	family = { '안나': 12, '신후': 9, '우진': 2 } family[ ]
Out [4]:	12

In [5]:	for [ ] , [ ] in family.items(): print(key, ':', value)
Out [5]:	안나 : 12 신후 : 9 우진 : 3

11 다음 소스 코드를 참고하여 각 보기의 소스 코드 실행 결과를 입력하시오.

```
In [6]:  A = set('abracadabra')          # A 세트 생성
         B = set('alacazam')             # B 세트 생성
```

❶ A | B : ____________________

❷ A & B : ____________________

❸ A ^ B : ____________________

❹ A – B : ____________________

❺ B – A : ____________________

CHAPTER 03

코로나 바이러스 감염 현황 분석 1

학습목표

- 대한민국 코로나 바이러스 감염 현황을 분석하는 프로젝트를 진행하면서, 데이터 분석의 기본 프로세스를 이해한다.
- 다양한 데이터 출처를 알고, 가장 효과적인 데이터를 선택할 수 있다.
- 가장 기초적인 데이터 정제 및 가공법을 수행할 수 있다.
- 데이터를 시각화하여 의미 있는 정보로 통찰을 얻는 방법을 경험한다.
- 원하는 기능을 찾는 검색 방법을 습득한다.

Section 01

프로젝트 개요

지금까지 파이썬으로 데이터 분석 프로젝트를 진행하기 위한 개발 환경을 구축하고, 파이썬 기본 문법을 살펴보았습니다. 이외에도 데이터 분석 프로젝트를 원활하게 수행하기 위해 익혀야 할 기초 지식이 많지만, 프로젝트를 수행하면서 하나씩 학습할 것입니다. 이 장부터는 실무에서 실제로 쓰이는 데이터 분석 프로젝트를 직접 수행하는 형태로 진행하겠습니다.

1 프로젝트의 목적

2022년 상반기 현재 변이 바이러스 오미크론이 기승을 부리면서 많은 코로나 확진자가 양산되고 있습니다. 매일 확진자 현황을 확인하는 것은 이제 우리의 일상이 되었습니다. 여러분은 확진자 현황을 어떻게 파악하고 있나요?

다양한 매체와 인터넷을 통해 우리나라뿐만 아니라 전 세계의 코로나 바이러스 감염 현황을 쉽게 확인할 수 있습니다. 그렇다고 해서 모든 그래프와 데이터가 보기 좋게 제공되는 것은 아닙니다. 만약 여러분에게 코로나 감염 현황에 대한 데이터가 있고, 원하는 형태로 그래프를 그려서 확인할 수 있다면 어떨까요? 특별히 배워야 할 복잡한 수식 없이 이미 알고 있는 지식만으로도 충분히 프로젝트를 수행할 수 있습니다.

데이터 분석 프로젝트는 보통 다음과 같은 절차로 수행됩니다.

❶ 문제 정의

❷ 데이터 수집

❸ 데이터 전처리 및 가공

❹ 데이터 시각화 및 통찰 도출

첫 번째 프로젝트인 만큼 복잡한 데이터 수집이나 데이터 전처리 과정은 간소하게 하고 잘 준비된 데이터를 확보하여 원하는 형태로 시각화함으로써 미리 정의한 문제의 답을 얻는 방향으로 진행하겠습니다.

여기서 잠깐 **상향식 접근법 vs 하향식 접근법**

이번 프로젝트와 같이 문제를 먼저 정의하고 답을 얻는 방식으로 데이터 분석을 수행하는 방식을 하향식이라고 합니다. 반대로, 정확히 어떤 문제가 있는지 정의하지 않은 상태에서 데이터를 분석하여 의미 있는 통찰을 얻어내는 방식을 상향식이라고 합니다. 이 책에서는 하향식 접근법을 주로 다룹니다.

2 문제 정의

우선 이번 분석 프로젝트의 문제를 정의하겠습니다. 이해를 돕기 위해 안나의 고민을 먼저 들어 보겠습니다.

안녕하세요, 저는 대한민국에서 최근에 미국 하와이로 이사 온 안나입니다. 제가 하와이로 오기 전까지는 대한민국 코로나 감염자가 그렇게 많지 않았던 것 같은데, 최근에 오미크론 변이 바이러스가 발생해서 감염자가 무척 많아졌다고 들었어요. 제가 있는 하와이는 이제 공공장소에서는 마스크를 쓰지 않을 정도로 코로나 상황이 좋아진 것 같아요. 그런데 하와이는 관광 도시이다 보니, 코로나에 대해서 대한민국이나 미국 본토보다 더 관대한 것 같다는 느낌도 들어요.

이번 방학 때 친한 친구를 한국에서 초대하려고 하는데, 혹시라도 하와이 코로나 상황이 더 안 좋다면, 친구를 초대하지 못할 것 같아요. **현재 하와이의 코로나 상황이 대한민국보다 더 나은 것이 맞나요?**

안나는 대한민국과 하와이의 코로나 상황을 비교해서 실제로도 하와이 코로나 상황이 더 나은 것인지 알고 싶어 합니다. 어떻게 해야 데이터 기반으로 안나의 질문에 명쾌한 답을 줄 수 있을까요?

3 프로젝트의 기대 결과

물론 인터넷에서 검색하면 코로나 현황을 보여 주는 그래프를 쉽게 확인할 수 있습니다. 하지만 대한민국과 하와이 추이를 한눈에 비교해 보여 주는 그래프는 찾기 힘들 것입니다. 이번 프로젝트에서는 이 부분에 초점을 맞추겠습니다.

먼저 어떤 데이터를 수집하는 것이 좋을지 생각해 보겠습니다. 대한민국과 하와이의 총 인구가 다르니 확진자 수를 단순 비교하는 것은 바람직한 방법이 아닐 것입니다. 두 그래프를 하나로 합치는 경우에도 총 인구가 다르니 비교가 쉽지 않습니다.

TIP 대한민국 인구는 현재 약 5,160만 명이고, 하와이주는 약 145만 명으로, 대한민국 인구가 하와이주보다 약 35배 많습니다.

따라서 일자별 총 인구 대비 확진자 수 비율의 변화 추이를 보는 것이 의미가 있을 것입니다. 확진자 수가 현재 늘고 있는지 줄고 있는지 확인할 수 있고, 과거 확진자 수와 쉽게 비교할 수 있기 때문입니다. 두 그래프를 합치는 경우에도 y축의 최댓값이 100%로 일치하기 때문에 두 장소의 코로나 상황을 가늠하는 데 좋은 기준을 제시해 줄 것입니다.

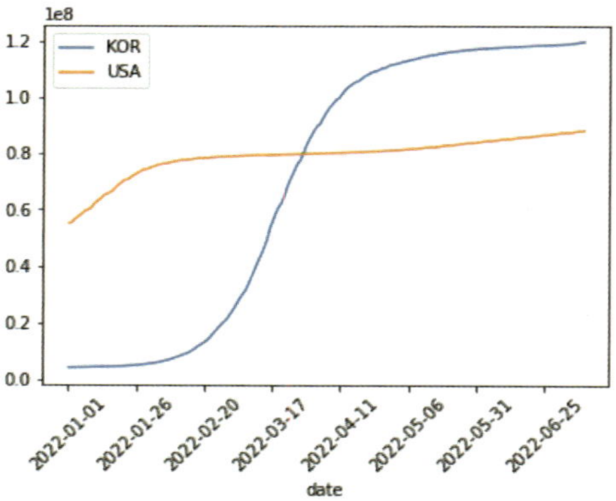

그림 3-1 대한민국 코로나 바이러스 감염 현황 분석 결과 미리 보기

그럼 다음 절에서 본격적으로 데이터를 수집해 봅시다.

CHECK 올바른 문제를 도출하는 과정이 중요합니다

데이터 분석 프로젝트를 시작한 초보자가 흔히 범하는 실수는 문제를 제대로 정의하지 않고 무턱대고 분석을 먼저 시도하는 것입니다. 본인이 배운 기술을 하루라도 빨리 사용해 결과를 도출하고 싶은 마음이 앞서기 때문일 것입니다. 그런데 애써 노력하여 얻은 결과가 필요 없는 문제의 답을 구하는 활동이었다면 시간 낭비일 뿐입니다.

따라서 데이터 분석 프로젝트에서 가장 신중하게 진행해야 하는 단계가 바로 문제 정의입니다. 데이터를 수집하기 전에 반드시 "왜 이 프로젝트를 수행해야 하는가?"라는 질문에 충분한 답을 할 수 있는지 점검하기 바랍니다. 만약 충분히 납득하고 있지 못하다면, 문제를 제대로 정의하기 위해 더 노력하는 것이 필요 없는 작업을 하는 것보다 훨씬 효율적입니다.

Section

02 데이터 수집

문제를 잘 정의했다면, 다음은 필요한 데이터를 수집하는 단계입니다. 이번 프로젝트에 사용할 데이터는 어디에서 얻을 수 있을까요? 먼저 어떤 데이터가 적절한 데이터인지에 대해 알아보겠습니다.

1 적절한 데이터란?

데이터에는 '품질'이라는 개념이 있습니다. 아무 데이터나 가져다 쓸 수는 없습니다. 데이터 품질은 '데이터의 포괄성, 최신성, 정확성, 일관성, 신뢰성, 사용성 등을 확보하여 유용한 가치를 줄 수 있는 수준'으로 평가할 수 있습니다.

- **포괄성**: 필요한 데이터를 포함하고 있는가?
- **최신성**: 최신 데이터를 포함하고 있는가?
- **정확성**: 정확한 데이터를 포함하고 있는가?
- **일관성**: 데이터의 형태가 일관되어 있는가?
- **신뢰성**: 왜곡이 없고 신뢰할 수 있는 데이터인가?
- **사용성**: 사용하기 편한가?

이번 프로젝트에서 필요한 데이터가 무엇인지 생각해 봅시다. 대한민국과 하와이의 일자별 총 인구 대비 코로나 확진자 수 비율의 변화 추이를 확인하기 위해 어떤 데이터가 필요한지 나열해 보겠습니다.

- 각 지역의 총 인구
- 최신 정보를 포함한 각 지역의 일자별 코로나 확진자 수

그럼 조건에 맞는 데이터를 찾아보겠습니다.

2 데이터 검색

세계보건기구[WHO]에서 COVID-19를 팬데믹[Pandemic]으로 선언했으므로 코로나 바이러스에 대한 데이터는 굉장히 쉽게 얻을 수 있습니다. 먼저 구글에서 '코로나'를 입력하여 검색해 보겠습니다.

TIP 팬데믹이란 WHO에서 선포하는 감염병 최고 경고 등급으로, 세계적으로 감염병이 대유행하는 상태를 말합니다.

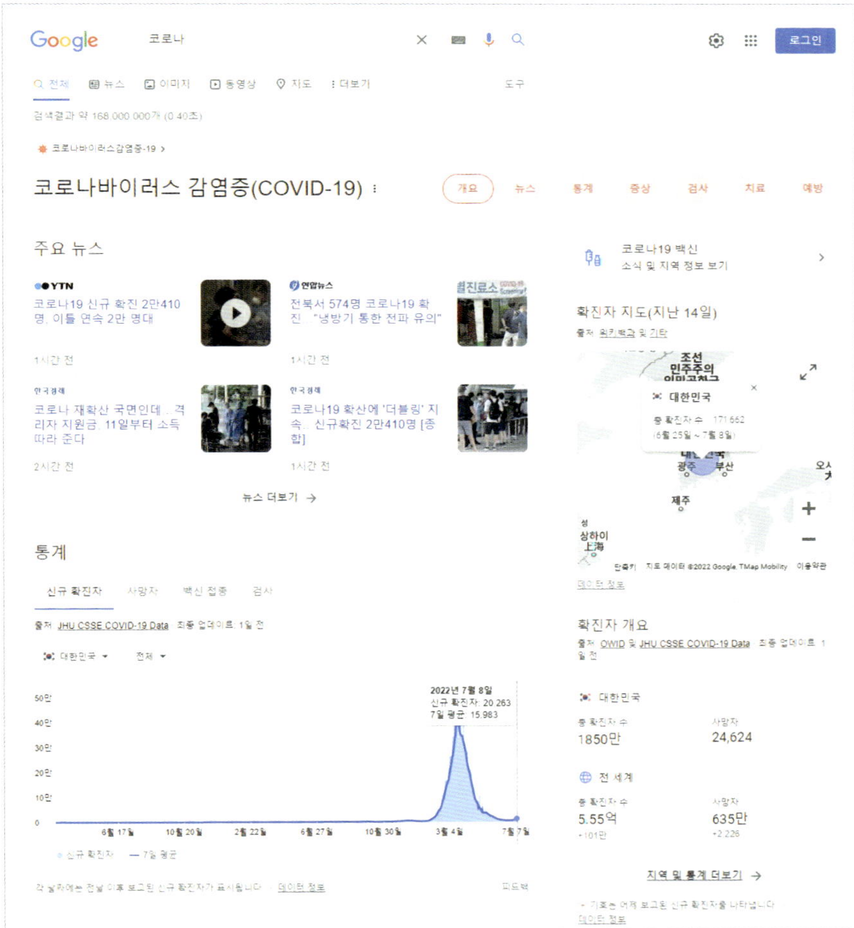

그림 3-2 구글에서 '코로나'로 검색한 결과

코로나에 관련된 다양한 정보가 보입니다. 오른쪽에는 지도와 함께 확진자 개요 정보가 보이는데, 지도나 그래프 하단에는 어떤 데이터를 사용하고 있는지 확인할 수 있는 링크가 있습니다. 지도 아래에 있는 〈OWID〉 링크를 클릭하여 데이터를 확보하겠습니다.

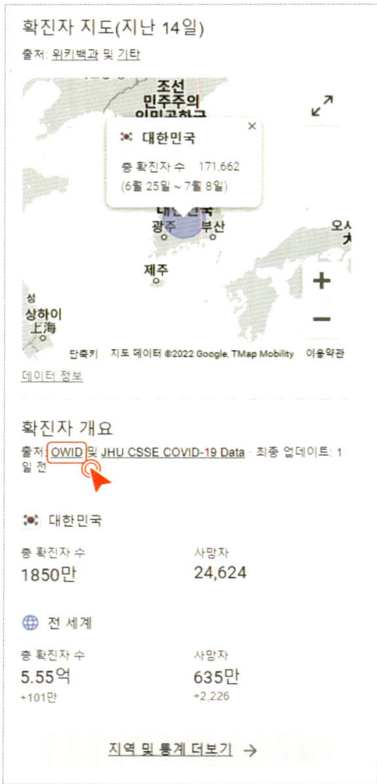

그림 3-3 통계 데이터 출처 중 하나인 OWID

〈OWID〉 링크를 클릭하면, Our World in Data 웹 사이트(https://ourworldindata.org/explorers/coronavirus-data-explorer)의 데이터 익스플로러Data explorer 화면이 열립니다. 전 세계에서 가장 많이 사용되는 웹 검색 사이트인 구글에서 실시간으로 제공하는 그래프에서 인용한 데이터이니 우리가 찾는 적절한 데이터라고 판단해도 될 것입니다.

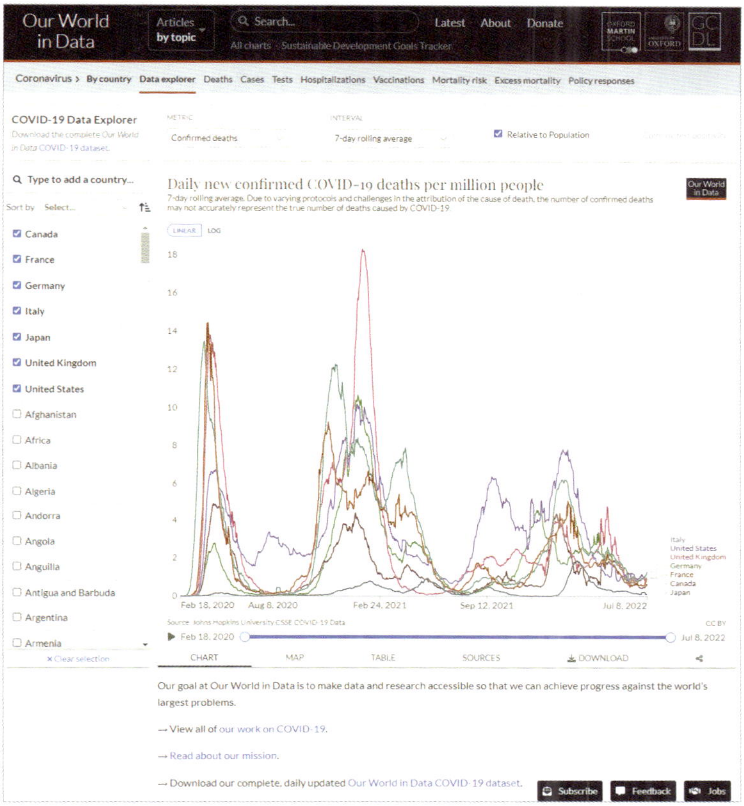

그림 3-4 Our World in Data 웹 사이트 화면

CHECK 데이터 선택은 항상 신중해야 합니다

지금 우리가 찾은 OWID 데이터 역시 여러 원천 데이터를 모아 가공해서 대중에게 공개한 데이터입니다. 특정 목적을 가지고 원천 데이터를 가공한 데이터는 자칫 왜곡될 위험이 있습니다. 사람의 실수로 잘못된 데이터가 들어가는 경우도 많습니다. 대신 일관성 있는 모양으로 다듬었기 때문에 식별하기 좋고 사용이 편하다는 이점이 있습니다.

이보다 더 원천 데이터에 가까운 데이터를 수집하면 신뢰성은 더 올라갈 수 있으나, 사용하기는 굉장히 어려울 수 있습니다. 가령 이 데이터가 각국의 데이터를 수집한 결과라면, 각 나라의 질병관리본부와 같은 조직을 찾아서 데이터를 수집하여 같은 포맷으로 다듬는 과정이 필요합니다.

항상 득과 실이 있으니 잘 따져봐야 합니다. 공신력이 있으면서도 잘 다듬어진 데이터를 찾아서 사용하는 것이 데이터 수집 시간을 줄이는 방법임을 기억하기 바랍니다.

3 데이터 다운로드

OWID와 같이 대중에게 공개한 데이터는 쉽게 다운로드할 수 있습니다. 왼쪽 상단을 보면, 'Down-load the complete Our World in Data'라는 문구와 함께 다운로드할 수 있는 링크 〈COVID-19 dataset.〉가 있습니다.

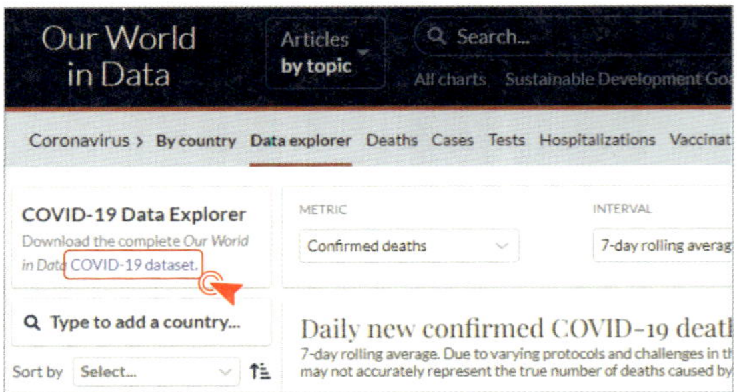

그림 3-5 데이터 다운로드 링크 클릭하기

〈COVID-19 dataset.〉 링크를 클릭하면, [그림 3-6]과 같이 OWID의 데이터를 다운로드할 수 있는 깃허브[Github] 프로젝트 페이지(https://github.com/owid/covid-19-data/tree/master/public/data)로 이동합니다.

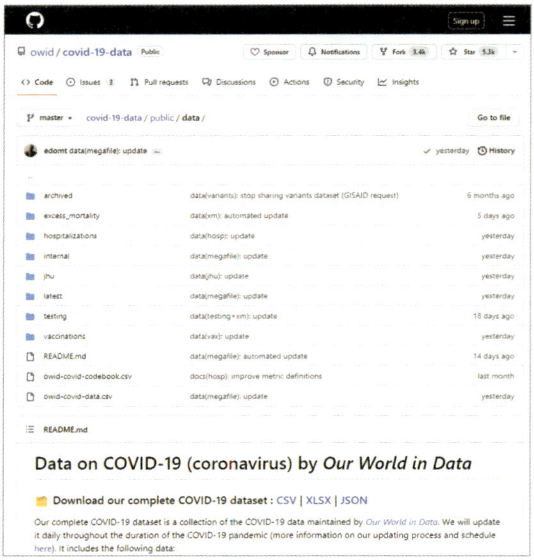

그림 3-6 OWID 깃허브 프로젝트

[그림 3-6]의 README.md 부분을 보면 'Download our complete COVID-19 dataset'이라는 문구와 함께 3개의 다운로드 링크가 있습니다. 이 링크를 클릭해 전 세계 코로나 통계 데이터를 다운로드할 수 있습니다. 각 링크의 이름인 CSV, XLSX, JSON은 데이터 포맷을 의미하는 용어로, 이번 프로젝트에서는 CSV 파일을 다운로드해 사용할 것입니다.

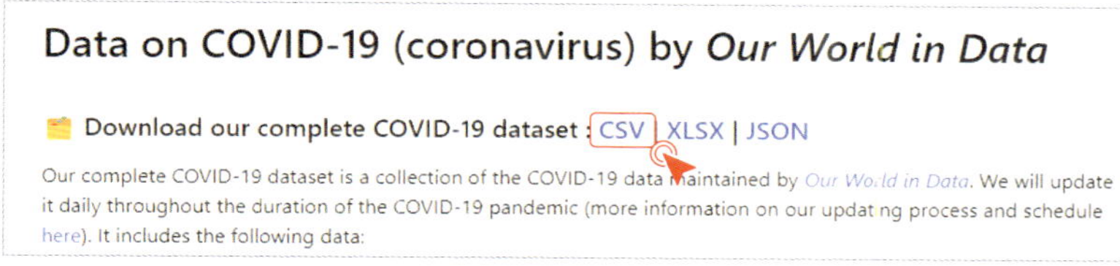

그림 3-7 데이터 다운로드 링크

여기서 잠깐 **오픈소스 소스 코드 저장소인 깃허브**

깃허브는 전 세계 개발자들이 본인이 작성한 소스 코드를 공유하는 웹 서비스로, 오픈소스 세계에서는 사실상 표준으로 자리 잡은 소스 코드 집합소입니다. 앞으로 자주 보게 될 테니 익숙해질 것입니다.

CSV

CSV Comma Separated Values는 각 항목 값을 콤마 기호(,)로 구분하는 데이터입니다. 가장 효율적으로 데이터를 텍스트 파일로 저장할 수 있기 때문에 분석용 데이터 포맷 중 가장 많이 사용됩니다. 마이크로소프트 엑셀과 같은 도구로 쉽게 변환하여 추출할 수 있습니다.

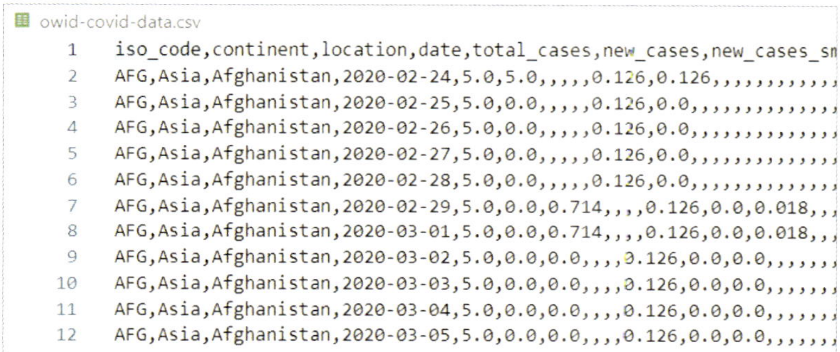

```
owid-covid-data.csv
iso_code,continent,location,date,total_cases,new_cases,new_cases_sm
AFG,Asia,Afghanistan,2020-02-24,5.0,5.0,,,,,0.126,0.126,,,,,,,,,,,
AFG,Asia,Afghanistan,2020-02-25,5.0,0.0,,,,,0.126,0.0,,,,,,,,,,,,,
AFG,Asia,Afghanistan,2020-02-26,5.0,0.0,,,,,0.126,0.0,,,,,,,,,,,,,
AFG,Asia,Afghanistan,2020-02-27,5.0,0.0,,,,,0.126,0.0,,,,,,,,,,,,,
AFG,Asia,Afghanistan,2020-02-28,5.0,0.0,,,,,0.126,0.0,,,,,,,,,,,,,
AFG,Asia,Afghanistan,2020-02-29,5.0,0.0,0.714,,,,0.126,0.0,0.018,,,
AFG,Asia,Afghanistan,2020-03-01,5.0,0.0,0.714,,,,0.126,0.0,0.018,,,
AFG,Asia,Afghanistan,2020-03-02,5.0,0.0,0.0,,,,0.126,0.0,0.0,,,,,,,
AFG,Asia,Afghanistan,2020-03-03,5.0,0.0,0.0,,,,0.126,0.0,0.0,,,,,,,
AFG,Asia,Afghanistan,2020-03-04,5.0,0.0,0.0,,,,0.126,0.0,0.0,,,,,,,
AFG,Asia,Afghanistan,2020-03-05,5.0,0.0,0.0,,,,0.126,0.0,0.0,,,,,,,
```

그림 3-8 CSV 파일 포맷 예시

XLSX

XLSX는 마이크로소프트 엑셀에서 만든 XML[eXtensible Markup Language] 기반 파일 포맷입니다. 압축된 형태로 저장되기 때문에 파일 크기는 가장 작지만, 일반 텍스트 에디터로는 열람할 수 없고 엑셀, 애플 넘버스, 구글 문서 등으로 열람할 수 있습니다. 개발 지식이 없는 일반 사용자에게 가장 적합한 포맷이지만 소스 코드에서 바로 활용하기에는 제약 사항이 많습니다.

	A	B	C	D	E	F	G
1	iso_code	continent	location	date	total_cases	new_cases	cases_smo
2	AFG	Asia	Afghanistan	2020-02-24	5	5	
3	AFG	Asia	Afghanistan	2020-02-25	5	0	
4	AFG	Asia	Afghanistan	2020-02-26	5	0	
5	AFG	Asia	Afghanistan	2020-02-27	5	0	
6	AFG	Asia	Afghanistan	2020-02-28	5	0	
7	AFG	Asia	Afghanistan	2020-02-29	5	0	0.714
8	AFG	Asia	Afghanistan	2020-03-01	5	0	0.714

그림 3-9 XLSX 파일 포맷 예시

JSON

JSON[JavaScript Object Notation]은 프로그래밍 언어 중 하나인 자바스크립트에서 사용하는 데이터 표현 방식을 그대로 사용한 포맷입니다. 그렇다고 해서 자바스크립트에서만 사용할 수 있는 것은 아니며, 인터넷 네트워크로 데이터를 전송할 때 사실상 표준으로 자리 잡은 데이터 전송 포맷입니다. 파일 크기는 CSV나 XLSX보다 훨씬 크지만 값을 표현하는 방식이 굉장히 유연해 많은 곳에서 표준 포맷으로 사용합니다.

```
{} owid-covid-data.json 1 ×
{} owid-covid-data.json > {} AFG
{
    "AFG": {
        "continent": "Asia",
        "location": "Afghanistan",
        "population": 39835428.0,
        "population_density": 54.422,
        "median_age": 18.6,
        "aged_65_older": 2.581,
        "aged_70_older": 1.337,
        "gdp_per_capita": 1803.987,
        "cardiovasc_death_rate": 597.029,
        "diabetes_prevalence": 9.59,
        "handwashing_facilities": 37.746,
        "hospital_beds_per_thousand": 0.5,
        "life_expectancy": 64.83,
        "human_development_index": 0.511,
        "data": [
            {
                "date": "2020-02-24",
```

그림3-10 JSON 파일 포맷 예시

이번 프로젝트에서는 CSV 포맷을 사용합니다. [그림 3-7]에서 보이는 〈CSV〉 링크를 클릭하여 원하는 위치에 다운로드합니다. 이 책에서는 `C` 드라이브에 `data` 폴더를 생성하여 다운로드하겠습니다.

TIP 디렉토리 경로에는 한글이나 빈칸을 입력하지 않는 것이 좋습니다. 한글이 들어가는 경우 경로가 깨질 수 있고 빈칸이 들어가면 경로를 하나의 문자열로 처리하는 과정이 추가되기 때문입니다.

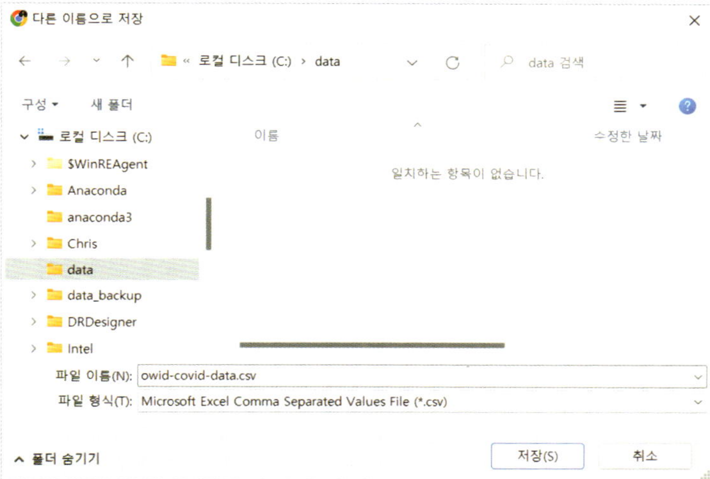

그림 3-11 파일 저장 경로 및 이름 선택하기(C:\data\owid-covid-data.csv)

Section 03

데이터 정제 및 가공

앞에서 다운로드한 데이터는 어느 정도 가공된 데이터이지만, 이번 프로젝트에서 사용하려면 다듬는 작업이 필요합니다. 데이터 분석에서 가장 많은 시간이 소요되는 단계로, 의미 있는 데이터를 추출하려면 반드시 거쳐야 하는 과정이기도 합니다. 수집한 데이터를 원하는 형태로 정제하여 가공해 봅시다.

1 CSV 파일 탑재

파일 형태로 받은 데이터는 작성하고 있는 분석 프로그램에 업로드해야 합니다. 2장에서 설명했듯이, 모든 데이터는 RAM에 저장해야 컴퓨터에서 연산 처리를 할 수 있습니다. 파일을 프로그램에 업로드하는 과정을 살펴보겠습니다.

신규 주피터 노트북 생성

신규 주피터 노트북 파일을 생성하고 이름을 '3장. 코로나 확진자 변화 추이 분석'으로 설정합니다.

TIP 신규 주피터 노트북 파일을 생성하는 과정이 잘 기억나지 않는다면 1장을 참고합니다.

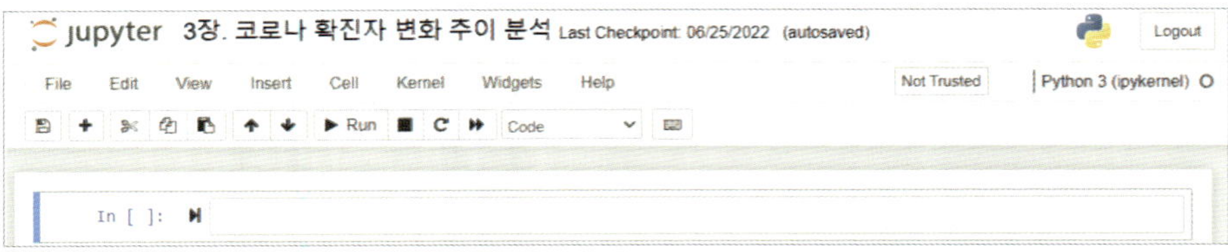

그림 3-12 3장 실습용 주피터 노트북 파일 생성

파일 탑재 방법 검색

파일 업로드에는 판다스 라이브러리의 기능을 사용할 것입니다. 우선, 판다스로 어떻게 CSV 파일을 업로드할 수 있는지 구글에서 검색해 보겠습니다. 웹 브라우저를 열고 구글 검색 창에 'how to import csv file using pandas'라고 입력해 검색한 후 첫 번째 링크를 클릭합니다.

TIP 보통 검색 결과 중 첫 번째에서 세 번째 결과 사이에서 원하는 결과를 얻을 수 있습니다.

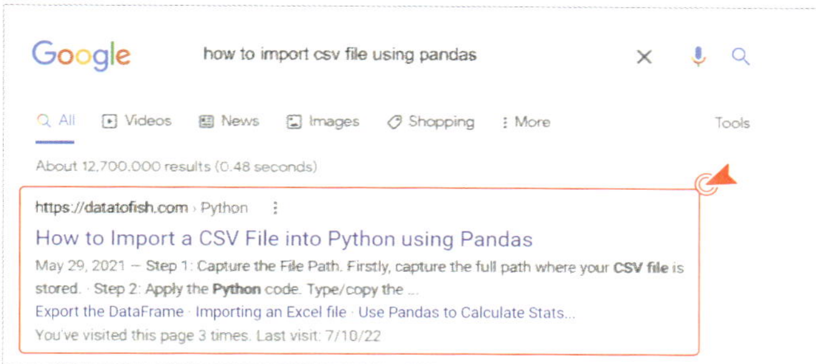

그림 3-13 판다스로 파일 업로드 방법 검색하기

TIP 검색 창에는 영어로 전체 문장을 입력하는 것이 좋습니다. 한글로 검색할 수도 있지만, 정확하지 않은 정보가 나올 가능성이 높으므로 영어 사용을 권장합니다.

https://datatofish.com/import-csv-file-python-using-pandas 페이지가 열립니다. 고맙게도 정확한 방법을 소스 코드와 함께 알려주고 있습니다.

그림 3-14 검색 결과 첫 번째 링크 확인

[그림 3-14]의 회색 박스 안에 있는 소스 코드 예시를 자세히 살펴보겠습니다.

```
import pandas as pd

df = pd.read_csv (r'Path where the CSV file is stored\File name.csv')
print (df)
```

첫 번째 줄에서는 판다스 라이브러리를 탑재하고 있습니다. 판다스는 파이썬 설치와 별도로 다운로드하여 설치해야 하는 써드파티 라이브러리이지만, 1장에서 아나콘다를 설치했기 때문에 따로 설치할 필요가 없습니다. 이렇게 import 문을 사용하여 탑재하면 됩니다.

as pd는 pd라는 별칭으로 판다스 라이브러리를 호출할 수 있게 해 주는 문법입니다. 다른 별칭을 사용해도 소스 코드를 실행하는 데는 문제가 없으나, 대부분의 개발자가 관례처럼 사용하고 있으니 기억해 두면 좋습니다.

두 번째 줄에서는 판다스 라이브러리의 read_csv() 메서드를 사용해 파일을 주피터 노트북에 탑재하고 있습니다. 괄호 안에 있는 문자열이 정확히 무슨 용도인지 잘 모를 수 있는데, 이를 확인하는 가장 좋은 방법은 판다스 공식 레퍼런스 문서를 참고하는 것입니다.

판다스 공식 레퍼런스 문서 검색하기

다음과 같이 구글 검색 창에 'pandas read_csv reference'를 입력합니다. 첫 번째에 보이는 최신 버전 판다스 레퍼런스 문서 링크를 클릭합니다.

그림 3-15 판다스의 read_csv() 메서드 공식 레퍼런스 찾기

https://pandas.pydata.org/docs/reference/api/pandas.read_csv.html 페이지가 열리고 최신 버전의 `pandas.read_csv` 레퍼런스 문서를 확인할 수 있습니다.

그림 3-16 판다스 read_csv() 메서드 레퍼런스 문서 확인하기

CHECK 이후로는 구글 검색으로 기능을 찾는 과정은 생략합니다

책에서 알려주는 모든 기능을 기억하는 것은 불가능합니다. 너무 많은 기능이 있어서이기도 하지만, 그보다는 기능이 계속 업데이트되기 때문입니다. 따라서 이미 알고 있는 기능이라도 사용하기 전에 설치 버전에 맞는 레퍼런스 문서의 변화 여부를 확인해야 합니다.

라이브러리 버전 확인하기

레퍼런스 문서는 보통 최신 버전 문서가 검색 결과 상단에 보이는데, 여러분이 사용하는 라이브러리가 최신 버전이 아닐 가능성이 높습니다. 판다스에서는 고맙게도 설치된 모든 라이브러리 버전을 확인할 수 있는 `show_versions()` 메서드를 제공합니다.

주피터 노트북에 다음과 같이 소스 코드를 작성하고 실행합니다. 현재 아나콘다와 함께 설치된 판다스 라이브러리 버전은 1.4.2입니다.

TIP 판다스 라이브러리의 버전은 계속 업데이트되기 때문에, 현재 설치된 버전과 화면이 다르게 보일 수 있습니다.

In [1]:	

```
# 판다스 라이브러리 탑재
import pandas as pd

# 설치된 모든 라이브러리 버전 확인
pd.show_versions()
```

Out [1]:

```
INSTALLED VERSIONS
------------------
commit           : 4bfe3d07b4858144c219b9346329027024102ab6
python           : 3.9.12.final.0
python-bits      : 64
OS               : Windows
OS-release       : 10
Version          : 10.0.19043
machine          : AMD64
processor        : Intel64 Family 6 Model 158 Stepping 10, GenuineIntel
byteorder        : little
LC_ALL           : None
LANG             : None
LOCALE           : Korean_Korea.949

pandas           : 1.4.2
numpy            : 1.21.5
---------------------------( 중략 )---------------------------
```

다시 공식 레퍼런스 문서에 방문하여 오른쪽 상단에서 현재 버전을 확인합니다. 버전에 따라 내용이 달라질 수 있으므로 한 번씩 확인하는 습관을 들이면 좋습니다.

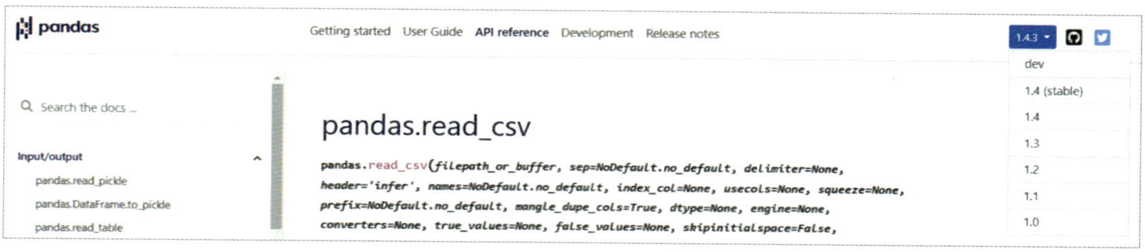

그림 3-17 판다스 레퍼런스 문서 버전 확인

CSV 파일 탑재하기

CSV 파일을 탑재하기 위해서 read_csv() 메서드를 사용합니다. [그림 3-17]에서 볼 수 있듯이 공식 레퍼런스 문서에는 굉장히 많은 인수가 보이지만, 이번 프로젝트에서 사용할 인수는 딱 하나, 가장 첫 번째 필수 인수로 등장하는 filepath_or_buffer입니다. 나머지 인수는 모두 키워드 인수로 기본값이 설정되어 있기 때문에 특별한 상황이 아닌 이상 사용하지 않아도 됩니다. 첫 번째 인수의 사용법을 공식 레퍼런스 문서에서 확인합니다.

Parameters: filepath_or_buffer : *str, path object or file-like object*

Any valid string path is acceptable. The string could be a URL. Valid URL schemes include http, ftp, s3, gs, and file. For file URLs, a host is expected. A local file could be: file://localhost/path/to/table.csv.

If you want to pass in a path object, pandas accepts any os.PathLike.

By file-like object, we refer to objects with a read() method, such as a file handle (e.g. via builtin open function) or StringIO.

그림 3-18 첫 번째 필수 인수 사용법 확인하기

TIP 영어를 직접 번역하기 어렵다면 구글 번역기(https://translate.google.com)나 파파고 번역기(https://papago.naver.com)를 사용합니다.

[그림 3-18]의 첫 줄에서 알 수 있듯이, 이 인수에는 문자열(str)이 들어가며, 경로 객체(path object)나 파일과 같은 객체(file-like object)를 사용할 수 있습니다. 유효한 경로라면 무엇이든 들어갈 수 있다고도 쓰여 있습니다(Any valid string path is acceptable).

앞에서 찾은 웹 페이지 소스 코드와 공식 레퍼런스 문서의 내용을 참고하여 다음과 같이 소스 코드를 작성하고 실행합니다.

```
In [2]:  # CSV 파일 읽어오기
         raw_df = pd.read_csv('C:\data\owid-covid-data.csv')
```

탑재한 내용 확인하기

읽어온 데이터를 대입한 변수 raw_df의 기본 정보를 확인하겠습니다. 다음과 같이 info() 메서드를 입력하고 실행합니다.

```
In [3]:  # 원천 데이터 데이터프레임 정보 확인
         raw_df.info()
```

```
Out [3]: <class 'pandas.core.frame.DataFrame'>   ●— 변수 RAW_DF의 데이터 타입: 데이터프레임
         RangeIndex: 200080 entries, 0 to 200079
         Data columns (total 67 columns):
          #   Column                                  Non-Null Count   Dtype
         ---  ------                                  --------------   -----
          0   iso_code                                200080 non-null  object
          1   continent                               188486 non-null  object
          2   location                                200080 non-null  object
         ------------------------------- (중략) ---------------------------------
          65  excess_mortality                        6818 non-null    float64
          66  excess_mortality_cumulative_per_million 6818 non-null    float64
         dtypes: float64(62), object(5)
         memory usage: 102.3+ MB
```

첫 번째 줄에서 변수 raw_df의 데이터 타입을 확인할 수 있는데, 판다스의 대표 데이터 타입 중 하나인 데이터프레임(<class 'pandas.core.frame.DataFrame'>)입니다. 나머지 정보는 데이터를 정제하면서 다루겠습니다. 이제 데이터프레임에 대해서 더 자세히 알아봅니다.

2 데이터 가공하기

판다스 데이터프레임은 마이크로소프트 엑셀[Excel]에서 볼 수 있는 2차원의 테이블 데이터와 무척 닮았습니다. 현재 변수에 대입한 데이터프레임 객체 데이터의 일부를 확인해 봅시다.

데이터프레임 내용 일부 확인하기

head() 메서드를 사용하여 전체 데이터 중 상단에 있는 데이터 5개를 확인하겠습니다. 다음 소스코드를 작성하고 실행합니다.

```
In [4]:  # 원천 데이터 상위 5개 레코드 확인
         raw_df.head()
```

Out [4]:

	iso_code	continent	location	date	total_cases	new_cases	new_cases_smoothed	total_deaths	new_deaths	new_deaths_smoothed	...	female_smo
0	AFG	Asia	Afghanistan	2020-02-24	5.0	5.0	NaN	NaN	NaN	NaN	...	
1	AFG	Asia	Afghanistan	2020-02-25	5.0	0.0	NaN	NaN	NaN	NaN	...	
2	AFG	Asia	Afghanistan	2020-02-26	5.0	0.0	NaN	NaN	NaN	NaN	...	
3	AFG	Asia	Afghanistan	2020-02-27	5.0	0.0	NaN	NaN	NaN	NaN	...	
4	AFG	Asia	Afghanistan	2020-02-28	5.0	0.0	NaN	NaN	NaN	NaN	...	

5 rows × 67 columns

실행 결과를 확인하면, 마치 엑셀에서 보는 것과 같은 테이블 형태의 데이터가 보입니다. 조금 더 자세히 살펴보겠습니다.

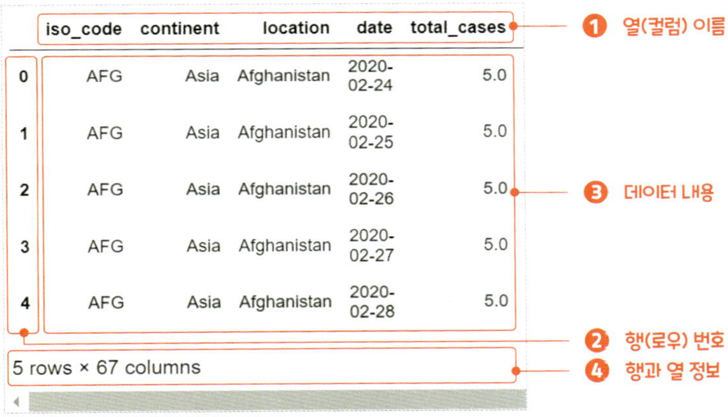

그림 3-19 데이터프레임 일부 내용 확인 결과

❶ **열(컬럼Column) 이름**: 각 열에 담긴 정보

❷ **행(로우Row) 번호**: 하나의 엔트리Entry를 담고 있는 행의 번호

❸ **데이터 내용**: 실제로 담긴 데이터 표기

❹ **행과 열 정보**: 실행 결과에 담긴 데이터의 행과 열 정보

데이터프레임 정보 다시 확인하기

In [3]:에서 실행한 info()의 결과인 Out [3]:의 내용을 다시 살펴보겠습니다.

```
<class 'pandas.core.frame.DataFrame'>
RangeIndex: 200080 entries, 0 to 200079
Data columns (total 67 columns):
 #   Column                                   Non-Null Count   Dtype
---  ------                                   --------------   -----
 0   iso_code                                 200080 non-null  object
 1   continent                                188486 non-null  object
 2   location                                 200080 non-null  object
 ------------------------------- (중략) -------------------------------
 65  excess_mortality                         6818 non-null    float64
 66  excess_mortality_cumulative_per_million  6818 non-null    float64
dtypes: float64(62), object(5)
memory usage: 102.3+ MB
```

❶ 객체 데이터 타입 클래스
❷ 데이터 색인 범위
❸ 데이터 열 정보
❹ 각 열의 데이터 타입 요약
❺ 메모리 사용량

그림 3-20 info() 메서드 다시 살펴보기

❶ **객체 데이터 타입 클래스:** 데이터프레임 클래스 정보 확인

❷ **데이터 색인 범위:** 총 200080건(엔트리), 색인은 0부터 200079까지

❸ **데이터 열 정보**

- #: 열 번호 0부터 66까지 총 67개
- `Column`: 열 이름
- `Non-null Count`: 값이 존재하는 항목의 개수(null은 값이 없음을 의미)
- `Dtype`: 각 열의 데이터 타입

❹ **각 열의 데이터 타입 요약:** 64비트 실수형 62개, 객체 5개

❺ **메모리 사용량:** 102.3+ MB

일부 데이터를 확인한 다음에 정보를 확인하니 확실히 더 이해하기 쉬울 것입니다.

원하는 열만 추려내기

이번 프로젝트에서는 각 장소의 확진자 추이를 확인할 수 있는 정보가 필요하며, 현재 데이터프레임에 있는 67개의 열이 모두 필요한 것이 아닙니다. 물론 이 데이터를 가지고 바로 시각화를 할 수도 있지만, 필요하지 않은 열 데이터를 굳이 변수로 지정하여 사용할 필요는 없습니다. `info()` 메서드로 얻은 열 이름을 참고해 원하는 열을 추려 봅시다. 다음 열 리스트로 범위를 좁히겠습니다.

- **`iso_code`**: 국제 표준 국가 코드 (예 USA, KOR)
- **`location`**: 국가 이름
- **`date`**: 일자

- total_cases: 전체 확진자 수
- population: 인구

이제 원천 데이터와 앞에서 선택한 열 이름 정보를 사용하여 신규 데이터프레임을 만들어 보겠습니다. 다음 소스 코드를 입력하고 실행합니다.

In [5]:
```
# 1) 원하는 열 리스트 만들기
selected_columns = ['iso_code', 'location', 'date', 'total_cases',
                    'population']

# 2) 원하는 열로 개정된 데이터프레임 생성
revised_df = raw_df[selected_columns]

# 3) 개정된 데이터프레임 데이터 일부 확인하기
revised_df.head()
```

Out [5]:

	iso_code	location	date	total_cases	population
0	AFG	Afghanistan	2020-02-24	5.0	39835428.0
1	AFG	Afghanistan	2020-02-25	5.0	39835428.0
2	AFG	Afghanistan	2020-02-26	5.0	39835428.0
3	AFG	Afghanistan	2020-02-27	5.0	39835428.0
4	AFG	Afghanistan	2020-02-28	5.0	39835428.0

1) 선택한 열 이름을 나열한 리스트 selected_columns를 만듭니다.

2) 이 리스트를 데이터프레임 객체에 대괄호 기호([])로 묶어 넣으면, 리스트 각 항목에 일치하는 열만 추출한 신규 데이터프레임이 생성됩니다.

3) 새로 생성한 데이터프레임 상위 5개 엔트리를 보면 원하는 열만 추출된 것을 확인할 수 있습니다.

유일한 데이터 추출하기

unique() 메서드를 사용하여 전체 데이터에서 원하는 국가의 데이터만 추리겠습니다. 먼저 대한민국과 미국 데이터를 추출하기 위해 location 열에 있는 값을 살펴보겠습니다. 방법은 간단합니다. 파이썬 딕셔너리에서 대괄호 기호와 키를 사용하여 값을 가져오는 것과 닮았습니다. 다만 하나가 아니라 열 전체 값을 가져오는 것이 다른 점입니다. 다음 소스 코드를 작성하고 실행합니다.

In [6]:
```
# 열 location 값 확인하기
locations = revised_df['location']
locations
```

Out [6]:
```
0         Afghanistan
1         Afghanistan
2         Afghanistan
3         Afghanistan
4         Afghanistan
             ...
200075      Zimbabwe
200076      Zimbabwe
200077      Zimbabwe
200078      Zimbabwe
200079      Zimbabwe
Name: location, Length: 200080, dtype: object
```

전체 데이터 중 location 열에 있는 값이 모두 추출되었습니다. 중간의 점 3개는 데이터가 많아 중략했다는 의미입니다. 판다스에서 제공하는 또 하나의 중요한 데이터 타입을 알아보겠습니다.

방금 생성한 변수 locations 안의 데이터를 다시 살펴봅시다. 왼쪽에는 색인이, 오른쪽에는 국가 데이터가 1차원 형태로 보입니다. 숫자를 색인으로 사용하는 파이썬 리스트와 비슷한 모양입니다. 이렇게 판다스에서 제공하는 1차원 형태의 데이터 타입을 **시리즈**[Series] 타입이라고 부릅니다. 판다스가 파이썬 리스트보다 더 풍부한 기능을 사용할 수 있게 만든 타입이라 생각하면 됩니다.

변수 locations 안에 각 엔트리는 한 국가의 특정 날짜 데이터이기 때문에 중복 데이터가 많습니다. 중복 데이터 없이 유일한 값을 가져오려면 시리즈에서 제공하는 **unique()** 메소드를 사용합니다.

In [7]:
```
# location 열의 유일 값 확인하기
locations.unique()
```

```
Out [7]: array(['Afghanistan', 'Africa', 'Albania', 'Algeria', 'Andorra', 'Angola',
               'Anguilla', 'Antigua and Barbuda', 'Argentina', 'Armenia', 'Aruba',
               'Asia', 'Australia', 'Austria', 'Azerbaijan', 'Bahamas', 'Bahrain',
          ------------------------------ ( 중략 ) --------------------------------
               'Saint Pierre and Miquelon', 'Saint Vincent and the Grenadines',
               'Samoa', 'San Marino', 'Sao Tome and Principe', 'Saudi Arabia',
               'Senegal', 'Serbia', 'Seychelles', 'Sierra Leone', 'Singapore',
               'Sint Maarten (Dutch part)', 'Slovakia', 'Slovenia',
               'Solomon Islands', 'Somalia', 'South Africa', 'South America',
               'South Korea', 'South Sudan', 'Spain', 'Sri Lanka', 'Sudan',
               'Suriname', 'Sweden', 'Switzerland', 'Syria', 'Taiwan',
               'Tajikistan', 'Tanzania', 'Thailand', 'Timor', 'Togo', 'Tokelau',
               'Tonga', 'Trinidad and Tobago', 'Tunisia', 'Turkey',
               'Turkmenistan', 'Turks and Caicos Islands', 'Tuvalu', 'Uganda',
               'Ukraine', 'United Arab Emirates', 'United Kingdom',
               'United States', 'United States Virgin Islands',
               'Upper middle income', 'Uruguay', 'Uzbekistan', 'Vanuatu',
               'Vatican', 'Venezuela', 'Vietnam', 'Wallis and Futuna',
               'Western Sahara', 'World', 'Yemen', 'Zambia', 'Zimbabwe'],
             dtype=object)
```

데이터에 있는 전체 국가 정보가 배열(array)로 반환됩니다. 정확히 말하면 이 배열은 넘파이에서 제공하는 **ndarray**라는 타입입니다. 기본적으로 배열 타입이 없는 파이썬에 고급 배열 기능을 구현한 넘파이의 데이터 타입입니다. 판다스에서는 시리즈의 1차원 배열 값이 ndarray로 되어 있으며, 데이터프레임 각 열도 결국 동일한 색인을 가진 시리즈의 ndarray를 열 이름으로 구분하여 나열한 셈입니다.

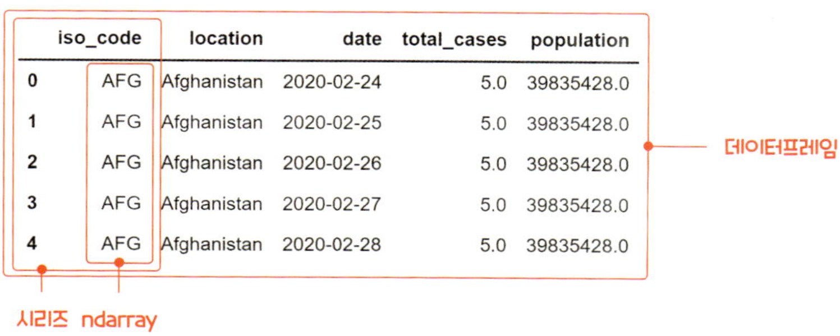

그림 3-21 데이터프레임, 시리즈, ndarray 관계

이번 프로젝트에서 필요한 대한민국(South Korea)과 미국(United States)에 해당하는 데이터를 각각 추출하겠습니다.

TIP 이번 장에서는 미국 데이터로 실습을 진행합니다. 이번 프로젝트의 최종 결과는 대한민국과 하와이를 비교하는 것이지만, 현재 데이터 셋은 국가 단위 정보만 있기 때문에 먼저 대한민국과 미국을 비교합니다. 하와이 데이터는 다음 장에서 다룹니다.

대한민국 데이터 추출하기

이번에는 location 열의 값 중 South Korea에 해당하는 값만 추출하여 대한민국 전용 데이터프레임을 생성하겠습니다. 판다스에서는 대괄호 기호 안에 데이터 추출을 위한 조건을 넣을 수 있는 기능을 제공합니다.

```
In [8]:
# 대한민국 데이터프레임 생성하기
kor_df = revised_df[revised_df.location == 'South Korea']

# 데이터 일부 확인하기
kor_df.head()
```

Out [8]:

	iso_code	location	date	total_cases	population
167396	KOR	South Korea	2020-01-22	1.0	51305184.0
167397	KOR	South Korea	2020-01-23	1.0	51305184.0
167398	KOR	South Korea	2020-01-24	2.0	51305184.0
167399	KOR	South Korea	2020-01-25	2.0	51305184.0
167400	KOR	South Korea	2020-01-26	3.0	51305184.0

드디어 대한민국 확진자 데이터프레임을 얻었습니다. 첫날 확진자 수(total_cases)가 1.0인 것을 볼 수 있습니다.

데이터프레임 색인 변경하기

그런데 Out [8]:의 엔트리 제일 왼쪽의 색인(167396~)은 이번 프로젝트에서는 무의미해 보입니다. 이번 프로젝트의 최종 결과 그래프는 일자별 확진자 추이를 확인하기 위해 x축을 '날짜'로 지정했습니다. 따라서 색인을 무의미한 번호에서 날짜를 의미하는 date 행의 값으로 변경하겠습니다. 데이터프레임의 색인을 변경할 때는 set_index() 메서드를 사용합니다.

In [9]:

```
# 색인 변경하기
kor_date_index_df = kor_df.set_index('date')

# 데이터 일부 확인하기
kor_date_index_df.head()
```

Out [9]:

date	iso_code	location	total_cases	population
2020-01-22	KOR	South Korea	1.0	51305184.0
2020-01-23	KOR	South Korea	1.0	51305184.0
2020-01-24	KOR	South Korea	2.0	51305184.0
2020-01-25	KOR	South Korea	2.0	51305184.0
2020-01-26	KOR	South Korea	3.0	51305184.0

미국 데이터 추출 및 색인 변경하기

점점 원하는 형태의 데이터로 변해가고 있습니다. 미국 데이터도 똑같은 방식으로 추출하고 색인을 변경합니다.

In [10]:

```
# 미국 데이터프레임 생성하기
usa_df = revised_df[revised_df.location == 'United States']

# 색인 변경하기
usa_date_index_df = usa_df.set_index('date')

# 값 일부 확인하기
usa_date_index_df.head()
```

Out [10]:

date	iso_code	location	total_cases	population
2020-01-22	USA	United States	1.0	332915074.0
2020-01-23	USA	United States	1.0	332915074.0
2020-01-24	USA	United States	2.0	332915074.0
2020-01-25	USA	United States	2.0	332915074.0
2020-01-26	USA	United States	5.0	332915074.0

드디어 필요한 데이터를 모두 정제했습니다. 이제 그래프를 그려 볼 차례입니다.

Section
04 데이터 시각화

데이터 시각화는 의미 있는 통찰을 얻기 위한 가장 핵심적인 활동입니다. 지금까지 눈에 잘 보이지 않는 작업을 했다면, 이제 원하는 메시지를 전달하기 위해 필요한 그래프를 상상력을 발휘해 그려 보겠습니다.

1 시각화 연습하기

판다스는 풍부한 시각화 라이브러리를 제공합니다. 공식 레퍼런스 문서를 통해 차트 그래프 예시를 확인하겠습니다.

여기서 잠깐 **매트플랏립을 사용하는 판다스 시각화 라이브러리**

파이썬 시각화 라이브러리로 빠지지 않고 등장하는 라이브러리가 바로 매트플랏립 Matplotlib 입니다. 앞서 살펴본 판다스 시각화 기능들 역시 결국은 매트플랏립 라이브러리를 판다스 데이터프레임에서 쉽게 사용할 수 있게 기능을 붙여 넣은 개념이라고 생각하면 됩니다. 매트플랏립에서 제공하는 시각화 기능을 더 탐색하고 싶다면, 공식 홈페이지(https://matplotlib.org)를 방문해 보세요.

판다스 차트 시각화 종류 확인하기

다음 [그림 3-22]와 같이 구글에서 'pandas chart visualization'을 검색합니다. 첫 번째로 보이는 공식 레퍼런스 문서를 클릭합니다.

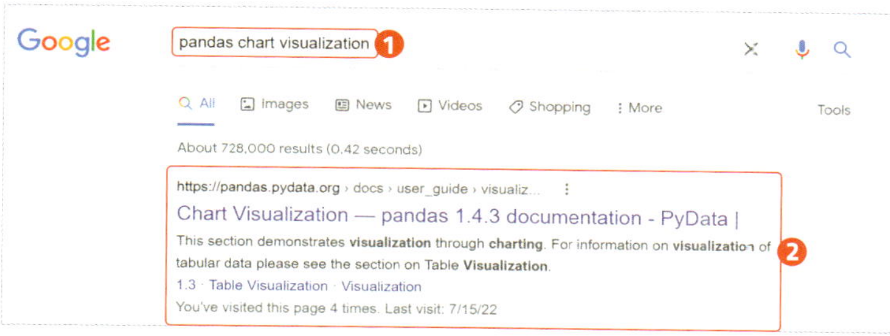

그림 3-22 판다스 차트 시각화 공식 레퍼런스 검색하기

수많은 판다스 차트 시각화 예시가 등장합니다. 오른쪽 상단에서 현재 판다스 설치 버전(1.4.2)인지 확인하고 화면을 아래로 스크롤해 어떤 차트 그래프가 있는지 살펴봅니다.

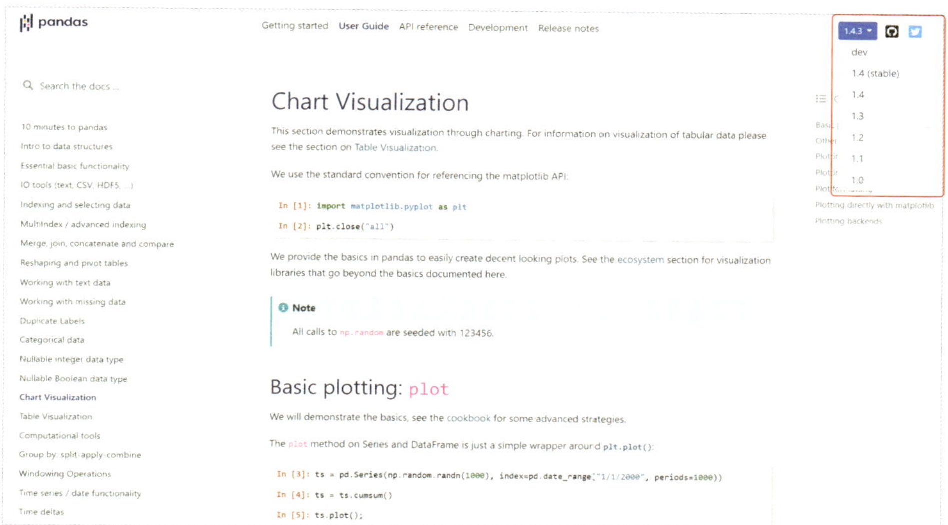

그림 3-23 판다스 차트 그래프 공식 레퍼런스 문서 확인하기

선 그래프, 막대그래프, 히스토그램, 점 그래프, 파이 그래프 등 다양한 그래프를 확인할 수 있습니다. 이 중에서 확진자 추이 비교 분석에 적합한 그래프는 기본 그래프인 선 그래프Line plot입니다.

TIP 플랏(plot)은 점을 찍어서 데이터를 표현하는 것, 즉 그래프를 뜻하는 표현입니다. 플라팅(plotting) 역시 그래프를 그리는 것을 의미합니다.

그래프 예시 검색하기

우선 선 그래프를 그릴 수 있는 파이썬 소스 코드 예시를 찾아보겠습니다. 구글에서 'pandas line plot example'을 검색해 공식 레퍼런스 문서를 클릭합니다.

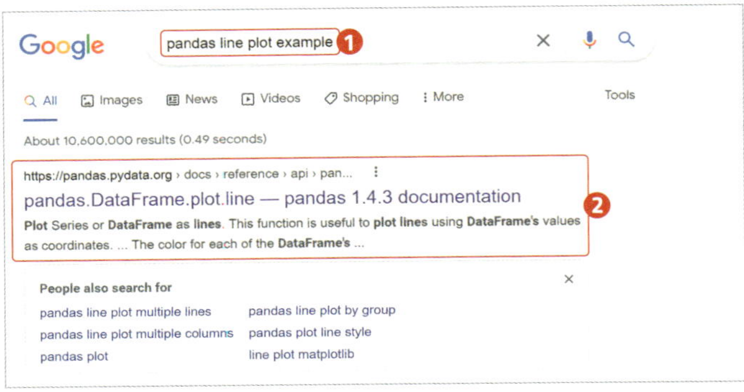

그림 3-24 선 그래프 예시 검색하기

화면을 스크롤하면서 원하는 형태의 선 그래프를 찾아봅니다. 두 국가의 확진자 추이를 비교하는 프로젝트이므로 선 그래프 2개가 함께 있는 예시가 적합합니다.

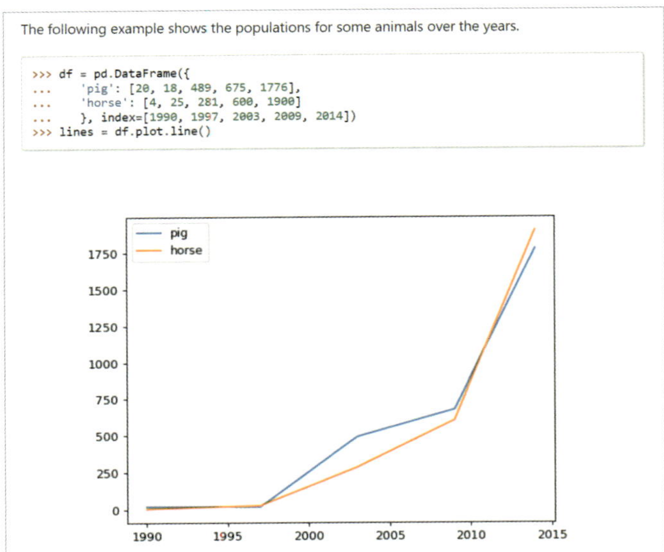

그림 3-25 선 그래프 2개가 함께 있는 예시 찾기

그래프 예시 실행하여 분석하기

[그림 3-25]와 같이 예시 코드를 원하는 데이터에 바로 적용하려면 어느 정도 숙달이 되어야 합니다. 일단 예시 코드를 그대로 복사하여 주피터 노트북에서 실행해 보겠습니다.

In [11]:

```
01 # 시각화 예시 실행하기
02 df = pd.DataFrame({
03     'pig': [20, 18, 489, 675, 1776],
04     'horse': [4, 25, 281, 600, 1900]
05     }, index=[1990, 1997, 2003, 2009, 2014])
06 lines = df.plot.line()
```

소스 코드 수정 창에서 esc 키를 누른 뒤 L 키를 누르면 소스 코드 줄 번호가 등장합니다. 다시 L 키를 누르면 줄 번호가 사라집니다.

Out [11]:

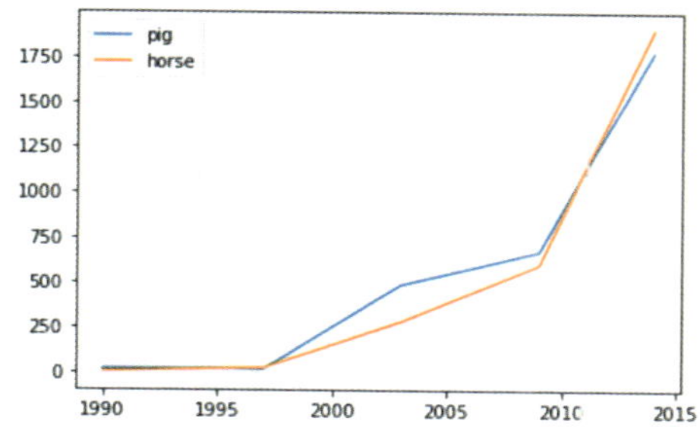

02 변수 df에 신규 데이터프레임을 생성합니다. 소괄호(( )) 안에 딕셔너리로 초깃값을 설정합니다. 만약 예시에서 사용한 변수 이름이 실제 사용하고 있는 변수 이름과 겹치면, 기존에 있던 데이터가 덮어 써지니 주의해야 합니다.

03, 04 데이터프레임의 데이터입니다. 각 항목의 키인 pig와 horse가 그래프 결과의 범례에 표시됩니다. 이번 프로젝트에서 대한민국과 미국을 구분할 때 사용하면 좋습니다. 값으로는 숫자가 나열된 리스트가 보입니다. 여기에 확진자 수를 차례로 넣습니다.

05 데이터를 의미하는 딕셔너리가 끝난 뒤, 키워드 변수로 색인(index)을 설정합니다. 값은 색인으로 사용할 숫자가 나열된 리스트가 보입니다. 그래프 결과에서 해당 값이 x축에 있는 것을 알 수 있습니다.

06 df.plot.line() 메서드를 사용해 실제로 그래프를 그립니다. 반환값으로 얻은 변수 lines는 이번 프로젝트에서는 사용할 필요가 없습니다.

TIP 이 예시에서는 색인 설정 시 리스트를 사용했지만, 1차원 ndarray나 판다스에서 제공하는 index 객체가 올 수도 있습니다.

예시 덕분에 어떻게 그래프를 그려야 할지 어느 정도 감을 잡았을 것입니다. 이제 앞에서 가공한 데이터로 그래프를 그려 보겠습니다.

> **여기서 잠깐** 데이터프레임에 타입 변환 없이 바로 넣을 수 있는 데이터 타입
>
> 이 예시에서는 데이터프레임 생성 시 첫 인수로 키와 리스트 타입을 값으로 갖는 항목으로 구성된 딕셔너리를 사용하였습니다. 딕셔너리 각 항목 값에 해당하는 데이터 타입은 리스트뿐만 아니라 시리즈, 1차원 ndarray, 심지어는 다른 형태의 딕셔너리가 될 수도 있습니다. 더 자세한 사항은 공식 레퍼런스 문서에서 확인합니다.

2 시각화 준비하기

시각화를 위한 최종 데이터프레임을 생성하기 위해 필요한 값을 미리 별도의 변수로 정의하겠습니다.

그래프를 그리기 위해 필요한 데이터 확보하기

최종 데이터프레임 초깃값을 넣기 위해서 사용할 딕셔너리에 담을 확진자 수를 구해 봅시다. 먼저 대한민국 확진자 수입니다. 대한민국 데이터프레임에 대괄호 기호로 묶은 열 이름 total_cases를 넣어서 변수 kor_total_cases를 생성하고, 저장된 배열값을 확인합니다.

```
In [12]:  # 대한민국 확진자 수 구하기
          kor_total_cases = kor_date_index_df['total_cases']
          kor_total_cases
```

```
Out [12]: date
          2020-01-22           1.0
          2020-01-23           1.0
          2020-01-24           2.0
          2020-01-25           2.0
          2020-01-26           3.0
                          ...
          2022-07-05    18433359.0
          2022-07-06    18451862.0
          2022-07-07    18471172.0
          2022-07-08    18491435.0
```

```
2022-07-09    18511845.0
Name: total_cases, Length: 900, dtype: float64
```

날짜를 색인으로 하고, 확진자 수를 나열한 형태로 데이터가 출력됩니다. Length가 900인 것은 900일의 대한민국 데이터가 있다는 의미입니다. 이번엔 미국 확진자 수 배열을 구합니다.

```
In [13]: # 미국 확진자 수 구하기
         usa_total_cases = usa_date_index_df['total_cases']
         usa_total_cases
```

```
Out [13]: date
          2020-01-22          1.0
          2020-01-23          1.0
          2020-01-24          2.0
          2020-01-25          2.0
          2020-01-26          5.0
                        ...
          2022-07-05    88065902.0
          2022-07-06    88262908.0
          2022-07-07    88381589.0
          2022-07-08    88547882.0
          2022-07-09    88572807.0
          Name: total_cases, Length: 900, dtype: float64
```

마지막으로 색인으로 사용할 날짜 값을 대한민국 데이터 셋에서 가져옵니다. 2020-01-22부터 2022-07-09일까지 900일의 정보가 색인으로 활용되고 있음을 확인할 수 있습니다.

```
In [14]: # 색인 확인하기
         kor_date_index_df.index
```

```
Out [14]: Index(['2020-01-22', '2020-01-23', '2020-01-24', '2020-01-25', '2020-01-26',
                 '2020-01-27', '2020-01-28', '2020-01-29', '2020-01-30', '2020-01-31',
                 ...
                 '2022-06-30', '2022-07-01', '2022-07-02', '2022-07-03', '2022-07-04',
                 '2022-07-05', '2022-07-06', '2022-07-07', '2022-07-08', '2022-07-09'],
                dtype='object', name='date', length=900)
```

그래프를 그리기 위한 최종 데이터프레임 만들기

재료는 모두 준비되었습니다. 각 재료를 앞 섹션에서 확인한 예시에 적용하면 됩니다. 아래 소스 코드를 실행합니다.

In [15]:

```
01  # 시각화용 데이터프레임 생성
02  final_df = pd.DataFrame({
03      'KOR': kor_total_cases,
04      'USA': usa_total_cases
05      }, index=kor_date_index_df.index
06  )
07
08  # 일부 데이터 확인
09  final_df.head()
```

Out [15]:

date	KOR	USA
2020-01-22	1.0	1.0
2020-01-23	1.0	1.0
2020-01-24	2.0	2.0
2020-01-25	2.0	2.0
2020-01-26	3.0	5.0

02 딕셔너리를 생성합니다.

03, 04 앞 절의 예시에서는 딕셔너리 값으로 리스트를 사용했지만, 이번 소스 코드에서는 시리즈(kor_total_cases, usa_total_cases)를 사용하고 있습니다. 또한 각 열의 이름으로 대한민국은 KOR, 미국은 USA를 설정했습니다. 이 값은 그래프 기본 범례에서 확인할 수 있습니다.

05 대한민국 데이터프레임의 색인을 그대로 재활용합니다.

TIP 예시를 먼저 실행한 다음, 같은 형태로 데이터를 만들어 보는 것이므로 그리 어렵지 않았을 것입니다. 하지만 만약 예시 없이 소스 코드를 작성해서 그래프를 그리려다가 실패하면, 그 원인을 찾는 데 시간이 더 오래 걸릴 수 있습니다. 따라서 공식 레퍼런스 문서에 있는 예시를 적극적으로 활용하기 바랍니다.

3 그래프 그리기

선 그래프 그리기

드디어 그래프를 그릴 차례입니다. 앞에서 분석한 예시 코드에 따라 다음과 같이 소스 코드를 작성하고 실행합니다.

```
In [16]: # 선 그래프 그리기
         final_df.plot.line()
```

```
Out [16]: <AxesSubplot:xlabel='date'>
```

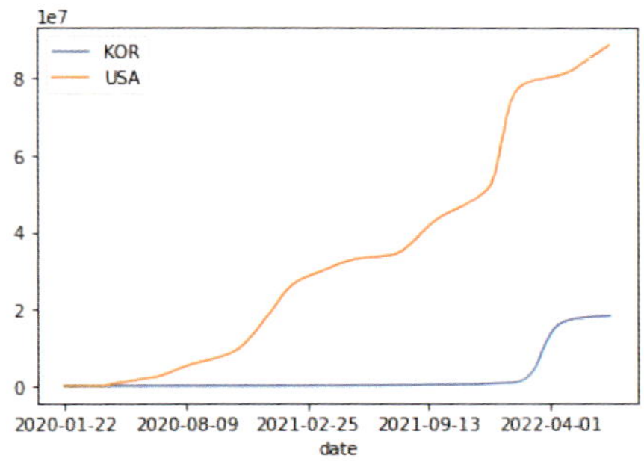

드디어 색이 입혀진 선 그래프가 등장했습니다. 그런데 전체 x축을 보니, 코로나가 출현한 2020년 1월 데이터부터 보입니다. 올해 데이터만 출력되도록 하겠습니다.

원하는 x축 범위의 그래프 그리기: 슬라이싱

색인 중 일부만 자르고 싶다면, 파이썬 리스트의 슬라이싱 기능과 유사하게 대괄호 기호와 원하는 범위의 슬라이싱 문법을 사용할 수 있습니다. 다음 소스 코드를 실행합니다.

```
In [17]: # 올해 그래프 그리기
         final_df['2022-01-01':].plot.line()
```

```
Out [17]: <AxesSubplot:xlabel='date'>
```

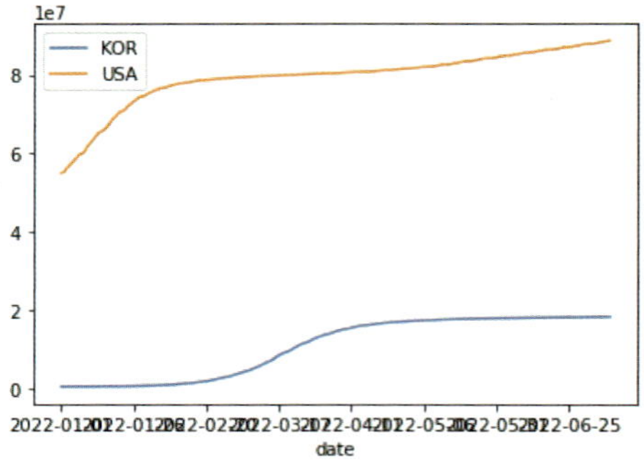

x축을 보면 2022년 데이터부터 있는 것을 확인할 수 있습니다. 그런데, x축 라벨이 서로 겹쳐 식별이 잘 되지 않습니다. 이 문제를 수정해 보겠습니다.

x축 라벨에 각도 넣기: 명명 인수 rot

가로 크기는 고정되어 있기 때문에 라벨이 겹치지 않게 하려면 x축 라벨 표기에 각도를 넣어야 합니다. 그래프를 본인이 원하는 형태로 수정할 때는 보통 명명 인수를 활용합니다. 선 그래프를 그릴 때 사용하는 `line()` 메서드는 `plot` 객체에서 호출할 수 있는 다양한 그래프 메소드 중 하나이며, `plot()` 메서드에서 사용할 수 있는 모든 인수를 그대로 사용할 수 있습니다. 공식 레퍼런스 문서에서 인수 리스트를 확인해 봅시다.

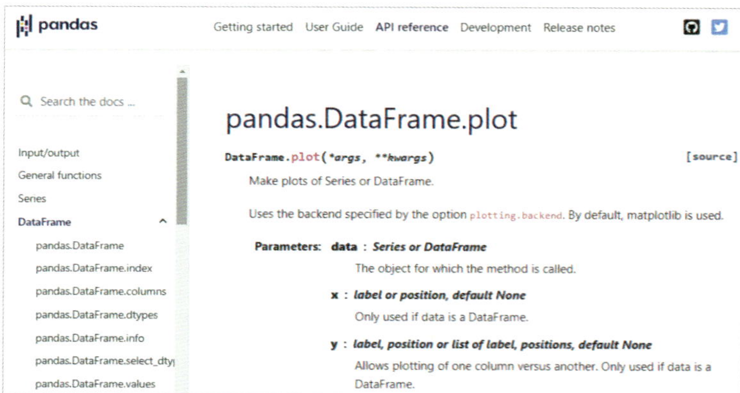

그림 3-26 데이터프레임 `plot()` 메서드 인수 확인하기

TIP 파이썬 문법 중 함수 인수에 인수 이름을 명시하고 값을 넣는 것을 '명명 인수'라고 합니다.

웹 페이지 검색 기능(Ctrl+F)을 사용하여, '돌린다'는 의미의 'rotation'을 검색하면 아래 가이드 내용을 확인할 수 있습니다.

```
rot: int, default None
    Rotation for ticks (xticks for vertical, yticks for horizontal plots).
```

틱(tick)은 규칙적으로 나눈 단위라고 보면 됩니다. x축에 보이는 날짜가 각 틱 바로 아래 위치하는 것입니다. 여기에 숫자를 넣으면 x축 라벨의 출력 각도가 변합니다. 45도로 돌리기 위해 `rot=45`를 `plot.line()` 메서드의 명명 인수로 사용하겠습니다.

다음 소스 코드를 실행하면 x축 라벨의 각도가 45로 변경되어 쉽게 읽을 수 있게 됩니다.

```
In [18]:  # x축 라벨 각도 변경하기
          final_df['2022-01-01':].plot.line(rot=45)
```

```
Out [18]: <AxesSubplot:xlabel='date'>
```

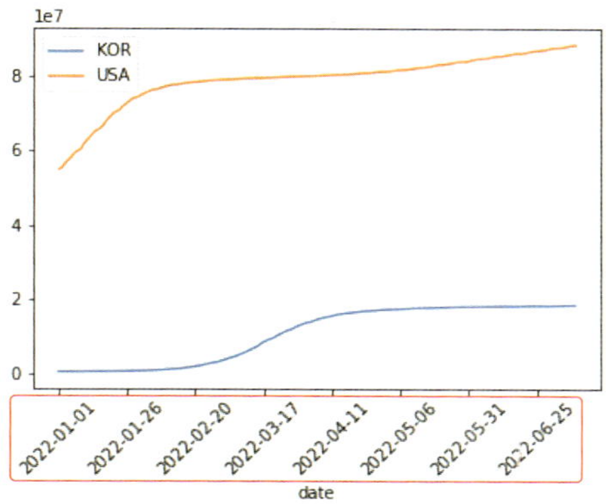

y축 가장 위에 보이는 '1e7'의 의미는 10의 7승이라는 의미로, 가장 큰 값이 80,000,000이 넘는다는 것을 알 수 있습니다.

확진자 비율 구하기

그런데 Out [18]:의 그래프를 보면 주황색 USA 줄이 파란색 KOR 줄보다 훨씬 위에 있습니다. 미국이 대한민국보다 코로나 상황이 더 안 좋다고 해석하면 될까요?

그렇지 않습니다. 미국 인구가 대한민국 인구보다 훨씬 많기 때문입니다. 이처럼 단순히 확진자 수로만 데이터를 비교하면 의미가 왜곡될 수 있습니다. 따라서 인구 대비 확진자 비율을 구하기 위해, 각국의 인구 데이터를 가져와 비교해야 합니다. 각국 데이터프레임에서 population 행의 2022년 1월 1일자 인구를 확인해 보겠습니다.

```
In [19]:  # 대한민국 인구
          kor_population = kor_date_index_df['population']['2022-01-01']

          # 미국 인구
          usa_population = usa_date_index_df['population']['2022-01-01']

          print('미국 인구(', usa_population, ') / 대한민국 인구(',
                kor_population, ')' )
Out [19]: 미국 인구( 332915074.0 ) / 대한민국 인구( 51305184.0 )
```

미국 인구를 대한민국 인구로 나눠 비율을 확인하겠습니다. 소수점 2자리까지 표현하도록 파이썬 기본 함수 round()로 반올림합니다. 미국 인구가 대한민국에 비해 6.49배 정도 많은 것을 확인할 수 있습니다.

```
In [20]:  # 인구 비율 구하기
          rate = round((usa_population / kor_population), 2)
          rate
Out [20]: 6.49
```

확진자 비율 반영한 그래프 그리기

이제 이 비율을 그래프에 반영하기 위해 새로운 데이터프레임을 생성하겠습니다. 비율을 대한민국 확진자 수에 곱하면 되기 때문에 방법은 간단합니다. 확진자 행에서 추출한 시리즈에 비율을 곱하면 모든 항목에 반영됩니다.

```
In [21]: # 확진자 비율을 적용한 최종 데이터프레임 생성하기
final_revised_df = pd.DataFrame({
    'KOR': kor_total_cases * rate,          # 비율 반영
    'USA': usa_total_cases
    }, index=kor_date_index_df.index
)

# 일부 데이터 확인하기
final_revised_df.head()
```

Out [21]:

date	KOR	USA
2020-01-22	6.49	1.0
2020-01-23	6.49	1.0
2020-01-24	12.98	2.0
2020-01-25	12.98	2.0
2020-01-26	19.47	5.0

결과를 보니 6.49배 비율이 제대로 반영되었습니다. 이제 그래프를 그릴 차례입니다. 다음의 소스 코드를 실행합니다.

```
In [22]: # 최종 전체 그래프 확인하기
final_revised_df[:].plot.line()
```

Out [22]:

```
<AxesSubplot:xlabel='date'>
```

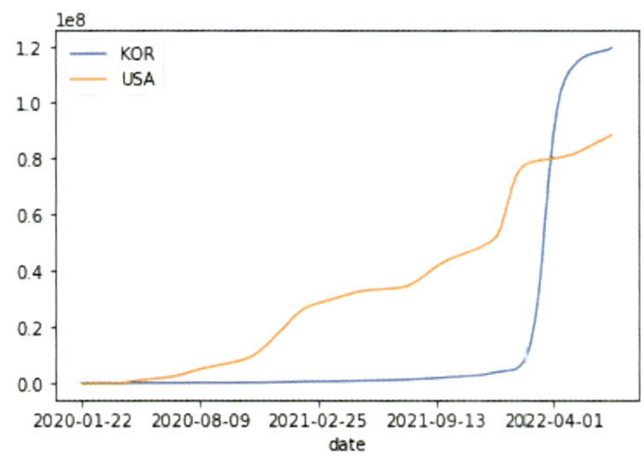

확진자 비율을 보니 2022년 3월쯤 확진자 비율이 크게 뒤집히는 것을 볼 수 있습니다. 올해 데이터로 x축 범위를 좁혀 보겠습니다. x축 라벨을 45로도 돌리는 것도 잊지 마세요.

In [23]:
```
# 최종 올해 그래프 확인하기
final_revised_df['2022-01-01':].plot.line(rot=45)
```

Out [23]:
```
<AxesSubplot:xlabel='date'>
```

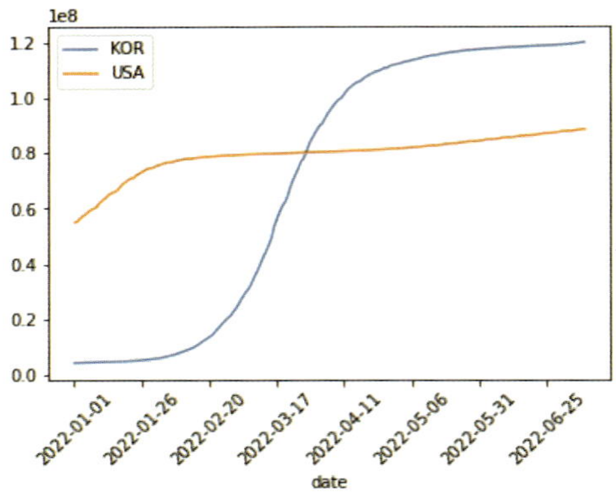

흥미로운 그래프가 출력되었습니다. KOR 줄이 낮은 비율을 유지하다가 2022년 2월 초부터 급격하게 상승하여 3월 말쯤에는 USA 줄을 역전하는 상황이 보입니다. 2022년 초에 오미크론 변이 바이러스가 출현하면서 대한민국 코로나 확진자 수가 급격하게 증가했기 때문입니다. 지금 이 그래프만 본다면, 대한민국보다 미국의 확진자 비율이 더 낮습니다.

4 마무리

지금까지 결과로는 대한민국보다 미국의 코로나 확진자 비율이 더 낮기 때문에 안나가 친구를 초대하는 것을 긍정적으로 볼 수 있습니다. 하지만 안나가 있는 지역은 하와이 주이며, 하와이는 미국 50개 주 중에 하나입니다. 인구 역시 140만 명 정도로, 3억 3천만 명이 넘는 미국 인구의 약 0.42%에 불과합니다. 따라서 미국 전체 데이터로 결과를 확정하는 것은 다소 섣부르다고 할 수 있습니다.

조금 더 정확한 결과를 얻으려면 하와이 주의 확진자 수를 알아야 할 것입니다. 이번에 사용한 데이터 셋은 아쉽게도 국가 단위 데이터만 보유하고 있습니다. 다음 장에서는 하와이 주의 데이터를 확보하여 데이터프레임 양식에 맞춰 가공한 다음, 동일한 선 그래프로 표현해 보겠습니다.

직접 풀어보기

01 안나는 프랑스로 여행을 가도 되는지 확인하고 싶다. 대한민국과 프랑스의 코로나 상황에 대해 '일자별 총 인구 대비 확진자 수 비율 변동 추이'를 확인해 보자. 다음 실행 결과 그래프를 참고한다.

[실행 결과]

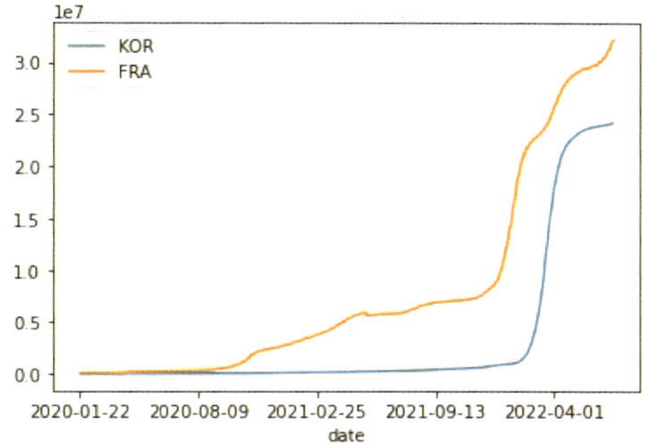

02 이번에는 대한민국과 프랑스뿐 아니라 미국과 여러분이 원하는 국가 2개를 추가하여 총 5개국의 올해 확진자 비율을 비교할 수 있는 그래프를 그려 보자. 그리고 어떤 나라가 현재 가장 피해야 할 나라인지 설명해 보자. 다음 실행 결과 그래프는 영국과 폴란드를 추가한 것이다.

[실행 결과]

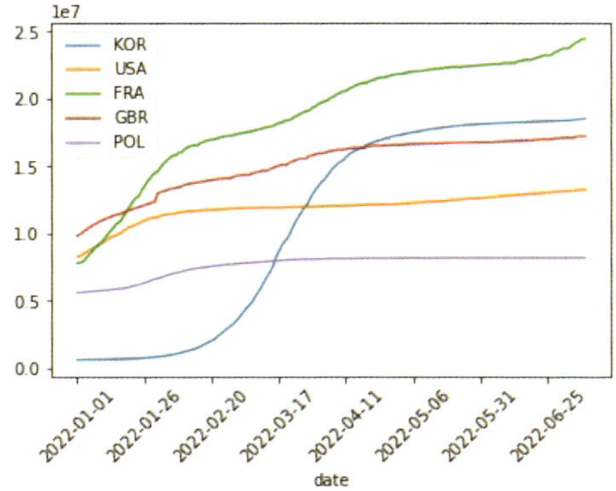

HINT 그래프 5개를 한 곳에 그리기 위해 비율의 분자를 한국으로 변경할 필요가 있다.

요약

01 데이터 분석 프로젝트는 보통 문제 정의, 데이터 수집, 정제 및 가공, 시각화 및 통찰을 도출하는 단계로 수행된다.

02 널리 사용하는 데이터 분석용 라이브러리에는 넘파이, 판다스, 매트플랏립이 있다.

03 데이터 분석에서는 올바른 문제를 도출하는 과정이 매우 중요하다.

04 데이터에는 품질이라는 개념이 있으며, 포괄성, 최신성, 정확성, 일관성 등을 고려해 적합한 데이터를 선택해야 한다.

05 선택한 데이터가 원천 데이터에 가까울수록 신뢰성은 올라가지만 가공하기 어려울 수 있으며, 반대로 잘 다듬어진 데이터는 신뢰성이 떨어질 수 있다.

06 주로 사용되는 데이터 포맷에는 CSV, XLSX, JSON이 있다.

07 판다스는 데이터 수집, 가공 및 시각화에 사용할 수 있는 다양한 기능을 제공한다. 기능을 사용할 때는 구글 검색 기능을 사용해 공식 레퍼런스 문서를 참고하는 것이 좋다.

08 판다스에서 읽은 데이터는 두 가지 데이터 타입으로 저장된다. 1차원 데이터로 구성된 시리즈와 2차원 데이터로 구성된 데이터프레임이다.

09 데이터프레임은 마이크로소프트 엑셀에서 사용하는 스프레드시트와 같이 테이블 형태로 데이터를 저장한다.

10 시리즈는 색인과 1차원 넘파이 `ndarray`로 구성된 데이터로, 데이터프레임의 열을 이루고 있다.

연습문제

01 데이터 분석 단계로 적합하지 않은 것은?

① 문제 정의
② 원천 데이터 생성
③ 데이터 수집
④ 데이터 정제 및 가공
⑤ 데이터 시각화 및 통찰

02 다음은 데이터 품질 평가 시 고려할 사항이다. 의미가 올바르지 않은 것은?

① 포괄성: 필요한 데이터를 포함하고 있는가?
② 최신성: 최신 데이터를 포함하고 있는가?
③ 정확성: 정확한 데이터를 포함하고 있는가?
④ 일관성: 데이터의 형태가 일관되어 있는가?
⑤ 사용성: 쉽게 수정할 수 없도록 사용하기 어려운 데이터인가?

03 다음은 데이터를 선택할 때 주의해야 할 사항을 기술한 것이다. 빈칸을 채우시오.

- 특정 목적을 가지고 원천 데이터를 가공한 데이터는 자칫 ______ 되는 경우가 있다. 사람의 실수로 잘못된 데이터가 들어가는 경우도 많다. 대신 식별하기 좋고 사용이 편하다는 이점이 있다.
- 원천 데이터에 가까운 데이터를 수집하려면 ______ 은 더 올라갈 수 있으나, 사용하기가 굉장히 어려울 수 있다.

04 다음에서 설명하는 데이터 포맷은 무엇인지 쓰시오.

> 각 항목 값을 콤마 기호(,)로 구분하는 데이터 포맷으로, 효율적으로 데이터를 저장할 수 있어 가장 많이 사용된다.

연습문제

05 다음은 현재 설치된 모든 라이브러리 버전을 확인하는 소스 코드이다. 빈칸을 채우시오.

In [1]:
```
# 판다스 라이브러리 탑재
import pandas as pd

# 설치된 모든 라이브러리 버전 확인
pd.[          ]
```

Out [1]:
```
INSTALLED VERSIONS
------------------
commit           : 4bfe3d07b4858144c219b9346329027024102ab6
python           : 3.9.12.final.0
python-bits      : 64
OS               : Windows
OS-release       : 10
Version          : 10.0.19043
machine          : AMD64
processor        : Intel64 Family 6 Model 158 Stepping 10, GenuineIntel
byteorder        : little
LC_ALL           : None
LANG             : None
LOCALE           : Korean_Korea.949

pandas           : 1.4.2
numpy            : 1.21.5
---------------------------( 중략 )---------------------------
```

06 다음은 csv 파일을 읽어서 변수 **raw_df**에 데이터프레임으로 담은 소스 코드이다. 이를 참고하여 다음의 데이터프레임 메서드가 무슨 용도인지 기술하시오.

In [2]:
```
# CSV 파일 읽어오기
raw_df = pd.read_csv('C:\data\owid-covid-data.csv')
```

- raw_df.info():
- raw_df.head():

07 다음은 데이터프레임에서 `location` 행의 데이터를 추출하여 변수 `location`에 담는 소스 코드이다. 변수 `locations`의 데이터 타입은?

In [3]:
```
# location 행의 값 확인하기
locations = revised_df['location']
locations
```

① 파이썬 리스트
② 파이썬 딕셔너리
③ 판다스 시리즈
④ 넘파이 ndarray

08 **07**번 문항에서 얻은 변수 `locations`의 중복 데이터가 많다. 유일한 값을 가져오기 위해서 무슨 메서드를 사용하는지 쓰시오.

09 다음은 데이터프레임 `revised_df`에서 `location` 행의 값이 `South Korea`인 값만 추출하여 신규 데이터프레임 `kor_df`를 생성하는 소스 코드이다. 조건을 의미하는 빈칸을 채우시오.

In [4]:
```
# 대한민국 데이터프레임 생성하기
kor_df = revised_df[                    ]

# 데이터 일부 확인하기
kor_df.head()
```

Out [4]:

	iso_code	location	date	total_cases	population
167396	KOR	South Korea	2020-01-22	1.0	51305184.0
167397	KOR	South Korea	2020-01-23	1.0	51305184.0
167398	KOR	South Korea	2020-01-24	2.0	51305184.0
167399	KOR	South Korea	2020-01-25	2.0	51305184.0
167400	KOR	South Korea	2020-01-26	3.0	51305184.0

연습문제

10 다음은 한 데이터프레임의 예시이다. 이 데이터프레임의 색인을 `date` 열로 변경하여 표현하고 싶다면 어떻게 해야 할지 소스 코드를 작성하시오. (데이터프레임 변수 이름은 `kor_df`이다.)

	iso_code	location	date	total_cases	population
167396	KOR	South Korea	2020-01-22	1.0	51305184.0
167397	KOR	South Korea	2020-01-23	1.0	51305184.0
167398	KOR	South Korea	2020-01-24	2.0	51305184.0
167399	KOR	South Korea	2020-01-25	2.0	51305184.0
167400	KOR	South Korea	2020-01-26	3.0	51305184.0

→

	iso_code	location	total_cases	population
date				
2020-01-22	KOR	South Korea	1.0	51305184.0
2020-01-23	KOR	South Korea	1.0	51305184.0
2020-01-24	KOR	South Korea	2.0	51305184.0
2020-01-25	KOR	South Korea	2.0	51305184.0
2020-01-26	KOR	South Korea	3.0	51305184.0

11 다음은 판다스 차트 시각화 방법을 나열한 것이다. 다음 중 선 그래프를 그리는 방법은?

① `df.plot.hist` ② `df.plot.line` ③ `df.plot.bar`

④ `df.plot.box` ⑤ `df.plot.pie`

12 다음은 데이터프레임 `final_df`의 선 그래프를 그린 예시이다. 전체 그래프 중 올해 그래프만 보고 싶다면 소스 코드를 어떻게 변경해야 할지 작성하시오.

HINT 리스트 슬라이싱 기능과 유사하다.

In [5]:
```
# 선 그래프 그리기
final_df.plot.line()
```

Out [5]:
```
<AxesSubplot:xlabel='date'>
```

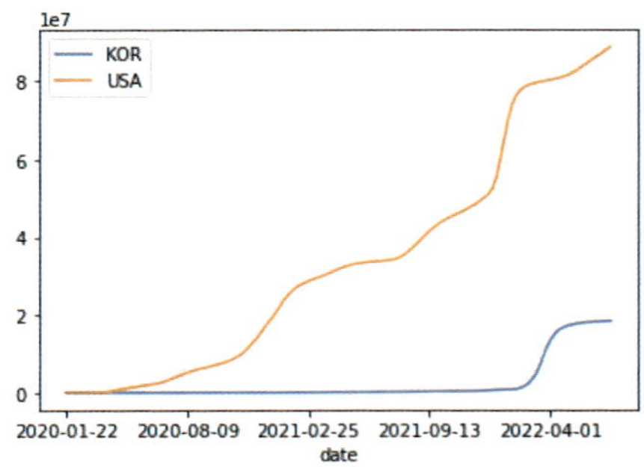

13 다음 그래프의 x축은 라벨 이름이 겹쳐서 제대로 식별하기 힘들다. x축 라벨을 45도 각도로 기울이고 싶을 때 사용하는 소스 코드로 올바른 것은?

```
<AxesSubplot:xlabel='date'>
```

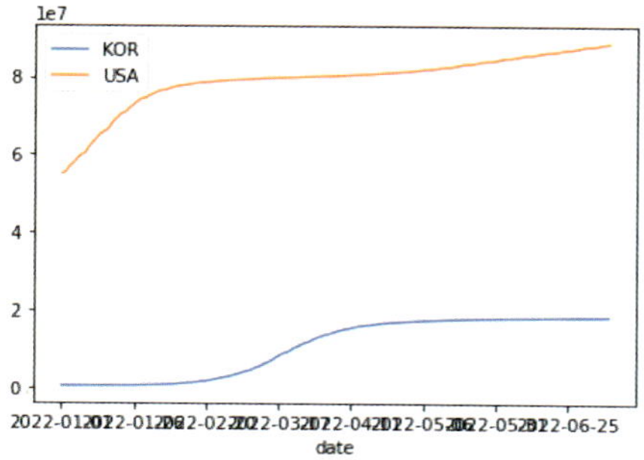

① `df.plot.line(rot=45)`

② `df.plot.line.rot(45)`

③ `df.plot.rot(45).line()`

④ `df.plot.line(rotation=45)`

⑤ `df.plot(rot=45).line()`

14 서술형 다음은 이번 프로젝트에서 얻은 최종 결과물로, 대한민국(KOR)과 미국(USA)의 올해 확진자 수 비율 추이를 보여준다.

```
<AxesSubplot:xlabel='date'>
```

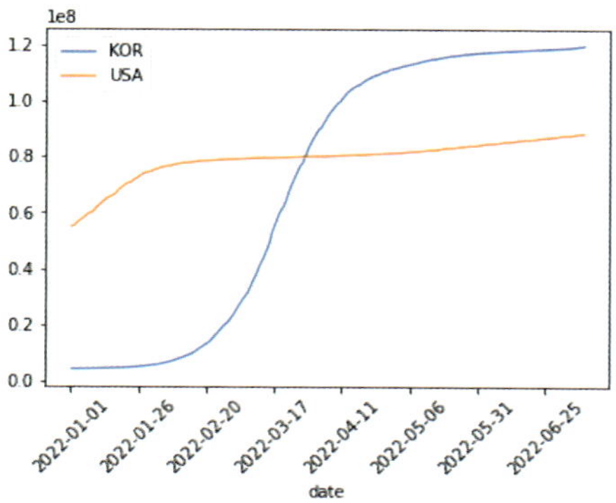

이 그래프가 다음 질문에 대한 답을 구하는 데 충분한 자료인지 협의하시오. 만약 충분하지 않다면, 이 그래프의 문제점은 무엇인지 기술하고 해결 방안을 제시하시오.

> 이번 방학 때 친한 친구를 한국에서 초대하려고 하는데, 혹시라도 하와이 코로나 상황이 더 안 좋다면, 친구를 초대하지 못할 것 같아요. 현재 하와이 코로나 상황이 대한민국보다 더 좋은 것이 맞나요?

CHAPTER 04

코로나 바이러스 감염 현황 분석 2

01 프로젝트 개요

02 데이터 수집

03 데이터 정제 및 가공

04 데이터 시각화

직접 풀어보기

요약

연습문제

학습목표

- 필요한 데이터 셋을 검색하여 다운로드할 수 있다.
- 기존 데이터 분석 프로젝트의 틀을 유지한 상태에서, 새로운 데이터 셋을 기존 데이터 셋에 추가하여 그래프를 그릴 수 있다.
- 데이터프레임 행을 추가하거나, 색인의 데이터 타입을 변경할 수 있다.
- 시계열성 데이터 추이 분석을 위한 시각화 방안에 익숙해진다.
- 초기 프로젝트 문제의 답을 구할 수 있다.

Section 01

프로젝트 개요

1 프로젝트 목표

3장에서는 데이터 분석 실습 프로젝트를 통해 대한민국과 미국의 코로나 감염 현황을 하나의 데이터 셋을 사용하여 비교 분석하였습니다. 그리고 데이터 분석 결과를 선 그래프로 시각화해 현재 대한민국보다 미국의 코로나 감염 현황 비율이 더 나은 상황인 것을 알 수 있었습니다.

```
<AxesSubplot:xlabel='date'>
```

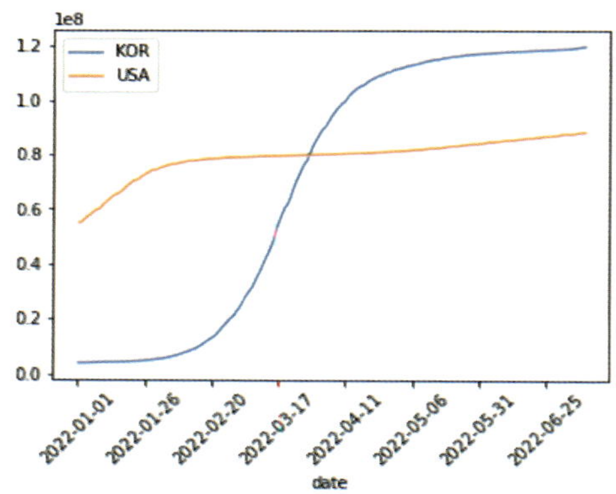

그림 4-1 3장의 코로나 데이터 분석 결과 다시보기

하지만 본래 얻고자 했던 질문인 대한민국과 하와이의 코로나 상황 비교에 대한 답을 얻기에는 다소 섣부르다는 결론을 냈습니다. 이번 장에서는 프로젝트 초기에 제기했던 질문에 대한 답을 찾아보고자 합니다. 3장의 프로젝트 초기에 제기했던 질문을 다시 한 번 살펴보겠습니다.

이번 방학 때 친한 친구를 한국에서 초대하려고 하는데, 혹시라도 하와이 코로나 상황이 더 안 좋다면, 친구를 초대하지 못할 것 같아요. **현재 하와이의 코로나 상황이 대한민국보다 더 좋은 것이 맞나요?**

현재 하와이는 인구가 미국 인구의 약 0.42%밖에 되지 않는 작은 주입니다. 따라서 미국 전체 인구 기준으로 파악한 확진자 수로 산정한 데이터로는 풀고자 하는 문제의 답을 얻기에 무리가 있습니다.

따라서 이번 프로젝트에서는 지난 프로젝트에서 사용한 데이터 셋에 존재하지 않는 새로운 데이터를 찾아 기존 데이터 셋에 합치는 작업을 수행할 것입니다.

Section 02
데이터 수집

1 데이터 검색

이번 프로젝트에 필요한 데이터 셋은 하와이의 코로나 감염 현황 데이터입니다. 미국 코로나 바이러스의 주별 확진자 데이터를 다운로드할 수 있는 사이트를 찾기 위해 구글에 영문으로 'us coronavirus states cases data download'를 입력해 검색합니다. 미국 질병 관리 및 예방 센터[CDC]의 웹 사이트 링크(https://data.cdc.gov)를 찾아 클릭합니다.

TIP 한국 관련 주제가 아닌 이상, 검색어는 영어로 입력해야 더 정확한 결과를 얻을 수 있습니다.

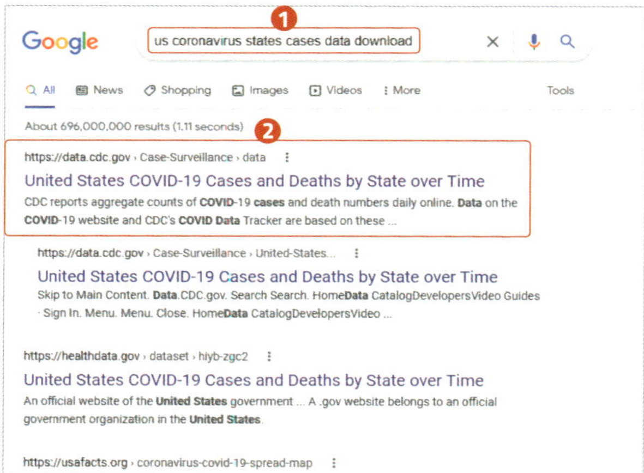

그림 4-2 데이터 검색 결과

사이트에 들어가면 미국 질병 관리 및 예방 센터에서 제공하는 테이블 형태의 데이터가 보입니다. 이번 프로젝트에서 필요한 데이터를 추출할 수 있는 다양한 기능을 확인할 수 있습니다. 근래에는 이렇게 공공 데이터를 쉽게 검색하고 추출할 수 있는 사이트를 정부에서 운영하는 경우가 많습니다.

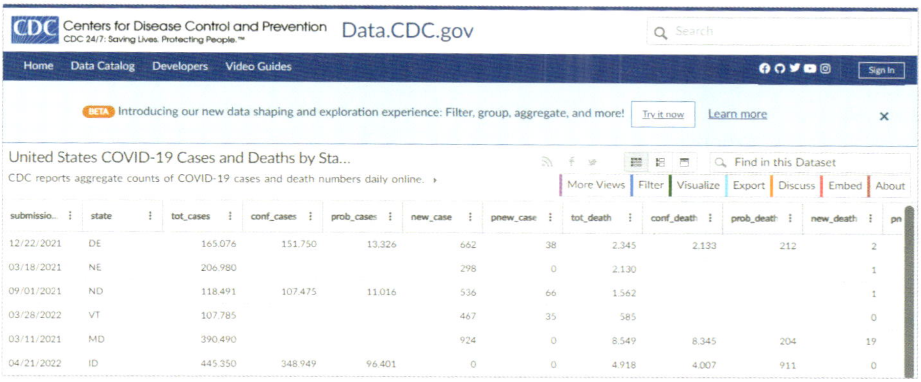

그림 4-3 미국 질병 관리 및 예방 센터의 미국 코로나 데이터 검색 사이트

2 데이터 필터링, 정렬, 추출하기

하와이 주와 관련된 확진자 데이터를 추출하기 전에 일부 데이터를 추려내는 작업을 하겠습니다.

[그림 4-3]의 테이블 데이터를 보면 첫 번째 열에 날짜(`submission_date`)가, 두 번째 열에 주(`state`) 정보가 있습니다. 하와이 주의 코드인 `HI` 테이블에 데이터가 있는지 확인해 보겠습니다.

데이터 필터링

데이터 셋에 특정 조건을 주어 데이터를 추려내는 과정을 **필터링** Filtering 이라고 합니다. 전체 데이터 셋을 다운로드해 주피터 노트북에서 필터링을 할 수도 있습니다. 하지만 필요한 데이터가 명확하고 데이터 출처에서 필터링이 가능하다면, 굳이 큰 사이즈의 파일을 다운로드해 메모리를 낭비할 필요가 없습니다.

테이블 오른쪽 상단에 있는 메뉴 중 [Filter]를 클릭합니다.

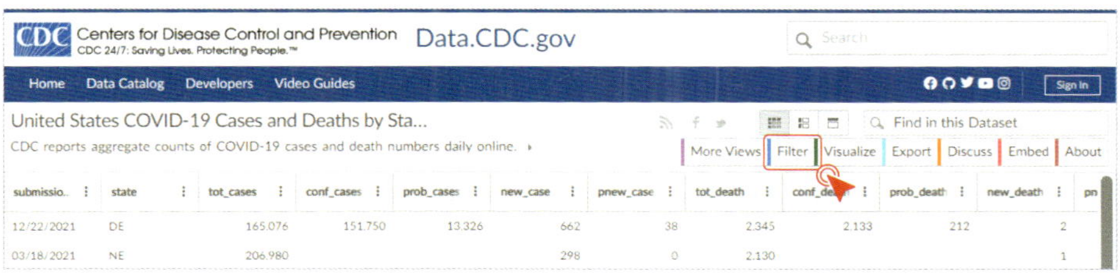

그림 4-4 데이터 필터링 기능 활용하기

화면 왼쪽에 필터를 추가할 수 있는 [Filter] 패널이 등장합니다. 현재는 필터가 존재하지 않기 때문에 어떠한 필터링 조건도 정의되어 있지 않다는 의미의 'No conditions defined yet.' 문구가 보입니다. 〈+ Add a New Filter Condition〉 버튼을 클릭합니다.

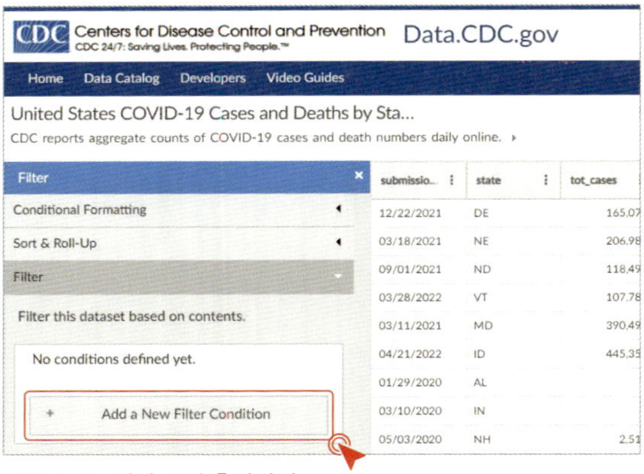

그림 4-5 필터 조건 추가하기

필터를 다음과 같이 설정하겠습니다.

01 행 이름 `submission_date`를 클릭해 `state`로 변경합니다.

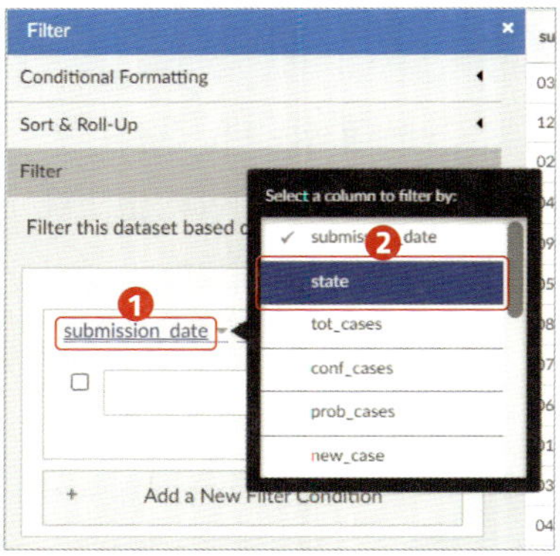

그림 4-6 필터링 조건에 넣을 행 선택하기

02 행 이름 옆의 `is`는 '~와 같은'이라는 의미입니다. 기본 설정을 그대로 유지합니다. 이 설정에는 다음과 같은 조건을 넣을 수 있습니다.

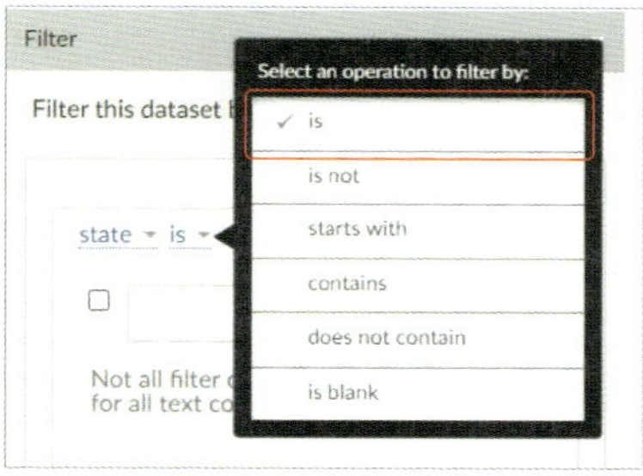

그림 4-7 필터링 조건에 추가할 수 있는 다양한 조건

- is: ~와 같은
- is not: ~와 같지 않은
- starts with: ~로 시작하는
- contains: ~를 포함하는
- does not contain: ~를 포함하지 않는
- is blank: 값이 없는

03 하와이 주를 의미하는 HI를 텍스트 상자에 입력하고 왼쪽의 체크 박스를 클릭해 체크 표시를 합니다. 잠시 로딩을 거쳐 오른쪽 테이블에 데이터가 필터링됩니다.

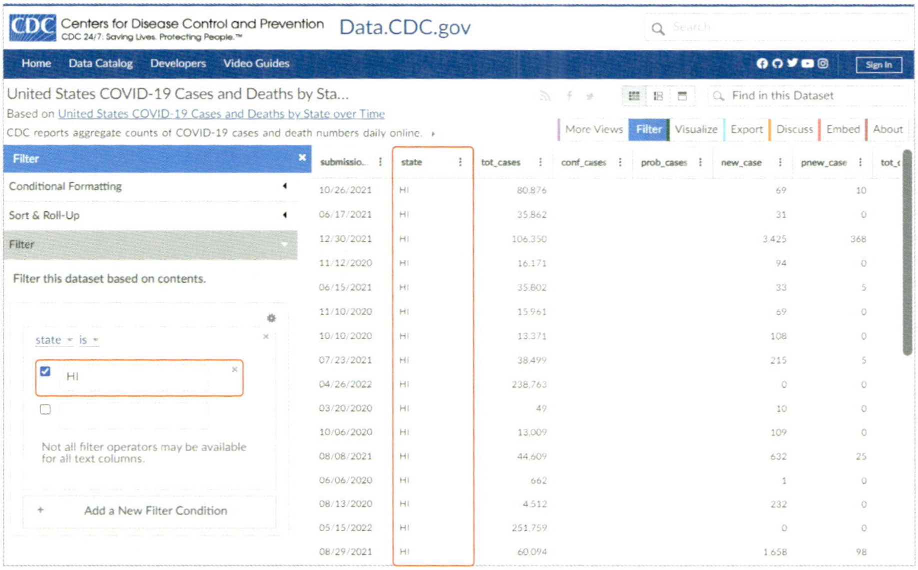

그림 4-8 하와이 주 데이터만 필터링하기

데이터 정렬

[그림 4-8]을 보면 하와이 주 데이터만 필터링이 되었지만 첫 번째 열의 데이터를 보면 날짜 순서가 뒤죽박죽입니다. 이번 프로젝트에 필요한 데이터가 충분히 포함되어 있는지 확인하기 위해 날짜순으로 데이터를 정렬하겠습니다.

첫 번째 열 이름 옆의 햄버거 버튼(⋮)을 클릭하면 두 가지 옵션이 보입니다. 왼쪽에 있는 화살표 방향에서 힌트를 얻을 수 있습니다.

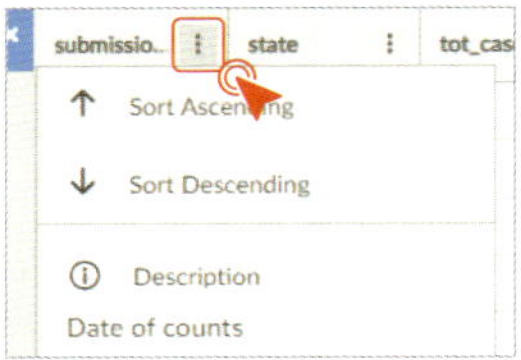

그림 4-9 행 데이터 기준으로 정렬하기

- **Sort Ascending:** 오름차순 정렬
- **Sort Descending:** 내림차순 정렬

[Sort Ascending]을 클릭해 날짜순으로 오름차순 정렬하고 테이블 데이터를 확인합니다. 날짜순으로 테이블 데이터가 정렬되고, `submission_date` 열에 ↑ 모양이 생겼습니다.

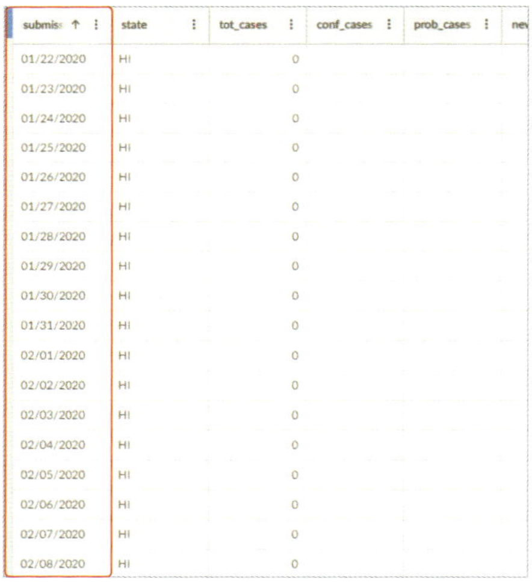

submis ↑	state	tot_cases	conf_cases	prob_cases	nev
01/22/2020	HI	0			
01/23/2020	HI	0			
01/24/2020	HI	0			
01/25/2020	HI	0			
01/26/2020	HI	0			
01/27/2020	HI	0			
01/28/2020	HI	0			
01/29/2020	HI	0			
01/30/2020	HI	0			
01/31/2020	HI	0			
02/01/2020	HI	0			
02/02/2020	HI	0			
02/03/2020	HI	0			
02/04/2020	HI	0			
02/05/2020	HI	0			
02/06/2020	HI	0			
02/07/2020	HI	0			
02/08/2020	HI	0			

그림 4-10 날짜순으로 정렬된 데이터 확인하기

[그림 4-10]을 보면 데이터가 2020년 1월 22일부터 시작되고 있습니다. 3장에서 진행한 프로젝트의 대한민국 데이터와 일치합니다. 가장 최근 데이터를 확인하기 위해 행 이름의 화살표를 클릭해 정렬 기준을 반대로 변경합니다. 현재(2022년 7월 22일) 기준으로 전일 데이터인 최신 데이터까지 포함된 데이터 셋인 것을 확인할 수 있습니다.

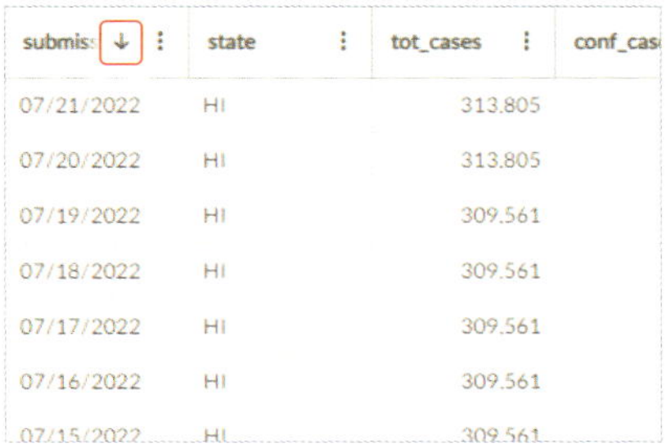

그림 4-11 날짜 역순으로 정렬된 데이터 확인하기

데이터 추출

이제 데이터를 추출하겠습니다. 테이블 오른쪽 상단의 메뉴에서 [Export]를 클릭하면 왼쪽 패널이 [Export]로 바뀝니다. 다양한 포맷의 데이터를 다운로드할 수 있게 되어 있습니다. [CSV]를 클릭합니다.

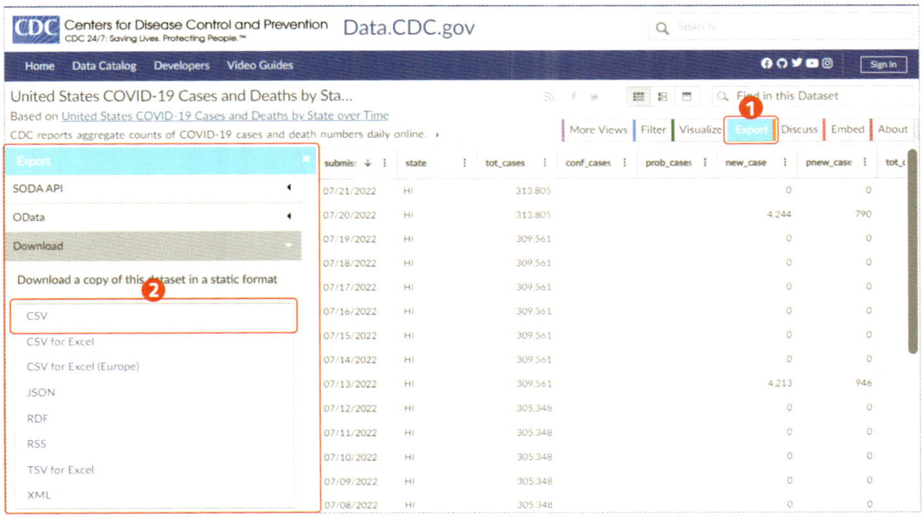

그림 4-12 데이터 추출 패널 열기

CSV 포맷의 파일이 다운로드됩니다. 3장에서와 같이 `C:\data`에 저장하고, 이름을 `hawaii-covid-data`로 수정합니다.

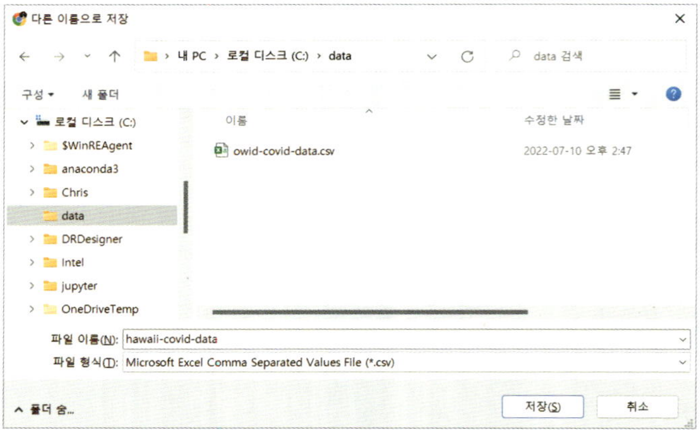

그림 4-13 데이터 저장하기(C:\data\hawaii-covid-data.csv)

이제 주피터 노트북에 해당 데이터 셋을 추가하겠습니다.

여기서 잠깐 **공개 데이터 활용 방법**

이번 섹션에서는 데이터를 필터링해 정렬하고 추출하는 과정에서 미국 질병 관리 및 예방 센터의 웹 사이트에서 제공하는 기능을 활용했습니다. 다른 공개 데이터 웹 사이트에서도 유사한 기능을 제공합니다. 화면 구성이나 동작 방식은 차이가 있더라도 기본적인 동작 방식은 대부분 유사합니다.

Section 03

데이터 정제 및 가공

1 주피터 노트북 복제하기

이번 장에서 사용할 주피터 노트북 파일을 생성하겠습니다. 이전 프로젝트에서 사용한 소스 코드를 대부분 재활용할 것이므로 3장에서 만든 주피터 노트북 파일을 복제하겠습니다.

주피터 노트북 홈 페이지를 엽니다.

그림 4-14 주피터 노트북 홈 페이지 열기(http://localhost:8888/tree)

3장에서 만든 '3장. 코로나 확진자 변화 추이 분석.ipynb' 왼쪽의 체크 박스를 클릭해 체크 표시를 합니다. 상단에 숨겨져 있던 메뉴가 등장하면 [Duplicate]를 클릭합니다.

그림 4-15 노트북 파일 복제하기

다음과 같이 체크한 노트북 파일을 정말로 복제하겠냐는 확인 메시지가 나타나면 〈Duplicate〉 버튼을 클릭합니다.

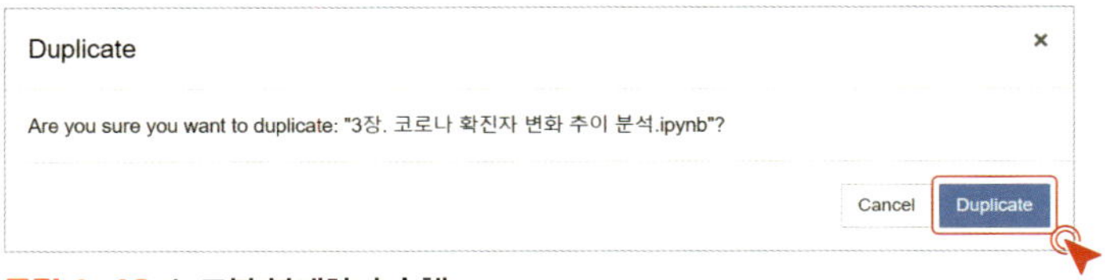

그림 4-16 노트북 복제하기 수행

이름이 '3장. 코로나 확진자 변화 추이 분석-Copy1.ipynb'인 노트북 파일이 생성되었습니다. 이름을 변경하기 위해 해당 노트북 파일의 이름을 클릭합니다.

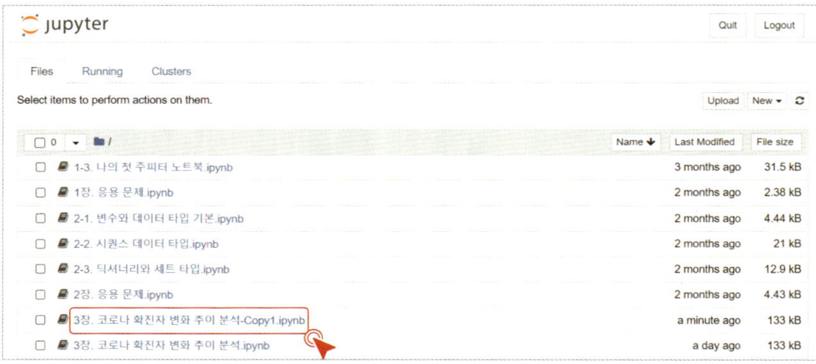

그림 4-17 복제한 노트북 확인 및 클릭하기

이름을 클릭하여 수정 창이 보이면, '4장. 코로나 확진자 변화 추이 분석 – 파트 2'로 변경하고 〈Rename〉 버튼을 클릭합니다.

그림 4-18 복제한 노트북 이름 변경하기

원본 노트북 파일의 소스 코드와 실행 결과가 모두 복제되었는지 확인하겠습니다. 먼저 소스 코드를 실행하기 위해 커널을 재시작합니다. 상단의 메뉴에서 [Kernel]-[Restart & Run All]을 클릭하고, 커널과 노트북을 재시작할 것인지 묻는 창이 열리면 〈Restart and Run All Cells〉 버튼을 클릭합니다.

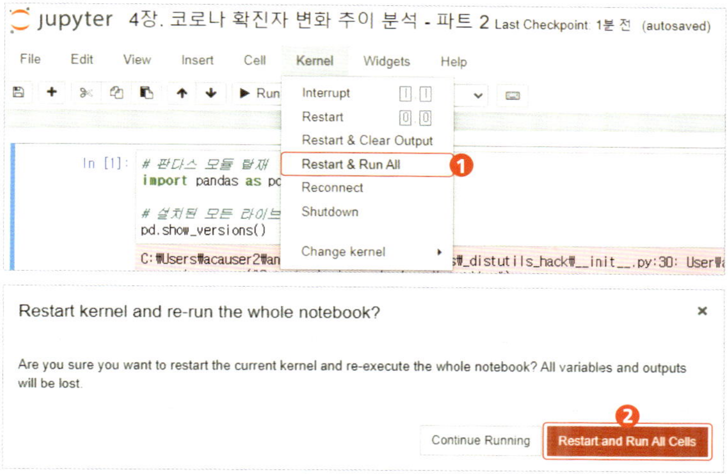

그림 4-19 커널 재시작 및 전체 소스 코드 실행하기

전체 소스 코드가 재실행된 노트북을 스크롤 다운하여 마지막 그래프까지 결과가 잘 나오는지 확인합니다. 이번 프로젝트 실습은 이 노트북 맨 끝 `In [23]:` 다음에서 시작하겠습니다.

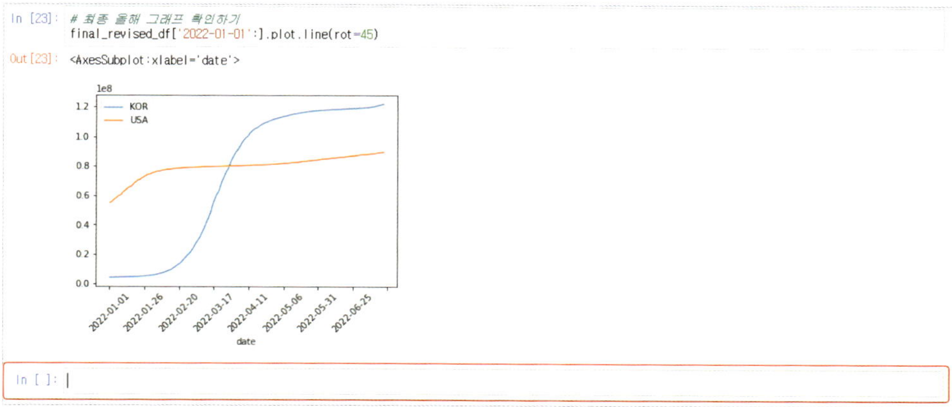

그림 4-20 이번 프로젝트의 실습 시작 위치

2 데이터 탑재 및 1차 가공

CSV 파일 탑재

다음과 같이 CSV 파일을 주피터 노트북에 탑재하여 데이터 일부를 확인합니다. 웹 사이트에서 본 데이터가 주피터 노트북에 잘 탑재된 것을 확인할 수 있습니다.

TIP CSV 파일을 탑재하는 방법이 기억나지 않는다면 주피터 노트북 상단에 복제된 소스 코드를 참고합니다.

In [24]:
```
# CSV 파일 읽어오기
raw_hawaii_df = pd.read_csv('C:\data\hawaii-covid-data.csv')

# 일부 데이터 확인하기
raw_hawaii_df.head()
```

Out [24]:

	submission_date	state	tot_cases	conf_cases	prob_cases	new_case	pnew_case	tot_death	conf_death	prob_death
0	10/26/2021	HI	80876	NaN	NaN	69	10.0	883	NaN	NaN
1	06/17/2021	HI	35862	NaN	NaN	31	0.0	504	NaN	NaN
2	12/30/2021	HI	106350	NaN	NaN	3425	368.0	1074	NaN	NaN
3	11/12/2020	HI	16171	NaN	NaN	94	0.0	221	NaN	NaN
4	06/15/2021	HI	35802	NaN	NaN	33	5.0	503	NaN	NaN

결손 데이터, NaN

Out [24]:의 실행 결과를 보면 중간 중간에 NaN 데이터가 보입니다. NaN은 Not a Number의 약자로, 데이터가 존재하지 않을 때 판다스에서 사용하는 값입니다. 즉 NaN이 표기된 곳에는 데이터가 존재하지 않습니다. 전체 NaN 데이터의 분포가 얼마나 되는지 info() 메서드로 확인하겠습니다.

In [25]:
```
# 데이터 정보 확인하기
raw_hawaii_df.info()
```

Out [25]:

```
<class 'pandas.core.frame.DataFrame'>
RangeIndex: 912 entries, 0 to 911 ❶
Data columns (total 15 columns):
#   Column          ❷Non-Null Count  Dtype
---  ------          --------------  -----
 0   submission_date  912 non-null    object
 1   state            912 non-null    object
 2   tot_cases        912 non-null    int64
 3   conf_cases       0 non-null      float64
 4   prob_cases       0 non-null      float64
 5   new_case         912 non-null    int64
 6   pnew_case        869 non-null    float64
 7   tot_death        912 non-null    int64
 8   conf_death       0 non-null      float64
 9   prob_death       0 non-null      float64
 10  new_death        912 non-null    int64
 11  pnew_death       823 non-null    float64
 12  created_at       912 non-null    object
 13  consent_cases    912 non-null    object
 14  consent_deaths   912 non-null    object
dtypes: float64(6), int64(4), object(5)
memory usage: 107.0+ KB
```

❶ 이 데이터프레임의 총 엔트리 개수는 912개입니다.

❷ 해당 컬럼에 값이 존재하는 엔트리 개수를 확인할 수 있습니다. 가령, submission_date는 전체 912개의 값이 존재하지만, conf_cases는 값이 전혀 없습니다. pnew_case나 pnew_death는 일부 값이 누락되었습니다.

결손 데이터가 존재하는 이유는 다양합니다. 처음부터 값이 없는 경우도 있고, 실수로 값이 저장되지 않은 경우도 있습니다. 상황에 따라 결손 데이터를 처리하는 방법도 다양합니다. 이번 경우는 필요한 컬럼인 submission_date(제출 날짜)와 tot_cases(전체 확진자 수)의 값이 모두 존재하므로 별도로 처리하지는 않겠습니다.

단, 판다스에서 NaN이 보이는 경우에는 해당 항목에 값이 존재하지 않는다는 것은 기억해 두기 바랍니다.

필요한 열만 추출하기

이제 탑재한 데이터 셋의 열 중 필요한 열만 추출하겠습니다. 데이터 일부를 확인해 보니, 특정 규칙 없이 뒤죽박죽인 것을 알 수 있습니다.

In [26]:
```
# 필요한 열 추출
filtered_hawaii_df = raw_hawaii_df[['submission_date', 'tot_cases']]

# 일부 데이터 확인
filtered_hawaii_df.head()
```

Out [26]:

	submission_date	tot_cases
0	10/26/2021	80876
1	06/17/2021	35862
2	12/30/2021	106350
3	11/12/2020	16171
4	06/15/2021	35802

데이터 정렬하기

3장에서는 날짜순으로 정렬된 데이터로 최종 데이터프레임을 만들었습니다. 따라서 이번에도 submission_date를 기준으로 정렬하겠습니다. 데이터를 정렬하기 위해 sort_values() 메서드를 사용합니다.

In [27]:
```
# 데이터 정렬하기
sorted_hawaii_df = filtered_hawaii_df.sort_values(by='submission_date')

# 정렬된 데이터 확인하기
sorted_hawaii_df
```

Out [27]:

	submission_date	tot_cases
480	01/01/2021	21258
726	01/01/2022	112283
371	01/02/2021	21417
300	01/02/2022	115400
507	01/03/2021	21539
...	...	...
40	12/29/2021	102925
842	12/30/2020	20851

	submission_date	tot_cases
2	12/30/2021	106350
361	12/31/2020	21026
733	12/31/2021	109576

912 rows × 2 columns

그런데 데이터가 원하는 순서로 정렬되지 않았습니다. 정렬 대상 기준이었던 submission_date의 데이터 타입이 문자열이어서 앞 글자 순으로 정렬을 시도했기 때문입니다. 때문에 연도와 무관하게 1월 초 데이터가 앞쪽에, 12월 말 데이터가 제일 끝에 있는 것입니다. 이를 수정해 날짜순으로 정렬하겠습니다.

데이터 타입 변경한 행 추가하기

우리가 원하는 방식은 날짜순으로 정렬하는 것입니다. 이럴 때 사용할 수 있는 메서드가 to_datetime()입니다. 파이썬 딕셔너리에 값을 추가할 때와 마찬가지로, 데이터프레임에 날짜 데이터 타입의 값으로 이루어진 열을 추가하겠습니다.

TIP to_datetime() 메서드에 대한 더 자세한 설명은 판다스의 레퍼런스 문서(https://pandas.pydata.org/pandas-docs/version /1.3/reference/api/pandas.to_datetime.html)를 참고하세요.

In [28]:
```
# submission_date를 date 타입으로 변환하여 열 추가하기
sorted_hawaii_df['date'] = pd.to_datetime(filtered_hawaii_df['submission_
                                date'])

# 일부 데이터 확인하기
sorted_hawaii_df.head()
```

Out [28]:

	submission_date	tot_cases	date
480	01/01/2021	21258	2021-01-01
726	01/01/2022	112283	2022-01-01
371	01/02/2021	21417	2021-01-02
300	01/02/2022	115400	2022-01-02
507	01/03/2021	21539	2021-01-03

이제 다시 데이터를 조금 전에 추가한 date 행 기준으로 정렬하고 확인해 보겠습니다. 참고로 명명 인수 inplace를 True로 설정하면 해당 데이터프레임 객체의 값이 바로 변경됩니다. 따라서 이번에

는 새로운 변수를 생성하지 않고 기존 객체 값을 바로 변경하겠습니다.

TIP 사용할 필요가 없는 변수를 만들지 않는 것이 효율적인 메모리 사용의 노하우입니다.

In [29]:
```
# 데이터 정렬하기
sorted_hawaii_df.sort_values(by='date', inplace=True)

# 데이터 확인하기
sorted_hawaii_df
```
해당 데이터 프레임 객체의 값이 바로 변경됨

Out [29]:

	submission_date	tot_cases	date
617	01/22/2020	0	2020-01-22
91	01/23/2020	0	2020-01-23
797	01/24/2020	0	2020-01-24
466	01/25/2020	0	2020-01-25
396	01/26/2020	0	2020-01-26
...	...	...	...
29	07/17/2022	309561	2022-07-17
168	07/18/2022	309561	2022-07-18
669	07/19/2022	309561	2022-07-19
455	07/20/2022	313805	2022-07-20
16	07/21/2022	313805	2022-07-21

이제 우리가 원하는 방식으로 오래된 엔트리부터 최신 엔트리까지 날짜순으로 정렬되었습니다. 날짜순으로 정렬되었으니 색인으로 사용되는 숫자는 필요가 없습니다. 또한 지난 번 프로젝트에서 날짜 정보를 색인으로 사용했기 때문에 이번에도 숫자 색인 대신 날짜 정보를 색인으로 지정해야 동일한 방식으로 그래프를 그릴 수 있습니다.

색인 수정하기

3장에서 배운 `set_index()` 메서드를 사용해 색인을 `date`로 변경하겠습니다. 이번에도 명명 인수인 `inplace`를 `True`로 설정해 동일 변수의 객체를 변경합니다.

In [30]:
```
# 색인 변경하기
sorted_hawaii_df.set_index('date', inplace=True)

# 데이터 확인하기
sorted_hawaii_df
```

Out [30]:

date	submission_date	tot_cases
2020-01-22	01/22/2020	0
2020-01-23	01/23/2020	0
2020-01-24	01/24/2020	0
2020-01-25	01/25/2020	0
2020-01-26	01/26/2020	0
...	...	...
2022-07-17	07/17/2022	309561
2022-07-18	07/18/2022	309561
2022-07-19	07/19/2022	309561
2022-07-20	07/20/2022	313805
2022-07-21	07/21/2022	313805

912 rows × 2 columns

열 데이터 추출하여 시리즈 만들기

이제 시각화를 위한 데이터프레임을 생성하기 위해 하와이 확진자 수로 이루어진 시리즈를 만들겠습니다. 다음은 날짜를 색인으로 하고, 전체 확진자 수를 값으로 하는 시리즈를 생성하는 코드입니다.

In [31]:
```
# 하와이 확진자 수 시리즈 만들기
hawaii_total_cases = sorted_hawaii_df['tot_cases']

# 데이터 확인하기
hawaii_total_cases
```

Out [31]:
```
date
2020-01-22         0
2020-01-23         0
2020-01-24         0
2020-01-25         0
2020-01-26         0
                 ...
2022-07-17    309561
2022-07-18    309561
2022-07-19    309561
2022-07-20    313805
2022-07-21    313805
Name: tot_cases, Length: 912, dtype: int64
```

하와이 주와 대한민국 인구 비율 구하기

이번 데이터 셋에는 인구 관련 데이터가 없습니다. 구글 검색을 통해 2022년 하와이 주 전체 인구가 몇 명인지 확인하겠습니다. 구글에서 '2022 hawaii population'를 검색합니다.

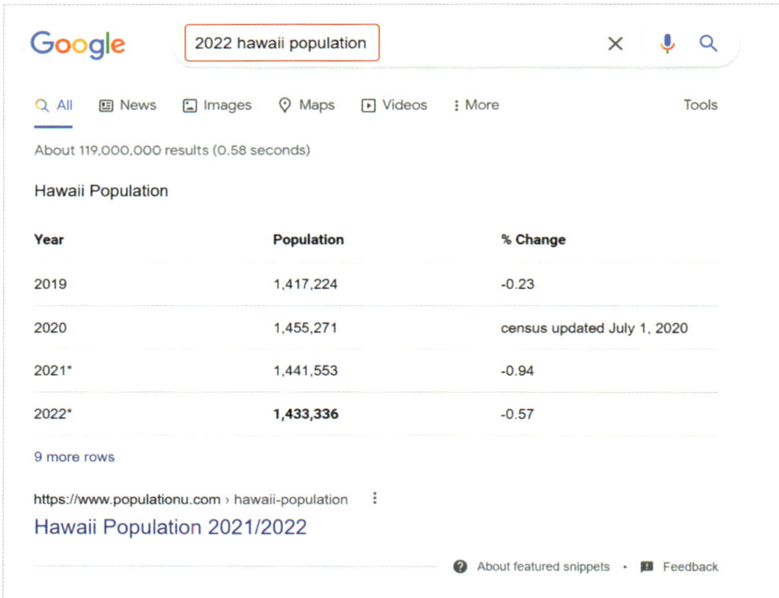

그림 4-21 하와이 주 인구 검색하기

2022년 기준으로 1,433,336명인 것을 확인할 수 있습니다. 이제 대한민국과 하와이의 인구 비율을 구합니다.

```
In [32]: # 하와이 인구
         hawaii_population = 1_433_336

         # 하와이와 대한민국의 인구 비율 구하기
         hawaii_rate = round((hawaii_population / kor_population), 2)
         hawaii_rate
Out [32]: 0.03
```

파이썬에서는 숫자를 표기할 때 세자릿수를 구분하기 위하여 언더바(_)를 넣을 수 있음

하와이와 대한민국 시각화용 데이터프레임 생성

이제 시각화용 데이터프레임을 만들겠습니다. 생성한 데이터프레임 값을 주의 깊게 살펴봅시다.

In [33]:
```
# 확진자 비율을 적용한 최종 데이터프레임 생성하기
final_hawaii_revised_df = pd.DataFrame({
    'KOR': kor_total_cases * hawaii_rate,          # 비율 반영
    'HAWAII' : hawaii_total_cases
    }, index=kor_date_index_df.index
)

# 일부 데이터 확인하기
final_hawaii_revised_df
```

Out [33]:

date	KOR	HAWAII
2020-01-22	0.03	NaN
2020-01-23	0.03	NaN
2020-01-24	0.06	NaN
2020-01-25	0.06	NaN
2020-01-26	0.09	NaN
...	...	...
2022-07-05	553000.77	NaN
2022-07-06	553555.86	NaN
2022-07-07	554135.16	NaN
2022-07-08	554743.05	NaN
2022-07-09	555355.35	NaN

3장에서 알아본 방법대로 진행했는데, 이상하게도 HAWAII 열의 모든 값이 NaN으로 설정되었습니다. 앞에서 언급했듯이 NaN은 값이 없다는 뜻입니다. 무엇이 문제인지 살펴보겠습니다.

3 데이터 2차 가공

1차 가공의 문제점

데이터프레임 값으로 사용한 2개의 시리즈 데이터를 다시 살펴보겠습니다.

```
In [34]: # 대한민국 확진자 수 시리즈 확인하기
         kor_total_cases
```

```
Out [34]: date
          2020-01-22           1.0
          2020-01-23           1.0
          2020-01-24           2.0
          2020-01-25           2.0
          2020-01-26           3.0
                               ...
          2022-07-05    18433359.0
          2022-07-06    18451862.0
          2022-07-07    18471172.0
          2022-07-08    18491435.0
          2022-07-09    18511845.0
          Name: total_cases, Length: 900, dtype: float64
```

```
In [35]: # 하와이 확진자 수 시리즈 확인하기
         hawaii_total_cases
```

```
Out [35]: date
          2020-01-22         0
          2020-01-23         0
          2020-01-24         0
          2020-01-25         0
          2020-01-26         0
                           ...
          2022-07-17    309561
          2022-07-18    309561
          2022-07-19    309561
          2022-07-20    313805
          2022-07-21    313805
          Name: tot_cases, Length: 912, dtype: int64
```

겉으로 보기에는 문제가 없어 보입니다. 하와이 확진자 수 데이터 엔트리가 더 많지만, 데이터프레임 생성 시 대한민국 색인을 기준으로 했기 때문에 문제는 없습니다. 하와이 데이터 끝부분은 어차피 잘려나갈 것이기 때문입니다.

이유는 색인의 데이터 타입이 다르기 때문입니다. 데이터 분석 프로젝트에서 흔하게 접하는 문제이니 주의 깊게 살펴보기 바랍니다.

우선 다음 소스 코드로 각 시리즈의 색인 데이터 타입이 무엇인지 확인하겠습니다.

```
In [36]:  # 대한민국 시리즈 색인 데이터 타입 확인
          str(kor_total_cases.index.dtype)
Out [36]: 'string'  ← 문자열
In [37]:  # 하와이 시리즈 색인 데이터 타입 확인
          str(hawaii_total_cases.index.dtype)
Out [37]: 'datetime64[ns]'  ← 날짜 타입
```

TIP 이 책에서 사용하는 판다스 버전과 다를 경우, 'string'이 'object'로 출력될 수도 있습니다.

대한민국 시리즈의 색인 데이터 타입은 문자열을 의미하는 'string'인데 하와이 시리즈의 색인 데이터 타입은 날짜 타입을 의미하는 'datetime64[ns]'입니다. 실행 결과를 겉으로 보기에는 같아 보였지만 데이터 타입이 달랐기 때문에 하와이 데이터의 값이 데이터프레임에 들어올 수 없었던 것입니다.

색인 데이터 타입 변경

판다스에서는 이런 경우를 위해 색인 데이터 타입을 변경할 수 있는 간편한 방법을 제공합니다. 색인 객체에서 astype() 메서드를 사용하면 됩니다. 하와이 시리즈 색인의 데이터 타입을 문자열로 변경한 뒤, 다시 데이터 타입을 확인하겠습니다.

```
In [38]:  # 하와이 시리즈 색인 데이터 타입 문자열로 변경하기
          hawaii_total_cases.index = hawaii_total_cases.index.astype('string')

          # 하와이 시리즈 색인 데이터 타입 재확인
          str(hawaii_total_cases.index.dtype)
Out [38]: 'string'
```

이제 두 시리즈의 데이터 타입을 동일하게 맞추었습니다.

Section 04

데이터 시각화

1 하와이 주와 대한민국 비교

시각화를 위한 최종 데이터프레임을 만들겠습니다.

In [39]:
```
# 확진자 비율을 적용한 최종 데이터프레임 생성하기
final_hawaii_revised_df = pd.DataFrame({
    'KOR': kor_total_cases * hawaii_rate,            # 비율 반영
    'HAWAII' : hawaii_total_cases
    }, index=kor_date_index_df.index
)

# 데이터 확인하기
final_hawaii_revised_df
```

Out [39]:

date	KOR	HAWAII
2020-01-22	0.03	0
2020-01-23	0.03	0
2020-01-24	0.06	0
2020-01-25	0.06	0
2020-01-26	0.09	0
...	...	...
2022-07-05	553000.77	301246
2022-07-06	553555.86	305348
2022-07-07	554135.16	305348
2022-07-08	554743.05	305348
2022-07-09	555355.35	305348

900 rows × 2 columns

HAWAII 열의 값도 잘 보이는 것을 확인할 수 있습니다. 이제 그래프를 그릴 차례입니다. 복제한 소스 코드를 참고해 다음과 같이 소스 코드를 실행합니다.

```
In [40]: # 선 그래프 그리기
         final_hawaii_revised_df.plot.line()
```

```
Out [40]: <AxesSubplot:xlabel='date'>
```

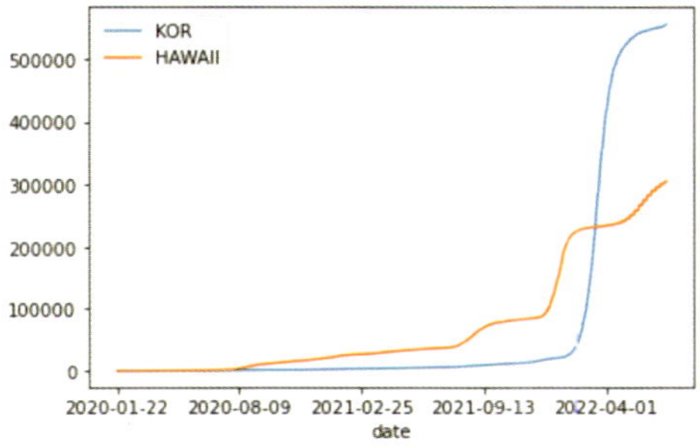

미국 확진자와 굉장히 비슷한 양상을 보이는 것을 확인할 수 있습니다. 이번에는 올해 데이터로만 그래프를 표현해 보겠습니다. X축 라벨 표기는 45도 기울여서 출력합니다.

```
In [41]: # 올해 그래프 확인하기
         final_hawaii_revised_df['2022-01-01':].plot.line(rot=45)
```

```
Out [41]: <AxesSubplot:xlabel='date'>
```

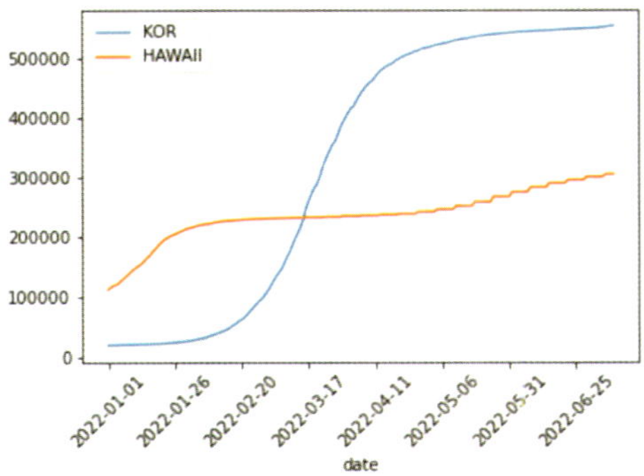

2 마무리

드디어 하와이 주와 대한민국을 비교하는 그래프를 완성했습니다. 미국 전체의 양상과 크게 다르지 않아 보입니다. 결과적으로 안나가 원하는 질문에 대한 적절한 답을 구할 수 있었습니다.

하와이 주의 코로나 확진자 수 비율은 서서히 증가하고 있으나, 대한민국에 비해 절반 수준 정도의 수치를 보이고 있습니다. 그렇기 때문에 안나가 친구를 하와이 주로 초대해도 크게 걱정할 필요가 없어 보입니다.

직접 풀어보기

01 이번 프로젝트의 최종 산출물에 미국 데이터를 추가해 하와이 주의 일자별 총 인구 대비 확진자 수 비율 변동 추이가 미국 전체와 어떤 차이가 있는지 확인해 보시오.

[실행 결과]

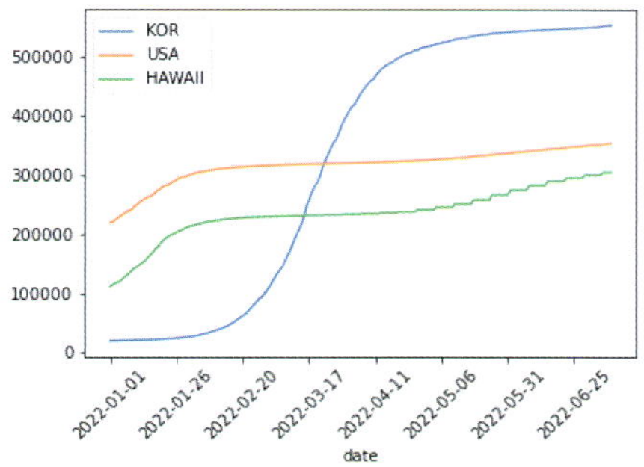

02 미국은 굉장히 큰 나라이며, 각 주마다 코로나 확진자 양상이 사뭇 다를 것으로 예상된다. 아래 나열한 주의 코로나 확진자 수 비율 변동 추이를 선 그래프로 그려 보고, 코로나 상황이 가장 완화된 주는 어디인지 설명하시오.

- 캘리포니아 (CA)
- 텍사스 (TX)
- 버지니아 (VA)
- 일리노이 (IL)
- 워싱턴 (WA)

[실행 결과]

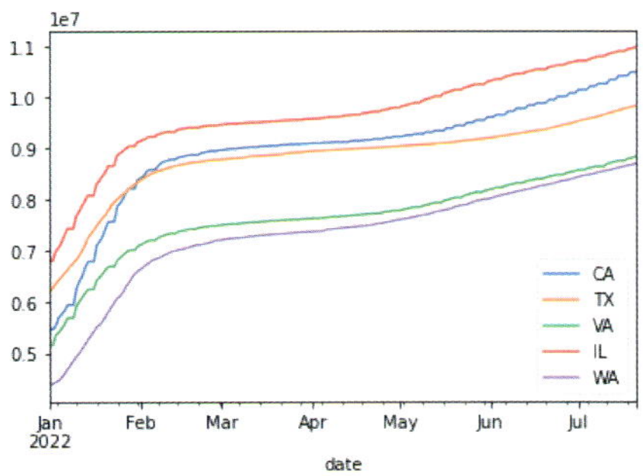

HINT 데이터는 미국 질병 관리 및 예방 센터 사이트에서 필터링해 다시 다운로드해야 합니다.

요약

01 데이터 분석 프로젝트의 특성에 따라 출처가 다른 여러 데이터 셋을 하나로 합치는 과정이 필요하다.

02 미국 질병 관리 및 예방 센터에서 공개한 데이터 셋을 활용하면, 주 단위 데이터 셋을 구할 수 있다.

03 데이터를 제공하는 웹 사이트에는 필요한 데이터만 추출할 수 있는 기능을 제공하는 경우가 있다. 이런 기능을 활용하여 필요한 데이터만 추출하여 효율적으로 다루는 것이 좋다.

04 원하는 데이터를 조건에 따라 추려내는 과정을 필터링이라고 한다.

05 데이터를 내림차순/오름차순으로 정렬해 필요한 데이터가 모두 있는지 확인할 수 있다.

06 `sort_values()` 메서드로 데이터를 정렬할 때, 데이터 타입이 숫자인지 문자열인지에 따라서 정렬 결과가 달라질 수 있다. 필요한 경우, 정렬하기 전에 데이터 타입을 변경할 필요도 있다.

07 값이 없는 결손 데이터는 `NaN`으로 표기된다.

08 여러 데이터 셋을 하나의 데이터프레임으로 합칠 때 색인의 데이터 타입이 일치하지 않으면, 데이터가 원하는대로 합쳐지지 않고 누락될 수 있다.

09 판다스에서 제공하는 `index.astype()` 메소드로 색인 데이터 타입을 변경할 수 있다.

연습문제

01 다음은 데이터 필터링에 관한 설명이다. 올바르지 <u>않은</u> 것은?

① 일반적으로 데이터 셋에 특정 조건을 주어 데이터를 추려내는 과정을 데이터 필터링이라고 한다.

② 공개 데이터 셋은 데이터 필터링 기능을 반드시 제공해야 한다.

③ 데이터 출처에서 데이터 필터링을 수행하면 메모리 공간을 효율적으로 사용할 수 있다.

④ 판다스에서는 데이터 필터링을 위한 다양한 기능을 제공한다.

02 다음은 데이터 필터링에 들어가는 조건식의 조건을 표현하고 있다. 각 항목이 무엇을 의미하는지 기술하시오.

- is:
- starts with:
- contains:
- is blank:

03 데이터를 탑재했더니, 특정 항목의 값이 누락되어 있었다. 이때, 판다스가 결손 데이터를 표기하는 방법은?

① null ② -

③ NaN ④ None

04 다음은 문자열 행 데이터를 날짜 타입으로 변경해 행을 추가하는 소스 코드이다. 데이터 타입을 변경하는 용도로 사용하는 메서드가 위치한 빈칸을 채우시오.

```
In [1]:  # submission_date를 date 타입으로 변환하여 행 추가하기
         sorted_hawaii_df['date'] = pd.[          ](filtered_hawaii_
                                        df['submission_date'])

         # 일부 데이터 확인하기
         sorted_hawaii_df.head()
```

연습문제

05 서술형 다음은 데이터프레임의 sort_values() 메서드를 사용해 submission_date 행의 값을 기준으로 데이터프레임을 정렬한 결과이다. 날짜순으로 정렬되지 않은 이유는 무엇인지 서술하시오.

In [2]:
```
# 데이터 정렬하기
sorted_hawaii_df = filtered_hawaii_df.sort_values(by='submission_date')

# 정렬된 데이터 확인하기
sorted_hawaii_df
```

Out [2]:

	submission_date	tot_cases
480	01/01/2021	21258
726	01/01/2022	112283
371	01/02/2021	21417
300	01/02/2022	115400
507	01/03/2021	21539
...	...	...
40	12/29/2021	102925
842	12/30/2020	20851
2	12/30/2021	106350
361	12/31/2020	21026
733	12/31/2021	109576

912 rows × 2 columns

06 다음은 데이터프레임의 색인을 변경하는 소스 코드이다. 데이터프레임 객체의 값을 바로 변경하기 위해 사용하는 명명 인수로 빈칸을 채우시오.

```
In [3]: # 색인 변경하기
        sorted_hawaii_df.set_index('date', [          ] =True)

        # 데이터 확인하기
        sorted_hawaii_df
```

07 색인의 데이터 타입을 확인하기 위해 사용한 객체는?

① kor_total_cases.index.dtype

② kor_total_cases.index.type

③ kor_total_cases.index.data_type

④ kor_total_cases.index.dataType

⑤ kor_total_cases.index.Type

08 판다스에서 시리즈나 데이터프레임 색인의 데이터 타입을 변경하기 위해 사용하는 메서드를 쓰시오.

CHAPTER 05

전 세계 개발자 현황 분석

학습목표

- 전 세계 개발자를 대상으로 설문 조사를 한 결과를 분석하는 프로젝트를 진행하면서 취합된 데이터를 집계 형식으로 변경하는 방식을 이해한다.
- 목적에 맞는 그래프를 선택할 수 있다.
- 선 그래프를 수직/수평 막대그래프로 변경하고, 파이 그래프를 그릴 수 있다.
- 그래프 크기 변경, 정렬 방식 변경, 백분율 표기 등 기본 그래프를 편집할 수 있다.

Section 01

프로젝트 개요

1 프로젝트의 목표

3, 4장의 코로나 바이러스 감염 현황 분석 프로젝트에서는 잘 가공된 시계열성 데이터를 사용해 간단한 선 그래프로 원하는 결과를 도출했습니다. 여기서 '잘 가공된'이라는 말에는 여러 가지 의미가 있습니다. 우선 일별 누진 확진자 수가 이미 준비되어 있었기에 데이터를 가공하는 과정을 크게 줄일 수 있었습니다.

이 데이터를 만든 사람들은 각 나라에 흩어져 있는 정보를 하나로 취합하고, 일별 확진자 수를 누진 확진자 수로 집계하는 작업을 포함해 여러 과정을 거쳤을 것입니다.

이와 달리 실무 현장에서 사용하는 데이터는 대부분 잘 정리되어 있지 않습니다. 특히 설문 조사와 같이 다양한 사람이 각각 수작업으로 작성한 데이터를 취합한 경우에는 데이터를 취합하여 집계 Aggregation 하는 과정을 거쳐야 합니다. 이번 프로젝트에서는 데이터를 취합하고 집계하는 과정에 초점을 맞춰 보겠습니다.

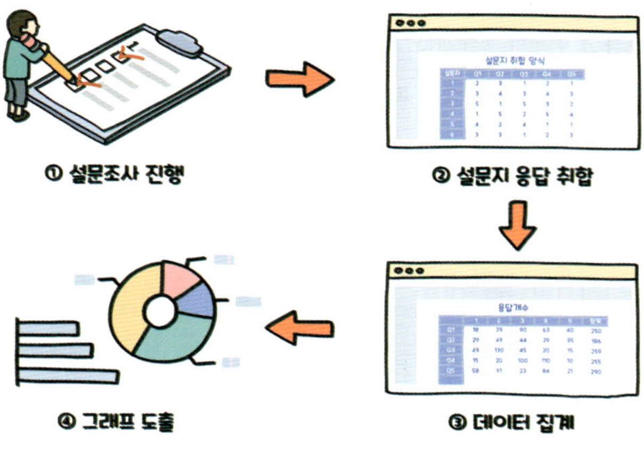

그림 5-1 설문 조사 결과 수집 과정

2 문제 정의

대한민국의 A대학교에 진학한 신후에게는 글로벌 소프트웨어 엔지니어가 되고 싶은 꿈이 있습니다. 데이터 분석 과목을 수강하던 신후는 파이썬으로 데이터를 그래프로 그리는 방법을 배웠고, 다음과 같은 고민에 빠졌습니다.

> 안녕하세요, 저는 글로벌 소프트웨어 엔지니어가 되는 것이 꿈인 신후입니다. 해외에 진출하기 위해 코딩 실력을 쌓고 영어 공부를 하는 것도 중요하지만, 어떤 나라를 선택하고 어느 시점에 이동하는 것이 가장 좋을지 고민입니다.
>
> 소프트웨어 엔지니어가 많은 나라일수록 취업 기회가 더 많을 것 같습니다. 그리고 제가 어떤 기술을 배워야 할지 알기 위해 연령대별로 현재 소프트웨어 엔지니어가 사용하는 프로그래밍 언어의 종류도 알고 싶습니다. **이에 대한 데이터를 수집해 제가 배운 파이썬 데이터 분석 기술로 여러 그래프를 그려 확인하고 싶은데, 어떻게 해야 하나요?**

신후는 글로벌 소프트웨어 엔지니어가 되기 위한 전략을 세우려고 합니다. 개발자가 많은 나라를 선택하고, 현재 유행하고 있는 기술이 무엇인지 파악하여 미리 학습하려는 전략이 매우 적합해 보입니다. 이 질문에 명쾌한 답을 주려면 어떻게 해야 할까요?

이런 데이터는 자동으로 수집하기 무척 어렵습니다. 각 나라에서 활동하는 소프트웨어 엔지니어의 숫자를 파악하는 것도 쉽지 않고, 연령대나 성별, 현재 다룰 줄 아는 프로그래밍 언어나 특정 기술을 파악하려면 개별적으로 물어보는 수밖에 없습니다. 따라서 이런 작업을 개인이 진행하는 것은 거의 불가능합니다.

하지만 소프트웨어는 인터넷으로 연결된 전 세계 소프트웨어 엔지니어들이 자발적으로 참여한 커뮤니티 기반의 생태계를 발판으로 삼아 발달하고 있습니다. 덕분에 이러한 커뮤니티를 잘 활용한다면 생각보다 쉽게 데이터를 확보할 수 있습니다.

Section
02 데이터 수집

1 데이터 조사 및 확인

개발자 설문 조사 결과 검색

소프트웨어 엔지니어들이 자발적으로 참여한 커뮤니티를 알아보기 위해 구글에서 'developer survey result'를 검색합니다. [그림 5-2]와 같이 검색 결과 상단에서 스택오버플로 웹 사이트를 확인할 수 있습니다.

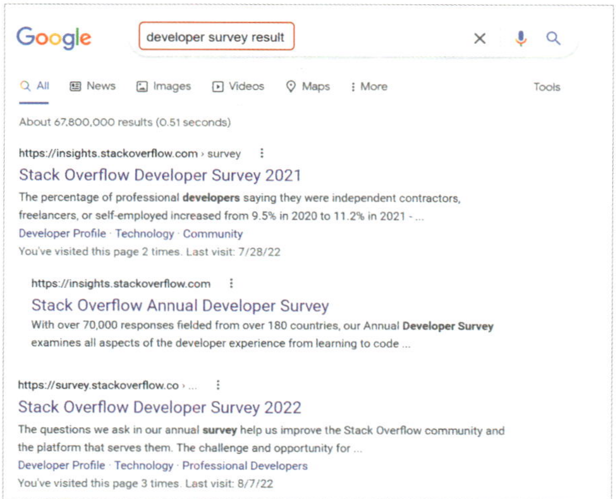

그림 5-2 개발자 설문 조사 구글 검색 결과

스택오버플로Stack Overflow는 현재(2022년 8월 기준) 전 세계 소프트웨어 엔지니어들이 가장 많이 사용하는 웹 사이트입니다. 프로그래밍을 하다가 막히는 부분이 있을 때 대부분의 해답을 얻을 수 있기 곳이기도 합니다.

이 웹 사이트에서는 매년 사용자 대상으로 설문 조사를 진행하고 결과를 공유하고 있습니다. 구글 검색 결과 상단을 보면 스택오버플로의 설문 조사 결과들이 나열되어 있습니다.

설문 조사 개요 페이지 방문

[그림 5-2]에서 세 번째로 보이는 2022년 결과를 클릭합니다. 검색 시점에 따라 순서는 달라질 수 있습니다.

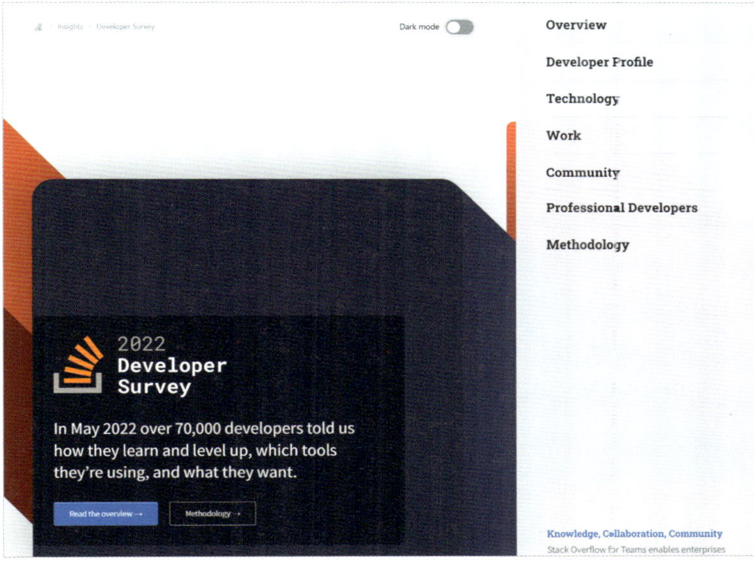

그림 5-3 2022년 스택오버플로 개발자 설문 조사 결과(https://survey.stackoverflow.co/2022)

첫 화면을 보면 7만 명이 넘는 개발자가 설문 조사에 응했다는 것을 알 수 있습니다. 화면을 스크롤해 내려가면 조사 결과를 취합한 그래프들이 보이기 시작합니다. 이번 프로젝트에 필요한 그래프가 있는지 찾아보겠습니다.

참고 대상 그래프 확인

▪ 연령대별 프로그래밍 학습 방법 그래프

다음은 연령대별로 프로그래밍을 어떤 방식으로 학습했는지 보여주는 그래프입니다. 신후가 앞으로 어떻게 프로그래밍을 학습하면 좋을지 알아보는 데 참고할 수 있는 정보입니다.

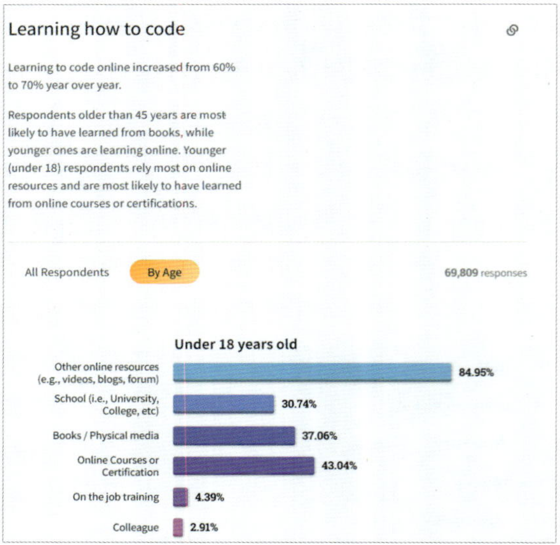

그림 5-4 연령대별 프로그래밍 학습 방법

■ **개발자들의 거주 국가 비율**

개발자들이 현재 거주하는 국가 비율도 확인할 수 있습니다. 다만 이 정보는 국가별 개발자의 수가 아니라 스택오버플로를 사용하면서 설문 조사에 응한 개발자 수를 토대로 한다는 제약이 있습니다. 그럼에도 숫자가 클수록 스택오버플로 커뮤니티에 적극적으로 참여하는 개발자가 많다는 것은 알 수 있습니다.

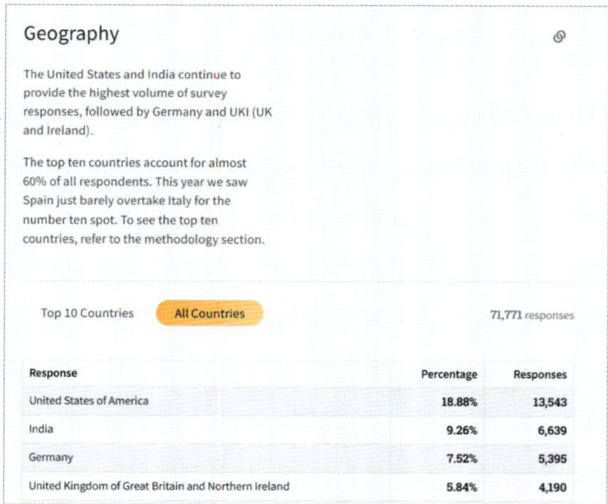

Geography

The United States and India continue to provide the highest volume of survey responses, followed by Germany and UKI (UK and Ireland).

The top ten countries account for almost 60% of all respondents. This year we saw Spain just barely overtake Italy for the number ten spot. To see the top ten countries, refer to the methodology section.

Top 10 Countries　All Countries　71,771 responses

Response	Percentage	Responses
United States of America	18.88%	13,543
India	9.26%	6,639
Germany	7.52%	5,395
United Kingdom of Great Britain and Northern Ireland	5.84%	4,190

그림 5-5 개발자 거주 국가 비율

■ **프로그래밍 언어 선호 비율 그래프**

어떤 프로그래밍 언어가 인기가 많은지에 대한 정보도 얻을 수 있습니다. 정의된 문제에서 구하고자 하는 데이터 조건에 잘 맞아 보입니다.

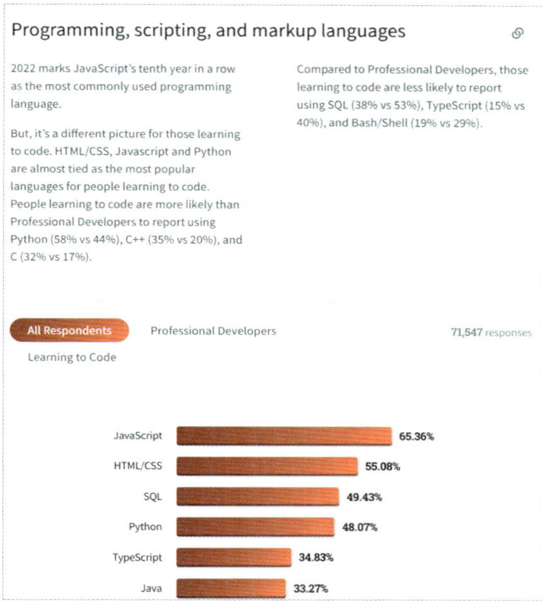

그림 5-6 프로그래밍 언어 선호 비율

이렇게 살펴본 개발자 설문 조사 결과를 사용해 이번 프로젝트에서 정의한 문제에 대한 답을 뒷받침하는 분석 결과를 도출하겠습니다.

2 데이터 다운로드 및 탑재 준비

스택오버플로에서 매년 진행하는 개발자 설문 조사 데이터는 스택오버플로 설문 조사 인사이트 페이지(https://insights.stackoverflow.com/survey)에서 확인할 수 있습니다. 해당 페이지를 열고 2022 아래에 있는 〈Download Full Data Set(CSV)〉 링크를 클릭해 zip 파일을 다운로드합니다.

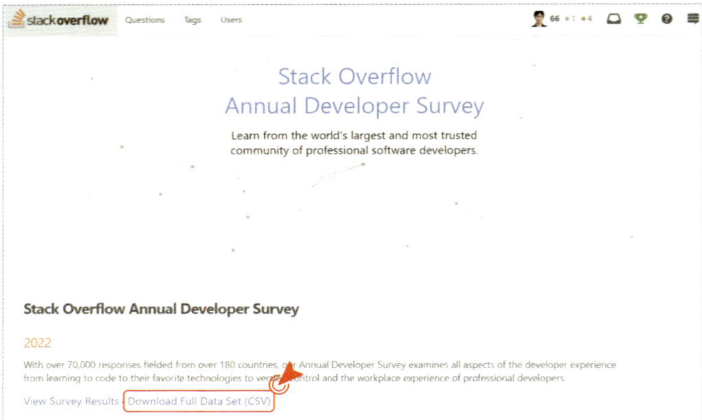

그림 5-7 2022년 개발자 설문 조사 데이터 다운로드

zip 파일의 압축을 해제하면 다음과 같이 네 가지 파일이 보일 것입니다.

❶ **README_2022.txt**: 다운로드한 파일들에 대한 설명

❷ **so_survey_2022.pdf**: 설문 조사 질문지

❸ **survey_results_public.csv**: 취합 결과

❹ **survey_results_schema.csv**: so_survey_2022.pdf 파일을 웹으로 표현한 파일로, 이번 프로젝트에서는 사용하지 않음

README_2022.txt

❶번 파일을 열면 다운로드한 파일과 설문 조사에 대한 자세한 설명을 영문으로 확인할 수 있습니다.

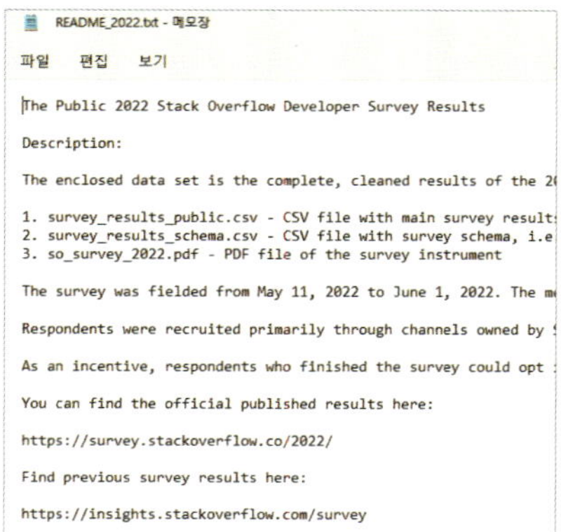

The Public 2022 Stack Overflow Developer Survey Results

Description:

The enclosed data set is the complete, cleaned results of the 2

1. survey_results_public.csv - CSV file with main survey result
2. survey_results_schema.csv - CSV file with survey schema, i.e
3. so_survey_2022.pdf - PDF file of the survey instrument

The survey was fielded from May 11, 2022 to June 1, 2022. The m

Respondents were recruited primarily through channels owned by S

As an incentive, respondents who finished the survey could opt

You can find the official published results here:

https://survey.stackoverflow.co/2022/

Find previous survey results here:

https://insights.stackoverflow.com/survey

그림 5-8 README_2022.txt 파일의 내용

여기서 잠깐 README.txt 파일의 의미

이번 프로젝트에서 다운로드한 파일 중 README_2022.txt가 있습니다. 파일 이름으로 사용된 README는 '나를 읽어달라'는 뜻으로, 오픈소스 프로젝트에서 사실상 표준으로 사용하는 용어입니다.

데이터를 찾았는데 README라는 글자가 보인다면, 해당 정보(파일이나 페이지)를 제일 먼저 확인하는 것이 데이터를 이해하는 데 큰 도움이 되니 참고하기 바랍니다.

so_survey_2022.pdf

설문 조사의 질문지를 확인할 수 있습니다. 데이터를 살펴보기 전에 어떤 질문에 대한 답인지 이해하기 위해서 반드시 확인해야 합니다.

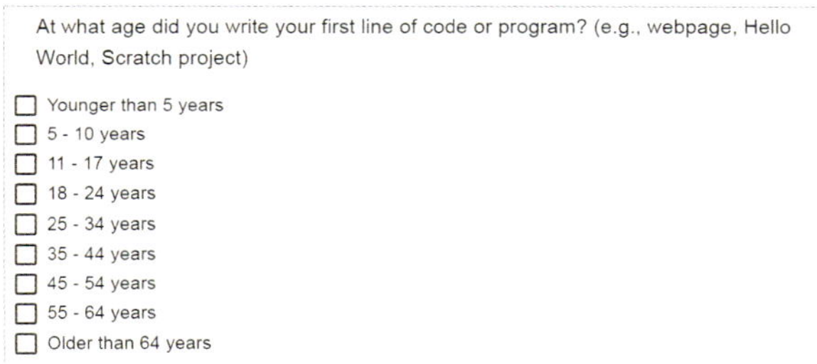
At what age did you write your first line of code or program? (e.g., webpage, Hello World, Scratch project)

- Younger than 5 years
- 5 - 10 years
- 11 - 17 years
- 18 - 24 years
- 25 - 34 years
- 35 - 44 years
- 45 - 54 years
- 55 - 64 years
- Older than 64 years

그림 5-9 설문 조사 질문의 예시

survey_results_public.csv

실제로 취합한 데이터입니다. 익숙한 CSV 포맷이 보입니다. 쉼표 기호(,)로 항목이 구분된 응답 내용이 한 줄에 한 사람씩 나열되어 있습니다.

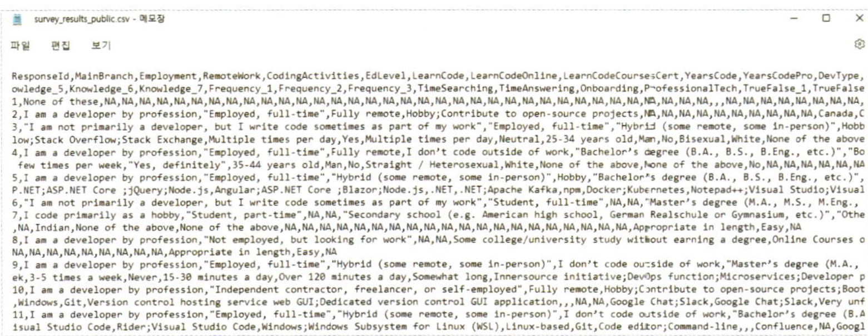

```
ResponseId,MainBranch,Employment,RemoteWork,CodingActivities,EdLevel,LearnCode,LearnCodeOnline,LearnCodeCoursesCert,YearsCode,YearsCodePro,DevType,
owledge_5,Knowledge_6,Knowledge_7,Frequency_1,Frequency_2,Frequency_3,TimeSearching,TimeAnswering,Onboarding,ProfessionalTech,TrueFalse_1,TrueFalse
1,None of these,NA,NA,NA,NA,NA,NA,NA,NA,NA,NA,NA,NA,NA,NA,NA,NA,NA,NA,NA,NA,NA,NA,NA,NA,NA,NA,NA,NA,NA,NA,NA,NA,NA,NA,NA,,,NA,NA,NA,NA,NA,NA,NA,NA,
2,I am a developer by profession,"Employed, full-time",Fully remote,Hobby;Contribute to open-source projects,NA,NA,NA,NA,NA,NA,NA,NA,NA,NA,Canada,C
3,"I am not primarily a developer, but I write code sometimes as part of my work","Employed, full-time","Hybrid (some remote, some in-person)",Hobb
low;Stack Overflow;Stack Exchange,Multiple times per day,Yes,Multiple times per day,Neutral,25-34 years old,Man,No,Bisexual,White,None of the above
4,I am a developer by profession,"Employed, full-time",Fully remote,I don't code outside of work,"Bachelor's degree (B.A., B.S., B.Eng., etc.)","Bo
 few times per week,"Yes, definitely",35-44 years old,Man,No,Straight / Heterosexual,White,None of the above,None of the above,No,NA,NA,NA,NA,NA,NA
5,I am a developer by profession,"Employed, full-time","Hybrid (some remote, some in-person)",Hobby,"Bachelor's degree (B.A., B.S., B.Eng., etc.)",
P.NET;ASP.NET Core ;jQuery;Node.js,Angular;ASP.NET Core ;Blazor;Node.js,.NET,.NET;Apache Kafka,npm,Docker;Kubernetes,Notepad++;Visual Studio;Visual
6,"I am not primarily a developer, but I write code sometimes as part of my work","Student, full-time",NA,NA,"Master's degree (M.A., M.S., M.Eng.,
7,I code primarily as a hobby,"Student, part-time",NA,NA,"Secondary school (e.g. American high school, German Realschule or Gymnasium, etc.)","Othe
,NA,Indian,None of the above,None of the above,NA,NA,NA,NA,NA,NA,NA,NA,NA,NA,NA,NA,NA,NA,NA,NA,NA,NA,NA,NA,Appropriate in length,Easy,NA
8,I am a developer by profession,"Not employed, but looking for work",NA,NA,Some college/university study without earning a degree,Online Courses o
NA,NA,NA,NA,NA,NA,NA,NA,NA,Appropriate in length,Easy,NA
9,I am a developer by profession,"Employed, full-time","Hybrid (some remote, some in-person)",I don't code outside of work,"Master's degree (M.A.,
ek,3-5 times a week,Never,15-30 minutes a day,Over 120 minutes a day,Somewhat long,Innersource initiative;DevOps function;Microservices;Developer p
10,I am a developer by profession,"Independent contractor, freelancer, or self-employed",Fully remote,Hobby;Contribute to open-source projects;Boot
,Windows,Git,Version control hosting service web GUI;Dedicated version control GUI application,,,NA,NA,Google Chat;Slack,Google Chat;Slack,Very unf
11,I am a developer by profession,"Employed, full-time","Hybrid (some remote, some in-person)",I don't code outside of work,"Bachelor's degree (B.A
isual Studio Code,Rider;Visual Studio Code,Windows;Windows Subsystem for Linux (WSL),Linux-based,Git,Code editor;Command-line,,,Confluence,NA,Googl
```

그림 5-10 설문 조사 취합 결과 확인하기

TIP 텍스트 편집기의 설정과 제한된 가로폭으로 인해 한 사람의 응답이 여러 줄로 보일 수 있지만, 실제로는 한 줄입니다.

이 파일을 주피터 노트북에 탑재하기 위해 C:/data 폴더에 복사하여 붙여 넣습니다.

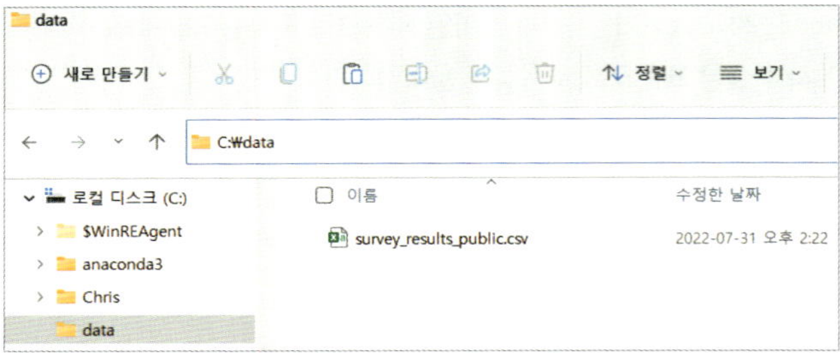

그림 5-11 데이터 옮기기(C:\data\survey_results_public.csv)

3 데이터 읽어오기

신규 주피터 노트북 파일 생성 및 CSV 파일 업로드

신규 주피터 노트북 파일을 생성하고 이름을 '5장. 개발자 현황 분석'으로 설정합니다. 다음 소스 코드를 실행해 CSV 파일을 주피터 노트북에 업로드합니다.

In [1]:
```
# 판다스 라이브러리 탑재
import pandas as pd

# CSV 파일 읽어오기
raw_data = pd.read_csv("C:\data\survey_results_public.csv")

# 데이터 확인하기
raw_data.info()
```

Out [1]:
```
<class 'pandas.core.frame.DataFrame'>
RangeIndex: 73268 entries, 0 to 73267
Data columns (total 79 columns):
 #   Column                          Non-Null Count  Dtype
---  ------                          --------------  -----
 0   ResponseId                      73268 non-null  int64
 1   MainBranch                      73268 non-null  object
 2   Employment                      71709 non-null  object
 3   RemoteWork                      58958 non-null  object
```

```
 4   CodingActivities                  58899 non-null  object
-------------------------- 중략 -----------------------------
 73  TrueFalse_1                       35819 non-null  object
 74  TrueFalse_2                       35715 non-null  object
 75  TrueFalse_3                       35749 non-null  object
 76  SurveyLength                      70444 non-null  object
 77  SurveyEase                        70508 non-null  object
 78  ConvertedCompYearly               38071 non-null  float64
dtypes: float64(5), int64(1), object(73)
memory usage: 44.2+ MB
```

CHECK 읽어올 파일의 데이터 크기보다 큰 여유 메모리가 필요합니다

주피터 노트북에서 `survey_results_public.csv` 파일을 읽어 보니 메모리 사용량이 44.2MB인 것을 `Out [1]:`의 가장 마지막 줄에서 확인할 수 있습니다. 이는 실제 파일 크기보다는 작을 수 있지만, 보통 파일 크기와 비슷한 메모리가 있어야 합니다. 그러지 않으면 컴퓨터가 메모리 부족으로 다운될 가능성도 있습니다. 따라서 현재 사용하는 컴퓨터에 파일 크기보다 큰 여유 메모리가 있는지 반드시 확인하기 바랍니다.

Section 03 데이터 정제 및 가공

1 데이터 필터링

일부 데이터 확인하기

데이터를 조금 더 깊이 이해하기 위해 일부 데이터를 확인하겠습니다. 다음 소스 코드를 실행합니다.

In [2]:
```
# 일부 데이터 확인하기
raw_data.head()
```

Out [2]:

	ResponseId	MainBranch	Employment	RemoteWork	CodingActivities	EdLevel	LearnCode	LearnCod
0	1	None of these	NaN	NaN	NaN	NaN	NaN	
1	2	I am a developer by profession	Employed, full-time	Fully remote	Hobby;Contribute to open-source projects	NaN	NaN	
2	3	I am not primarily a developer, but I write co...	Employed, full-time	Hybrid (some remote, some in-person)	Hobby	Master's degree (M.A., M.S., M.Eng., MBA, etc.)	Books / Physical media;Friend or family member...	Ti documentation;Blogs;Progr
3	4	I am a developer by profession	Employed, full-time	Fully remote	I don't code outside of work	Bachelor's degree (B.A., B.S., B.Eng., etc.)	Books / Physical media;School (i.e., Universit...	
4	5	I am a developer by profession	Employed, full-time	Hybrid (some remote, some in-person)	Hobby	Bachelor's degree (B.A., B.S., B.Eng., etc.)	Other online resources (e.g., videos, blogs, f...	Ti documentation;Blog Overl

5 rows × 79 columns

Out[2]:에서 확인할 수 있듯이 설문 조사의 각 질문은 열로, 설문에 대한 응답은 행으로 구분되어 있습니다.

필요한 열만 추출하기

질문이 너무 많다 보니 열 정보가 모두 출력되지 않고 일부가 생략된 것을 확인할 수 있습니다. 이번 프로젝트에서 사용할 열만 추출하겠습니다.

- **Age**: 나이
- **Country**: 국가 정보
- **LanguageHaveWorkedWith**: 다룰 줄 아는 프로그래밍 언어
- **LearnCode**: 프로그래밍을 배운 방법

다음 소스 코드를 실행해 필요한 열만 추출하고 일부 값을 확인해 봅니다.

In [3]:
```
# 필요한 열 추출
revised_data = raw_data[["Age", "Country", "LanguageHaveWorkedWith",
                         "LearnCode"]]

# 일부 값 확인
revised_data.head()
```

Out [3]:

	Age	Country	LanguageHaveWorkedWith	LearnCode
0	NaN	NaN	NaN	NaN
1	NaN	Canada	JavaScript;TypeScript	NaN
2	25-34 years old	United Kingdom of Great Britain and Northern I...	C#;C++;HTML/CSS;JavaScript;Python	Books / Physical media;Friend or family member...
3	35-44 years old	Israel	C#;JavaScript;SQL;TypeScript	Books / Physical media;School (i.e., Universit...
4	25-34 years old	United States of America	C#;HTML/CSS;JavaScript;SQL;Swift;TypeScript	Other online resources (e.g., videos, blogs, f...

필요한 정보가 모두 보입니다. 간혹 값을 알 수 없다는 의미의 NaN 데이터도 있습니다. 이는 설문 조사에 응한 개발자가 응답하지 않은 항목으로 볼 수 있습니다. 이제 각각 한 줄씩 저장된 데이터로 그래프를 그리기 위해 집계하는 과정을 살펴보겠습니다.

TIP NaN 데이터는 설문 조사의 특성상 비정상 데이터로 보기는 힘드니, 일단 그대로 유지하겠습니다.

여기서 잠깐 원하는 정보가 어느 열에 있는지 알아내는 방법

우리가 수집한 공개 데이터는 저장 방식을 미리 알 수 없습니다. 데이터 수집 주체가 결정하는 사항이기 때문입니다.

다행히 이번에 사용하는 데이터는 열 이름만 보아도 어떤 질문에 대한 값인지 유추할 수 있게 되어 있습니다. 하지만 이 중에서도 Knowledge_1, Knowledge_2와 같은 열은 이름만으로 무슨 값을 의미하는지 알 수 없습니다. 이런 경우에는 질문 리스트와 답변을 직접 확인하면서 찾는 수밖에 없습니다.

2 특정 데이터 탐색하기

특정 열 데이터 조회하기

처음으로 확인할 값은 설문 조사에 응한 개발자의 연령대입니다. 다음 소스 코드를 입력해 Age 열에 있는 데이터를 확인하겠습니다. 다음과 같이 73,268개의 데이터에 응답자가 선택한 연령대 값이 보입니다.

```
In [4]:  # 연령대 정보 확인하기
         revised_data["Age"]
```

```
Out [4]: 0                    NaN
         1                    NaN
         2        25-34 years old
         3        35-44 years old
         4        25-34 years old
                              ...
         73263    25-34 years old
         73264    25-34 years old
         73265    55-64 years old
         73266    55-64 years old
         73267    25-34 years old
         Name: Age, Length: 73268, dtype: object
```

유일 데이터 확인하기

응답자들이 선택한 연령대의 종류를 확인하겠습니다. 이 경우 설문지를 확인할 수도 있지만, 취합한 데이터에서 확인하는 것이 더욱 정확합니다. 설문지에서는 확인할 수 없는 값이 취합한 결과에 존재할 수도 있기 때문입니다. 다음 소스 코드와 같이 drop_duplicates() 메서드를 실행하여, 중복된 값을 제거하겠습니다. 총 9종류의 응답 유형이 있는 것을 확인할 수 있습니다.

```
In [5]:  # 중복 값 삭제하기
         revised_data["Age"].drop_duplicates()
```

```
Out [5]: 0                    NaN
         2        25-34 years old
```

```
3            35-44 years old
6       Under 18 years old
7            18-24 years old
9            45-54 years old
24           55-64 years old
77        65 years or older
451       Prefer not to say
Name: Age, dtype: object
```

3 데이터 그룹화하기

데이터 그룹화 객체 만들기

이제 집계를 할 차례입니다. 판다스 데이터프레임의 값을 집계하기 위해 데이터를 그룹화하는 메서드는 groupby()입니다. 다음 소스 코드를 실행하면 DataFrameGroupBy 객체가 반환됩니다.

```
In [6]:   # 연령대 데이터 그룹화하기
          revised_data.groupby(["Age"])

Out [6]:  <pandas.core.groupby.generic.DataFrameGroupBy object at 0x00000232ECBDD700>
```

호출 가능한 메서드 확인하기

여기서 주피터 노트북의 재미있는 기능을 한 가지 살펴보겠습니다. 연령대 데이터를 그룹화한 DataFrameGroupBy 객체에서 사용할 수 있는 메서드의 종류를 확인할 수 있습니다.

다음과 같이 소스 코드를 입력하고 마침표 기호(.)를 입력한 뒤 tab 키를 누르고 잠시 기다리면 호출할 수 있는 메서드의 리스트가 나타납니다.

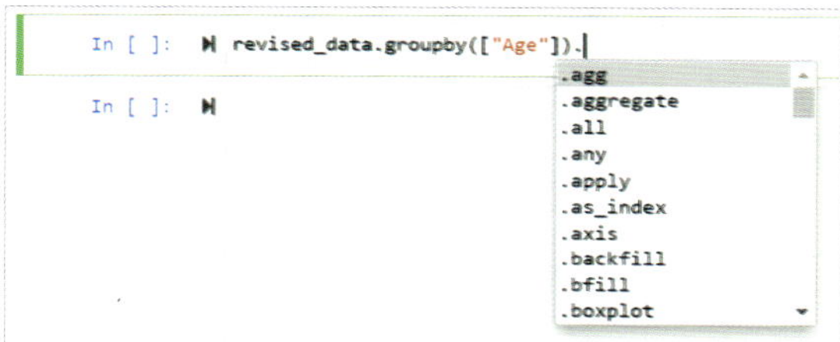

그림 5-12 호출 가능한 메서드 확인하기

아직은 메서드 이름이 낯설기 때문에 각 메서드의 용도를 바로 파악하기는 어려울 것입니다. 다만 원하는 메서드를 찾아 사용하는 방식이 있다는 것을 기억하기 바랍니다.

공식 레퍼런스 문서 확인하기

이번에 필요한 메서드는 그룹화된 객체에서 각 그룹의 크기를 반환하는 메서드입니다. 공식 레퍼런스 문서를 통해 어떤 메서드를 사용할지 찾아보겠습니다. 구글에서 'DataFrameGroupBy'를 검색해 판다스의 레퍼런스 문서를 찾아 클릭합니다.

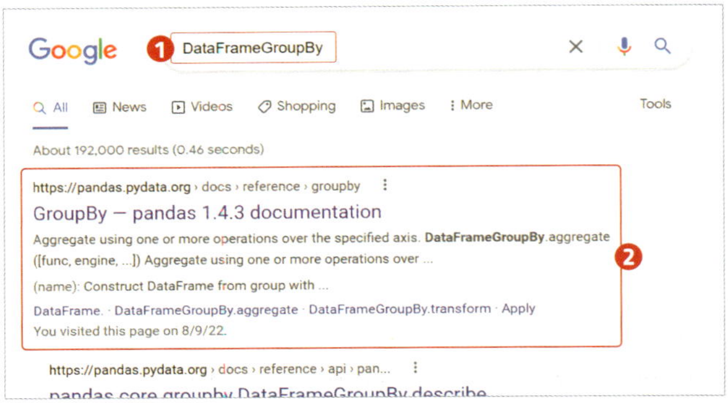

그림 5-13 DataFrameGroupBy 레퍼런스 문서 검색하기

레퍼런스 문서가 열리면 오른쪽 상단에서 버전 정보를 현재 사용하고 있는 버전(1.4.2)을 확인한 후 메서드 리스트를 확인합니다. 웹 브라우저 검색 기능(Ctrl+F)으로 `size`를 입력해 검색하고, 찾은 메서드 중 `GroupBy.size()` 메서드를 클릭합니다.

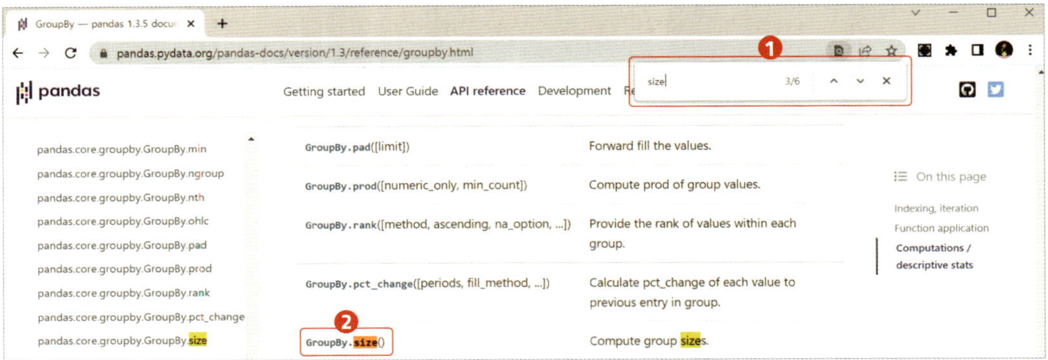

그림 5-14 판다스 문서에서 size 검색하기

해당 메서드의 상세 설명이 보입니다. GroupBy.size() 메서드는 그룹의 크기를 계산하는 기능을 한다는 것을 알 수 있습니다.

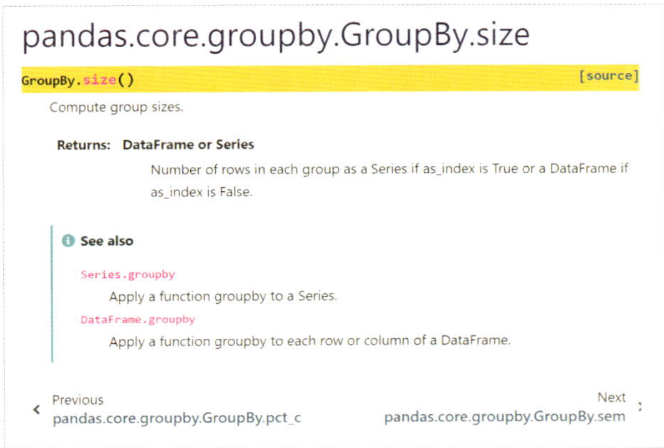

pandas.core.groupby.GroupBy.size

GroupBy.size() [source]

Compute group sizes.

Returns: **DataFrame or Series**

Number of rows in each group as a Series if as_index is True or a DataFrame if as_index is False.

See also

Series.groupby
Apply a function groupby to a Series.

DataFrame.groupby
Apply a function groupby to each row or column of a DataFrame.

Previous pandas.core.groupby.GroupBy.pct_c

Next pandas.core.groupby.GroupBy.sem

그림 5-15 GroupBy.size() **메서드 상세 설명**

4 데이터 그룹별 크기 구하기

연령대별 응답 숫자 확인하기

이제 GroupBy.size() 메서드를 사용해 보겠습니다. 다음과 같이 소스 코드를 작성하고 실행합니다.

In [7]:
```
# 연령대 그룹별 크기 확인하기
size_by_age = revised_data.groupby(["Age"]).size()
size_by_age
```

Out [7]:
```
Age
18-24 years old       16646
25-34 years old       28112
35-44 years old       13988
45-54 years old        5281
55-64 years old        1978
65 years or older       554
Prefer not to say       521
Under 18 years old     3866
dtype: int64
```

연령대별 응답 수를 확인할 수 있습니다. 데이터 값이었던 연령대 정보가 색인으로 이동해 그룹을 형성하고 있습니다. 이것이 바로 그룹화 과정입니다.

국가별 응답 숫자 확인하기

동일한 방식으로 국가(Country)별 응답 숫자를 확인하겠습니다. 연령대별 그룹 크기를 확인하기 위해 사용한 소스 코드에서 열 이름만 변경하면 됩니다. 다음 소스 코드를 실행하면, 180개국의 정보가 색인으로 이동하여 응답자 수가 값으로 출력됩니다.

In [8]:

```
# 국가 그룹별 크기 확인하기
size_by_country = revised_data.groupby(["Country"]).size()
size_by_country
```

Out [8]:

```
Country
Afghanistan                              69
Albania                                  59
Algeria                                  36
Andorra                                  15
Angola                                   12
                                        ...
Venezuela, Bolivarian Republic of...    119
Viet Nam                                317
Yemen                                    14
Zambia                                   20
Zimbabwe                                 30
Length: 180, dtype: int64
```

이번 프로젝트에서 데이터를 시각화하기 위해 필요한 정보는 모두 준비되었습니다. 이제 그래프를 그려 보겠습니다.

Section 04

데이터 시각화

1 연령대별 응답자 수 그래프 그리기

우선 연령대별 응답자 수를 선 그래프, 수직 막대그래프, 수평 막대그래프로 각각 표현하겠습니다.

선 그래프

선 그래프를 그리는 데는 `plot()` 혹은 `plot.line()` 메서드를 사용합니다. 연령대를 의미하는 행 이름은 길어서 겹칠 가능성이 높으니 각도를 45도 틀어서 x축에 표기합니다. 다음 소스 코드를 실행합니다.

In [9]:
```
# 선 그래프 그리기
size_by_age.plot.line(rot=45)
```

Out [9]:
```
<AxesSubplot:xlabel='Age'>
```

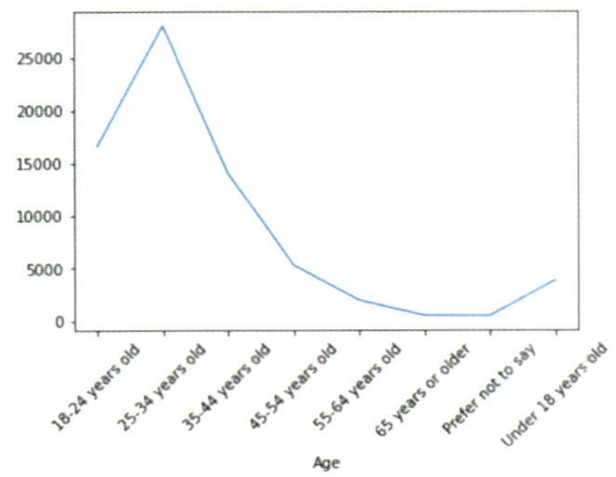

선 그래프가 잘 만들어졌지만 연령대별 응답자 수를 확인하기에는 다소 부족해 보입니다. 선 그래프보다는 막대그래프가 적합할 것으로 보입니다. 또한 연령대가 낮은 그룹에서 높은 그룹 순으로

위에서 아래로 나열되는 형태로 표현하고 싶습니다. 이를 구현하기 위해 연령대 정보를 y축으로 옮기고 응답 숫자를 x축에 표현하는 수평 막대그래프를 그려 보겠습니다.

수직 막대그래프

수직 막대그래프를 그리는 메서드는 `plot.bar()`입니다. 다음 소스 코드를 실행합니다.

In [10]:
```
# 수직 막대그래프 그리기
size_by_age.plot.bar()
```

Out [10]:
```
<AxesSubplot:xlabel='Age'>
```

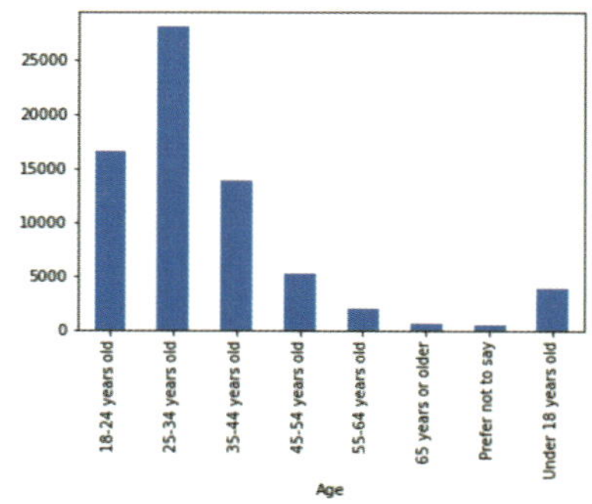

수평 막대그래프

x축과 y축을 바꿔서 수평 막대그래프를 그려 보겠습니다. 수평 막대그래프는 수평을 의미하는 `horizontal`의 앞글자 h를 뒤에 붙인 `plot.barh()` 메서드를 사용합니다.

In [11]:
```
# 수평 막대그래프 그리기
size_by_age.plot.barh()
```

Out [11]:
```
<AxesSubplot:ylabel='Age'>
```

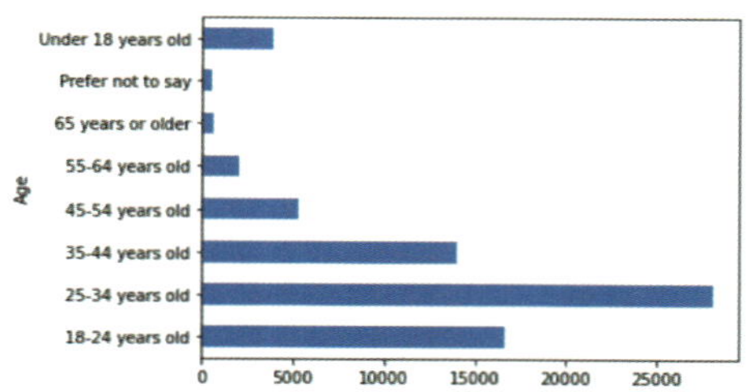

그룹 이름(색인) 순서 변경하기

Out[11]:의 실행 결과를 보면, 그룹 이름이 연령대별이 아니라 문자 우선순위 기반으로 정렬되어 있습니다. 연령대가 가장 낮은 Under 18 years old 그룹이 제일 위에, 값이 없거나 응답을 거부한 Prefer not to say 그룹이 제일 아래에 위치하도록 조정하겠습니다.

먼저 현재 색인 정보를 확인합니다.

In [12]:
```
# 현재 색인 확인하기
size_by_age.index
```

Out [12]:
```
Index(['18-24 years old', '25-34 years old', '35-44 years old',
       '45-54 years old', '55-64 years old', '65 years or older',
       'Prefer not to say', 'Under 18 years old'],
       dtype='object', name='Age')
```

색인을 조정하기 위해 사용하는 메서드는 **reindex()**입니다. 다음과 같이 색인을 원하는 순서로 변경합니다. 색인 순서는 그래프 하단에서 상단 순으로 나열하면 됩니다.

In [13]:
```
# 재색인하기
reindxed_size_by_age = size_by_age.reindex(index=[
    'Prefer not to say',
    '65 years or older',
    '55-64 years old',
    '45-54 years old',
    '35-44 years old',
    '25-34 years old',
    '18-24 years old',
    'Under 18 years old'
    ])

# 재색인한 결과 확인하기
reindxed_size_by_age
```

Out [13]:
```
Age
Prefer not to say      521
65 years or older      554
55-64 years old       1978
```

```
45-54 years old        5281
35-44 years old       13988
25-34 years old       28112
18-24 years old       16646
Under 18 years old     3866
dtype: int64
```

이제 재색인한 데이터프레임으로 수평 막대그래프를 다시 그려 봅니다.

In [14]:
```
# 수평 그래프 다시 그리기
reindxed_size_by_age.plot.barh()
```

Out [14]:
```
<AxesSubplot:ylabel='Age'>
```

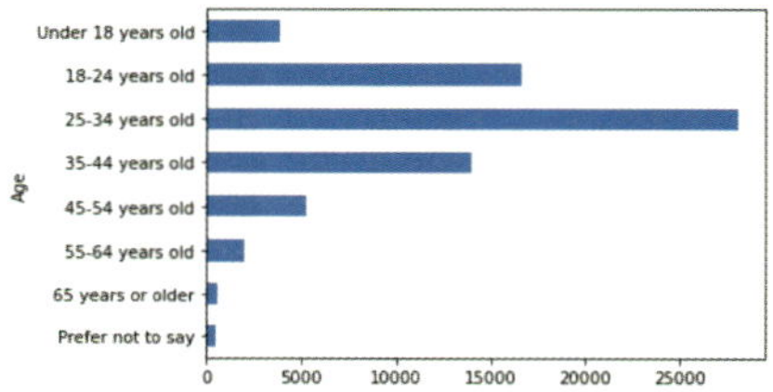

원하는 순서대로 그래프가 출력됩니다. 설문에 응한 응답자 수를 연령대순으로 쉽게 확인할 수 있게 되었습니다. 그래프를 보니 25~34세가 가장 많다는 것이 눈에 띕니다. 신후가 대학을 졸업한 시점의 연령대에 가장 개발자 숫자가 많은 것을 알 수 있습니다.

2 국가별 응답자 수 그래프 그리기

이번에는 국가별 응답자 수를 그래프로 표현하겠습니다. 전체 응답자의 국가별 분포를 효과적으로 확인할 수 있는 그래프로 필자는 파이 그래프를 선택했습니다. 전체에서 각 항목이 차지하는 비중을 쉽게 확인할 수 있기 때문입니다.

기본 파이 그래프

판다스에서 파이 그래프를 그리는 메서드는 `plot.pie()`입니다. 다음 소스 코드를 실행합니다.

TIP 메서드가 기억나지 않으면, 구글에서 'how to draw pie chart in pandas'를 검색하면 바로 찾을 수 있습니다.

```
In [15]: # 기본 파이 그래프 그리기
         size_by_country.plot.pie()
```

```
Out [15]: <AxesSubplot:ylabel='None'>
```

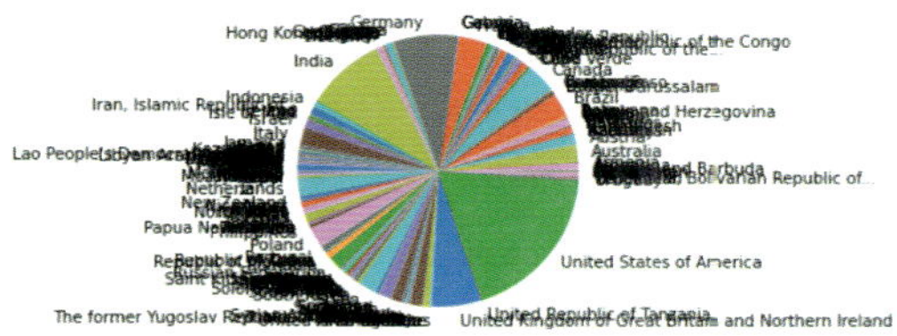

기본 설정 그대로 파이 그래프를 그리니 다음과 같은 단점이 보입니다.

- 원이 너무 작다.
- 나라가 너무 많아서 이름이 겹쳐 출력되어 식별이 불가능하다.
- 파이가 너무 작게 쪼개져서 크기를 비교하기 어렵다.

이 문제점들을 해결하는 방향으로 그래프를 수정하겠습니다.

그래프 크기 조정하기

그래프 크기를 조정하기 위해 판다스 공식 문서를 확인하겠습니다. `pie()` 메서드 인수로 `**kwargs`가 보입니다. 이는 키와 값으로 이루어진 딕셔너리를 의미합니다. 자세한 키 리스트와 사용법은 〈DataFrame.plot()〉 링크에서 확인할 수 있습니다.

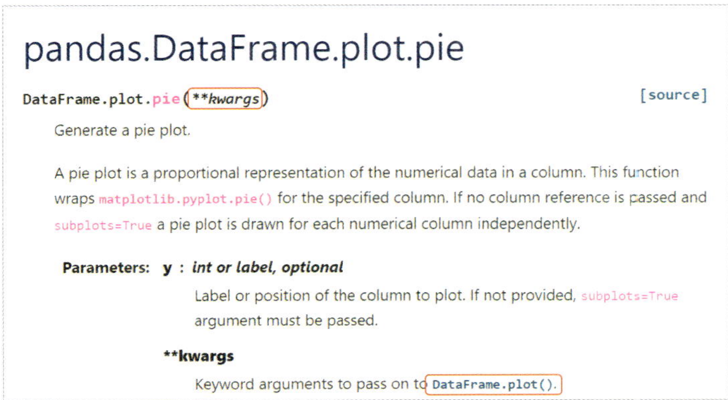

pandas.DataFrame.plot.pie

`DataFrame.plot.pie(**kwargs)` [source]

Generate a pie plot.

A pie plot is a proportional representation of the numerical data in a column. This function wraps `matplotlib.pyplot.pie()` for the specified column. If no column reference is passed and `subplots=True` a pie plot is drawn for each numerical column independently.

Parameters: **y** : *int or label, optional*

Label or position of the column to plot. If not provided, `subplots=True` argument must be passed.

****kwargs**

Keyword arguments to pass on to `DataFrame.plot()`.

그림 5-16 판다스 파이 메서드 레퍼런스 문서 확인하기

TIP 파이 메서드 공식 레퍼런스는 구글에서 'pandas pie chart reference'와 같이 검색하면 바로 찾을 수 있습니다.

DataFrame.plot() 레퍼런스 문서에 있는 인수를 그대로 사용한다는 것은 데이터프레임 plot 객체에서 호출하는 모든 메서드에서 공통으로 사용할 수 있다는 의미입니다.

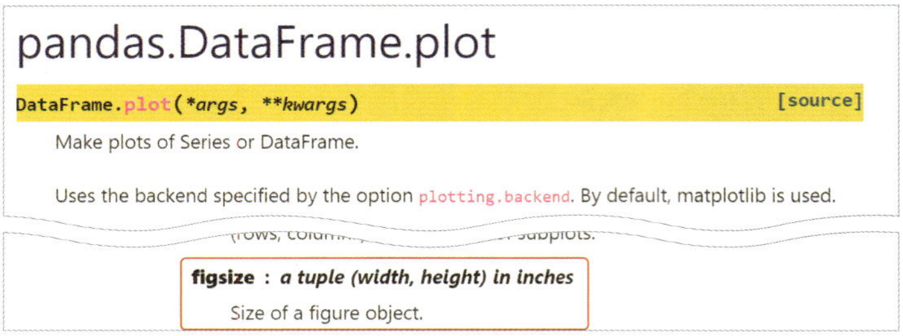

pandas.DataFrame.plot

DataFrame.plot(*args, **kwargs) [source]

Make plots of Series or DataFrame.

Uses the backend specified by the option plotting.backend. By default, matplotlib is used.

figsize : a tuple (width, height) in inches

Size of a figure object.

그림 5-17 plot 메서드 인수 리스트

인수 중 **figsize**의 내용을 확인합니다. 인수 figsize에 인치로 표기한 너비(width), 높이(height)로 구성한 튜플을 넣는다는 설명입니다.

```
figsize : a tuple (width, height) in inches
```

다음 소스 코드를 실행하여 파이 그래프의 너비와 높이를 10인치로 조정하겠습니다.

In [16]:
```
# 파이 그래프 크기 조정하기
size_by_country.plot.pie(figsize=(10, 10))
```

Out [16]:

```
<AxesSubplot:ylabel='None'>
```

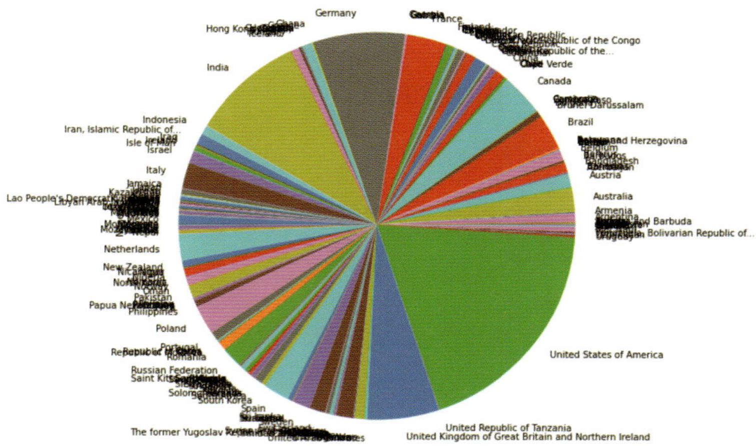

상위 20개만 표현하기

그래프 전체 크기는 커졌지만 여전히 국가 이름은 식별이 불가능합니다. 게다가 파이 조각이 너무 작게 쪼개져서 비교가 쉽지 않습니다. 이번 프로젝트에서 국가 정보를 확인하는 이유는 개발자가 많이 활동하는 국가를 알기 위해서이므로 전체 국가를 표기할 필요는 없습니다. 개발자가 많은 상위 20개국만 표기하겠습니다.

데이터프레임에서 상위 N개 데이터를 추출하는 메서드는 **nlargest()**입니다. 다음 소스 코드를 실행하여, 국가별 응답 수를 담은 데이터프레임 상위 20개를 추출합니다.

```
In [17]:  # 국가 상위 20개 확인하기
          size_by_country.nlargest(20)

Out [17]: Country7
          United States of America                                  13543
          India                                                      6639
          Germany                                                    5395
          United Kingdom of Great Britain and Northern Ireland       4190
          Canada                                                     2490
          France                                                     2328
          Brazil                                                     2109
          Poland                                                     1732
          Netherlands                                                1555
          Spain                                                      1521
          Italy                                                      1514
          Australia                                                  1462
          Russian Federation                                         1229
          Sweden                                                     1020
          Turkey                                                     1020
          Switzerland                                                 932
          Austria                                                     833
          Israel                                                      795
          Iran, Islamic Republic of...                                723
          Pakistan                                                    711
          dtype: int64
```

이 데이터프레임으로 파이 그래프를 다시 그리겠습니다. 이제 국가 정보를 식별할 수 있게 되었습니다. 미국(United States of America)에서 가장 많은 개발자가 응답했고, 인도(India), 독일(Germany), 영국(United Kingdom), 캐나다(Canada)가 그 뒤를 잇고 있습니다. 신후에게 유용한 정보가 될 수 있겠습니다.

In [18]:
```
# 국가 상위 20개 파이 그래프 그리기
size_by_country.nlargest(20).plot.pie(figsize=(10, 10))
```

Out [18]:
```
<AxesSubplot:ylabel='None'>
```

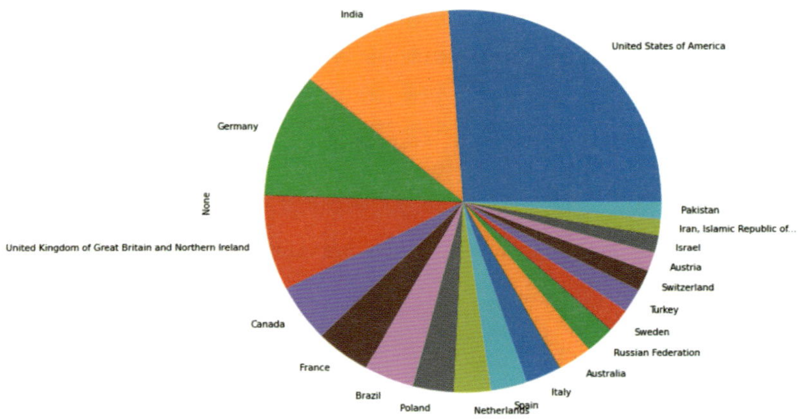

3 많이 사용되는 프로그래밍 언어 그래프 그리기

이번엔 개발자들이 어떤 프로그래밍 언어를 가장 많이 다루는지 확인하겠습니다.

특정 열 추출하기

각 응답자가 직접 사용한 경험이 있는 프로그래밍 언어를 나열한 열은 `LanguageHaveWorkedWith`입니다. 프로그래밍 언어를 여러 개 나열했기 때문에 지금까지 다룬 값과는 형태가 다릅니다. 아래 소스 코드를 실행해 값을 확인합니다.

```
In [19]: # 프로그래밍 언어 데이터 추출
languages = revised_data["LanguageHaveWorkedWith"]

# 데이터 확인
languages
```

```
Out [19]: 0                                                      NaN
1                                  JavaScript;TypeScript
2                     C#;C++;HTML/CSS;JavaScript;Python
3                            C#;JavaScript;SQL;TypeScript
4                 C#;HTML/CSS;JavaScript;SQL;Swift;TypeScript
                                                         ...
73263    Bash/Shell;Dart;JavaScript;PHP;Python;SQL;Type...
73264               Bash/Shell;HTML/CSS;JavaScript;Python;SQL
73265                      HTML/CSS;JavaScript;PHP;Python;SQL
73266                                         C#;Delphi;VBA
73267            C#;JavaScript;Lua;PowerShell;SQL;TypeScript
Name: LanguageHaveWorkedWith, Length: 73268, dtype: object
```

;으로 값을 구분하여 나열함

Out [19]:의 출력 결과를 보면 세미클론(;)으로 구분된 프로그래밍 언어가 나열되어 있습니다. 그리고 맨 아랫줄 끝에 있는 dtype: object를 통해 이 값이 하나의 객체인 것을 알 수 있습니다.

단일 객체를 리스트로 변환하기

프로그래밍 언어별로 그룹화를 하려면 각 프로그래밍 언어를 하나의 값으로 쪼개야 합니다. 이럴 때 사용하는 메서드는 문자열에서 사용할 수 있는 split() 메서드입니다. split() 메서드의 인수에는 값을 구분할 수 있는 구분자가 들어갑니다. 다음 소스 코드를 실행합니다.

```
In [20]: # 데이터 문자열 변환 후 구분자(;)로 구분
languages = languages.str.split(";")

# 데이터 확인
languages
```

```
Out [20]:
0                                                       NaN
1                                  [JavaScript, TypeScript]
2                 [C#, C++, HTML/CSS, JavaScript, Python]
3                        [C#, JavaScript, SQL, TypeScript]
4         [C#, HTML/CSS, JavaScript, SQL, Swift, TypeScr...
                                                         ...
73263     [Bash/Shell, Dart, JavaScript, PHP, Python, SQ...
73264       [Bash/Shell, HTML/CSS, JavaScript, Python, SQL]
73265              [HTML/CSS, JavaScript, PHP, Python, SQL]
73266                                     [C#, Delphi, VBA]
73267     [C#, JavaScript, Lua, PowerShell, SQL, TypeScr...
Name: LanguageHaveWorkedWith, Length: 73268, dtype: object
```

Out[19]:와 Out[20]:의 1번 색인 값을 비교해 보면, Out[19]:에서 JavaScript;TypeScript로 보이던 하나의 값이 여러 항목으로 이루어진 리스트 형식인 [JavaScript, TypeScript]로 변경된 것을 알 수 있습니다.

리스트의 각 항목을 행으로 나누기

이제 리스트의 각 항목을 하나의 값으로 표현하기 위해 행으로 나누겠습니다. 예를 들어 Out[20]:의 두 번째 줄에서 [JavaScript, TypeScript]는 2개 행으로, 세 번째 줄의 [C#, C++, HTML/CSS, JavaScript, Python]는 5개 행으로 나눌 것입니다.

리스트의 항목을 행으로 나누는 메서드로 **explode()**를 사용합니다. 다음 소스 코드를 실행합니다.

```
In [21]:
# 리스트 항목을 행으로 나누기
exploded_languages = languages.explode()

# 데이터 확인
exploded_languages
```

```
Out [21]:
0               NaN
1        JavaScript
1        TypeScript
2                C#
2               C++
```

```
          ...
73267    JavaScript
73267           Lua
73267    PowerShell
73267           SQL
73267    TypeScript
Name: LanguageHaveWorkedWith, Length: 370114, dtype: object
```

프로그래밍별 응답 수 확인하기

이제 앞 절에서 국가별 응답자 수 그래프를 그릴 때 다룬 데이터와 동일한 형태가 되었습니다. 파이 그래프에서와 동일한 방식으로 그룹화하여 각 그룹의 크기로 이루어진 데이터를 만들겠습니다.

```
In [22]:
# 프로그래밍별 응답 수 구하기
size_by_languages = exploded_languages.groupby(exploded_languages).size()

# 데이터 확인
size_by_languages
```

```
Out [22]:
LanguageHaveWorkedWith
APL              504
Assembly        3887
Bash/Shell     20656
C              13692
C#             19883
C++            16024
-------< 중략 >-------
SAS              435
SQL            35127
Scala           1837
Solidity        1031
Swift           3489
TypeScript     24752
VBA             3185
Name: LanguageHaveWorkedWith, dtype: int64
```

프로그래밍별 응답 수 확인하기

이제 상위 10개 프로그래밍 언어를 파이 그래프로 그리겠습니다. 앞에서 그린 국가 파이 그래프를 참고해 다음과 같이 소스 코드를 작성하고 실행합니다.

In [23]:
```
# 파이 그래프 그리기
size_by_languages.nlargest(10).plot.pie(figsize=(10, 10))
```

Out [23]:
```
<AxesSubplot:ylabel='LanguageHaveWorkedWith'>
```

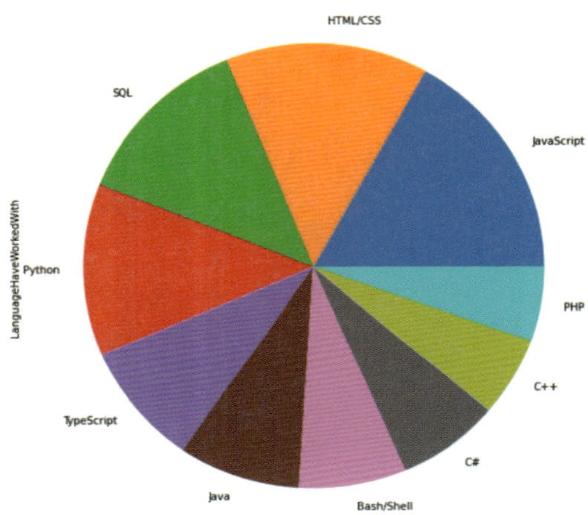

백분율 표기하기

각 파이가 차지하는 비율을 정확하게 이해하기 위해 백분율로 표기하겠습니다. 백분율을 표기하려면 명명인수 autopct 인수에 백분율 표기 방식을 넣으면 됩니다. 표기 방식은 파이썬 문자열 포매팅 방식과 같습니다. 다음 소스 코드를 실행합니다.

In [24]:
```
# 백분율 표기하기
size_by_languages.nlargest(10).plot.pie(figsize=(10, 10), autopct='%1.0f%%')
```

Out [24]:

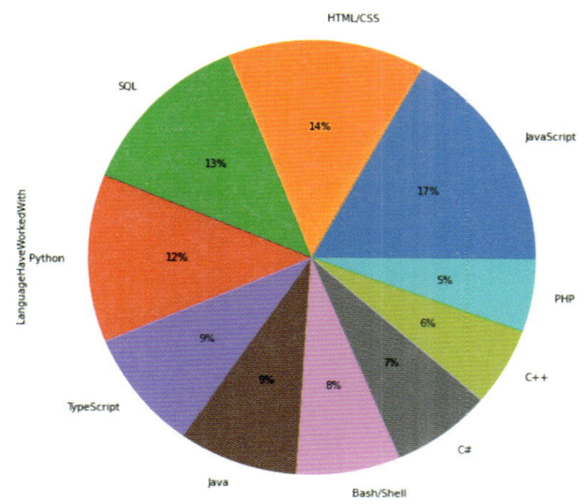

여기서 잠깐 **autopact 레퍼런스 문서 위치**

판다스 공식 레퍼런스 문서에서는 `autopact` 인수 사용법을 확인할 수 없습니다. `autopact` 인수는 판다스에서 추가한 인수가 아니라, 본래 라이브러리인 매트플랏립에서 사용하는 인수이기 때문입니다.

판다스는 그저 매트플랏립 라이브러리를 사용해 몇 가지 편리한 기능을 추가했을 뿐입니다. `autopact`를 포함한 다양한 매트플랏립 사용법을 알고 싶다면, 다음 주소에 방문합니다.

- https://matplotlib.org/3.1.1/api/_as_gen/matplotlib.axes.Axes.pie.html

원하는 연령대 데이터만 추출해 그래프 그리기

기왕이면 신후가 대학을 졸업하고 사회생활을 시작하는 시점인 25~34세의 개발자들이 경험한 프로그래밍 언어 중 상위 10개를 추출해 그래프로 그리면 더욱 의미가 있을 것입니다. 다음 소스 코드를 실행해 25~34세 개발자들이 사용한 프로그래밍 언어 데이터를 추출합니다.

In [25]:

```
# 25~34세 연령대가 사용한 프로그래밍 언어 정보 추출
languages_for_25_34 = revised_data[revised_data.Age == '25-34 years old']
["LanguageHaveWorkedWith"].str.split(";").explode()

# 데이터 확인
languages_for_25_34
```

```
Out [25]:
2                C#
2               C++
2          HTML/CSS
2        JavaScript
2            Python
                ...
73267    JavaScript
73267           Lua
73267    PowerShell
73267           SQL
73267    TypeScript
Name: LanguageHaveWorkedWith, Length: 137808, dtype: object
```

이제 상위 10개 데이터만 추출해 파이 그래프로 그리고 백분율도 함께 표기하겠습니다. 다음 소스 코드를 실행합니다.

```
In [26]:
# 상위 10개 데이터 파이 그래프 그리기
languages_for_25_34.groupby(languages_for_25_34).size().nlargest(10).
plot.pie(figsize=(10, 10), autopct='%1.0f%%')
```

```
Out [26]:
<AxesSubplot:ylabel='LanguageHaveWorkedWith'>
```

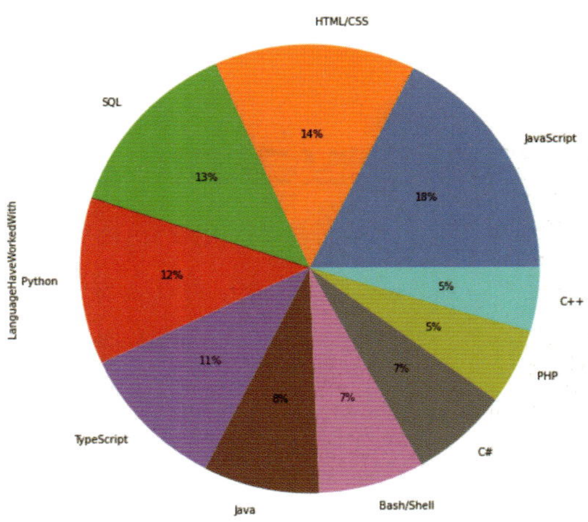

전체 데이터로 그린 그래프와 큰 차이는 없어 보입니다만, JavaScript와 TypeScript가 1%씩 더 많고, C++와 Bash/Shell은 1%씩 적습니다. 이는 해당 연령대의 개발자들이 웹 프로그래밍 개발에 두각을 나타내고 있는 JavaScript와 TypeScript를 사용할 기회가 조금 더 많았다는 의미로 볼 수 있겠습니다.

따라서 신후가 웹 프로그래밍의 기초인 HTML/CSS, JavaScript, TypeScript를 배우고 데이터베이스 관리 시스템에 저장된 데이터를 조회하는 용도의 SQL과 데이터 분석을 위한 Python까지 배운다면, 소프트웨어 엔지니어로 취업하는 데 도움이 될 것으로 보입니다.

4 마무리

이번 프로젝트에서는 개인이 설문 조사에 응답한 결과를 취합한 데이터를 집계 형태로 가공해 다양한 그래프로 표현하는 방법을 배웠습니다. 특히, 데이터 집계 과정에서 그래프로 표현하기 위해 하나의 행에 담긴 데이터를 여러 행으로 쪼개거나, 특정 기준에 맞춰 데이터 건수를 계산하는 방법을 자세히 살펴보았습니다. 여러 방향으로 응용할 수 있는 내용이니 꼭 기억하기 바랍니다.

다음 프로젝트에서는 데이터를 단순한 2차원 그래프로 그리는 방식에서 벗어나 지역 정보가 담긴 데이터를 지도에 표현하는 방법을 학습할 예정입니다. 위치 정보와 데이터를 함께 표현하는 것은 흔히 볼 수 있는 방식이지만, 직접 그려 보는 것은 쉽게 접할 수 있는 기회가 아닙니다. 강력한 데이터 분석 시각화 도구를 기대해도 좋습니다.

직접 풀어보기

01 신후는 설문 조사에 응답한 개발자들이 어떻게 프로그래밍을 학습했는지 알고 싶다. 이번 프로젝트에서 `revised_data` 안에 추출한 데이터 중 행 이름이 `LearnCode`인 데이터를 활용해 백분율을 표기한 파이 그래프로 그려 보자. 다음 실행 결과 그래프를 참고한다.

[실행 결과]

```
<AxesSubplot:ylabel='LearnCode'>
```

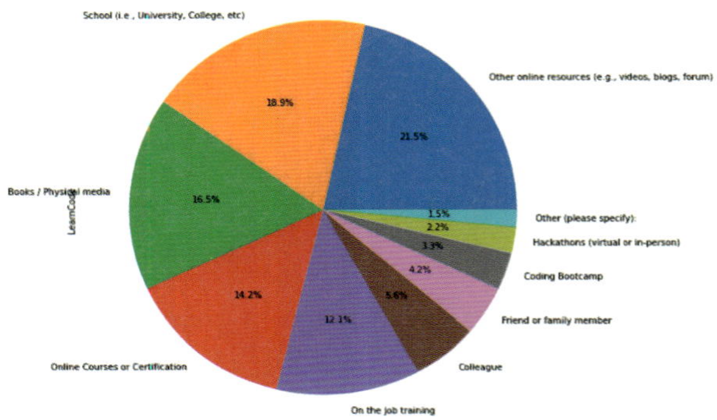

02 **01**번에서 작성한 파이 그래프를 연령대가 25~34세인 응답자 대상으로 다시 그리고, 전체 데이터와 비교했을 때 25~34세 응답자는 어떤 학습 방식을 더 선호하는지 확인해 보자. 다음 실행 결과 그래프를 참고한다.

[실행 결과]

```
<AxesSubplot:ylabel='LearnCode'>
```

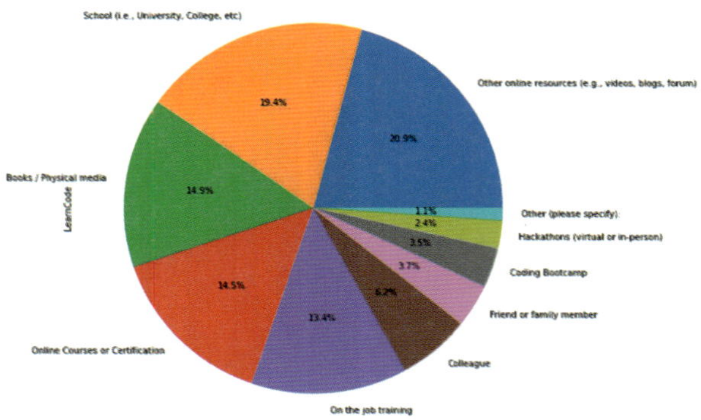

요약

01 전 세계 개발자 현황을 파악하는 데는 개발자들이 많이 사용하는 스택오버플로와 같은 웹 사이트에서 진행하는 설문 조사 데이터가 유용하다.

02 설문 조사 질문지와 요약 정보를 확인하면서 정의한 문제에 대한 답을 얻을 수 있는지 미리 검증하는 것이 중요하다.

03 다운로드한 압축 파일의 README 파일은 다운로드한 데이터의 기본 정보를 쉽게 확인할 수 있는 가이드 문서이다.

04 프로젝트를 수행하려면 적절한 질문을 선정해 추출해야 한다. 열 이름의 의미를 제대로 파악하려면 응답 내용을 확인한다.

05 `groupby()` 메서드를 사용하면 값이 동일한 데이터를 그룹화할 수 있고, `size()` 메서드로 그룹별 응답자 수를 확인할 수 있다.

06 시각화 단계에서는 선 그래프, 수직/수평 막대그래프, 파이 그래프 등을 적절하게 사용해 쉽게 통찰을 얻을 수 있게 하는 것이 좋다.

07 공개 레퍼런스 문서를 활용하면 그래프를 수정하는 여러 방법을 확인할 수 있다. 예를 들어 `figsize` 인수는 그래프 크기를 변경할 때 사용한다.

08 `nlargest()` 메서드를 사용하면 전체 데이터 중 상위 일부 데이터만 표현할 수 있다.

09 판다스는 시각화 라이브러리로 매트플롯립을 사용하기 때문에 매트플롯립에서 제공하는 인수는 매트플롯립 레퍼런스 문서를 확인해야 한다.

10 시각화 결과에 따라 데이터 필터링 기능을 사용하여 일부 데이터만 가지고 추출한 데이터와 전체 데이터를 비교하는 경우가 많다.

연습문제

01 전 세계 개발자 현황을 분석하는 데이터 분석 프로젝트를 진행하려고 한다. 다음 중 데이터를 수집하는 과정으로 가장 적합한 것은?

① 주변 개발자에게 설문 조사를 하여 정보를 취합한다.

② 인터넷 조사를 통해 유추한 정보로 데이터를 직접 생성한다.

③ 전 세계 개발자 목록을 구해 직접 설문 조사를 수행한다.

④ 전 세계 개발자들이 가장 많이 사용하는 웹 사이트인 스택오버플로와 같은 곳에서 공개한 설문 조사 결과를 활용한다.

02 다음은 중복 데이터를 삭제하여 유일한 값을 확인하는 소스 코드이다. 빈칸에 적합한 메서드는?

```
In [1]:  # 중복 값 삭제하기
         revised_data["Age"].[          ]()

Out [1]: 0                    NaN
         2        25-34 years old
         3        35-44 years old
         6     Under 18 years old
         7        18-24 years old
         9        45-54 years old
         24       55-64 years old
         77     65 years or older
         451    Prefer not to say
         Name: Age, dtype: object
```

① drop_duplicates()

② dropDuplicates()

③ unique()

④ distinct()

⑤ unique_value()

03 데이터를 수집하다 보니, 이름에 README라는 문구가 있는 파일이 있었다. 이 파일에 대한 설명으로 적합하지 않은 것은?

① 이름에서 알 수 있듯이, 나를 읽어달라는 의미가 담겨 있다.

② 실제로 사용할 데이터가 들어 있지 않기 때문에 무시하는 것이 효율적이다.

③ 함께 다운로드한 데이터에 대한 상세 설명을 확인할 수 있다.

④ README 이외에 날짜 정보와 같은 부가 정보가 이름에 포함되는 경우도 있다.

⑤ 파일 확장자나 내부 내용은 작성자가 자유롭게 구성할 수 있다.

04 다음 소스 코드는 국가별 응답 수를 그룹화하여 구하는 소스 코드이다. 빈칸에 적합한 메소드를 채워 코드를 완성하시오.

In [2]:
```
# 국가 그룹별 크기 확인하기
size_by_country = revised_data.[          ](["Country"]).[          ]()
size_by_country
```

Out [2]:
```
Country
Afghanistan                           69
Albania                               59
Algeria                               36
Andorra                               15
Angola                                12
                                     ...
Venezuela, Bolivarian Republic of...  119
Viet Nam                             317
Yemen                                 14
Zambia                                20
Zimbabwe                              30
Length: 180, dtype: int64
```

연습문제

05 다음은 원천 데이터 raw_data에서 원하는 행만 추출하는 소스 코드이다. 빈칸 2개를 채워 소스 코드를 완성하시오.

```
In [3]: raw_data[ [  ] "Age", "Country", "LanguageHaveWorkedWith",
        "LearnCode" [  ] ]
```

06 다음 소스 코드를 실행한 결과로 올바른 것은?

```
In [4]: size_by_age.plot.barh()
```

① <AxesSubplot:xlabel='Age'>

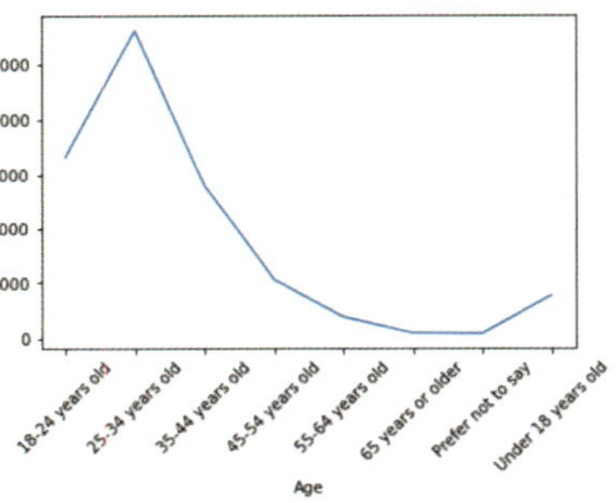

② <AxesSubplot:xlabel='Age'>

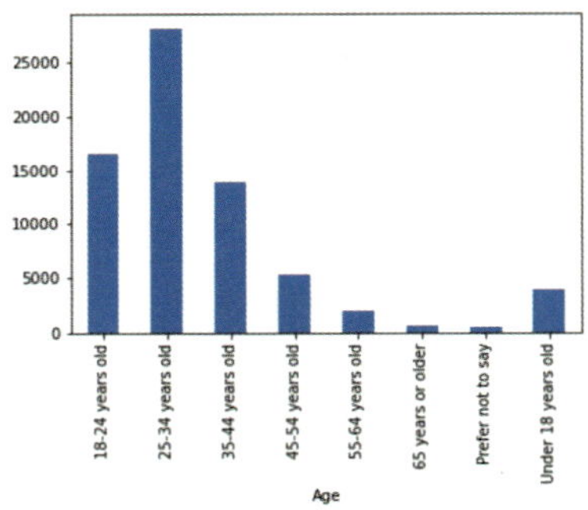

③ <AxesSubplot:ylabel='Age'>

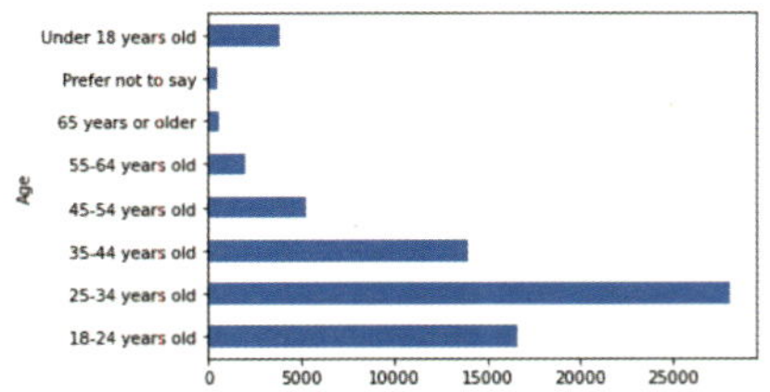

④ <AxesSubplot:ylabel='None'>

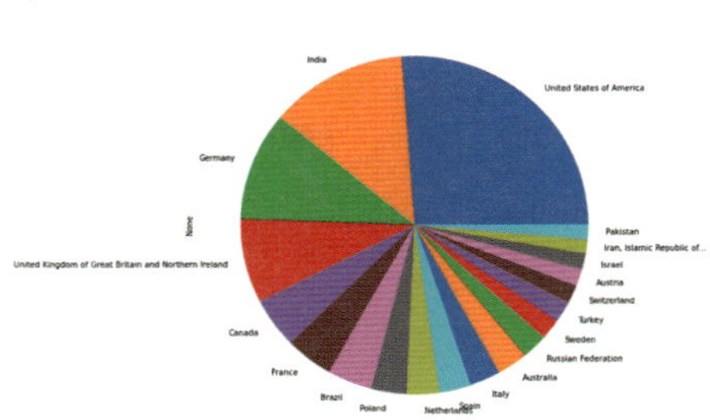

07 서술형 다음 그래프의 문제점을 이야기하고, 해결 방안을 모색하시오.

```
In [5]:  size_by_country.plot.pie(figsize=(10, 10))
```

```
Out [5]:  <AxesSubplot:ylabel='None'>
```

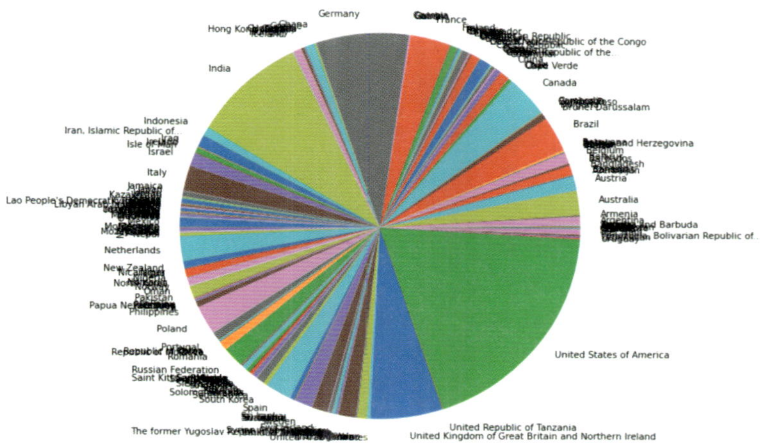

08 **07**번에서 발견한 문제의 해결 방안을 구현한 소스 코드를 작성하시오.

```
In [6]:
```

연습문제

09 다음은 여러 프로그래밍 언어를 나열한 값으로 구성된 시리즈 데이터이다.

```
In [7]: languages
```

```
Out [7]:
0                                                      NaN
1                                    JavaScript;TypeScript
2                         C#;C++;HTML/CSS;JavaScript;Python
3                              C#;JavaScript;SQL;TypeScript
4                   C#;HTML/CSS;JavaScript;SQL;Swift;TypeScript
                                                       ...
73263        Bash/Shell;Dart;JavaScript;PHP;Python;SQL;Type...
73264                  Bash/Shell;HTML/CSS;JavaScript;Python;SQL
73265                         HTML/CSS;JavaScript;PHP;Python;SQL
73266                                             C#;Delphi;VBA
73267             C#;JavaScript;Lua;PowerShell;SQL;TypeScript
Name: LanguageHaveWorkedWith, Length: 73268, dtype: object
```

다음은 이 값을 리스트로 변경하기 위한 소스 코드이다. 빈칸을 채워 완성하시오.

```
In [8]: # 데이터 문자열 변환 후 구분자(;)로 구분
        languages = languages.str.[          ](";")

        # 데이터 확인
        languages
```

```
Out [8]:
0                                                      NaN
1                                  [JavaScript, TypeScript]
2                  [C#, C++, HTML/CSS, JavaScript, Python]
3                          [C#, JavaScript, SQL, TypeScript]
4             [C#, HTML/CSS, JavaScript, SQL, Swift, TypeScr...
                                                       ...
73263         [Bash/Shell, Dart, JavaScript, PHP, Python, SQ...
73264            [Bash/Shell, HTML/CSS, JavaScript, Python, SQL]
73265                   [HTML/CSS, JavaScript, PHP, Python, SQL]
73266                                         [C#, Delphi, VBA]
73267         [C#, JavaScript, Lua, PowerShell, SQL, TypeScr...
Name: LanguageHaveWorkedWith, Length: 73268, dtype: object
```

10 **09**번의 결과로 얻은 리스트 값을 행으로 나누려고 한다. 적합한 메서드는?

① devide()

② row()

③ explode()

④ row_split()

CHAPTER 06

서울 지하철 승/하차 현황 분석

01 프로젝트 개요

02 데이터 수집

03 데이터 가공

04 데이터 시각화

05 데이터 2차 가공 및 시각화

직접 풀어보기

요약

연습문제

학습목표

- 필요한 분석 라이브러리를 설치할 수 있다.
- 데이터프레임에서 조건에 맞는 데이터를 추출할 수 있다.
- 필요한 데이터 셋 2개를 하나로 합칠 수 있다.
- 지도에 히트맵을 표시할 수 있다.
- 시각화 결과를 분석해 더 나은 분석 방향을 설정할 수 있다.

Section 01 프로젝트 개요

1 프로젝트의 목표

앞에서 다룬 두 프로젝트에서는 시계열성 데이터를 취합해 집계한 숫자 타입 값을 선 그래프, 막대 그래프, 파이 그래프 등으로 그려 보았습니다. 이런 데이터를 취합하다 보면 지리적 정보가 포함된 데이터를 쉽게 접하게 됩니다. 예를 들어 5장에서 살펴본 전 세계 개발자 현황을 포함한 데이터에도 국가 정보가 포함되어 있습니다. 따라서 필요하다면 세계 지도 위에 개발자의 위치를 여러 방식으로 표현할 수 있습니다.

이번 프로젝트에서는 명확한 지리 정보인 위도와 경도를 포함한 데이터를 사용해 데이터 빈도를 쉽게 확인할 수 있는 그래프를 그려 보겠습니다. 특히, 1차 시각화 이후 조금 더 정확한 통찰을 끌어내기 위해서 2차 그래프를 그리는 과정에 주목하기 바랍니다. [그림 6-1]은 이번 프로젝트에서 그릴 최종 그래프 결과 화면입니다.

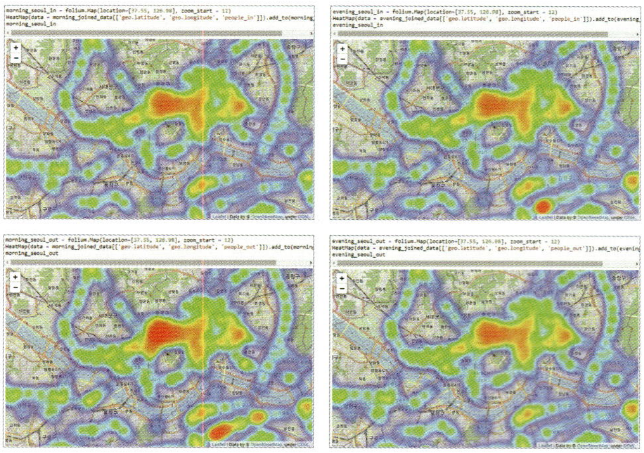

그림 6-1 시간대별 지하철 승하차 인원 빈도를 지도에 표시한 결과

2 문제 정의

서울에서 지하철을 타고 이동하는 우진은 매번 지하철을 타기 전/후에 가볍게 먹을 수 있는 음식을 찾습니다. 생각보다 다양한 음식을 접하기 힘들었던 우진은 직접 관련 사업을 하기로 결정했습니다. 예비 사업가 우진의 고민을 들어 보겠습니다.

안녕하세요, 저는 지하철에서 가볍게 식사를 할 수 있는 음식 관련 사업을 준비하고 있는 우진입니다. 제 사업 아이디어가 괜찮은지 검증하고 싶습니다. 가장 유동인구가 많은 지하철역 몇 군데에서 제가 준비한 음식을 팔아 보려고 합니다.

서울에서 출/퇴근 시간에 가장 유동인구가 많은 지하철역 3개를 데이터 기반으로 선택하려고 합니다. 그리고 추후에 투자를 받기 위해서 **서울시 지도에 유동인구를 알아보기 쉽게 표기한 그래프를 준비해 제 검증 결과에 대한 신뢰도를 높이고 싶습니다. 어떻게 해야 신뢰성 있는 데이터로 이런 그래프를 그릴 수 있을까요?**

아이디어가 실현 가능성이 있는지 직접 검증하려는 우진의 전략이 매우 타당해 보입니다. 서울시 지하철역별·시간대별 승하차 인원은 지도 라이브러리인 Folium으로 표현할 수 있습니다.

3 지도 라이브러리 Folium

파이썬에서 지도를 사용해 시각화할 수 있는 라이브러리는 다양합니다. 이 중에서 손쉽게 사용할 수 있고 대한민국 지도에 효과적으로 시각화를 수행한 예시를 인터넷에서 찾을 수 있는 Folium을 사용할 것입니다.

공식 소스 코드 레파지토리에서 설치 방법, 공식 문서, 갤러리 등을 확인할 수 있으며, 공식 문서의

QuickStart 페이지에서 소스 코드와 함께 다양한 지도 표현 방식을 확인할 수 있습니다.

- **Folium 공식 소스 코드 레파지토리 주소:** https://github.com/python-visualization/folium
- **Folium 공식 문서의 QuickStart 페이지:** https://python-visualization.github.io/folium/quickstart.html#Getting-Started

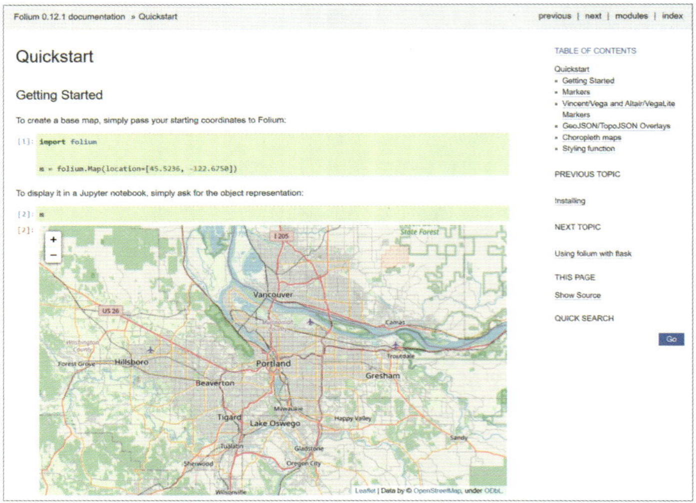

그림 6-2 Folium Quickstart 가이드 문서

지도 라이브러리 Folium 설치하기

윈도의 [시작]을 클릭하거나 윈도 키를 누르고 'anaconda prompt'로 검색합니다. 검색된 앱을 마우스 오른쪽 버튼으로 클릭하고 [관리자 권한으로 실행]을 클릭합니다.

그림 6-3 아나콘다 프롬프트(Anaconda Prompt) 열기

CHECK 반드시 아나콘다 프롬프트를 사용하세요

윈도 터미널 창을 여는 방법은 여러 가지가 있지만, 아나콘다 명령어를 별도의 추가 작업 없이 바로 실행할 수 있는 방법은 아나콘다 프롬프트를 사용하는 것입니다. 일반 윈도 터미널을 사용하지 마세요.

Folium 공식 소스 코드 레파지토리의 공식 문서에서 설치 방법 두 가지를 확인할 수 있습니다.

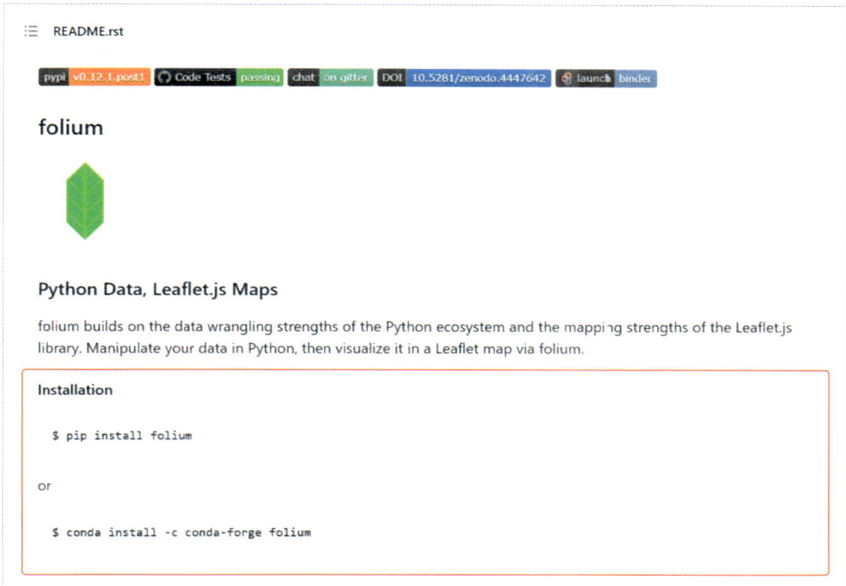

그림 6-4 Folium 설치 방법 확인하기

이 책에서는 아나콘다에 설치된 주피터 노트북을 사용하고 있기 때문에 두 번째 옵션으로 설치합니다.

여기서 잠깐 pip와 conda 명령어

pip는 기본 파이썬 설치 후 라이브러리를 설치하기 위한 패키지 매니저인 반면, conda는 아나콘다를 터미널 창에서 실행할 수 있는 명령어입니다. 신규 라이브러리를 설치해야 하는 경우 아나콘다 없이 파이썬을 사용하고 있다면 pip를, 아나콘다를 사용하고 있다면 conda 명령어를 이용합니다.

터미널 대기 창에 다음 명령어를 입력합니다.

```
conda install -c conda-forge folium
```

```
Administrator: Anaconda Prompt (Anaconda)

(base) C:\Windows\system32>conda install -c conda-forge folium
Collecting package metadata (current_repodata.json): done
Solving environment: done

## Package Plan ##

  environment location: C:\Anaconda

  added / updated specs:
    - folium
```

그림 6-5 라이브러리 설치 수행

설치를 진행하기 위해 필요한 정보를 수집합니다. 이 과정이 끝나면 [그림 6-6]과 같이 설치 진행을 확인하는 문구가 출력됩니다.

```
Administrator: Anaconda Prompt (Anaconda)
The following NEW packages will be INSTALLED:

  branca             conda-forge/noarch::branca-0.5.0-pyhd8ed1ab_0
  folium             conda-forge/noarch::folium-0.13.0-pyhd8ed1ab_0

The following packages will be UPDATED:

  conda                        4.14.0-py39hcbf5309_0 --> 22.9.0-py39hcbf5309_1


Proceed ([y]/n)? y
```

그림 6-6 진행 여부 확인하기

y를 입력하고 Enter 키를 누릅니다. 필요한 라이브러리가 설치되는 것을 done 메시지와 함께 확인할 수 있습니다.

```
Administrator: Anaconda Prompt (Anaconda)
The following packages will be UPDATED:

  conda                        4.14.0-py39hcbf5309_0 --> 22.9.0-py39hcbf5309_1


Proceed ([y]/n)? y

Preparing transaction: done
Verifying transaction: done
Executing transaction: done
Retrieving notices: ...working... done
```

그림 6-7 설치 확인하기

이제 Folium 라이브러리를 사용할 준비가 되었으니 설치가 잘 되었는지 확인하겠습시다.

정상 설치 확인하기

신규 주피터 노트북 파일을 생성하고 이름을 '6장. 서울 지하철 승하차 현황 분석'으로 변경합니다. 그리고 첫 셀 In[1]:에 다음 소스 코드를 실행합니다.

In [1]:

```
# Folium 라이브러리 탑재
import folium

# 기본 서울 지도 그래프 표기
seoul = folium.Map(location=[37.55, 126.98], zoom_start = 12)
seoul
```

Out [1]:

Out[1]:과 같이 서울시를 중심으로 한 그래프가 출력됩니다. 이제 이번 프로젝트를 수행하기 위한 준비가 모두 끝났습니다.

CHECK 설치가 제대로 되지 않으면 에러 메시지가 출력됩니다

만약 Folium 라이브러리가 제대로 설치되어 있지 않다면 다음과 같은 에러 로그가 맨 마지막 줄에 출력될 것입니다.

```
ModuleNotFoundError: No module named 'folium'
```

이런 경우에는 주피터 노트북 커널을 재실행합니다. 그래도 동일한 에러가 발생한다면, 설치가 제대로 되지 않았거나 다른 곳에 설치했을 가능성이 있습니다. 현재 주피터 노트북을 실행하고 있는 아나콘다에 라이브러리를 재설치하고 다시 시도해봅니다.

Section 02 데이터 수집

이번 프로젝트에서 사용할 서울시 지하철 승하차 데이터는 서울시에서 공공 데이터 공유를 위해 운영하는 '서울 열린데이터 광장'에서 찾을 수 있습니다.

1 서울시에서 공개한 공공 데이터

이번에 사용할 데이터는 서울교통공사에서 제공하는 연도별 일별 시간대별 역별 승하차 인원이 담긴 데이터입니다. 서울 열린데이터 광장 홈페이지(http://data.seoul.go.kr/dataList/OA-12921/F/1/datasetView.do)에 방문하면 연도별 데이터를 확인할 수 있습니다.

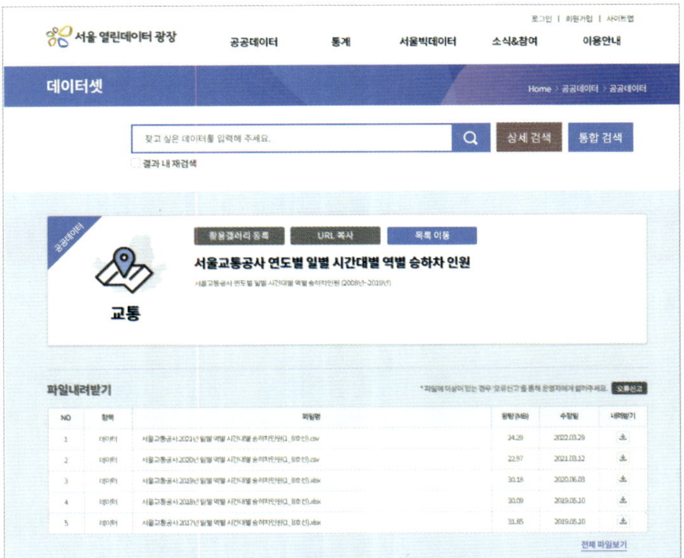

그림 6-8 서울교통공사 연도별 일별 시간대별 역별 승하차 인원 데이터

하지만 이러한 데이터는 원천 데이터에 무척 가깝습니다. 어느 정도 가공이 되었지만, 아쉽게도 현재 국내에서 제공하는 공공 데이터의 데이터 일관성이나 품질은 그렇게 높은 수준이 아닙니다. 파일 포맷이 바뀌면서 확장자가 변경되는 경우도 있고, 데이터 열(컬럼)의 정보가 섞이거나 예전에는 제공하던 데이터가 갑자기 사라지는 등 여러 한계가 있습니다. 따라서, 이번 프로젝트에서는 한 차례 가공한 데이터를 사용하려고 합니다.

2 캐글 데이터

캐글[Kaggle]은 전 세계에서 가장 큰 데이터 과학 커뮤니티를 형성하고 있는 웹 사이트입니다. 그래서 개개인이 작업하는 데이터 결과물이나 데이터 분석 프로젝트를 쉽게 확인할 수 있습니다. 데이터를 수집할 때 반드시 접하게 되는 곳이기도 합니다.

서울시 공공 데이터 포털에서 제공하는 데이터 중 이번 프로젝트에 필요한 데이터는 다음 세 가지입니다.

- 서울시 역 코드로 지하철역 위치 조회 정보
- 서울교통공사 지하철역명 다국어 표기 정보
- 서울교통공사 연도별·일별·시간대별·역별 승하차 인원 정보

위의 데이터를 보기 좋게 가공해 올려놓은 캐글 주소는 다음과 같습니다.

- https://www.kaggle.com/datasets/kimjmin/seoul-metro-usage

잘 정리된 데이터를 캐글에서 확인할 수 있습니다. 다음 주소를 통해 캐글에 접속하거나, 캐글 홈페이지에서 'seoul metro'로 검색해 나오는 첫 번째 결과를 클릭합니다.

TIP 검색 엔진 글로벌 1위 업체인 엘라스틱의 대한민국 개발자가 검색 인진 사용 사례를 위해 정리한 데이터입니다.

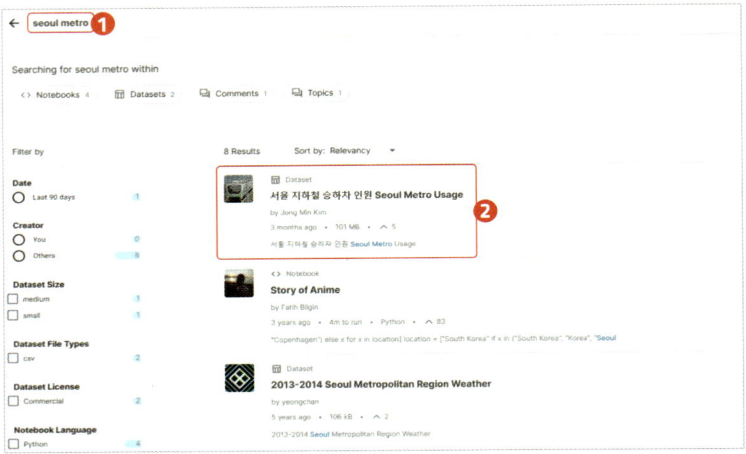

그림 6-9 seoul metro 검색 결과

'서울 지하철 승하차 인원 Seoul Metro Usage' 페이지가 열립니다. 아래로 스크롤하면 오른쪽에 'Data Explorer'라는 섹션이 보입니다. 이 부분은 데이터 탐색을 할 수 있는 곳입니다. 다음은 이번 프로젝트에서 사용할 파일로, 각 파일을 클릭해 데이터에 어떤 정보가 있는지 확인하겠습니다.

❶ `seoul-metro-2021.logs.csv`: 시간대별 승하차 인원 데이터

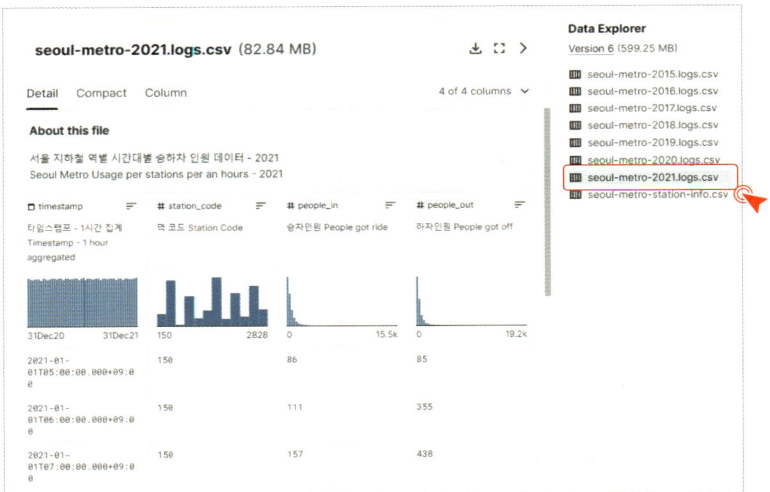

그림 6-10 역별·시간대별 승하차 인원 데이터

❷ `seoul-metro-station-info.csv`: 지하철역 관련 정보

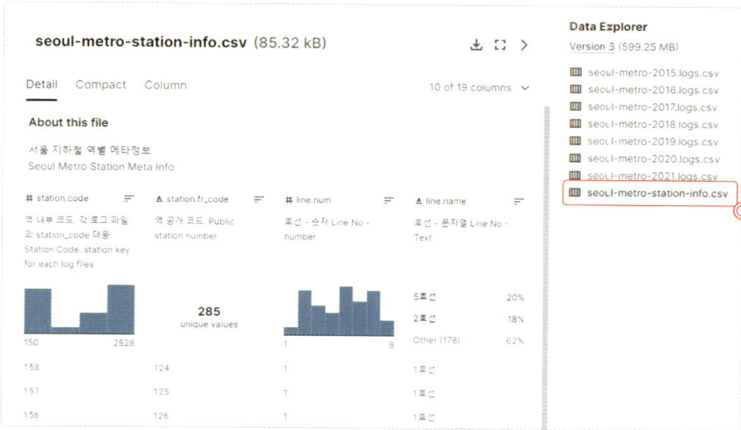

그림 6-11 지하철역별 지리적 위도 경도를 포함한 데이터

3 캐글 데이터 다운로드 및 업로드

다시 홈페이지의 상단으로 올라가 오른쪽에 있는 〈Download〉 버튼을 클릭하면 필요한 데이터를 모두 다운로드할 수 있습니다.

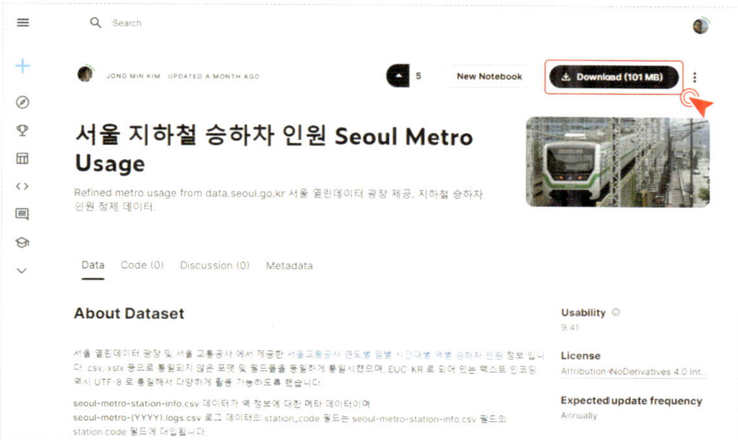

그림 6-12 데이터 다운로드

TIP 캐글에서 데이터를 다운로드하려면 로그인을 해야 합니다. 데이터 분석 프로젝트를 진행하면서 자주 활용하는 웹 사이트이니 계정을 만들어 놓기 바랍니다.

다운로드한 파일의 압축을 해제합니다. 여러 파일 중 앞에서 살펴본 `seoul-metro-2021.logs.csv`와 `seoul-metro-info.csv`를 `C:\data`로 복사하여 붙여 넣습니다.

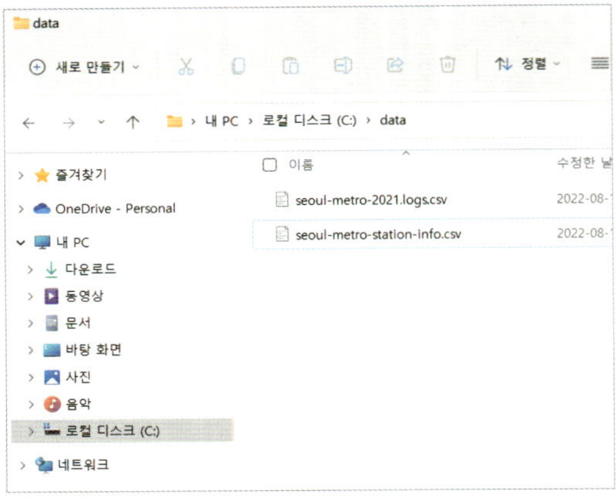

그림 6-13 데이터 옮기기

준비한 데이터를 주피터 노트북에서 업로드하고, 다음 소스 코드를 실행합니다.

In [2]:
```python
# 판다스 라이브러리 탑재
import pandas as pd

# 승하차 인원 CSV 파일 읽어오기
data = pd.read_csv("C:\data\seoul-metro-2021.logs.csv")

# 데이터 확인하기
data
```

Out [2]:

	timestamp	station_code	people_in	people_out
0	2021-01-01T05:00:00.000+09:00	150	86	85
1	2021-01-01T06:00:00.000+09:00	150	111	355
2	2021-01-01T07:00:00.000+09:00	150	157	438
3	2021-01-01T08:00:00.000+09:00	150	306	592
4	2021-01-01T09:00:00.000+09:00	150	333	841
...	...	...	...	...
1941548	2021-12-31T19:00:00.000+09:00	2828	74	263
1941549	2021-12-31T20:00:00.000+09:00	2828	73	145
1941550	2021-12-31T21:00:00.000+09:00	2828	95	209
1941551	2021-12-31T22:00:00.000+09:00	2828	54	138
1941552	2021-12-31T23:00:00.000+09:00	2828	18	34

1941553 rows × 4 columns

지하철역 정보가 담긴 파일도 업로드합니다. 이제 필요한 데이터는 모두 업로드하였습니다.

In [3]:

```
# 지하철역 정보 CSV 파일 읽어오기
station_info = pd.read_csv("C:\data\seoul-metro-station-info.csv")

# 데이터 확인하기
station_info
```

Out [3]:

	station.code	station.fr_code	line.num	line.name	line.name_sub	line.station_seq	station.name_full	station.name	sta
0	158	124	1	1호선	지하철1호선	1	청량리(서울시립대입구)	청량리(서울시립대입구	
1	157	125	1	1호선	지하철1호선	2	제기동	제기동	
2	156	126	1	1호선	지하철1호선	3	신설동	신설동	
3	159	127	1	1호선	지하철1호선	4	동묘앞	동묘앞	清
4	155	128	1	1호선	지하철1호선	5	동대문	동대문	
...	...	...	...	...	...	...	...	...	
280	2823	823	8	8호선	지하철8호선	14	남한산성입구(성남법원.검찰청)	남한산성입구(성남법원|검찰청	南

Section 03

데이터 가공

1 승하차 인원 데이터

승하차 인원 데이터 상세 정보 확인하기

먼저 승하차 인원 데이터 상세 정보를 확인하겠습니다. 시간을 의미하는 timestamp 열은 데이터 타입이 object이며 형태가 날짜인 문자열입니다. station_code 열은 역을 표기한 코드입니다. 하지만 이 정보만으로는 무슨 역인지 알 수 없습니다. people_in은 승차 인원, people_out은 하차 인원을 의미합니다.

In [4]:

```
# 승하차 인원 데이터 상세 정보 확인하기
data.info()
```

Out [4]:

```
<class 'pandas.core.frame.DataFrame'>
RangeIndex: 1941553 entries, 0 to 1941552
Data columns (total 4 columns):
 #   Column        Dtype
---  ------        -----
 0   timestamp     object
 1   station_code  int64
 2   people_in     int64
 3   people_out    int64
dtypes: int64(3), object(1)
memory usage: 59.3+ MB
```

timestamp: 시간
station_code: 역 코드
people_in: 승차 인원
people_out: 하차 인원

역 기준으로 승하차 인원 합치기

데이터가 시간으로 쪼개져 있으니 groupby() 메서드를 사용해 그룹화해야 합니다. 또한 sum()을 사용해 station_code 기준으로 그룹화한 다음 값을 모두 합치겠습니다. 다음 소스 코드를 실행합니다.

In [5]:
```
# 승하차 인원 그룹화하여 더하기
station_sum = data.groupby("station_code").sum()

# 데이터 확인하기
station_sum
```

Out [5]:

station_code	people_in	people_out
150	12697273	12109991
151	5997344	6030491
152	9638952	9284693
153	7704599	7090896
154	6651283	6609055
...	...	...
2824	3206211	3097722
2825	1395919	1495603
2826	1614590	1475010
2827	1444073	1147602
2828	41623	46621

284 rows × 2 columns

역 코드 기준으로 승차 인원과 하차 인원이 더해진 값을 확인할 수 있습니다. 또한 숫자 타입이 아니었던 timestamp는 자동으로 사라졌습니다. 이는 sum() 메서드의 기본 동작 방식입니다.

2 지하철역 데이터

지하철역 데이터 상세 정보 확인하기

Out [5]:에서 보이는 데이터에는 역 코드 정보만 있기 때문에 어떤 역인지 알 수 없습니다. 역 코드에 대응하는 역의 정보를 추가하기 위해 지하철역 데이터를 먼저 확인하겠습니다.

In [6]:
```
# 지하철역 정보 확인하기
station_info.info()
```

Out [6]:
```
<class 'pandas.core.frame.DataFrame'>
RangeIndex: 285 entries, 0 to 284
Data columns (total 19 columns):
 #   Column              Non-Null Count  Dtype
---  ------              --------------  -----
 0   station.code        285 non-null    int64
 1   station.fr_code     285 non-null    object
 2   line.num            285 non-null    int64
 3   line.name           285 non-null    object
 4   line.name_sub       285 non-null    object
 5   line.station_seq    285 non-null    int64
 6   station.name_full   285 non-null    object
 7   station.name        285 non-null    object
 8   station.name_chc    285 non-null    object
 9   station.name_chn    285 non-null    object
 10  station.name_en     285 non-null    object
 11  station.name_jp     285 non-null    object
 12  geo.latitude        285 non-null    float64
 13  geo.longitude       285 non-null    float64
 14  geo.sigungu_code    285 non-null    int64
 15  geo.sigungu_name    285 non-null    object
 16  geo.addres_road     285 non-null    object
 17  geo.address_land    285 non-null    object
 18  geo.phone           285 non-null    object
dtypes: float64(2), int64(4), object(13)
memory usage: 42.4+ KB
```

Out [6]:를 보면 18개의 행이 있습니다. 우리에게 필요한 정보는 역 코드(station.code)와 코드 위치를 알 수 있는 위도(geo.latitude), 경도(geo.longitude)이기 때문에 필요한 행만 추려내야 합니다. 다음 소스 코드를 실행해 필요한 행만 추리겠습니다.

In [7]:
```
# 필요한 행만 추리기
station_info = station_info[['station.code', 'geo.latitude',
                             'geo.longitude']]
```

```
# 데이터 확인하기
station_info
```

Out [7]:

	station.code	geo.latitude	geo.longitude
0	158	37.580178	127.046835
1	157	37.578103	127.034893
2	156	37.575297	127.025087
3	159	37.572627	127.016429
4	155	37.571420	127.009745
...	...	...	...
280	2823	37.451535	127.159816
281	2824	37.445210	127.156866
282	2825	37.440918	127.147564
283	2826	37.437428	127.140722
284	2827	37.432130	127.129087

285 rows × 3 columns

승하차 인원 데이터와 색인 맞추기

이제 이 데이터를 승하차 인원 데이터와 합치기 위해 색인을 동일하게 맞추겠습니다. 승하차 인원 데이터의 색인은 역 코드였습니다. 따라서 set_index() 메서드로 동일한 색인을 사용하도록 변경합니다.

In [8]:

```
# 색인 변경하기
station_info = station_info.set_index('station.code')

# 데이터 확인하기
station_info
```

Out [8]:

	geo.latitude	geo.longitude
station.code		
158	37.580178	127.046835
157	37.578103	127.034893
156	37.575297	127.025087
159	37.572627	127.016429
155	37.571420	127.009745
...	...	...
2823	37.451535	127.159816
2824	37.445210	127.156866
2825	37.440918	127.147564
2826	37.437428	127.140722
2827	37.432130	127.129087

285 rows × 2 columns

3 승하차 인원 데이터와 지하철역 데이터 합치기

이제 이 색인 기준으로 데이터 셋 2개를 하나로 합치겠습니다. 이럴 때 사용하는 메서드는 `join()`입니다. 다음 소스 코드를 실행합니다.

In [9]:

```
# 데이터 셋 합치기
joined_data = station_sum.join(station_info)

# 데이터 확인하기
joined_data
```

Out [9]:

	people_in	people_out	geo.latitude	geo.longitude
station_code				
150	12697273	12109991	37.554648	126.972559
151	5997344	6030491	37.564718	126.977108
152	9638952	9284693	37.570161	126.982923
153	7704599	7090896	37.571607	126.991806
154	6651283	6609055	37.570926	127.001849
...	...	...	...	...
2824	3206211	3097722	37.445210	127.156866
2825	1395919	1495603	37.440918	127.147564
2826	1614590	1475010	37.437428	127.140722
2827	1444073	1147602	37.432130	127.129087
2828	41623	46621	37.463170	127.139526

승하차 인원 데이터의 행 2개와 지하철역 정보 데이터의 행 2개가 합쳐져 하나의 데이터프레임으로 보이는 것을 확인할 수 있습니다.

이제 시각화를 위해 필요한 데이터 준비를 마쳤습니다. 다음 절부터는 이 데이터를 지도에 그려 보겠습니다.

Section 04

데이터 시각화

1 히트맵이란?

지도에 데이터를 표현하는 방법에는 여러 가지가 있습니다. 이번 프로젝트에서는 작은 지하철역의 승하차 인원을 쉽게 구분할 수 있어야 합니다. 이럴 때 효과적으로 사용할 수 있는 방법이 히트맵입니다.

히트맵Heatmap은 이름에서 알 수 있듯이 데이터가 많은 지역을 뜨겁게 표현하는 방식으로, 데이터가 집중된 영역을 쉽게 식별할 수 있습니다. 히트맵 플러그인을 제공하는 Folium 라이브러리를 이용하면 손쉽게 지도에 히트맵을 표현할 수 있습니다.

2 승차 인원, 하차 인원 시각화

승차 인원 시각화

먼저 승차 인원을 시각화하겠습니다. `folium.Map()` 메서드를 사용해 지도를 만듭니다. `location` 인수에는 지도 위치를 표현하는 위도와 경도를 넣고, `zoom_start` 인수에는 어느 정도로 확대할 것인지 설정합니다.

TIP 더 다양한 옵션은 Folium 공식 레퍼런스 문서의 인수 리스트에서 확인합니다.

In [10]:
```
# 승차용 서울 지도 만들기
seoul_in = folium.Map(location=[37.55, 126.98], zoom_start = 12)

# 지도 확인하기
seoul_in
```

Out [10]:

이제 Folium의 히트맵 플러그인을 사용해 히트맵을 지도 위에 그리겠습니다. data 인수에는 위도, 경도, 표기할 데이터가 포함된 데이터를 넣고, add_to() 메서드를 사용해 지도 객체에 히트맵을 추가합니다.

In [11]:

```
# 히트맵 플러그인 모듈 탑재
from folium.plugins import HeatMap

# 히트맵 플러그인 지도에 추가하기
HeatMap(data = joined_data[['geo.latitude', 'geo.longitude',
                            'people_in']]).add_to(seoul_in)

# 지도 확인하기
seoul_in
```

Out [11]:

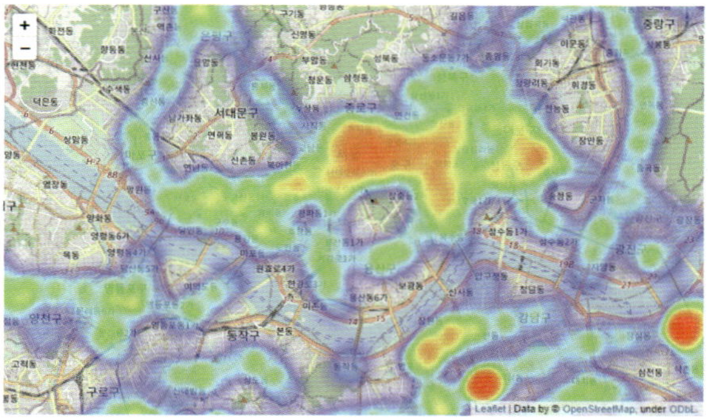

Out [11]:의 히트맵을 보면 강남역, 잠실역, 광화문 일대에 승차인원이 집중되어 있는 것을 확인할 수 있습니다. 이처럼 생각보다 짧은 코드로도 멋진 히트맵 그래프를 그릴 수 있습니다.

하차 인원 시각화

이번엔 하차 인원을 시각화하겠습니다. 승차 인원을 시각화한 소스 코드를 그대로 활용해 다음과 같이 작성하고 실행합니다.

In [12]:
```
# 하차용 지도 생성
seoul_out = folium.Map(location=[37.55, 126.98], zoom_start = 12)

# 히트맵 지도에 추가하기
HeatMap(data = joined_data[['geo.latitude', 'geo.longitude',
                            'people_out']]).add_to(seoul_out)

# 지도 확인하기
seoul_out
```

Out [12]:

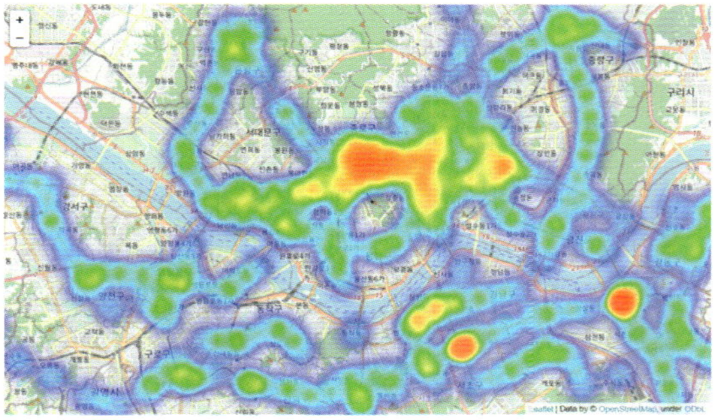

3 현재 그래프의 제약 사항

승차 인원과 하차 인원의 히트맵 그래프를 비교하면 언뜻 보기에 큰 차이가 없어 보입니다.

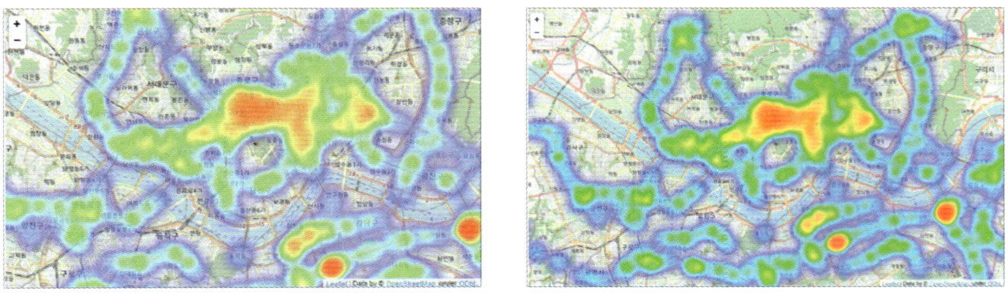

(a) 승차 인원 그래프(Out [11]) (b) 하차 인원 그래프(Out [12])

그림 6-14 승하차 히트맵 비교하기

승차한 장소와 하차한 장소가 다를 것이라는 예상과 달리 이렇게 표현된 이유는 데이터를 가공할 때 시간 정보를 무시했기 때문입니다. 다시 말해 시간을 전혀 고려하지 않고 지하철역 코드 중심으로 데이터를 하나로 취합했기 때문에 그래프에서 차이를 확인하기 어려운 것입니다.

이번 데이터에서는 출근 시간과 퇴근 시간이 고려되지 않았기 때문에 우진이의 사업 아이디어를 증명할 장소를 결정할 수 없습니다. 다음 절에서 시간 데이터를 고려해 다시 한 번 데이터를 가공하고 시각화해 보겠습니다.

Section 05

데이터 2차 가공 및 시각화

1 시간을 고려한 데이터 재가공

데이터프레임에서 데이터를 원하는 조건에 맞춰 추출하는 방법은 아주 간단합니다. 대괄호 기호 안에 조건을 넣기만 하면 됩니다. 출근 시간과 퇴근 시간을 선택하는 방법을 고민해 보겠습니다.

데이터 필터링 조건 선정

처음에 읽어온 승하차 인원 데이터 상세 정보를 다시 확인하겠습니다.

In [13]:
```
# 데이터 상세 정보 확인하기
data.info()
```

Out [13]:
```
<class 'pandas.core.frame.DataFrame'>
RangeIndex: 1941553 entries, 0 to 1941552
Data columns (total 4 columns):
 #   Column        Dtype
---  ------        -----
 0   timestamp     object
 1   station_code  int64
 2   people_in     int64
 3   people_out    int64
dtypes: int64(3), object(1)
memory usage: 59.3+ MB
```

시간 정보를 담고 있는 `timestamp` 행은 `object` 타입, 즉 문자열 데이터입니다. 이렇게 날짜 형식의 문자열 데이터는 생각보다 다루기 까다롭습니다. 가장 좋은 방법은 문자열 타입을 시간 형태의 타임스탬프 Timestamp 타입으로 변경한 후, 시간 정보를 추출해 원하는 시간 조건을 넣는 것입니다.

이 방식으로 출근용, 퇴근용 데이터 셋을 추출하겠습니다. 오전 9시 이전은 출근용, 오후 5시 이후는 퇴근용으로 조건을 설정합니다.

출근 데이터 추출

데이터프레임 data의 특정 범위 값을 추출하기 위해 대괄호 기호 안에 조건식을 넣습니다. 9시 이전 데이터를 선택하기 위해 문자열 타입인 data.timestamp를 datetime으로 변경합니다. 그리고 dt.hour 객체를 사용해 시간 정보만 추출한 뒤, 9보다 작은 값만 추출하라고 조건을 설정합니다. 다음과 같이 소스 코드를 작성하고 실행합니다.

In [14]:
```
# 출근용 데이터 추출
morning_data = data[pd.to_datetime(data.timestamp).dt.hour < 9]
morning_data
```

Out [14]:

0	2021-01-01T05:00:00.000+09:00	150	86	85
1	2021-01-01T06:00:00.000+09:00	150	111	355
2	2021-01-01T07:00:00.000+09:00	150	157	438
3	2021-01-01T08:00:00.000+09:00	150	306	592
19	2021-01-01T05:00:00.000+09:00	151	43	40
...	...	...	...	...
1941518	2021-12-31T08:00:00.000+09:00	2827	391	311
1941534	2021-12-31T05:00:00.000+09:00	2828	20	10
1941535	2021-12-31T06:00:00.000+09:00	2828	83	41
1941536	2021-12-31T07:00:00.000+09:00	2828	279	119
1941537	2021-12-31T08:00:00.000+09:00	2828	347	375

408748 rows × 4 columns

9시 이전 데이터만 추출되었습니다.

퇴근 데이터 추출

퇴근용 데이터도 마찬가지입니다. 24시간 표기법으로 17시 이후 데이터만 추출하도록 다음과 같이 소스 코드를 작성하고 실행합니다.

In [15]:
```
# 퇴근용 데이터 추출
evening_data = data[pd.to_datetime(data.timestamp).dt.hour > 17]
evening_data
```

Out [15]:

	timestamp	station_code	people_in	people_out
13	2021-01-01T18:00:00.000+09:00	150	658	437
14	2021-01-01T19:00:00.000+09:00	150	579	425
15	2021-01-01T20:00:00.000+09:00	150	479	354
16	2021-01-01T21:00:00.000+09:00	150	510	307
17	2021-01-01T22:00:00.000+09:00	150	445	134
...	...	...	...	...
1941548	2021-12-31T19:00:00.000+09:00	2828	74	263
1941549	2021-12-31T20:00:00.000+09:00	2828	73	145
1941550	2021-12-31T21:00:00.000+09:00	2828	95	209
1941551	2021-12-31T22:00:00.000+09:00	2828	54	138
1941552	2021-12-31T23:00:00.000+09:00	2828	18	34

613122 rows × 4 columns

그룹화와 역 정보 합치기

지하철역을 기준으로 그룹화하여 값을 더하겠습니다. groupby()와 sum() 메서드를 사용합니다.

In [16]:
```
# 역 기준으로 그룹화하여 데이터 더하기
morning_station_sum = morning_data.groupby("station_code").sum()
evening_station_sum = evening_data.groupby("station_code").sum()
```

이제 마지막으로 역 정보를 합치면 됩니다. 앞에서 실행한 join() 메서드를 그대로 활용합니다.

In [17]:
```
# 역 정보 합치기
morning_joined_data = morning_station_sum.join(station_info)
evening_joined_data = evening_station_sum.join(station_info)
```

2 시각화

이제 시각화를 해 보겠습니다. 방법은 4절에서 수행한 것과 동일합니다. 변수 이름과 인수에 들어가는 열 값을 혼동하지 않도록 주의하면서 다음 소스 코드를 차례로 실행합니다.

출근 시간 승하차 인원 시각화

다음은 출근 시간의 승차 인원을 시각화하는 코드입니다.

In [18]:
```python
# 출근 시간 승차 인원
morning_seoul_in = folium.Map(location=[37.55, 126.98], zoom_start = 12)
HeatMap(data = morning_joined_data[['geo.latitude', 'geo.longitude',
              'people_in']]).add_to(morning_seoul_in)
morning_seoul_in
```

Out [18]:

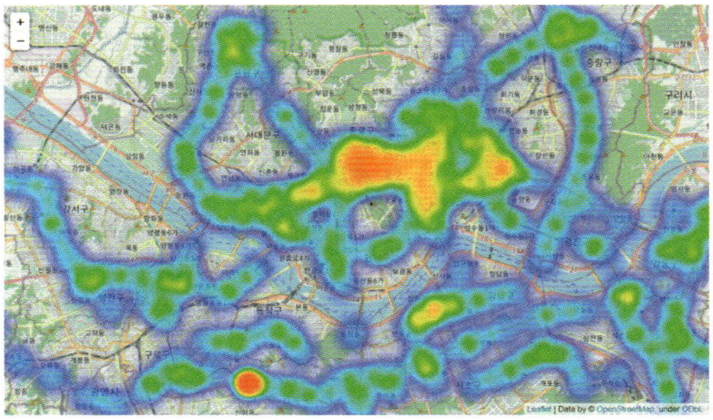

다음은 출근 시간의 하차 인원을 시각화하는 코드입니다.

In [19]:
```python
# 출근 시간 하차 인원
morning_seoul_out = folium.Map(location=[37.55, 126.98], zoom_start = 12)
HeatMap(data = morning_joined_data[['geo.latitude', 'geo.longitude',
              'people_out']]).add_to(morning_seoul_out)
morning_seoul_out
```

Out [19]:

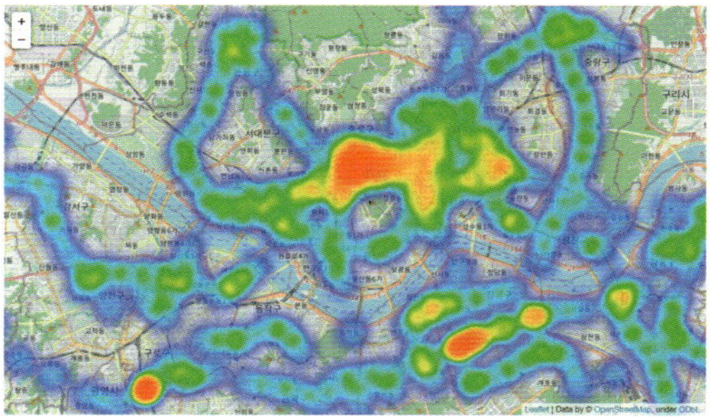

퇴근 시간 승하차 인원 시각화

다음은 퇴근 시간의 승차 인원을 시각화하는 코드입니다.

```
In [20]: # 퇴근 시간 승차 인원
evening_seoul_in = folium.Map(location=[37.55, 126.98], zoom_start = 12)
HeatMap(data = evening_joined_data[['geo.latitude', 'geo.longitude',
                 'people_in']]).add_to(evening_seoul_in)
evening_seoul_in
```

Out [20]:

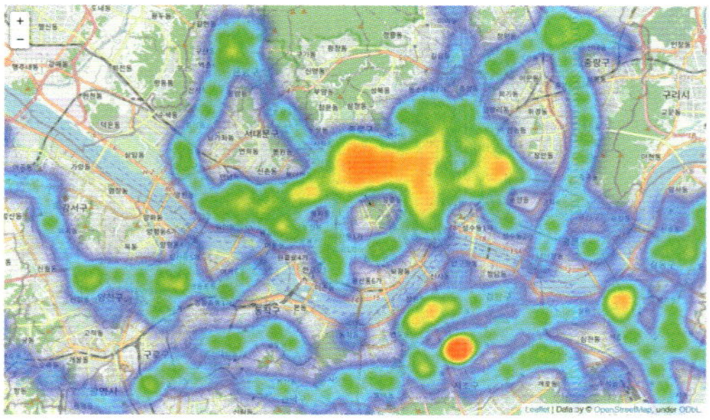

다음은 퇴근 시간의 하차 인원을 시각화하는 코드입니다.

```
In [21]: # 퇴근 시간 하차 인원
evening_seoul_out = folium.Map(location=[37.55, 126.98], zoom_start = 12)
HeatMap(data = evening_joined_data[['geo.latitude', 'geo.longitude',
                 'people_out']]).add_to(evening_seoul_out)
evening_seoul_out
```

Out [21]:

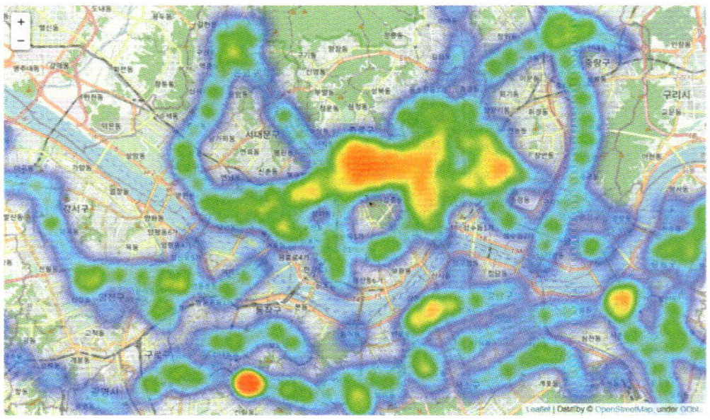

3 마무리

그래프 4개를 그리면서 승하차 인원이 가장 많은 역을 의미하는 붉은 점이 이동하는 것을 확인할 수 있었을 것입니다.

출근 시간 승하차 인원 분석

출근 시간의 승하차 인원 그래프 2개를 비교하면서 보면, 다음과 같이 의미 있는 해석이 가능합니다.

(a) 승차 인원 그래프(Out [18])　　(b) 하차 인원 그래프(Out [19])

그림 6-15 출근 시간 승하차 인원 현황

- 강남역~삼성역 구간은 승차 인원은 적지만 상대적으로 하차 인원이 많습니다. 주거 지역이라기보다는 회사가 많은 장소로 볼 수 있습니다.
- [그림 6-15](a)의 신림역 근방은 승차한 사람이 많은 반면, [그림 6-15](b)의 가산디지털단지역에는 하차한 사람이 많습니다. 이를 통해 신림역 근처에는 주거하는 사람이 많고, 가산디지털단지역 근처에는 근무하는 사람이 많다는 것을 유추할 수 있습니다.
- [그림 6-16]과 같이 지도를 확대해 살펴보면 시청역, 을지로입구역, 서울역에서 사람이 많이 하차하고 있습니다. 시청역 근처에는 주거하는 사람도 많고 회사도 많을 것이라 유추할 수 있습니다.

그림 6-16 출근 시간 서울역 주변 하차 현황

퇴근 시간 승하차 인원 분석

이번에는 퇴근 시간 승하차 인원 패턴을 분석하겠습니다.

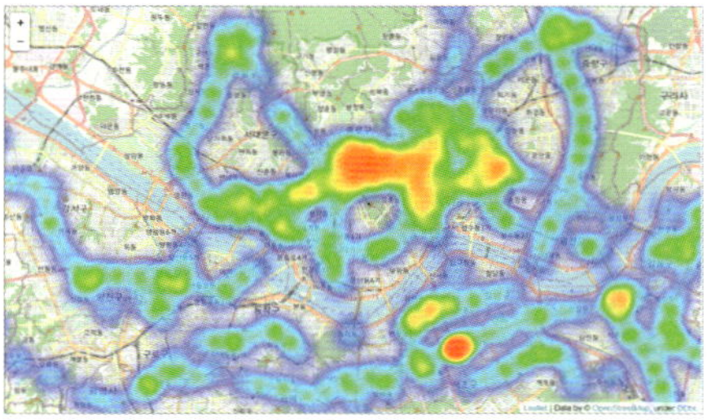

(a) 승차 인원 그래프(Out [20])

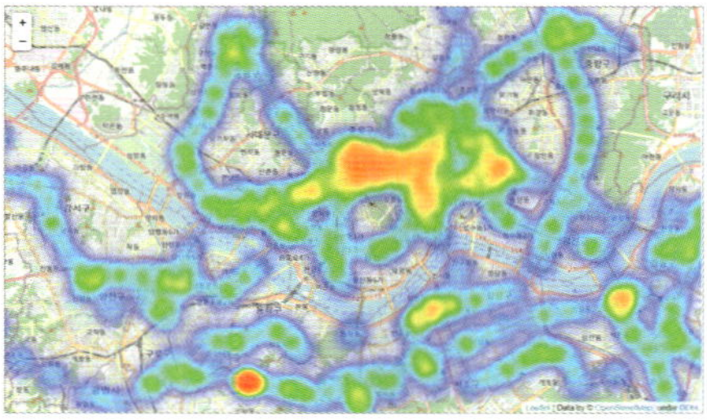

(b) 하차 인원 그래프(Out [21])

그림 6-17 퇴근 시간 승하차 인원 현황

- 강북 지역에는 퇴근 시간대에 승하차 인원에 큰 변화가 없습니다.
- 강남역이 가장 두드러지게 승차 인원이 많습니다. 근무 중 이동했거나, 퇴근 후 강남역에서 일을 보고 귀가하는 사람이 많을 것이라고 추측할 수 있습니다.
- 신림역에서 하차하는 사람이 많으므로 주거지 지역이라 유추할 수 있습니다.

최종 결론

지금까지 분석한 결과를 통해 데이터 기반으로 사업 아이디어를 검증할 만한 곳으로 다음과 같이 추천할 수 있습니다.

- 출근 시간에 지하철에서 하차하여 직장으로 이동하는 사람이 가장 많은 지하철역은 강북의 시청역과 서울역, 강남의 강남역과 디지털구로단지역이다.
- 만약 출근 시간에 지하철에 승차하는 사람을 대상으로 한다면, 승차 인원이 가장 많은 신림역을 선택할 수 있다.
- 퇴근 시간을 겨냥한다면 강북은 선택하지 않는 것이 좋다. 한두 개 역으로 좁히기가 어렵기 때문이다.
- 퇴근 시간에 지하철에서 승차하는 사람이 가장 많은 역은 강남역, 하차하는 사람이 가장 많은 역은 신림역이다.

지도에 히트맵으로 표기한 데이터를 기반으로 의사결정을 했기 때문에, 우진은 더욱 신뢰도가 높은 검증을 할 수 있을 것입니다. 또한 이후에 투자를 받는 데도 큰 도움이 될 것으로 기대됩니다.

직접 풀어보기

01 점심시간의 지하철 승하차 현황을 분석해 보자. 11시부터 2시 사이에 강북과 강남 지역에서 승차 인원이 가장 많은 역 3개는 각각 어디인가? 또는 하차 인원이 가장 많은 역 3개는 각각 어디인가?

HINT 판다스 데이터프레임의 필터링을 할 때 조건 2개를 and 조건으로 연결하려면 &를 사용한다.

02 **01**번에서 가공한 데이터를 가지고 히트맵 대신 원하는 조건에 맞는 역에 동그라미를 그려 보자. `Folium` 라이브러리에서 지도에 동그라미를 그리는 클래스는 `Circle`이다. 공식 레퍼런스 문서와 구글에서 검색한 소스 코드를 참고해 그림을 그린다. 조건은 다음과 같고, 실행 결과를 참고한다.

- 점심시간에 하차 인원 250만 명이 넘는 역만 표기한다.
- 동그라미 테두리는 붉은색으로 하고, 동그라미 내부는 붉은색 음영으로 채운다.
- 동그라미의 반지름은 하차 인원의 0.01%로 그린다.

[실행 결과]

요약

01 지리 정보를 포함하고 있는 데이터 시각화를 위해 아나콘다에 존재하지 않는 지도 라이브러리 Folium을 별도로 설치하였다.

02 전 세계에서 가장 큰 데이터 분석 커뮤니티를 보유하고 있는 캐글에 올라온 데이터를 활용하였다. 이 데이터는 서울시에서 공개한 공공 데이터를 1차 가공한 데이터이다.

03 캐글의 데이터 탐색기 기능을 사용해 데이터를 다운로드하기 전에 데이터를 미리 확인할 수 있다.

04 Folium 라이브러리를 사용해 서울시 지도를 손쉽게 그릴 수 있다.

05 지하철역 시간대별 승하차 인원 정보를 담고 있는 데이터 셋과 지하철역 정보를 담고 있는 데이터 셋을 join() 메서드를 사용해 하나의 데이터 셋으로 합쳤다. 이때, 색인을 동일한 값인 역 코드로 맞추는 작업을 선행하였다.

06 지도에 데이터를 시각화하는 방법 중 데이터 빈도를 효과적으로 표현하는 방법은 히트맵이다. 마치 열이 가해지는 것처럼, 데이터가 많으면 붉은색을, 적으면 푸른색을 띈다.

07 Folium 라이브러리의 히트맵 플러그인에 위도, 경도, 데이터를 넣으면 쉽게 지도에 히트맵을 그릴 수 있다.

08 데이터 시각화 작업은 한 번에 끝내기 어렵다. 1차 시각화 결과에서 생긴 의문점으로 제약 사항을 발견하고, 2차 가공 및 시각화를 진행해 초기에 수립한 분석 문제에 대한 적절한 답을 구할 수 있다.

09 히트맵 이외에도 다양한 시각화 방법이 있으며, 공개 레퍼런스 문서와 구글 검색 결과를 적절하게 사용해 응용할 수 있다.

연습문제

01 지리적 정보를 포함하고 있는 데이터 빈도를 지도에 시각화하려고 한다. 다음 중 위치와 빈도를 가장 효율적으로 표현한 것은?

①
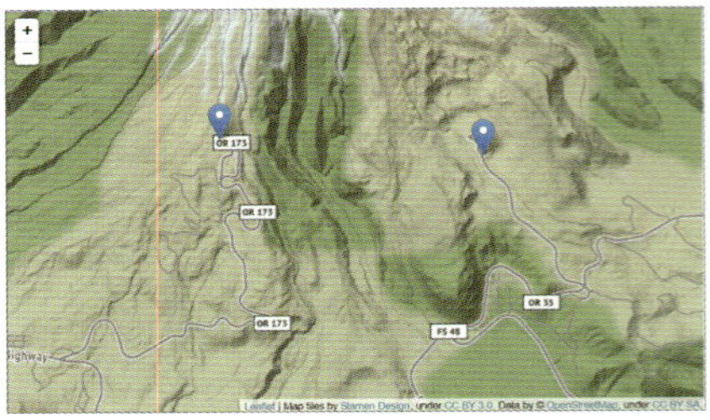

②
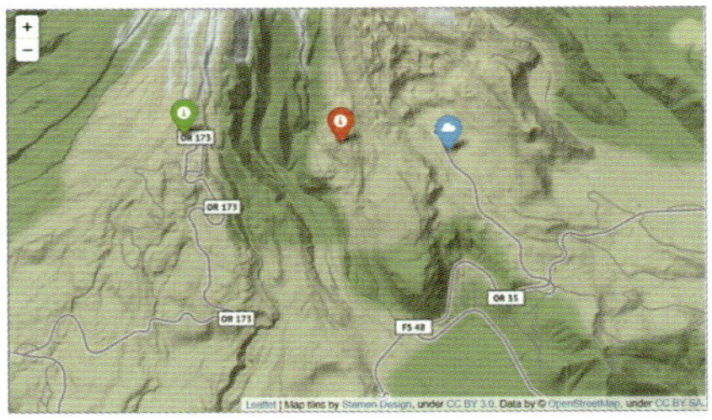

③

④
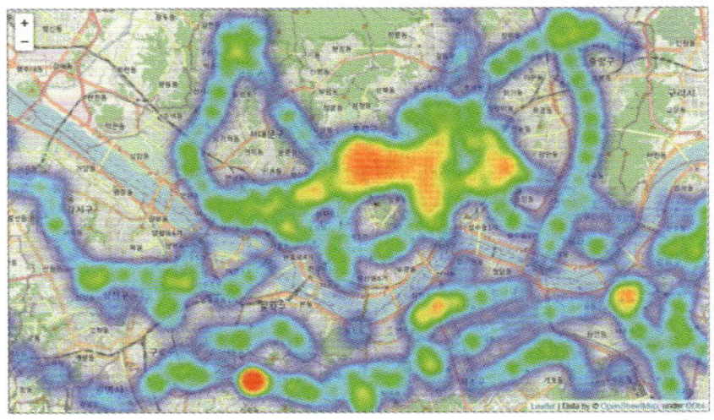

02 **01**번 문항의 정답과 같이 표현한 지도를 무엇이라고 부르는지 쓰시오.

03 다음은 지도 라이브러리 Folium을 설치하는 명령어이다. 빈칸을 채우시오.

```
conda [          ] -c conda-forge folium
```

04 이번 프로젝트의 데이터 출처는 캐글이다. 캐글에 대한 설명으로 적합하지 않은 것은?

① 캐글은 정부기관에서 운영하는 곳이 아니기 때문에 데이터를 신뢰하기 어렵다.

② 캐글은 전 세계에서 가장 큰 데이터 분석 커뮤니티를 보유하고 있다.

③ 캐글에서 데이터 분석 콘테스트에 참여할 수 있다.

④ 캐글에 올라온 데이터 분석 프로젝트 내용은 데이터 분석 프로세스를 이해하는 데 큰 도움이 된다.

05 다음은 서울 지도를 그리는 소스 코드이다. 빈칸에 적합한 소스 코드는?

In [1]:

```
# Folium 라이브러리 탑재
import folium

# 기본 서울 지도 그래프 표기
seoul = folium.Map(          = [37.55, 126.98], zoom_start = 12)
seoul
```

Out [1]:

① data
② geo
③ location
④ latitude, longitude

06 다음 소스 코드는 Folium 라이브러리의 히트맵 플러그인 모듈을 탑재하는 소스 코드이다. 빈칸 2곳에 들어갈 소스 코드 쌍으로 적합한 것은?

```
# 히트맵 플러그인 모듈 탑재
          folium.plugins           HeatMap
```

① import, from
② from, include
③ include, from
④ from, import

연습문제

07 다음 소스 코드는 데이터 셋을 역 코드 기준으로 그룹화하여 값을 더한 예시이다. 빈칸을 채우시오.

In [2]:
```
# 승하차 인원 그룹화하여 더하기
station_sum = data.[          ]("station_code").[          ]()

# 데이터 확인하기
station_sum
```

Out [2]:

station_code	people_in	people_out
150	12697273	12109991
151	5997344	6030491
152	9638952	9284693
153	7704599	7090896
154	6651283	6609055
...	...	...
2824	3206211	3097722
2825	1395919	1495603
2826	1614590	1475010
2827	1444073	1147602
2828	41623	46621

284 rows × 2 columns

08 다음은 서울시 지도에 히트맵을 표기한 예시이다. 빈칸을 채워 소스 코드를 완성하시오.

In [3]:
```
# 히트맵 플러그인 지도에 추가하기
HeatMap([          ] = joined_data[['geo.latitude', 'geo.longitude',
        'people_in']]).[          ](seoul_in)

# 지도 확인하기
seoul_in
```

Out [3]:

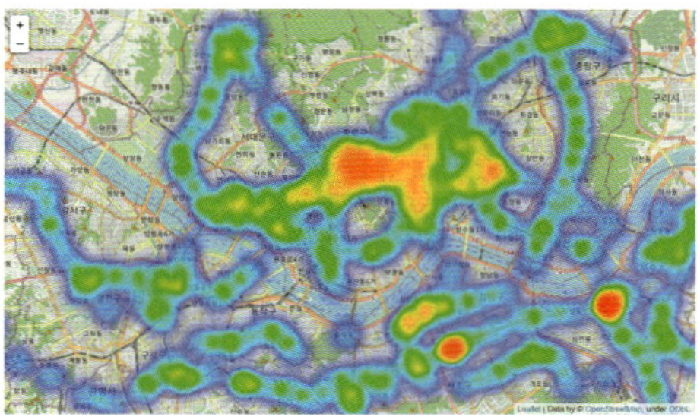

09 다음 소스 코드는 2개의 데이터 셋을 하나로 합치는 예시이다. 빈칸에 들어갈 메서드로 적합한 것은?

In [4]:
```
# 데이터 셋 합치기
joined_data = station_sum.[          ](station_info)

# 데이터 확인하기
joined_data
```

Out [4]:

station_code	people_in	people_out	geo.latitude	geo.longitude
150	12697273	12109991	37.554648	126.972559
151	5997344	6030491	37.564718	126.977108
152	9638952	9284693	37.570161	126.982923
153	7704599	7090896	37.571607	126.991806
154	6651283	6609055	37.570926	127.001849
...	...	...	...	...
2824	3206211	3097722	37.445210	127.156866
2825	1395919	1495603	37.440918	127.147564
2826	1614590	1475010	37.437428	127.140722
2827	1444073	1147602	37.432130	127.129087
2828	41623	46621	37.463170	127.139526

① join ② merge ③ add

④ combine ⑤ insert

CHAPTER 07

주식 시세 현황 분석

학습목표

- 웹 스크래핑 개념을 이해한다.
- 웹 페이지를 구성하고 있는 HTML 문서를 읽을 수 있다.
- 웹 브라우저와 서버가 데이터를 주고받기 위해 사용하는 규약인 HTTP의 기본 개념을 이해한다.
- 웹 브라우저 개발자 도구로 HTTP 요청/응답을 분석할 수 있다.
- 파이썬 루프를 사용하여 동적으로 웹 페이지를 로딩할 수 있다.
- 필요한 데이터를 웹 사이트에서 실시간으로 추출할 수 있다.

Section 01 프로젝트 개요

1 프로젝트의 목표

지금까지 CSV 포맷의 파일을 찾아 다운로드하는 형태로 여러 데이터 분석 프로젝트를 수행했습니다. 하지만 반드시 다운로드를 해야만 데이터를 활용할 수 있는 것은 아닙니다. 경우에 따라서는 파일 형태는 아니지만 웹 페이지에서 확인 가능한 데이터를 활용하기도 합니다.

값이 그리 많지 않거나 활용 빈도가 높지 않은 경우에는 웹 페이지에서 확인한 데이터를 옮겨 적어서 파일로 만드는 것도 가능합니다. 하지만 이러한 방식에는 여러 가지 문제점이 있습니다. 옮겨 적다가 오타가 발생할 수도 있고, 일부 데이터를 누락할 수도 있습니다. 특히 데이터 분량이 많아 여러 페이지에 나뉘어 있는 경우 일일이 모든 페이지를 열어 옮겨 적는 것 역시 매우 비효율적입니다. 또, 예를 들어 여행 상품이나 항공권/렌트카 가격 비교 사이트에서 활용하는 데이터는 어떻게 수집할 수 있을까요? 실시간으로 사람이 모든 사이트에 접속해서 가격 정보를 가져오는 것은 불가능합니다.

이럴 때 사용할 수 있는 기술이 웹 스크래핑Web Scraping입니다. 웹 페이지를 구성하는 실제 소스 코드를 읽으면서 원하는 데이터를 추출하는 기술입니다.

이번 프로젝트에서는 웹 페이지를 구성하는 기본 기술(HTML, HTTP 등)에 대해 이해하고, 웹 스크래핑 기술을 사용해 웹 페이지 데이터를 추출하는 방법을 익히는 데 초점을 맞춰 실습하겠습니다. 그리고 다음 장에서는 이러한 기술을 활용해 수집한 데이터를 이용하여 미래 데이터를 예측해 보겠습니다.

여기서 잠깐 웹 스크래핑과 웹 크롤링Web Crawling의 차이점

웹 스크래핑은 특정 웹 페이지의 데이터를 추출하는 데 초점을 맞추고 있지만, 웹 크롤링은 웹 페이지에 있는 웹 주소들을 추출해 웹 스크래핑을 할 수 있도록 대상 페이지를 찾는 개념입니다.

2 문제 정의

먼저 이번 프로젝트에서 해결할 문제를 정의하겠습니다. 최근 이직을 하면서 퇴직금으로 목돈을 갖게 된 지희는 이 돈을 어디에 투자할지 고민하고 있습니다. 지희의 고민을 들어 보겠습니다.

안녕하세요, 직장인 지희입니다. 이번에 이직을 하면서 퇴직금을 수령했는데, 꽤 목돈이라서 수익이 좋은 곳에 투자하고 싶습니다. 최근 주식 시장이 많이 하락했다고 들어서 여러 주식 지표에 관심을 가지게 되었고, 전망이 좋은 종목에 투자하기로 했습니다.

주로 방문하는 주식 시세 확인 웹 사이트에서 괜찮아 보이는 종목을 선택한 뒤 해당 값들을 제가 원하는 대로 분석하고 그 결과를 보관하고 싶은데, 이 웹 사이트에서는 데이터를 다운로드하는 기능을 제공하고 있지 않아요. 그렇다고 데이터를 눈으로 보면서 수작업으로 옮기자니 시간이 너무 오래 걸릴 것 같습니다. 좋은 방법이 없을까요?

지희처럼 웹 사이트 데이터를 추출해 원하는 방식으로 분석하고 싶다는 사용자들의 바람으로 인해 웹 스크래핑이 탄생했습니다. 7장에서는 쉽게 열람할 수 있는 웹 사이트를 하나 선택해 주식 시세 현황 분석 프로젝트를 진행하겠습니다.

그림 7-1 웹 페이지 데이터를 추출할 수 있는 웹 스크래핑

Section 02

웹 기본 지식 이해하기

1 웹의 탄생

웹[Web]은 근래 무척 흔히 사용하는 단어입니다. 그런데 여러분은 웹의 의미를 정확히 설명할 수 있나요? 웹은 인터넷 주소 창에서 쉽게 볼 수 있는 WWW(월드 와이드 웹[World Wide Web])의 줄임말이며, 인터넷에 연결된 컴퓨터를 통해 사람들이 정보를 공유할 수 있는 전 세계적인 정보 공간을 의미합니다. 동시에 그림이나 문자와 같은 데이터를 교환하는 전송 방식을 뜻하기도 합니다.

웹은 세계의 여러 대학과 연구기관에서 일하는 물리학자들의 신속한 정보 교환과 공동 연구를 지원하기 위해 탄생했습니다. 이러한 정보를 열람할 수 있도록 웹 브라우저도 만들어졌습니다. 인터넷 검색을 할 때 사용하는 윈도우 엣지, 크롬, 사파리와 같은 웹 브라우저가 바로 정보를 주고받기 위해 고안된 도구입니다.

그리고 다양한 문자와 그림들을 웹 브라우저에서 볼 수 있도록 표현하기 위해 사용하는 기술이 HTML입니다.

2 HTML로 웹 페이지 만들기

HTML[Hyper Text Markup Language]은 웹 페이지 표시를 위해 개발된 표준 마크업 언어입니다. 다소 생소한 단어이지만, 알고 보면 그리 어렵지 않은 개념입니다. 일단 HTML을 사용해 아주 단순한 웹 페이지를 하나 만들겠습니다.

TIP 마크업 언어란 태그 등을 이용해 문서나 데이터의 구조를 표기하는 언어의 한 종류로, 프로그래밍 언어와는 구별됩니다.

HTML 파일을 만드는 데 사용되는 툴은 다양합니다. 이 책에서는 HTML의 구조만 간단히 살펴볼 것이므로 기본 텍스트 편집기인 메모장Notepad을 사용하겠습니다. 메모장을 열고 다음 코드를 입력합니다.

TIP [윈도 ⊞]+[R] 키를 눌러 [실행] 창을 열고 'notepad'로 검색해 메모장을 실행할 수 있습니다. 윈도의 [시작]을 클릭하거나 [윈도 ⊞] 키를 누르고 '메모장'으로 검색해서 열어도 됩니다.

```
<html>
        <body>
                <h1>내가 만든 첫 웹 페이지</h1>
                <p>안녕하세요!!</p>
        </body>
</html>
```

코드를 입력한 후 [Ctrl]+[S] 키를 눌러서 저장합니다. 저장 위치는 원하는 폴더로 설정합니다.

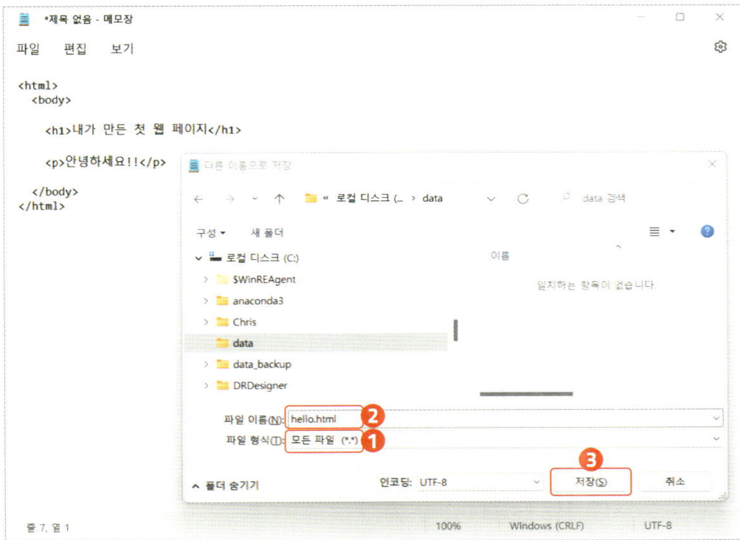

그림 7-2 hello.html 파일 생성

❶ 파일 형식은 '모든 파일 (*.*)'로 선택합니다.

❷ 파일 이름은 hello.html로 설정합니다.

❸ 〈저장〉 버튼을 클릭합니다.

저장한 파일을 윈도 탐색기에서 확인해 보면, 다음과 같이 웹 브라우저가 인식하는 파일이라는 의미로 파일 아이콘이 웹 브라우저 모양으로 지정되어 있습니다.

TIP 아이콘 모양은 기본 웹 브라우저 설정에 따라 다릅니다. [그림 7-3]의 예시는 구글 크롬이 기본 웹 브라우저인 경우입니다.

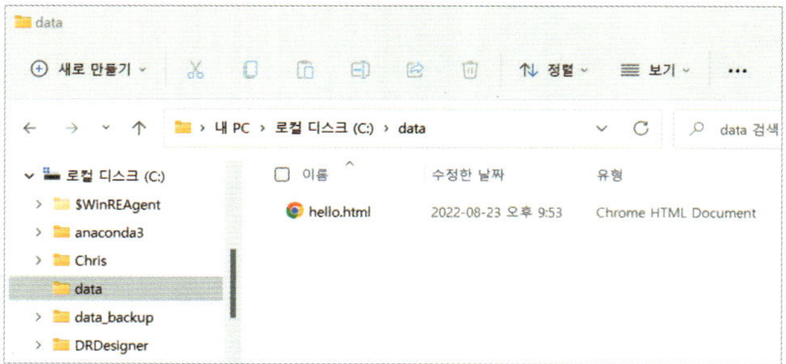

그림 7-3 윈도 탐색기에서 hello.html 파일 확인하기

해당 파일을 더블클릭하면 웹 브라우저가 열리면서 HTML 파일에 입력한 문장이 보입니다.

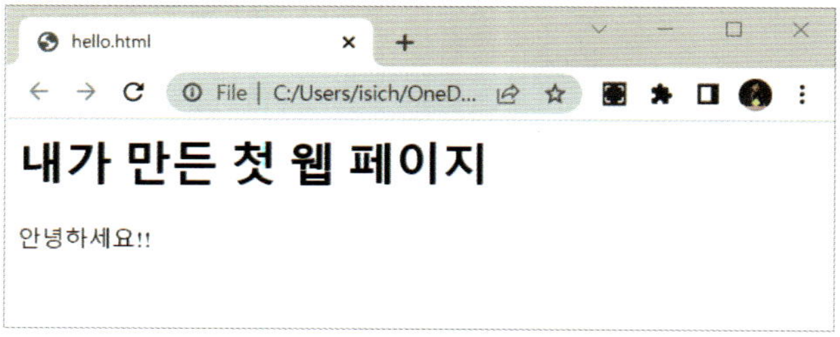

그림 7-4 hello.html 파일을 웹 브라우저로 열기

3 HTML 분석하기

앞에서 생성한 `hello.html`의 내용을 통해 HTML의 기본적인 태그Tag를 살펴보겠습니다.

```
<html>
    <body>
        <h1>내가 만든 첫 웹 페이지</h1>
        <p>안녕하세요!!</p>
    </body>
</html>
```

■ 태그

HTML 태그는 HTML 문서를 이루는 문법적인 표시로, 문자를 꺾쇠 기호(<>)로 감싼 형태로 작성합니다. 대부분 시작 태그와 종료 태그로 구성되고 그 사이에 내용이 들어갑니다. 시작 태그는 꺾쇠 기호만으로 작성하고, 종료 태그는 문자 앞에 슬래시 기호(/)가 들어갑니다. 쌍으로 구성된 태그의 경우 시작 태그를 사용했으면 반드시 종료 태그로 닫아야 합니다.

```
<html>
...
</html>
```

■ 〈body〉

`<body>` 태그는 HTML 문서의 내용 중 실제로 웹 브라우저에 표기할 내용을 담습니다. `<html>` 태그가 열린 다음에 등장하기 때문에 `</html>` 태그로 닫히기 전에 `</body>` 태그로 먼저 닫아야 합니다.

```
<body>
...
</body>
```

■ 〈h1〉, 〈p〉

`<h1>` 태그는 가장 큰 제목을 표현하기 위한 태그이고, `<p>`는 일반 단락을 표기하는 태그입니다. `hello.html` 웹 브라우저에 출력된 결과를 보면 `<h1>` 태그로 생성한 '내가 만든 첫 웹 페이지' 문장이 `<p>` 태그로 생성한 '안녕하세요!!'보다 더 크고 글자체가 두꺼운 것을 알 수 있습니다.

```
<h1>내가 만든 첫 웹 페이지</h1>

<p>안녕하세요!!</p>
```

이처럼 HTML 태그는 각각 웹 브라우저에 어떻게 데이터를 보여줄지 표현하는 용도로 사용합니다. 그리고 웹 브라우저는 HTML 태그로 구성된 텍스트 파일을 서버에서 다운로드해 사용자에게 보여주는 역할을 합니다.

4 웹 브라우저 개발자 도구

우리가 늘 사용하는 웹 브라우저에서 HTML 파일을 확인하는 방법이 있습니다. 모든 웹 브라우저에서 제공하는 개발자 도구를 이용하면 됩니다. 크롬 웹 브라우저 기준으로 확인해 보겠습니다. '내가 만든 첫 웹 페이지' 문장에 어떤 태그가 적용되어 있는지 확인하겠습니다.

웹 페이지에서 HTML 태그를 확인하고 싶은 곳에 커서를 두고 마우스 오른쪽 버튼을 클릭한 후 [Inspect]를 클릭합니다.

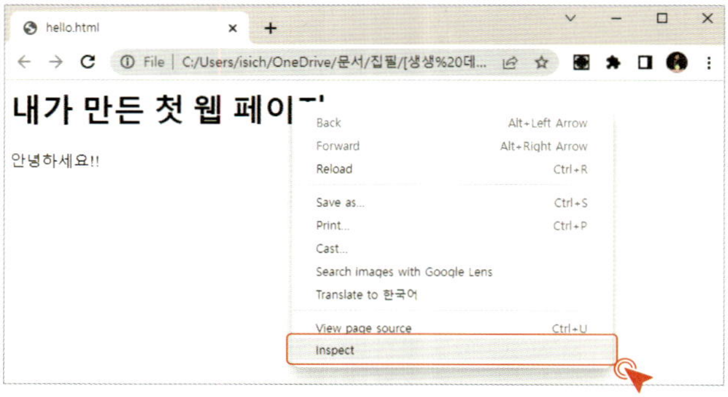

그림 7-5 [Inspect(검사)] 메뉴 실행하기

TIP 웹 브라우저 언어가 한글로 설정되어 있으면 메뉴 이름이 [검사]로 보일 것입니다.

다음과 같이 웹 페이지 오른쪽에 HTML 코드를 확인할 수 있는 개발자 도구 창의 [Elements] 탭이 열립니다. 왼쪽의 웹 페이지를 보면 검사를 실행한 영역이 박스 모양으로 표시되어 있고, 풍선 도움말 형태로 HTML 태그가 보입니다. 보라색으로 표시된 h1이 이 영역에 적용된 태그입니다. 개발자 도구 창을 보면 이 영역에 해당하는 HTML 코드가 선택되어 있습니다.

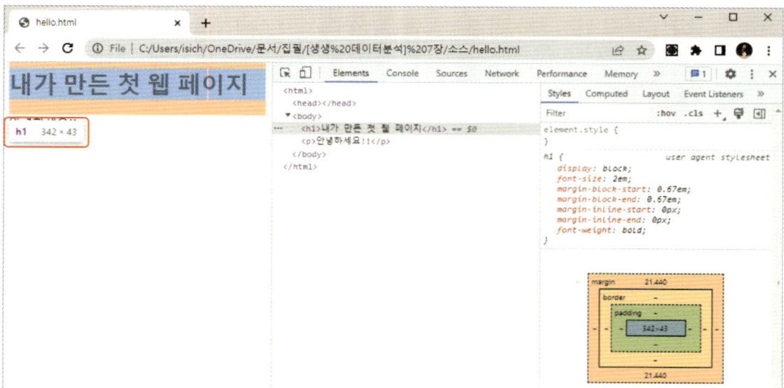

그림 7-6 개발자 도구로 HTML 확인하기

여기서 잠깐 **직접 작성하지 않은 HTML 태그가 보이는 경우**

HTML 문서를 보면 직접 작성하지 않은 <head>...</head> 태그가 있습니다. 기본적으로 작성해야 하는 태그이지만 누락되었기 때문에 내용이 없는 채로 추가되어서 보이는 것입니다. 크게 신경 쓰지 않아도 됩니다.

개발자 도구 창에서 현재 선택된 <h1>내가 만든 첫 웹 페이지</h1> 영역의 커서를 <p>안녕하세요!!</p>로 옮겨 봅니다.

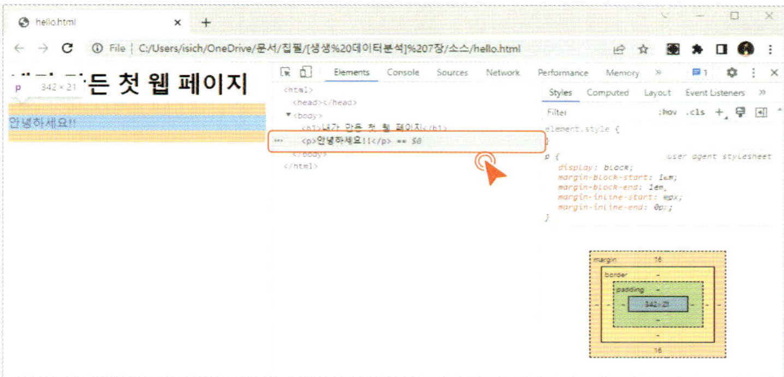

그림 7-7 마우스 커서 옮기기

왼쪽 웹 페이지 영역의 박스 위치가 옮겨지고, 적용된 태그를 알려주는 보라색 글자도 p로 변경됩니다. 이처럼 개발자 도구의 [Elements] 탭에서는 웹 페이지를 구성하고 있는 HTML 태그 정보를 쉽게 확인할 수 있습니다. 이 정보는 웹 스크래핑을 수행할 때 수집할 정보를 가리키는 지표가 되므로 익숙하게 다룰 수 있어야 합니다.

웹 스크래핑을 하기 위해 알아야 할 HTML 페이지의 기본 정보를 확인했으니 이제 이 HTML을 어떻게 요청해 받을 수 있는지 알아보겠습니다.

여기서 잠깐 **웹 페이지 스타일을 지정하는 CSS**

HTML은 웹 페이지 구성을 표현하는 주체이지만, 웹 페이지에 보이는 스타일을 지정하는 것은 CSS[Cascading Style Sheets]입니다. 여기에서는 다루지 않는 영역이니 신경 쓰지 않아도 됩니다.

Section 03

웹 스크래핑

1 웹 스크래핑 대상 찾기

이번 프로젝트에서는 실제로 사용할 웹 사이트를 대상으로 HTML 페이지를 주고받는 방식에 대해서 알아보겠습니다.

주식 종목 선택하기

이번 프로젝트에서는 각종 금융 관련 지표를 쉽게 확인할 수 있는 네이버 금융(https://finance.naver.com)을 이용하겠습니다. 웹 스크래핑 개념을 학습하기 위해 임의로 선택한 웹 사이트이며, 금융 정보를 제공하는 웹 사이트는 무척 많습니다. 원하는 웹 사이트 어디서든 웹 스크래핑을 수행할 수 있습니다.

네이버 금융에 접속해 인기 종목을 하나 골라 보겠습니다. [그림 7-8]의 오른쪽 하단을 보면 '인기 검색 종목'이 있습니다. 현재 1위 종목인 '삼성전자'를 선택합니다.

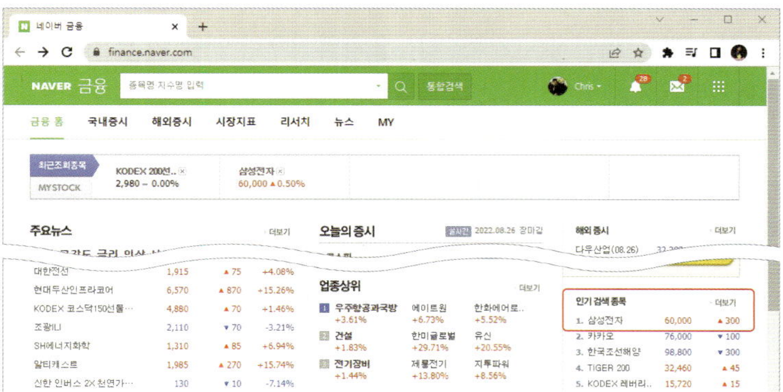

그림 7-8 네이버 금융 웹 사이트에서 종목 고르기

TIP 조회 시점에 따라 순위는 달라질 수 있습니다.

일별 시세 찾기

선택한 종목(삼성전자)의 정보가 열리고, 주소 창에 현재 페이지의 웹 주소(https://finance.naver.com/item/main.naver?code=005930)가 표시됩니다. 주가 그래프 아래에서 [시세] 탭을 클릭하면 제일 하단에 '일별 시세' 데이터가 보입니다.

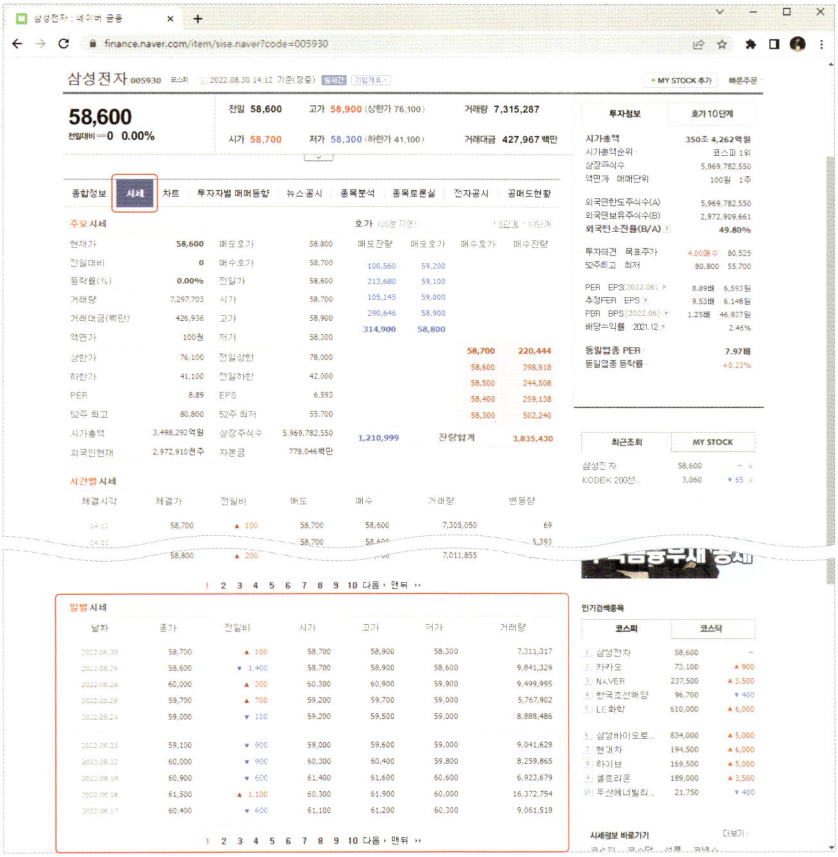

그림 7-9 일별 시세 확인

일별 시세만 별도로 업데이트하는 URL 주소 찾기

이번 프로젝트에서 사용할 데이터는 '일별 시세'입니다. 웹 브라우저의 개발자 도구를 이용하면 이 영역에 해당하는 데이터만 추출할 수 있습니다. 일별 시세만 업데이트하는 URL을 찾기 위해 웹 브라우저의 개발자 도구를 열어 보겠습니다.

'일별 시세' 섹션에서 마우스 오른쪽 버튼을 클릭하고 [검사]를 클릭하거나 Ctrl+Shift+I 키를 눌러 개발자 도구를 엽니다. 개발자 도구 상단에서 [Network] 탭을 클릭합니다.

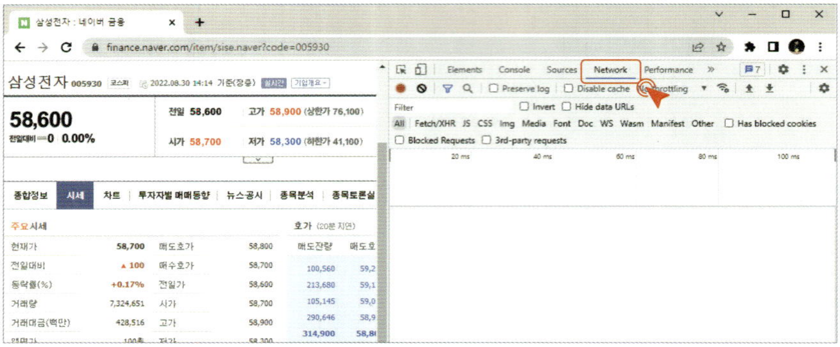

그림 7-10 개발자 도구에서 [Network] 탭 열기

이제 '일별 시세' 섹션에 보이는 값 하단에 있는 페이지 바를 이용해 두 번째 페이지의 데이터를 불러오겠습니다.

[그림 7-11]과 같이 페이지 번호 '2'를 클릭하면 개발자 도구의 [Network] 탭 하단에서 웹 요청 정보들을 확인할 수 있습니다. 요청한 데이터만 받은 경우도 있고, 파일을 다운로드한 경우도 있습니다.

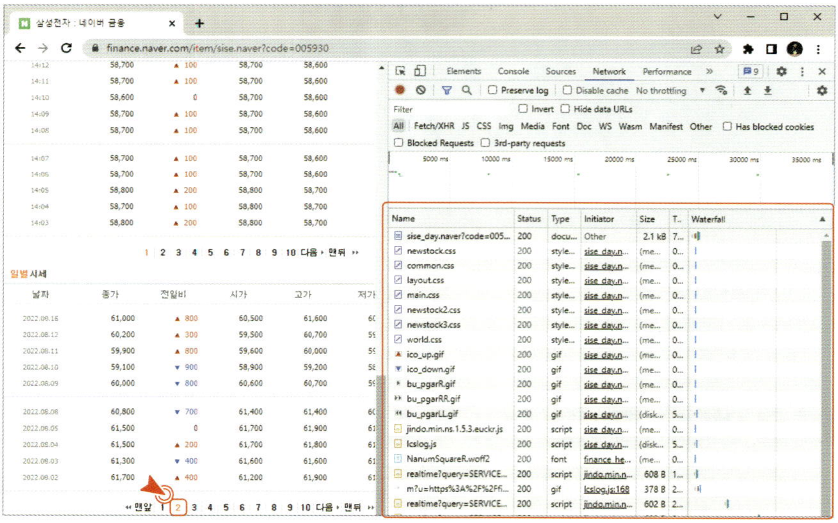

그림 7-11 일별 시세 업데이트 후 개발자 도구 확인

아래로 스크롤하면서 HTML 페이지를 의미하는 파란색 노트 형태 아이콘(▤)과 함께 Name이 'sise_day.naver?code='로 시작하는 행을 찾아 클릭합니다. 다음과 같이 상세한 정보를 확인할 수 있는 창이 오른쪽에 열립니다. 제일 먼저 보이는 내용은 [Headers] 탭에서 확인할 수 있는 웹 요청 기본 정보입니다.

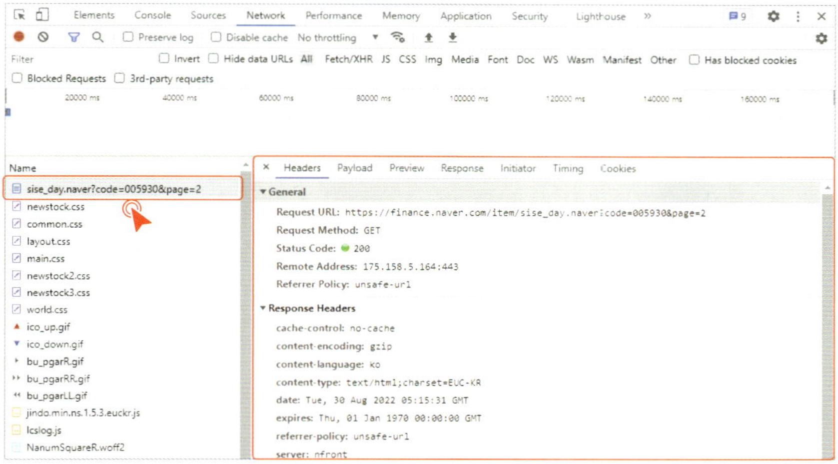

그림 7-12 웹 요청 기본 정보 확인하기

TIP 개발자 도구를 열고 페이지를 바로 이동했다면 html 문서 아이콘이 맨 위에 있겠지만, 그렇지 않다면 자동으로 전송되는 웹 요청에 의해 조금 더 아래쪽에 위치할 수도 있습니다.

[그림 7-12]에서 확인할 수 있는 웹 요청이 이번 프로젝트에서 웹 스크래핑을 수행할 대상이 됩니다. 웹 스크래핑을 제대로 수행하려면 [그림 7-12]의 [Headers] 탭에 있는 정보를 이해해야 합니다. 그 전에 먼저 웹 사이트의 기본 동작 방식을 살펴보겠습니다.

2 웹 페이지를 주고받는 규약, HTTP

웹 사이트 기본 동작 방식

'일별 시세' 데이터를 업데이트한 과정을 다시 살펴보겠습니다.

❶ 웹 브라우저에서 페이지 번호 클릭

❷ 웹 페이지 데이터 변경

그림 7-13 웹 브라우저와 서버의 통신 방식

이 과정은 간단해 보이지만 꽤 복잡한 단계를 거쳐 진행됩니다. 우선 웹에서 데이터를 주고받는 데는 **HTTP**Hypertext Transfer Protocol라는 프로토콜이 사용됩니다. 프로토콜은 인터넷을 통해 데이터를 주고받기 위해 미리 정의한 약속, 즉 일종의 규약을 의미합니다.

따라서 앞에서 살펴본 데이터 수집 대상의 요청은 'http://' 혹은 'https://'로 시작합니다. 이 주소는 웹 브라우저 주소 창에 입력하는 URL 주소와 같습니다.

TIP https의 's'는 'Secure'의 약자로, 보안 관련 기능이 더 추가된 개념입니다.

웹 브라우저는 사용자가 HTTP 프로토콜을 사용한 **요청**Request을 서버로 전달하고 **응답**Response를 받아 화면에 출력하는 역할을 합니다. 즉, 화면에서 페이지 번호 '2'를 클릭하는 순간, 웹 브라우저는 이 마우스 클릭 이벤트를 감지하여 HTML에서 숫자 2에 미리 정의해놓은 주소로 서버 요청을 보냅니다.

서버는 이렇게 전송된 요청을 처리해 원하는 정보를 다시 웹 브라우저에 응답으로 보냅니다. 서버로부터 응답을 받은 웹 브라우저는 전송 받은 데이터를 화면에 출력합니다.

이렇게 웹 브라우저와 서버가 주고받는 요청-응답에는 HTTP 프로토콜에 정의한 많은 정보가 포함됩니다.

HTTP 요청 주소 확인하기

다시 웹 브라우저 개발자 도구의 웹 요청 상세 정보를 확인하겠습니다. 첫 번째 탭은 [Headers]입니다. 여기서 웹 스크래핑을 위한 정보는 HTTP 요청을 보낸 주소(Request URL)입니다.

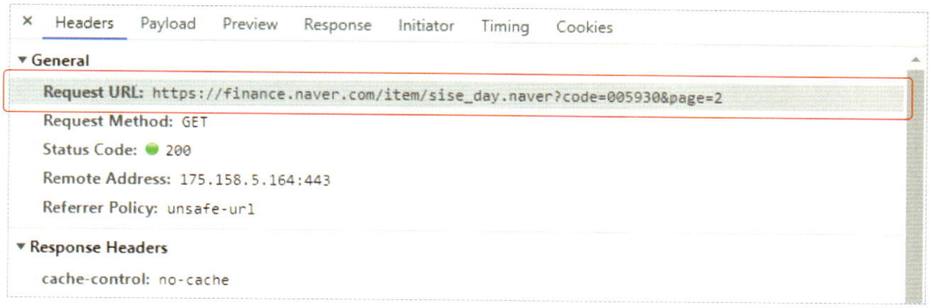

그림 7-14 웹 요청 주소 확인하기

페이지 번호 '2'를 클릭해 요청한 웹 주소는 다음과 같습니다.

```
https://finance.naver.com/item/sise_day.naver?code=005930&page=2
```

Header: HTTP 요청 헤더 및 user-agent

웹 스크래핑을 하려면 웹 요청을 웹 브라우저가 아니라 파이썬 소스 코드로 보내야 합니다. 이 때문에 요청 헤더에 무슨 값이 있는지 살펴보는 것이 좋습니다. 특히, 요청을 보내는 주체가 무엇인지 설명하는 user-agent 값이 중요합니다.

그림 7-15 웹 요청 헤더 및 user-agent

Payload: HTTP 요청 페이로드

HTTP 요청을 보낼 때 함께 전송하는 데이터를 **페이로드**Payload라고 합니다. 개발자 도구의 [Payload] 탭을 클릭하면 필요한 정보를 확보하기 위해 주식 코드Code와 표기할 페이지Page가 전송된 것을 확인할 수 있습니다. 이 정보는 웹 스크래핑을 수행할 때 어떤 데이터를 함께 보내야 할지 이해하는 데 도움이 됩니다.

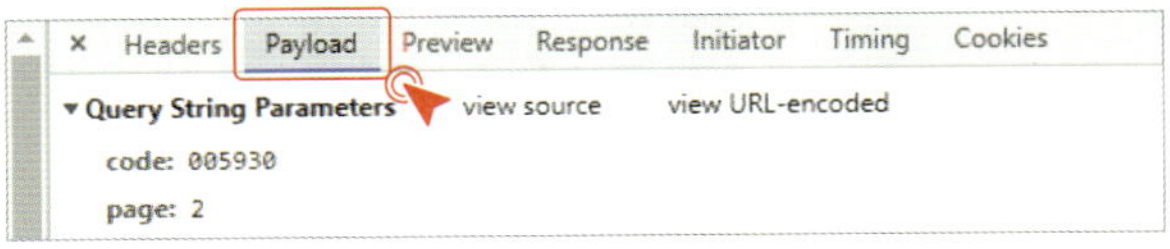

그림 7-16 웹 요청 페이로드 확인하기

Response: HTTP 응답

서버가 웹 브라우저로 보낸 응답 내용을 확인하겠습니다. 웹 브라우저 개발자 도구의 [Response] 탭을 클릭하면 서버에서 전송한 HTML 페이지가 보입니다. 이것이 바로 서버가 데이터를 처리해 웹 브라우저로 보낸 응답의 실체입니다.

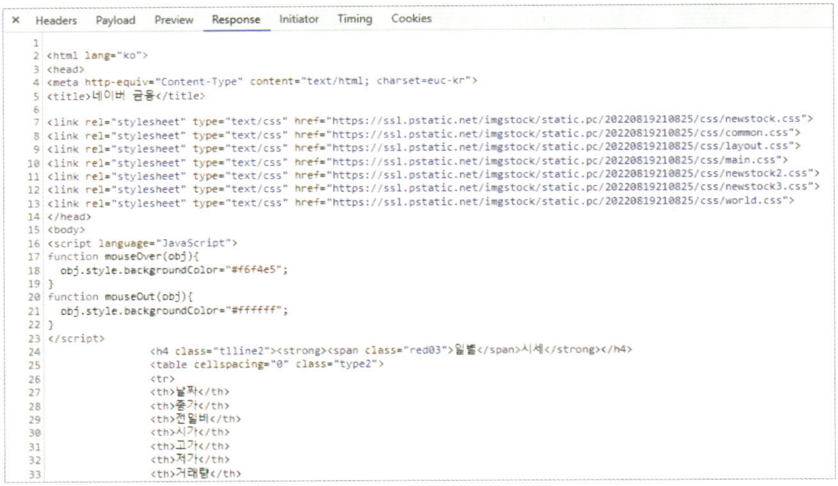

그림 7-17 서버가 웹 브라우저로 응답한 HTML 페이지

지금까지 웹 스크래핑을 본격적으로 수행하기 위해 반드시 알아야 할 기본 지식을 알아보았습니다. 이제 본격적으로 데이터를 수집해 보겠습니다.

Section 04 데이터 수집 및 가공

1 웹 스크래핑 가능 유무 확인하기

이제 개발자 도구에서 확보한 웹 주소를 웹 브라우저 주소 창에 입력해 결과를 확인하겠습니다. 다른 정보는 없이 일별 시세 정보만 깔끔하게 보입니다.

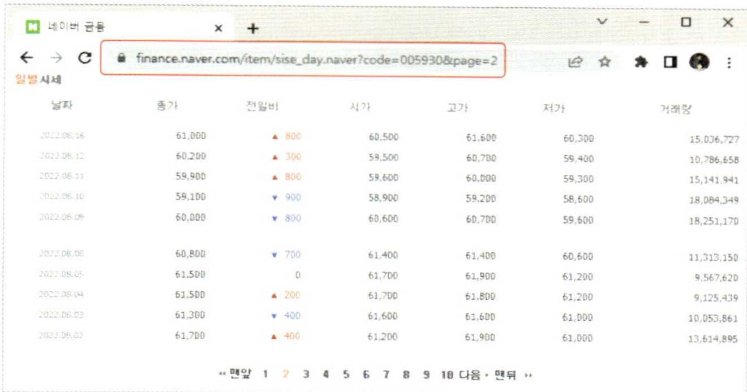

그림 7-18 일별 시세 정보만 확인하기

웹 브라우저에서 데이터를 확인할 수 있다고 해서 무조건 웹 스크래핑을 할 수 있는 것은 아닙니다. 웹 사이트에서 웹 브라우저가 아닌 방법으로 접근하는 요청을 막는 경우가 있기 때문입니다. 따라서 조금 전에 확보한 데이터 수집용 URL이 파이썬 소스 코드에서 사용할 수 있는 주소인지 먼저 확인해야 합니다.

웹 브라우저 없이 웹 정보 확인하기

새 주피터 노트북 파일을 생성해 이름을 '7장. 주식 시세 현황 분석'으로 설정하고, 다음 소스 코드를 실행합니다.

In [1]:

```python
# 웹 스크래핑 가능 유무 확인을 위한 모듈 탑재
import requests

# 웹 스크래핑 대상 주소 저장
url = 'https://finance.naver.com/item/sise_day.naver?code=005930&page=2'

# HTTP 요청을 대상 주소로 보내고, HTTP 응답 받아서 저장하기
page = requests.get(url)

# 응답 내용 확인하기
print(page.text)
```

```html
<!DOCTYPE HTML PUBLIC "-//W3C//DTD HTML 4.01 Transitional//EN" "http://www.w3.org/TR/html4/loose.dtd">
<html>
<head>
<meta http-equiv="Content-Type" content="text/html; charset=euc-kr">
<title>네이버 :: 세상의 모든 지식, 네이버</title>

<style type="text/css">
.error_content * {margin:0;padding:0;}
.error_content img{border:none;}
.error_content em {font-style:normal;}
.error_content {width:410px; margin:80px auto 0; padding:57px 0 0 0; font-size:12px; font-family:"나눔고딕", "NanumGothic", "돋움", Dotum, AppleGothic, Sans-serif; text-align:left; line-height:14px; background:url(https://ssl.pstatic.net/static/common/error/090610/bg_thumb.gif) no-repeat center top; white-space:nowrap;}
.error_content p{margin:0;}
.error_content .error_desc {margin-bottom:21px; overflow:hidden; text-align:center;}
.error_content .error_desc2 {margin-bottom:11px; padding-bottom:7px; color:#888; line-height:18px; border-bottom:1px solid #eee;}
.error_content .error_desc3 {clear:both; color:#888;}
.error_content .error_desc3 a {color:#004790; text-decoration:underline;}
.error_content .error_list_type {clear:both; float:left; width:410px; _width:428px; margin:0 0 18px 0; *margin:0 0 7px 0; padding-bottom:13px; font-size:13px; color:#000; line-height:18px; border-bottom:1px solid #eee;}
.error_content .error_list_type dt {float:left; width:60px; _width /**/:70px; padding-left:10px; background:url(https://ssl.pstatic.net/static/common/error/090610/bg_dot.gif) no-repeat 2px 8px;}
.error_content .error_list_type dd {float:left; width:336px; _width /**/:340px; padding:0 0 0 4px;}
.error_content .error_list_type dd span {color:#339900; letter-spacing:0;}
.error_content .error_list_type dd a{color:#339900;}
.error_content p.btn{margin:29px 0 100px; text-align:center;}
</style>
</head>
<!-- ERROR -->
<body>
<div class="error_content">
	<p class="error_desc"><img src="https://ssl.pstatic.net/static/common/error/090610/txt_desc5.gif" width="319" height="30" alt="페이지를 찾을 수 없습니다."></p>
	<p class="error_desc2">방문하시려는 페이지의 주소가 잘못 입력되었거나,<br>
		페이지의 주소가 변경 혹은 삭제되어 요청하신 페이지를 찾을 수 없습니다.<br>
		입력하신 주소가 정확한지 다시 한번 확인해 주시기 바랍니다.
	</p>
	<p class="error_desc3">관련 문의사항은 <a href="https://help.naver.com/" target="_blank">고객센터</a>에 알려주시면 친절히 안내해드리겠습니다. 감사합니다.</p>
	<p class="btn">
		<a href="javascript:history.back()"><img src="https://ssl.pstatic.net/static/common/error/090610/btn_prevpage.gif" width="115" height="35" alt="이전 페이지로"></a>
		<a href="https://finance.naver.com"><img src="https://ssl.pstatic.net/static/nfinance/btn_home.gif" width="115" height="35" alt="금융홈으로"></a>
	</p>
</div>
</body>
</html>
```

웹 브라우저에서 확인했을 때는 아무 문제가 없었던 URL이었지만, 파이썬 소스 코드에서는 **페이지를 찾을 수 없습니다.**라는 에러 메시지가 나타나고 원하는 HTML 페이지가 보이지 않습니다.

이는 네이버 주식 웹 사이트에서 웹 브라우저가 아닌 방식으로 HTTP 요청을 보내면 HTTP 응답을 전송하지 못하게 막아 놓았다는 의미입니다.

요청 헤더에 값 설정 후 웹 정보 확인하기

그럼 이런 경우에는 웹 스크래핑을 할 수 없는 걸까요? 그렇지 않습니다. 이는 소스 코드에 웹 브라우저에서 요청할 때 설정한 값을 입력하지 않았기 때문에 발생한 문제입니다. 따라서 '웹 브라우저에서 보낸 요청이다'라는 의미의 user-agent 값을 요청 헤더에 설정하면 이 문제를 해결할 수 있습니다.

In [2]:와 같이 requests.get() 메소드에 headers 인수를 추가해 user-agent를 설정하고 소스 코드를 실행하겠습니다. In [1]:에서 실행한 결과와는 다른 HTML 페이지 내용을 확인할 수 있습니다.

In [2]:
```python
# 헤더 정보 설정하기
my_headers = {'user-agent': 'Mozilla/5.0'}

# 요청 헤더 설정하여 HTTP 응답 받아오기
page = requests.get(url, headers=my_headers)

# 응답 내용 확인하기
print(page.text)
```

```
<html lang="ko">
<head>
<meta http-equiv="Content-Type" content="text/html; charset=euc-kr">
<title>네이버 금융</title>

<link rel="stylesheet" type="text/css" href="https://ssl.pstatic.net/imgstock/static.pc/20220819210825/css/newstock.css">
<link rel="stylesheet" type="text/css" href="https://ssl.pstatic.net/imgstock/static.pc/20220819210825/css/common.css">
<link rel="stylesheet" type="text/css" href="https://ssl.pstatic.net/imgstock/static.pc/20220819210825/css/layout.css">
<link rel="stylesheet" type="text/css" href="https://ssl.pstatic.net/imgstock/static.pc/20220819210825/css/main.css">
<link rel="stylesheet" type="text/css" href="https://ssl.pstatic.net/imgstock/static.pc/20220819210825/css/newstock2.cs
s">
<link rel="stylesheet" type="text/css" href="https://ssl.pstatic.net/imgstock/static.pc/20220819210825/css/newstock3.cs
s">
<link rel="stylesheet" type="text/css" href="https://ssl.pstatic.net/imgstock/static.pc/20220819210825/css/world.css">
</head>
<body>
<script type="text/javascript" src="https://ssl.pstatic.net/imgstock/static.pc/20220819210825/js/jindo.min.ns.1.5.3.euck
r.js"></script>
<script type="text/javascript" src="https://ssl.pstatic.net/imgstock/static.pc/20220819210825/js/lcslog.js"></script>
```

웹 브라우저에서 확인했던 데이터 중 하나를 검색하겠습니다. Ctrl+F 키를 눌러 검색 창을 띄우고 첫 행의 날짜인 2022.08.16.로 검색하면 HTML 페이지 내용 안에 있는 해당 값이 찾아집니다.

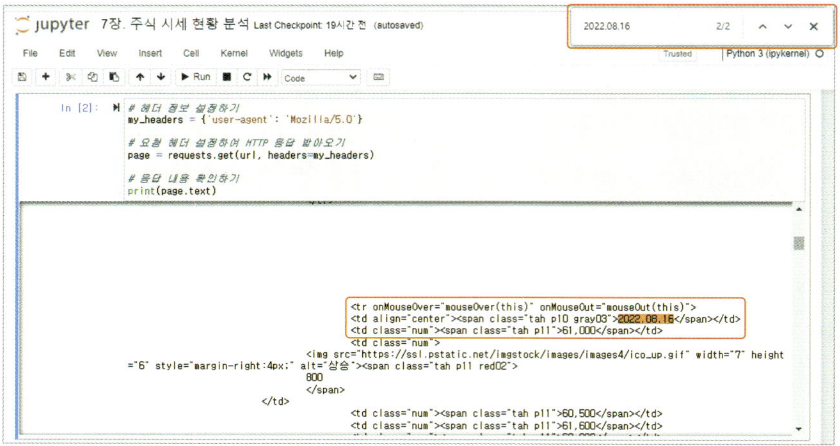

그림 7-19 데이터 존재 여부 확인하기

웹 스크래핑 대상을 선정해 파이썬 소스 코드만으로 웹 브라우저 없이 HTTP 요청을 서버에 전송함으로써 HTTP 응답을 받아 HTML 페이지 형식으로 내용을 확인할 수 있게 되었습니다. 이제 실제로 데이터를 수집하겠습니다.

CHECK 웹 스크래핑이 가능한지 반드시 확인하세요

웹 페이지에서 데이터가 보이니 소스 코드로 데이터 수집이 가능한지 확인하지 않고 바로 웹 스크래핑을 수행하는 경우가 많습니다. 웹 페이지에서 보이는 페이지 내용과 소스 코드를 실행해 얻은 페이지 내용이 다른 경우, 작성한 소스 코드가 의도한 대로 동작하지 않아 낭패를 보는 경우가 빈번합니다. 원하는 정보를 가져오지 못하는 이유가 소스 코드 실수 때문이라고 오해하고 문제를 찾는 데 많은 시간을 소모할 수도 있습니다. 따라서, 웹 스크래핑을 본격적으로 수행하기 전에 반드시 소스 코드로 데이터를 제대로 가져올 수 있는지 확인하기 바랍니다.

2 웹 데이터 수집하기

HTML 테이블 데이터 가져오기

데이터를 가져오기에 앞서 다시 웹 브라우저로 수집 대상 데이터를 확인하겠습니다. [그림 7-18] 상태에서 웹 브라우저의 개발자 도구를 열어 `<table>` 태그를 확인합니다.

현재 수집할 값이 있는 표가 보입니다. 이러한 표를 그리려면 <table> 태그를 사용합니다.

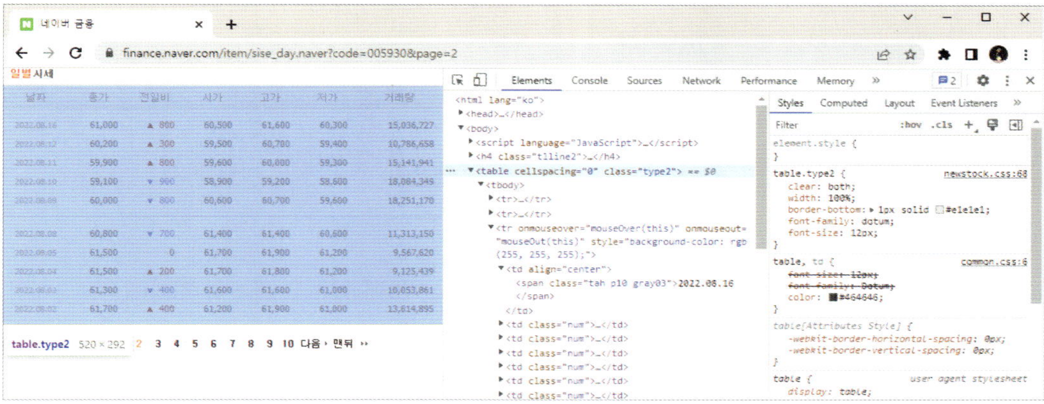

그림 7-20 <table> 태그 확인하기

<table> 태그에 있는 값을 가져오는 가장 간단한 방법은 판다스의 `read_html()` 메서드를 사용하는 것입니다. 인수에는 앞서 HTTP 응답 내용을 확인할 때 사용했던 HTML 페이지의 텍스트(`page.text`)를 넣으면 됩니다.

다음 소스 코드를 실행해 `read_html()` 메서드가 반환하는 객체(`pages`)의 데이터 타입을 판다스 `type()` 함수로 확인합니다.

```
In [3]:  # 판다스 라이브러리 탑재
         import pandas as pd

         # HTML 페이지에서 테이블 추출
         pages = pd.read_html(page.text)

         # 추출한 데이터 타입 확인하기
         type(pages)

Out [3]: list
```

`read_html()` 메서드가 반환한 객체의 데이터 타입은 리스트라는 것을 알 수 있습니다. `read_html()` 메서드는 HTML 테이블을 읽어 데이터프레임 객체로 구성된 리스트를 반환합니다.

TIP `read_html()` 메서드의 동작 방식은 판다스의 공식 레퍼런스 문서에서 자세히 확인할 수 있습니다.

필요한 테이블 데이터 고르기

그럼 이 리스트에는 몇 개의 데이터프레임 객체가 들어 있는지 파이썬 `len()` 함수로 확인하겠습니다. 현재 2개가 있는 것을 알 수 있습니다.

In [4]:
```
# 페이지 개수 확인하기
len(pages)
```

Out [4]:
```
2
```

웹 페이지를 보았을 때는 데이터가 있는 테이블이 하나였는데 왜 함수로 확인한 결과에서는 2개일까요? 항목 2개의 값을 차례로 살펴보겠습니다.

In [5]:
```
# 첫 번째 테이블 내용 확인하기
pages[0]
```

Out [5]:

	날짜	종가	전일비	시가	고가	저가	거래량
0	NaN	NaN	NaN	NaN	NaN	NaN	NaN
1	2022.08.16	61000.0	800.0	60500.0	61600.0	60300.0	15036727.0
2	2022.08.12	60200.0	300.0	59500.0	60700.0	59400.0	10786658.0
3	2022.08.11	59900.0	800.0	59600.0	60000.0	59300.0	15141941.0
4	2022.08.10	59100.0	900.0	58900.0	59200.0	58600.0	18084349.0
5	2022.08.09	60000.0	800.0	60600.0	60700.0	59600.0	18251170.0
6	NaN	NaN	NaN	NaN	NaN	NaN	NaN
7	NaN	NaN	NaN	NaN	NaN	NaN	NaN
8	NaN	NaN	NaN	NaN	NaN	NaN	NaN
9	2022.08.08	60800.0	700.0	61400.0	61400.0	60600.0	11313150.0
10	2022.08.05	61500.0	0.0	61700.0	61900.0	61200.0	9567620.0
11	2022.08.04	61500.0	200.0	61700.0	61800.0	61200.0	9125439.0
12	2022.08.03	61300.0	400.0	61600.0	61600.0	61000.0	10053861.0
13	2022.08.02	61700.0	400.0	61200.0	61900.0	61000.0	13614895.0
14	NaN	NaN	NaN	NaN	NaN	NaN	NaN

In [6]:
```
# 두 번째 테이블 내용 확인하기
pages[1]
```

Out [6]:

	0	1	2	3	4	5	6	7	8	9	10	11
0	1	2	3	4	5	6	7	8	9	10	다음	맨뒤

첫 번째 항목을 출력한 `Out [5]:`의 결과가 우리가 찾던 데이터이고, 두 번째 항목을 출력한 `Out [6]:`의 결과는 테이블 밑에 있는 페이지 바입니다. 이처럼 눈에 보이는 테이블 이외에도 HTML에 `<table>` 태그가 쓰인 곳이 여러 곳일 수 있습니다. 어떤 항목의 데이터프레임이 원하는 데이터인지 반드시 확인해야 합니다.

3 웹 페이지 URL 분석하기

데이터를 여러 페이지로 나누어 출력하도록 설정하는 것을 **페이징**Paging 처리라고 합니다. 너무 많은 데이터를 한 번에 보여주려 하면 페이지 로딩 시간이 길어질 수 있으며, 자원이 부족해 오류가 발생할 수도 있습니다. 그러므로 주식 일별 시세와 같이 오랫동안 축적한 데이터는 한 페이지에 제한된 개수의 데이터만 보여주는 것이 일반적입니다.

URL 주소 분석하기

지금까지 사용한 데이터는 두 번째 페이지에 있는 데이터만이었습니다. 하지만 우리는 1~10페이지 또는 그 이상의 여러 페이지에 담긴 데이터가 필요합니다. 그렇다면 페이지 번호를 일일이 클릭하지 않고 여러 페이지의 데이터를 가져올 수 있어야 합니다.

방법은 URL을 확인하면 알 수 있습니다. 다음 URL을 형광펜 부분에 유의해 다시 살펴보겠습니다.

```
https://finance.naver.com/item/sise_day.naver?code=005930&page=2
```

URL에는 정적인 주소 외에 동적으로 변경할 수 있는 정보를 메서드 인수와 같이 추가하는 방법이 담겨 있습니다. 이 방법을 **쿼리 문자열**Query String 혹은 **URL 매개변수**(파라메터Parameter)라고 부릅니다.

쿼리 문자열은 URL 끝에서 물음표 기호(?)로 시작하며, 매개변수 이름과 값을 `이름=값` 형식으로 표기합니다. 매개변수가 여러 개인 경우, 앰퍼샌드 기호(&)를 사용해 구분합니다. 즉 위의 URL은 다음 2개의 매개변수를 보내고 있습니다.

현재 선택한 종목

```
code = 005930
page = 2
```

현재 출력하고 있는 페이지

코드(code)는 현재 선택한 종목을 나타내는 정보이며, 페이지(page)는 현재 출력하고 있는 페이지를 뜻합니다. 따라서 여러 페이지 정보를 가져오려면 매개변수 페이지 숫자를 증가하면서 데이터를 축적하면 됩니다.

4 페이징 처리가 되어 있는 데이터 수집하기

페이지 번호 증가용 반복문 작성

먼저 페이지 번호를 제외한 나머지 부분을 저장한 새로운 변수 `new_url`을 만들겠습니다. 그리고 반복문을 순회하면서 추출한 테이블 정보를 축적할 데이터프레임인 `all_tables`를 만들겠습니다.

In [7]:
```
# 페이지 번호를 제외한 주소 저장
new_url = 'https://finance.naver.com/item/sise_day.naver?code=005930&page='

# 데이터를 축적할 데이터프레임 생성
all_tables = pd.DataFrame()
```

이제 페이지 번호 증가를 하기 위해 사용할 `for` 문을 작성하겠습니다. 다음 소스 코드를 작성합니다.

TIP 다음과 같이 줄 번호를 보고 싶다면 ESC 키를 눌러 명령어 모드로 전환한 후 L 키를 누릅니다. 더 다양한 단축키는 [Help] 메뉴의 [Keyboard Shortcuts]에서 확인할 수 있습니다.

In [8]:
```
# 페이지 번호 증가용 반복문
for page_number in range(1, 2):

    # 페이지 번호 추가한 주소 완성
    full_url = new_url + str(page_number)

    # 주소 확인하기
    print(f'{page_number} 번째 페이지 읽어오기({full_url})')

    # HTTP 요청 전송 후 응답 받아오기
    page = requests.get(full_url, headers=my_headers)

    # 테이블 추출
    table = pd.read_html(page.text)[0]

    # 수행할 내용 확인
    print(f'전체 {len(all_tables.index)} 줄에 {len(table.index)} 줄 추가')

```

```
19        # 데이터 축적용 데이터프레임에 테이블 추가
20        all_tables = pd.concat([all_tables, table])
```

Out [8]:

```
1 번째 페이지 읽어오기(https://finance.naver.com/item/sise_day.naver?code=
005930&page=1)
전체 0 줄에 15 줄 추가
```

02 for 문을 시작합니다. 테스트 목적으로 첫 번째 페이지만 가져오겠다는 의미로 range(1, 2)를 사용했습니다. 따라서, 변수 page_number에는 1이 저장되며 for 문은 1회만 수행됩니다.

05 주소를 완성합니다. **02**행에서 설정한 페이지 번호를 문자열 타입으로 변환해 주소 맨 끝에 붙였습니다.

08 몇 번째 페이지 데이터를 추출하는지 완성된 주소와 함께 확인하는 텍스트를 출력합니다.

TIP 이런 텍스트를 '로그'라고 부릅니다.

11 완성된 주소로 HTTP 요청을 서버로 전송해 HTTP 응답을 받아서 변수 page에 저장합니다.

14 판다스의 read_html() 메서드를 사용해 테이블을 추출합니다. 테이블 1개 중 첫 번째 항목만 선택해 변수 table에 저장합니다.

17 전체 테이블 정보에 추가하는 데이터 줄 수를 확인하기 위한 로그를 출력합니다.

20 전체 테이블을 저장하는 데이터프레임에 판다스 concat() 메서드를 사용해 이번 페이지 정보를 붙여넣습니다. 인수에 리스트가 위치합니다. 이때 리스트 항목에 들어가는 변수 순서에 유의합니다.

소스 코드를 실행하면 **08**, **17**행에서 현재 수행하는 코드 내용을 추적하기 위한 로그가 출력된 것을 확인할 수 있습니다.

결손치 제거

먼저 for 문을 1회 수행한 결과를 확인하겠습니다. 다음 소스 코드를 실행합니다.

In [9]:
```
# 전체 테이블 결과 확인
all_tables
```

Out [9]:

	날짜	종가	전일비	시가	고가	저가	거래량
0	NaN	NaN	NaN	NaN	NaN	NaN	NaN
1	2022.08.29	58600.0	1400.0	58700.0	58900.0	58600.0	9791944.0
2	2022.08.26	60000.0	300.0	60300.0	60900.0	59900.0	9499995.0
3	2022.08.25	59700.0	700.0	59200.0	59700.0	59000.0	5767902.0
4	2022.08.24	59000.0	100.0	59200.0	59500.0	59000.0	8888486.0
5	2022.08.23	59100.0	900.0	59000.0	59600.0	59000.0	9041629.0
6	NaN	NaN	NaN	NaN	NaN	NaN	NaN
7	NaN	NaN	NaN	NaN	NaN	NaN	NaN
8	NaN	NaN	NaN	NaN	NaN	NaN	NaN
9	2022.08.22	60000.0	900.0	60300.0	60400.0	59800.0	8259865.0
10	2022.08.19	60900.0	600.0	61400.0	61600.0	60600.0	6923679.0
11	2022.08.18	61500.0	1100.0	60300.0	61900.0	60000.0	16372754.0
12	2022.08.17	60400.0	600.0	61100.0	61200.0	60300.0	9061518.0
13	2022.08.16	61000.0	800.0	60500.0	61600.0	60300.0	15036727.0
14	NaN	NaN	NaN	NaN	NaN	NaN	NaN

결과에 **NaN**으로 채워진 줄이 보입니다. NaN은 Not a Number라는 의미로, 값이 존재하지 않는 경우에 나타납니다. 이 값은 HTML <table> 태그 안에 존재하는 행이지만 데이터는 포함하고 있지 않습니다. 눈에 보이는 테이블 테두리나 날짜 구분을 위해 추가된 행이므로 숫자가 보이지 않는 것입니다. 필요 없는 결손치이므로 제거하겠습니다.

다음 소스 코드를 실행한 뒤, 결손치가 제거된 값을 확인합니다. NaN 없이 데이터가 존재하는 값만 남았습니다.

In [10]:
```
# 결손치 제거
all_tables.dropna(inplace=True)

# 데이터 확인하기
all_tables
```

Out [10]:

	날짜	종가	전일비	시가	고가	저가	거래량
1	2022.08.29	58600.0	1400.0	58700.0	58900.0	58600.0	9791944.0
2	2022.08.26	60000.0	300.0	60300.0	60900.0	59900.0	9499995.0
3	2022.08.25	59700.0	700.0	59200.0	59700.0	59000.0	5767902.0
4	2022.08.24	59000.0	100.0	59200.0	59500.0	59000.0	8888486.0
5	2022.08.23	59100.0	900.0	59000.0	59600.0	59000.0	9041629.0
9	2022.08.22	60000.0	900.0	60300.0	60400.0	59800.0	8259865.0
10	2022.08.19	60900.0	600.0	61400.0	61600.0	60600.0	6923679.0
11	2022.08.18	61500.0	1100.0	60300.0	61900.0	60000.0	16372754.0
12	2022.08.17	60400.0	600.0	61100.0	61200.0	60300.0	9061518.0
13	2022.08.16	61000.0	800.0	60500.0	61600.0	60300.0	15036727.0

10페이지 데이터 수집하기

이제 반복문을 수행할 준비는 다 되었습니다. 1페이지에 10일의 데이터가 있으니, 10페이지를 모아 100일 데이터를 수집하겠습니다.

for 문의 range() 인수가 1부터 10까지 순회하도록 다음과 같이 수정하고 실행합니다. for 문이 순회하면서 로그가 한 줄씩 찍히는 것을 확인할 수 있습니다.

In [11]:
```python
# 데이터를 축적할 데이터프레임 생성
all_tables = pd.DataFrame()

# 페이지 번호 증가용 반복문
for page_number in range(1, 11):

    # 페이지 번호 추가한 주소 완성
    full_url = new_url + str(page_number)

    # 주소 확인하기
    print(f'{page_number} 번째 페이지 읽어오기({full_url})')

    # HTTP 요청 전송 후 응답 받아오기
    page = requests.get(full_url, headers=my_headers)

    # 테이블 추출
    table = pd.read_html(page.text)[0]

    # 수행할 내용 확인
    print(f'전체 {len(all_tables.index)} 줄에 {len(table.index)} 줄 추가')

    # 데이터 축적용 데이터프레임에 테이블 추가
    all_tables = pd.concat([all_tables, table])
```

Out [11]:
```
1 번째 페이지 읽어오기(https://finance.naver.com/item/sise_day.naver?code=005930&page=1)
전체 0 줄에 15 줄 추가
2 번째 페이지 읽어오기(https://finance.naver.com/item/sise_day.naver?code=005930&page=2)
전체 15 줄에 15 줄 추가
3 번째 페이지 읽어오기(https://finance.naver.com/item/sise_day.naver?code=005930&page=3)
전체 30 줄에 15 줄 추가
4 번째 페이지 읽어오기(https://finance.naver.com/item/sise_day.naver?code= 005930&page=4)
전체 45 줄에 15 줄 추가
```

```
5 번째 페이지 읽어오기(https://finance.naver.com/item/sise_day.naver?code=005930&page=5)
전체 60 줄에 15 줄 추가
6 번째 페이지 읽어오기(https://finance.naver.com/item/sise_day.naver?code=005930&page=6)
전체 75 줄에 15 줄 추가
7 번째 페이지 읽어오기(https://finance.naver.com/item/sise_day.naver?code=005930&page=7)
전체 90 줄에 15 줄 추가
8 번째 페이지 읽어오기(https://finance.naver.com/item/sise_day.naver?code=005930&page=8)
전체 105 줄에 15 줄 추가
9 번째 페이지 읽어오기(https://finance.naver.com/item/sise_day.naver?code=005930&page=9)
전체 120 줄에 15 줄 추가
10 번째 페이지 읽어오기(https://finance.naver.com/item/sise_day.naver?code=005930&page=10)
전체 135 줄에 15 줄 추가
```

이제 결손치를 제거하고 수집한 전체 데이터를 확인하겠습니다. 7개의 정보가 있는 100일치 데이터가 수집되었습니다.

In [12]:

```
# 결손치 제거
all_tables.dropna(inplace=True)

# 데이터 확인하기
all_tables
```

Out [12]:

	날짜	종가	전일비	시가	고가	저가	거래량
1	2022.08.29	58600.0	1400.0	58700.0	58900.0	58600.0	9791944.0
2	2022.08.26	60000.0	300.0	60300.0	60900.0	59900.0	9499995.0
3	2022.08.25	59700.0	700.0	59200.0	59700.0	59000.0	5767902.0
4	2022.08.24	59000.0	100.0	59200.0	59500.0	59000.0	8888486.0
5	2022.08.23	59100.0	900.0	59000.0	59600.0	59000.0	9041629.0
...	...	...	...	...	...	...	...
9	2022.04.12	67000.0	900.0	67600.0	67700.0	67000.0	13924389.0
10	2022.04.11	67900.0	100.0	67800.0	68100.0	67400.0	12263735.0
11	2022.04.08	67800.0	200.0	68100.0	68300.0	67700.0	15453191.0
12	2022.04.07	68000.0	500.0	68500.0	68500.0	68000.0	20683327.0
13	2022.04.06	68500.0	700.0	68600.0	68800.0	68500.0	15517308.0

100 rows × 7 columns

Section 05 데이터 시각화

1 상자 수염 그래프

주식 시세 그래프를 확인할 때 항상 등장하는 그래프가 바로 **상자 수염 그래프** Box-and-whisker plot 입니다. 영어로 간단히 **박스 플랏** Box plot 이라고도 합니다. 상자 수염 그래프는 지금까지 다뤘던 그래프와는 다르게 다음과 같이 데이터를 요약한 다섯 가지로 지표를 표기합니다.

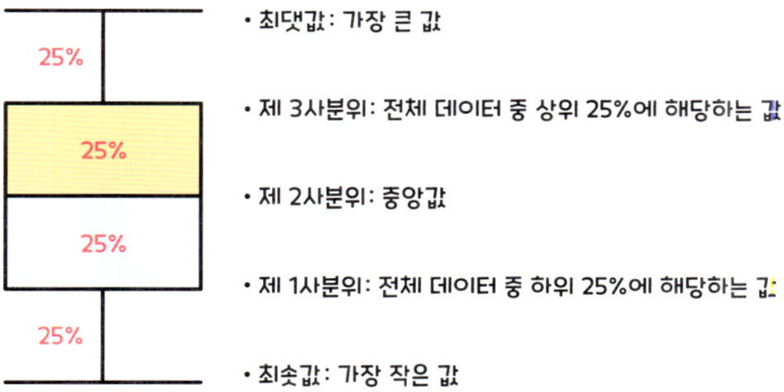

그림 7-21 상자 수염 그래프 표기 방법

이 그래프는 데이터프레임의 `boxplot()` 메서드를 사용하면 쉽게 그릴 수 있습니다. 여기에서는 일일 시세 데이터를 월별로 취합해 상자 수염 그래프에 다섯 가지 요약 수치를 표현하는 방식으로 시각화를 진행하겠습니다.

2 시각화 대상 데이터 추출하기

한글 열 이름을 영문으로 변경하기

한글을 그래프로 표현하면 폰트에 따라 그래프 라벨이 깨져서 보이는 경우가 있습니다. 또한 데이터 처리 시 문자 세트(charset) 불일치로 인해 문제가 생기기도 합니다. 데이터를 안전하게 처리하고 시각화하기 위해 다음과 같이 데이터프레임의 rename() 메서드를 사용해 필요한 열 이름만 영문으로 변경하겠습니다.

- 날짜: date
- 종가: end_price
- 시가: start_price
- 고가: highest_price
- 저가: lowest_price

In [13]:
```
# 열 이름 영문으로 변경
all_tables.rename(columns={'날짜': 'date',
                          '종가': 'end_price',
                          '시가': 'start_price',
                          '고가': 'highest_price',
                          '저가': 'lowest_price'}
                 , inplace=True)

# 데이터 확인하기
all_tables
```

Out [13]:

	date	end_price	전일비	start_price	highest_price	lowest_price	거래량
1	2022.08.29	58600.0	1400.0	58700.0	58900.0	58600.0	9791944.0
2	2022.08.26	60000.0	300.0	60300.0	60900.0	59900.0	9499995.0
3	2022.08.25	59700.0	700.0	59200.0	59700.0	59000.0	5767902.0
4	2022.08.24	59000.0	100.0	59200.0	59500.0	59000.0	8888486.0
5	2022.08.23	59100.0	900.0	59000.0	59600.0	59000.0	9041629.0
...	...	...	...	...	...	...	...
9	2022.04.12	67000.0	900.0	67600.0	67700.0	67000.0	13924389.0
10	2022.04.11	67900.0	100.0	67800.0	68100.0	67400.0	12263735.0
11	2022.04.08	67800.0	200.0	68100.0	68300.0	67700.0	15453191.0
12	2022.04.07	68000.0	500.0	68500.0	68500.0	68000.0	20683327.0
13	2022.04.06	68500.0	700.0	68600.0	68800.0	68500.0	15517308.0

100 rows × 7 columns

필요 없는 열 제거하기

영문으로 변경하지 않은 **전일비**와 **거래량**은 필요가 없는 열입니다. 데이터프레임의 drop() 메서드로 제거하겠습니다. 명명인수 axis를 1로 설정해야 열이 삭제됩니다.

```
In [14]: # 필요 없는 열 제거
all_tables.drop(['전일비', '거래량'], axis=1, inplace=True)

# 데이터 확인하기
all_tables
```

Out [14]:

	date	end_price	start_price	highest_price	lowest_price
1	2022.08.29	58600.0	58700.0	58900.0	58600.0
2	2022.08.26	60000.0	60300.0	60900.0	59900.0
3	2022.08.25	59700.0	59200.0	59700.0	59000.0
4	2022.08.24	59000.0	59200.0	59500.0	59000.0
5	2022.08.23	59100.0	59000.0	59600.0	59000.0
...	...	...	...	...	...
9	2022.04.12	67000.0	67600.0	67700.0	67000.0
10	2022.04.11	67900.0	67800.0	68100.0	67400.0
11	2022.04.08	67800.0	68100.0	68300.0	67700.0
12	2022.04.07	68000.0	68500.0	68500.0	68000.0
13	2022.04.06	68500.0	68600.0	68800.0	68500.0

100 rows × 5 columns

중앙값 추가하기

상자 수염 그래프에 표기할 데이터는 최고가와 최저가의 중앙값으로 하겠습니다. 다음 소스 코드를 실행하여 중앙값을 계산해 추가합니다.

```
In [15]: # 중앙값 열 추가
all_tables['midian_price'] = all_tables['highest_price'] - ((all_tables
         ['highest_price'] - all_tables['lowest_price']) / 2)

# 값 확인하기
all_tables
```

Out [15]:

	date	end_price	start_price	highest_price	lowest_price	midian_price
1	2022.08.29	58600.0	58700.0	58900.0	58600.0	58750.0
2	2022.08.26	60000.0	60300.0	60900.0	59900.0	60400.0
3	2022.08.25	59700.0	59200.0	59700.0	59000.0	59350.0
4	2022.08.24	59000.0	59200.0	59500.0	59000.0	59250.0
5	2022.08.23	59100.0	59000.0	59600.0	59000.0	59300.0
...	...	...	...	...	...	...
9	2022.04.12	67000.0	67600.0	67700.0	67000.0	67350.0
10	2022.04.11	67900.0	67800.0	68100.0	67400.0	67750.0
11	2022.04.08	67800.0	68100.0	68300.0	67700.0	68000.0
12	2022.04.07	68000.0	68500.0	68500.0	68000.0	68250.0
13	2022.04.06	68500.0	68600.0	68800.0	68500.0	68650.0

100 rows × 6 columns

집계를 위한 달 정보 추가하기

일일 시세를 월별로 집계하려면 월 정보가 필요합니다. date 열에 있는 일자 정보를 문자열로 변경해 파이썬 슬라이싱으로 월까지 내용을 잘라서 추가하겠습니다. 다음 소스 코드를 실행합니다.

In [16]:
```
# 월 정보 열 추가
all_tables['month'] = all_tables['date'].str[0:7]

# 값 확인하기
all_tables
```

Out [16]:

	date	end_price	start_price	highest_price	lowest_price	midian_price	month
1	2022.08.29	58600.0	58700.0	58900.0	58600.0	58750.0	2022.08
2	2022.08.26	60000.0	60300.0	60900.0	59900.0	60400.0	2022.08
3	2022.08.25	59700.0	59200.0	59700.0	59000.0	59350.0	2022.08
4	2022.08.24	59000.0	59200.0	59500.0	59000.0	59250.0	2022.08
5	2022.08.23	59100.0	59000.0	59600.0	59000.0	59300.0	2022.08
...	...	...	...	...	...	...	...
9	2022.04.12	67000.0	67600.0	67700.0	67000.0	67350.0	2022.04
10	2022.04.11	67900.0	67800.0	68100.0	67400.0	67750.0	2022.04
11	2022.04.08	67800.0	68100.0	68300.0	67700.0	68000.0	2022.04
12	2022.04.07	68000.0	68500.0	68500.0	68000.0	68250.0	2022.04
13	2022.04.06	68500.0	68600.0	68800.0	68500.0	68650.0	2022.04

100 rows × 7 columns

색인 변경 및 정렬하기

이제 그래프 x축을 숫자로 설정하기 위해 데이터프레임의 set_index() 메서드를 사용해 색인을 date로 변경하겠습니다. 그리고 추가로 시간상 역순으로 되어 있는 데이터를 색인 오름차순으로 정렬해 왼쪽에서 오른쪽으로 날짜가 증가하는 형태로 그래프를 그리겠습니다. 정렬은 데이터프레임의 sort_index()를 사용합니다.

In [17]:
```
# 날짜를 색인으로 지정하기
all_tables.set_index('date', inplace=True)

# 날짜 오름차순으로 정렬하기
all_tables.sort_index(inplace=True)
```

```
# 값 확인하기
all_tables
```

Out [17]:

date	end_price	start_price	highest_price	lowest_price	midian_price	month
2022.04.06	68500.0	68600.0	68800.0	68500.0	68650.0	2022.04
2022.04.07	68000.0	68500.0	68500.0	68000.0	68250.0	2022.04
2022.04.08	67800.0	68100.0	68300.0	67700.0	68000.0	2022.04
2022.04.11	67900.0	67800.0	68100.0	67400.0	67750.0	2022.04
2022.04.12	67000.0	67600.0	67700.0	67000.0	67350.0	2022.04
...	...	...	...	...	...	...
2022.08.23	59100.0	59000.0	59600.0	59000.0	59300.0	2022.08
2022.08.24	59000.0	59200.0	59500.0	59000.0	59250.0	2022.08
2022.08.25	59700.0	59200.0	59700.0	59000.0	59350.0	2022.08
2022.08.26	60000.0	60300.0	60900.0	59900.0	60400.0	2022.08
2022.08.29	58600.0	58700.0	58900.0	58600.0	58750.0	2022.08

100 rows × 6 columns

시각화를 위한 데이터 2차 가공이 모두 끝났습니다. 이제 그래프를 그려 보겠습니다.

3 그래프 그리기

기본 선 그래프

데이터가 준비되면 먼저 가장 기본 그래프인 선 그래프를 그려 데이터를 살펴보는 것이 좋습니다. 이 과정을 통해 지금까지 준비한 데이터가 시각화 목적에 맞게 가공되었는지 확인할 수 있고, 데이터를 조금 더 깊이 이해할 수도 있습니다. 다음 소스 코드를 실행해 선 그래프를 그립니다.

In [18]:
```
# 전체 숫자 데이터 선 그래프로 그리기
all_tables.plot.line()
```

Out [18]: <AxesSubplot:xlabel='date'>

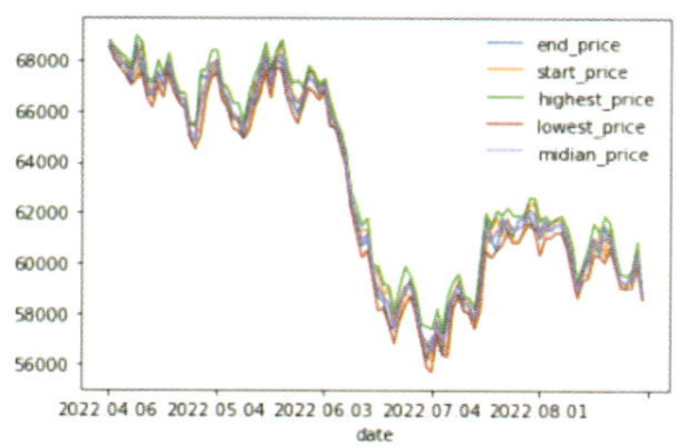

선 그래프 구역별로 나눠서 확인하기

2022년 6월쯤에 시세가 많이 떨어지면서 그래프의 y축 범위가 넓어졌습니다. 이 때문에 그래프 간격이 잘 보이지 않습니다. 데이터를 조금 더 이해하기 위해 앞 15개 정도만 다시 확인하겠습니다.

아래 소스 코드를 실행합니다. 슬라이싱으로 앞 15개 데이터만 선택하고, x축 라벨은 45도 돌려서 표현했습니다. 하지만 여전히 데이터에서 의미 있는 정보를 얻기는 힘들어 보입니다. 가격이 다소 떨어지고 있다는 것만 대략적으로 확인할 수 있습니다.

In [19]:
```
# 앞 15일치 데이터 선 그래프로 그리기
all_tables[:15].plot.line(rot=45)
```

Out [19]:
```
<AxesSubplot:xlabel='date'>
```

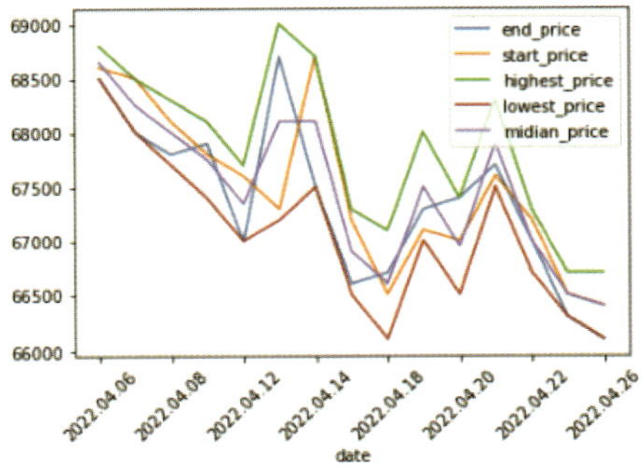

상자 수염 그래프

이제 상자 수염 그래프를 그리겠습니다. 전체 데이터를 월 단위로 집계하여, 중앙값의 월 단위 최댓값, 최솟값, 중앙값 등을 확인할 것입니다. 다음 소스 코드를 실행합니다. 설명은 다소 복잡했지만, 소스 코드는 무척 단순합니다.

In [20]:
```
# 일일 시세 중앙값의 상자 수염 그래프 그리기
all_tables.boxplot(column=['midian_price'], by=['month'])
```

Out [20]:	<AxesSubplot:title={'center':'midian_price'}, xlabel='[month]'>

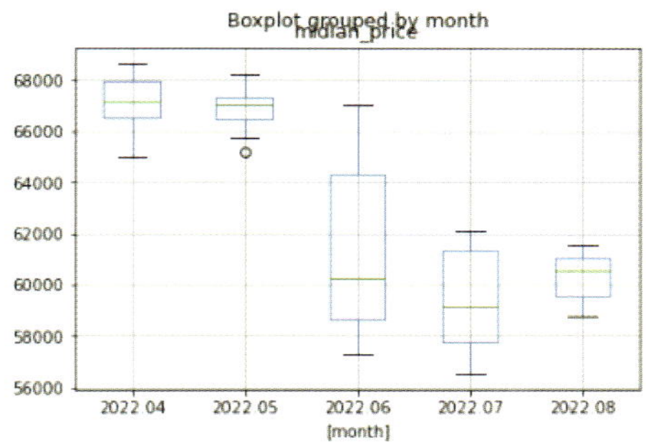

- **boxplot**: 상자 수염 그래프를 그리기 위해 데이터프레임의 `boxplot()` 메서드를 사용합니다. 지금까지 사용한 `plot()` 메서드와는 다른 메서드입니다.
- **'midian_price'**: 그래프를 그릴 열을 선택하기 위해 인수 `column`에 `midian_price` 열을 설정했습니다.
- **'month'**: 월 단위로 데이터를 집계하기 위해 `by` 인수에 `month` 열의 값을 설정했습니다.

CHECK 데이터 중앙값과 상자 수염 그래프의 중앙값은 다른 개념입니다

현재 데이터에서 보이는 중앙값은 일 단위 중앙값이고, 상자 수염 그래프에서 확인할 중앙값은 월 단위로 데이터를 집계하여 계산한 중앙값입니다. 다른 개념이니 혼동하지 말기 바랍니다.

4 마무리

지난 100일간 해당 종목 시세 분석

상자 수염 그래프를 보니 조금 더 다양한 시각으로 데이터를 바라볼 수 있습니다. 최종 그래프에서 얻을 수 있는 내용은 다음과 같습니다.

```
<AxesSubplot:title={'center':'midian_price'}, xlabel='[month]'>
```

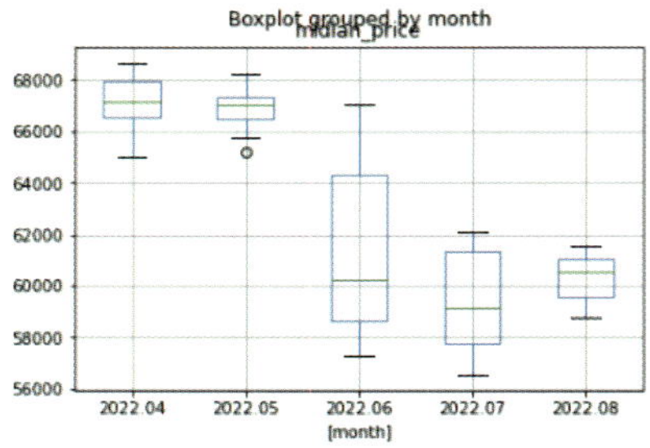

그림 7-22 최종 그래프

- 전반적인 시세를 보면, 지난 100일간 고가(최댓값)는 68,000을 넘었지만 저가(최솟값)는 56,000 언저리까지 하락하는 양상입니다.
- 4월에 비해 5월에 가격 변동 폭이 더 좁은 걸로 보아 판매 시점을 조금 더 신중하게 선택하지 않았나 싶습니다. 아래쪽의 동그라미는 통계치에서 많이 벗어나는 이상치입니다. 실수로 입력되었다기보다는 가격 하락의 시작점 정도로 보는 것이 합당하겠습니다.
- 6월에는 큰 낙폭을 기록하며 떨어집니다. 중간 박스가 가장 크다는 것은 6월 중 가격의 하락 폭이 가장 크다는 의미입니다.
- 7월에는 가격이 조금 더 떨어졌지만, 하락 폭은 줄어들었습니다.
- 8월에는 가격이 소폭 반등하고 있습니다.
- 4월과 8월은 100일 분량 데이터의 시작과 끝이기 때문에 온전한 한 달 데이터가 아닙니다. 왜곡이 있을 수 있습니다.

해당 정보를 토대로 영업일 기준 100일 분량의 데이터만 확인하면, 본 종목은 가격이 급격하게 떨어지다가 다시 반등하고 있는 것으로 보입니다. 좋은 투자 종목일 가능성이 있습니다.

더 긴 기간의 데이터가 있다면 더 정확한 분석을 할 수 있습니다. 또한 거래량과 같은 추가 지표를 추가해 검색하면 더욱 좋겠습니다.

CHECK **위 분석 내용은 주식 전문가의 분석 내용이 아닙니다**

짧은 기간의 데이터만 보고 주식 구매 여부를 결정하는 것은 다소 섣부른 판단일 수 있습니다. 또한 본 책은 주식 구매의 적절한 시점을 논하는 책이 아니며 필자 또한 주식 전문가가 아니므로 분석 내용을 실제로 적용하기에는 무리가 있습니다. 주식 분석의 방법을 예시하는 내용 정도로 참고하기 바랍니다.

직접 풀어보기

01 이번 분석 프로젝트에서 선정한 종목 이외에 본인이 관심 있는 회사의 종목을 분석해 보자. 최근 100일 분량의 데이터를 확보해 월 단위 중앙값을 기준으로 상자 수염 그래프를 그린 후 분석 결과를 나열한다. 다음 실행 결과는 'KODEX 200 선물인버스' 종목을 기준으로 그린 그래프이다.

[실행 결과]

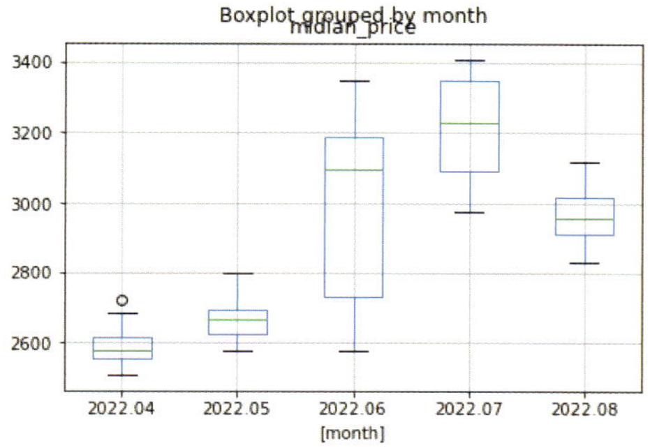

02 **01**번에서 분석한 결과의 데이터 범위를 1년으로 늘려 보자. 분석한 결과를 **01**번 결과와 비교해 각자의 분석 결과를 나열해 보자.

[실행 결과]

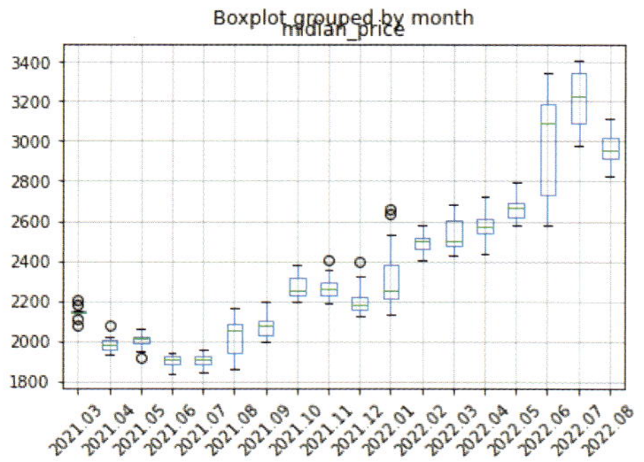

요약

01 웹 페이지는 HTML로 작성된 문서이다.

02 HTML 문법을 준수하여 만든 문서를 '.html' 확장자로 저장하면 웹 브라우저로 열 수 있고, 웹 브라우저의 개발자 도구를 사용해 HTML 태그를 확인할 수 있다.

03 웹 스크래핑은 HTML 페이지를 분석해 필요한 정보를 가져오는 데 사용하는 기술이다. HTML 페이지에 있는 URL을 추출해 웹 스크래핑 대상 웹 페이지를 추출하는 기술인 웹 크롤링과는 동작 방식이 다르다.

04 웹 브라우저와 서버가 HTML 페이지를 주고받으려면 통신 규약인 HTTP 프로토콜을 반드시 준수해야 한다. 웹 브라우저는 이 규약에서 정의한 정보를 담아 서버로 HTTP 요청을 보내고, 서버는 필요한 정보를 담아서 다시 웹 브라우저로 HTTP 응답을 보낸다.

05 인터넷을 통해 정보를 주고받는 과정은 웹 브라우저의 [개발자 도구]-[네트워크] 탭에서 자세히 확인할 수 있으며, 웹 스크래핑 대상 URL을 찾을 수 있다.

06 많은 데이터를 페이지별로 확인할 수 있는 웹 페이지의 경우 URL을 동적으로 변경시키면서 여러 페이지에 나뉘어 있는 데이터를 수집할 수 있다.

07 파이썬 소스 코드로 HTTP 요청을 보내는 경우 웹 브라우저와 같은 `user-agent` 헤더 정보를 설정해야 문제 없이 데이터를 가져올 수 있다. 그렇지 않은 경우 웹 페이지에서는 잘 보이는 데이터가 보이지 않을 수 있다. 따라서 웹 스크래핑을 시작하기 전에 이 내용을 먼저 확인해야 한다.

08 판다스에서 제공하는 `read_html()` 메서드를 사용하여, 확보한 HTML 문서에서 `<table>` 태그에 담긴 데이터를 추출할 수 있다.

09 상자 수염 그래프는 5개의 데이터 요약 정보를 표현하는 데 적합한 도구로, 최댓값, 최솟값, 중앙값 등을 하나의 그래프로 표현할 수 있다.

연습문제

01 웹 페이지를 만들기 위해 반드시 사용해야 하는 마크업 언어는?

① XML ② JSON ③ HTML ④ SAML

02 웹 페이지에서 확인할 수 있는 데이터를 추출하는 기술로 가장 적합한 것은?

① 웹 크롤링 ② 웹 스크래핑
③ 웹 브라우징 ④ 웹 페이지 렌더링

03 다음은 웹 브라우저에서 URL 주소를 호출할 때 일어나는 과정을 기술한 것이다. 올바르지 않은 것은?

① 웹 브라우저에서 이벤트가 발생하면 서버로 HTTP 응답을 보낸다.
② 전송하는 데이터 이외에 다양한 값을 요청 헤더에 설정하여 보낸다.
③ 서버는 필요한 데이터를 담아 웹 브라우저로 HTTP 응답을 보낸다.
④ HTTP 응답의 내용은 HTML 페이지 형태이며, 다양한 파일이 함께 다운로드될 수 있다.

04 다음은 URL과 적절한 헤더 값을 설정해 HTTP 응답으로 받은 HTML 페이지에서 테이블 정보를 추출하는 소스 코드이다. 판다스 데이터프레임의 메소드 이름인 빈칸을 채우시오.

```
In [1]: # 요청 헤더 설정하여 HTTP 응답 받아오기
        page = requests.get(url, headers=my_headers)

        # HTML 페이지에서 테이블 추출
        pages = pd.[          ](page.text)
```

05 다음은 데이터프레임 `all_tables`에 데이터프레임 `table`을 붙여넣는 소스 코드이다. 빈칸을 채워 코드를 완성하시오.

```
In [2]: # 데이터 축적용 데이터프레임에 테이블 추가
        all_tables = pd.[          ]([[          ], table])
```

연습문제

06 다음은 웹 페이지 데이터를 가져오기 위해 테스트한 결과이다. 웹 페이지에서 잘 보이던 데이터가 보이지 않고 에러 메시지만 보이는 경우, 그 이유와 해결 방안에 대한 설명으로 적합하지 않은 것은?

In [3]:
```python
# HTTP 요청을 대상 주소로 보내고, HTTP 응답 받아서 저장하기
page = requests.get(url)

# 응답 내용 확인하기
print(page.text)
```

```
<!DOCTYPE HTML PUBLIC "-//W3C//DTD HTML 4.01 Transitional//EN" "http://www.w3.org/TR/html4/loose.dtd">
<html>
<head>
<meta http-equiv="Content-Type" content="text/html; charset=euc-kr">
<title>네이버 :: 세상의 모든 지식, 네이버</title>

<style type="text/css">
.error_content * {margin:0;padding:0;}
.error_content img{border:none;}
.error_content em {font-style:normal;}
.error_content {width:410px; margin:80px auto 0; padding:57px 0 0 0; font-size:12px; font-family:"나눔고딕", "NanumGothic", "돋움", Dotum, AppleGothic, Sans-serif; text-align:left; line-height:14px; background:url(https://ssl.pstatic.net/static/common/error/090610/bg_thumb.gif) no-repeat center top; white-space:nowrap;}
.error_content p{margin:0;}
.error_content .error_desc {margin-bottom:21px; overflow:hidden; text-align:center;}
.error_content .error_desc2 {margin-bottom:11px; padding-bottom:7px; color:#888; line-height:18px; border-bottom:1px solid #eee;}
.error_content .error_desc3 {clear:both; color:#888;}
.error_content .error_desc3 a {color:#004790; text-decoration:underline;}
.error_content .error_list_type {clear:both; float:left; width:410px; _width:428px; margin:0 0 18px 0; *margin:0 0 7px 0; padding-bottom:13px; font-size:13px; color:#000; line-height:18px; border-bottom:1px solid #eee;}
.error_content .error_list_type dt {float:left; width:60px; _width /**/:70px; padding-left:10px; background:url(https://ssl.pstatic.net/static/common/error/090610/bg_dot.gif) no-repeat 2px 8px;}
.error_content .error_list_type dd {float:left; width:336px; _width /**/:340px; padding:0 0 0 4px;}
.error_content .error_list_type dd span {color:#339900; letter-spacing:0;}
.error_content .error_list_type dd a{color:#339900;}
.error_content p.btn{margin:29px 0 100px; text-align:center;}
</style>
</head>
<!-- ERROR -->
<body>
<div class="error_content">
	<p class="error_desc"><img src="https://ssl.pstatic.net/static/common/error/090610/txt_desc5.gif" width="319" height="30" alt="페이지를 찾을 수 없습니다."></p>
	<p class="error_desc2">방문하시려는 페이지의 주소가 잘못 입력되었거나,<br>
		페이지의 주소가 변경 혹은 삭제되어 요청하신 페이지를 찾을 수 없습니다.<br>
		입력하신 주소가 정확한지 다시 한번 확인해 주시기 바랍니다.
	</p>
	<p class="error_desc3">관련 문의사항은 <a href="https://help.naver.com/" target="_blank">고객센터</a>에 알려주시면 친절히 안내해드리겠습니다. 감사합니다.</p>
	<p class="btn">
		<a href="javascript:history.back()"><img src="https://ssl.pstatic.net/static/common/error/090610/btn_prevpage.gif" width="115" height="35" alt="이전 페이지로"></a>
		<a href="https://finance.naver.com"><img src="https://ssl.pstatic.net/static/nfinance/btn_home.gif" width="115" height="35" alt="금융홈으로"></a>
	</p>
</div>
</body>
</html>
```

① 주소를 제대로 입력하지 않았을 가능성이 있다.

② 웹 사이트에서 해당 요청을 거절했다.

③ 소스 코드에서 보낸 요청과 웹 브라우저에서 보낸 요청이 완전히 똑같다.

④ 웹 브라우저에서 보낸 것과 같은 요청으로 보이도록 헤더 값을 추가하면 해결할 수 있다.

07 서술형 다음 웹 페이지에서 데이터를 추출하려고 한다. 그런데 데이터가 여러 페이지에 나뉘어 있어 매번 페이지 번호를 클릭하지 않으면 데이터를 확인할 수 없다. 이렇게 페이징 처리를 한 웹 페이지 데이터를 추출하는 방법을 서술하시오.

일별 시세

날짜	종가	전일비	시가	고가	저가	거래량
2022.08.16	61,000	▲ 800	60,500	61,600	60,300	15,036,727
2022.08.12	60,200	▲ 300	59,500	60,700	59,400	10,786,658
2022.08.11	59,900	▲ 800	59,600	60,000	59,300	15,141,941
2022.08.10	59,100	▼ 900	58,900	59,200	58,600	18,084,349
2022.08.09	60,000	▼ 800	60,600	60,700	59,600	18,251,170
2022.08.08	60,800	▼ 700	61,400	61,400	60,600	11,313,150
2022.08.05	61,500	0	61,700	61,900	61,200	9,567,620
2022.08.04	61,500	▲ 200	61,700	61,900	61,200	9,125,439
2022.08.03	61,300	▼ 400	61,600	61,500	61,000	10,053,861
2022.08.02	61,700	▲ 400	61,200	61,900	61,000	13,614,895

‹‹ 맨앞 1 2 3 4 5 6 7 8 9 10 다음 › 맨뒤 ››

08 다음은 상자 수염 그래프를 그리는 소스 코드이다. 설명으로 적합하지 않은 것은?

```
In [4]:  # 일일 시세 중앙값의 상자 수염 그래프 그리기
         all_tables.boxplot(column=['midian_price'], by=['month'])
```

```
Out [4]: <AxesSubplot:title={'center':'midian_price'}, xlabel='[month]'>
```

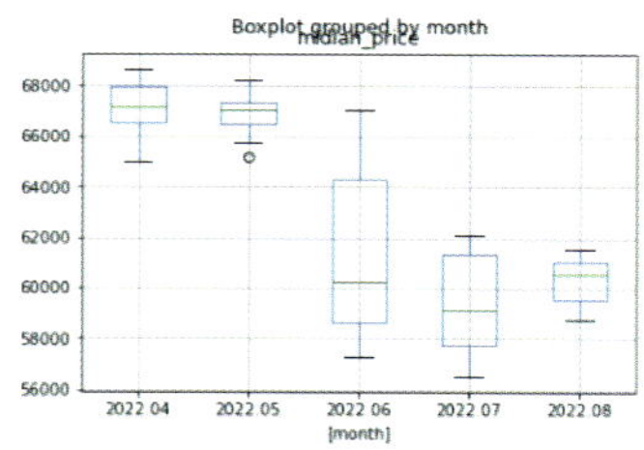

① 상자 밖에 위쪽에 있는 수평선은 최댓값, 아래쪽에 있는 수평선은 최솟값을 의미한다.

② 상자 안에 표기된 초록색 선은 해당 기간에 수집된 데이터의 평균값이다.

③ 상자 위에 있는 선은 상위 25% 값을 의미하며, 아래에 있는 선은 하위 25%를 의미한다.

④ 상자 크기가 클수록 전체 값의 50% 값의 변동 폭이 크다는 의미이다.

⑤ 2022년 5월과 같이 동그라미가 표기된 경우, 통계상 이상치로 볼 수 있다.

CHAPTER 08

주식 시세 미래 예측

01 프로젝트 개요

02 기계 학습

03 데이터 수집 및 가공

04 데이터 학습 및 시각화

직접 풀어보기

요약

연습문제

학습목표

- 기계 학습의 기본 개념을 이해한다.
- 메타의 시계열 데이터 예측 라이브러리인 프로핏을 사용할 수 있다.
- 주식 시세 히스토리 데이터를 활용해 미래 시세를 예측할 수 있다.

Section

01 프로젝트 개요

1 프로젝트의 목표

지금까지는 과거에 축적한 데이터를 활용해 데이터 분석 프로젝트를 수행했습니다. 8장에서는 아직 일어나지 않은 미래의 데이터를 예측하는 프로젝트를 진행하고자 합니다.

이를 위해서 기계 학습(머신 러닝Machine learning)과 같은 기술에 대한 이해가 필요합니다. 근래에 기계 학습은 무척 흔히 접할 수 있는 기술이 되었습니다. 복잡한 알고리즘에 대한 이해 없이도 데이터 예측 기술을 쉽게 사용할 수 있는 세상이 열리고 있습니다.

기계 학습을 제대로 이해할 수 있도록 복잡한 알고리즘을 학습하는 것은 이 책의 범위에서 벗어납니다. 하지만, 기계 학습의 기본 개념을 이해하고, 오픈소스 라이브러리를 활용해 기계 학습을 수행해 보는 것은 앞으로 여러분이 고급 데이터 분석가가 되기 위해 반드시 거쳐야 하는 과정입니다.

따라서 이번 프로젝트에서는 기계 학습이 무엇인지 이해하고, 수집한 데이터를 학습 데이터로 활용해 미래를 예측하는 과정을 경험하겠습니다.

2 문제 정의

지난 7장의 프로젝트에서 주식 투자 종목을 검색하던 지희의 또 다른 고민을 들어 보겠습니다.

> 퇴직금으로 마련한 목돈을 주식에 투자하기 위해 분석 프로젝트를 수행하면서 여러 종목의 지표를 확인해 보았습니다. 종목마다 지표가 워낙 다르다 보니, 한 종목에 목돈을 투자하는 것보다는 유망한 주식 200개의 실적에 투자하는 인덱스 펀드가 제 투자 성향에 맞다고 판단했습니다.

지금까지 펀드 시세가 변동된 추이를 학습해 앞으로의 시세를 어느 정도 예측하고 싶은데, 어떤 방법으로 해야 할지 고민입니다. 파이썬으로 원하는 종목의 미래 시세를 예측하는 방법이 있는 것은 알고 있지만, 아직 저에게는 어려운 것 같습니다. 저와 같은 초보자에게 적합한 방법이 있을까요?

7장의 프로젝트를 통해 지희는 주식 시세를 확인할 수 있는 웹 사이트 데이터를 웹 스크래핑해 데이터 분석을 수행했고, 투자 방향을 잘 선택한 것 같습니다. 그리고 이제 해당 주식 종목의 시세를 예측하고 싶어 합니다.

이런 상황에서 이번 프로젝트에서 수행하는 오픈소스 라이브러리를 활용한 주식 시세 예측 프로젝트가 큰 도움이 될 것입니다. 예측 프로젝트에 필요한 기계 학습의 개념을 살펴보고, 직접 예측하는 실습까지 진행하겠습니다.

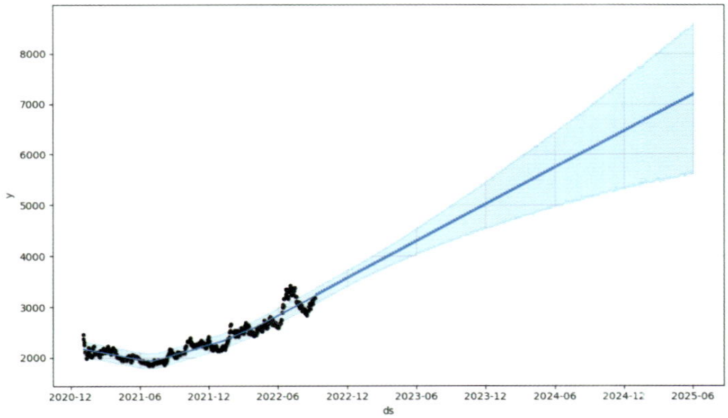

그림 8-1 주식 시세 예측 결과 미리보기

Section
02
기계 학습

1 기계 학습의 개념

컴퓨터는 결국 기계Machine입니다. 인공지능 역시 사람이 만든 알고리즘의 집합입니다. 기계는 스스로 생각하고 판단할 수 있는 능력이 없습니다. 그런데 인공지능인 알파고는 사람과 바둑을 두어 이기고, 주차장에 설치된 인공지능은 게이트를 통과하는 자동차 번호를 인식하고 해당 차가 출차하는 것을 식별합니다.

이런 일을 가능케 하는 기술이 기계 학습입니다. 스스로 생각할 수 없으니, 방대한 데이터를 학습함으로써 패턴을 인식해 사람이 원하는 동작을 할 수 있도록 프로그래밍을 하는 것입니다.

예를 들어 알파고는 16만 판 이상의 바둑 대국 내용을 학습한 뒤 매일 수만 판씩 바둑을 두면서 축적한 정보를 바탕으로 상대방이 어떻게 대국을 이끌어가고자 하며 다음 수를 어디에 둘 것인지 예측합니다.

자동차 번호판의 경우, 사진을 찍은 결과물을 픽셀로 잘게 쪼갠 후 바탕과 글자의 패턴을 인식해 숫자와 문자를 식별합니다. 얼굴 인식도 비슷합니다. 눈, 코, 입, 얼굴 유형 등을 학습하면, 나이와 상관없이 특정 인물이 등장하는 사진을 추려낼 수 있습니다. 즉, 많은 데이터를 학습해 패턴을 인식했으므로 입력된 값을 식별할 수 있게 되는 것입니다.

그림 8-2 기계 학습 개념

2 기계 학습 모델

기계 학습의 개념은 그리 어렵지 않지만, 학습을 수행한 결과를 보기 전까지는 제대로 이해하는 게 쉽지 않습니다. 일반적으로 수학 공식에서 답을 구하는 방식을 역행하기 때문에 더욱 어렵게 느껴질 수도 있습니다. 간단한 수학 공식을 통해 기계 학습의 수행 결과를 이해해 보겠습니다.

다음 표현식에서 f는 함수이고, x는 변수, y는 결괏값을 의미합니다.

$$f(x) = y$$

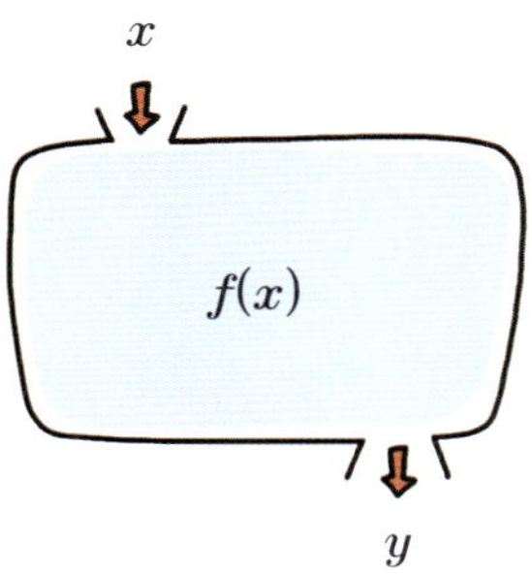

그림 8-3 함수 $f(x)$의 구조

여기서 함수 f를 다음과 같이 정의하겠습니다. a, b는 계수, c는 상수항을 의미합니다. 일반적인 수학 공식에서 a, b, c는 이미 정해져 있습니다. 따라서 x에 값을 넣으면, 계수와 상수항을 적용해 계산이 완료되면 y가 나오는 것이 우리가 일반적으로 이해하고 있는 수학 공식의 동작 방식입니다.

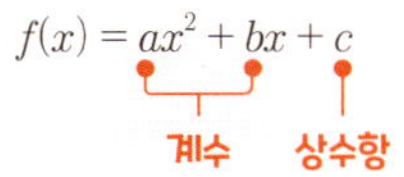

예를 들면 다음과 같이 $a=2$, $b=3$, $c=4$인 식이 주어지고, x 값에 따라 y 값이 달라집니다.

$$f(x) = 2x^2 + 3x + 4$$

$\rightarrow$ x가 2라면, y는 18이다.

그런데 기계 학습 방식은 이것과 완전히 대립됩니다. x 값을 함수에 주고 y 값을 구하는 것이 아니라, x, y 값을 주고 공식을 구하는 방식으로 학습을 하는 것입니다.

```
18 = a×2^2 + b×2 + c
→ x가 2, y가 18일 때 a,b,c의 값은?
```

따라서 a, b, c를 미리 알고 있지 않습니다. 기계 학습을 수행하고 나면, 계수와 실수항인 a, b, c가 도출되어 모르고 있던 함수 공식을 완성하게 되는 것입니다. 이렇게 완성된 함수 공식을 **기계 학습 모델**이라고 부르며, 이것이 바로 일종의 패턴이 됩니다.

3 기계 학습 모델 추출을 위한 알고리즘

그럼 이 모델을 추출하려면 어떻게 해야 할까요? 바로 이 과정에서 다양하고 복잡한 알고리즘이 등장합니다. 준비된 데이터의 성격과 원하는 결과물에 따라서 사용할 수 있는 알고리즘은 굉장히 다양합니다.

가령, 사진을 보여주고 개인지 고양이인지를 판별하는 모델을 추출하는 경우, 원하는 결괏값에 대한 정보가 주어지므로 지도 학습Supervised Learning 유형의 알고리즘을 선택할 수 있습니다.

반대로 이상치 탐지와 같이 입력값은 있지만 결과는 알 수 없는 데이터도 있습니다. 이 경우에는 비지도 학습Unsupervised Learning 유형의 알고리즘을 선택할 것입니다. 이외에도 더 많은 유형의 알고리즘이 있습니다.

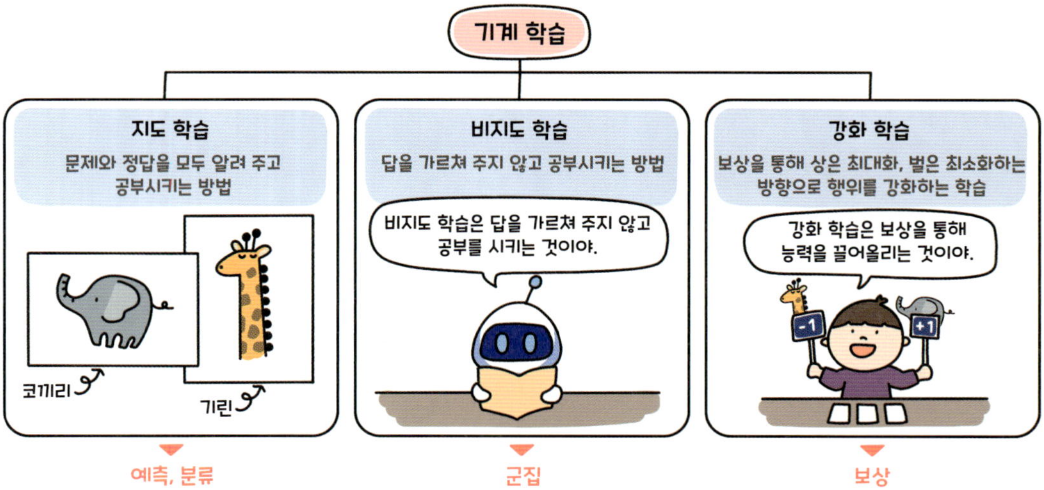

그림 8-4 기계 학습의 유형

과거에는 이러한 알고리즘의 특성을 잘 파악한 후 알고리즘을 선택하고 조합하며 최적화하는 작업을 직접 수행해야 했습니다. 하지만 근래에는 어렵고 복잡한 부분을 감추고, 전문 분야의 깊은 지식을 가지고 있는 사람들이 쉽게 기계 학습을 수행할 수 있는 환경이 구축되고 있습니다.

4 오픈소스 기계 학습 도구, 프로핏

이번 프로젝트에서는 메타(전 페이스북)의 기계 학습 도구인 프로핏Prophet을 사용하겠습니다. 프로핏은 자동으로 데이터를 예측할 수 있는 오픈소스 기계 학습 도구로, 전문가는 물론 비전문가도 높은 품질의 예측 작업을 좀 더 쉽게 할 수 있게 도와줍니다.

프로핏은 특정 비즈니스 문제에 특화되어 있습니다. 시스템 사용자의 접속량 증가에 맞춘 컴퓨터 인프라 용량 계획처럼 최소한 수개월의 데이터가 필요한 경우, 시장 흐름에 영향을 미칠 수 있는 휴일(블랙 프라이데이 등)과 같이 계절 특성이 있는 문제, 트래픽을 예측하려는데 새 웹 사이트 개설과 같이 큰 영향을 미치는 행사가 있는 경우 등을 예로 들 수 있습니다. 또한 누락된 값이나 특잇값을 손쉽게 처리하는 기능도 제공합니다.

그림 8-5 프로핏 홈페이지 설명 내용(https://facebook.github.io/prophet)

여기서 잠깐 **프로핏에서 사용하는 알고리즘에 관한 논문**

프로핏 창시자 두 명이 알고리즘을 설명한 논문이 공개되어 있으니 관심이 있다면 참고하기 바랍니다. 프로핏에서 사용하는 알고리즘에 대해 자세히 설명되어 있지는 않지만, 해당 알고리즘의 성격을 파악할 수 있도록 이해하기에는 충분합니다. 이 지식을 통해 본인이 분석하려는 데이터에 적합한 알고리즘인지 판단할 수 있을 것입니다. 물론 알고리즘을 직접 구현하거나 수정할 수 있을 정도로 깊이 이해해야 하는 것은 아닙니다.

Section 03 데이터 수집 및 가공

1 프로핏 설치하기

이번 프로젝트에서 사용할 예측 라이브러리는 현재 개발 환경인 아나콘다에 포함되어 있지 않습니다. 따라서 먼저 예측 라이브러리인 프로핏을 설치해야 합니다. 프로핏 공식 홈페이지에 있는 파이썬 설치 레퍼런스 문서(https://facebook.github.io/prophet/docs/installation.html#python)에서 아나콘다 환경에서의 설치 방법을 확인합니다.

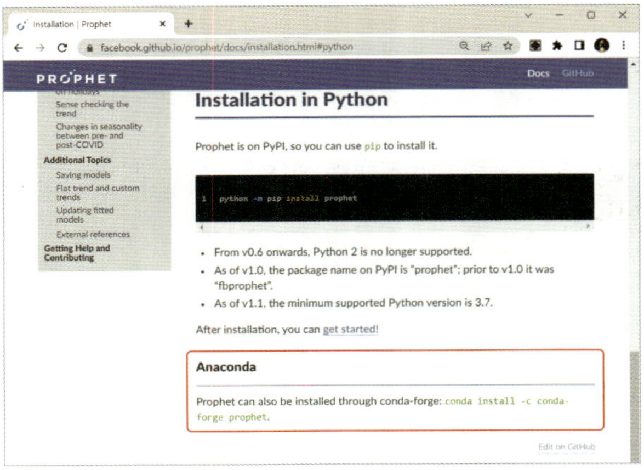

그림 8-6 프로핏 설치 방법 확인

프로핏 라이브러리 설치

레퍼런스 문서에서 소개하고 있는 설치 명령어는 윈도 터미널에서 실행할 수 있는 명령어입니다. 윈도 ⊞ 키를 누른 뒤, 검색 창에 'anaconda prompt'를 입력합니다. 검색한 앱을 마우스 오른쪽 버튼으로 클릭하고 [관리자 권한으로 실행]을 클릭합니다.

그림 8-7 아나콘다 프롬프트(Anaconda Prompt) 열기

CHECK 반드시 아나콘다 프롬프트를 사용하세요

윈도 터미널 창을 여는 방법에는 여러 가지가 있지만, 아나콘다 명령어를 별도의 추가 작업 없이 바로 실행하는 방법은 아나콘다 프롬프트를 사용하는 것입니다. 일반 윈도 터미널을 사용하지 마세요.

레퍼런스에서 확인한 설치 명령어를 그대로 실행합니다.

```
conda install -c conda-forge prophet
```

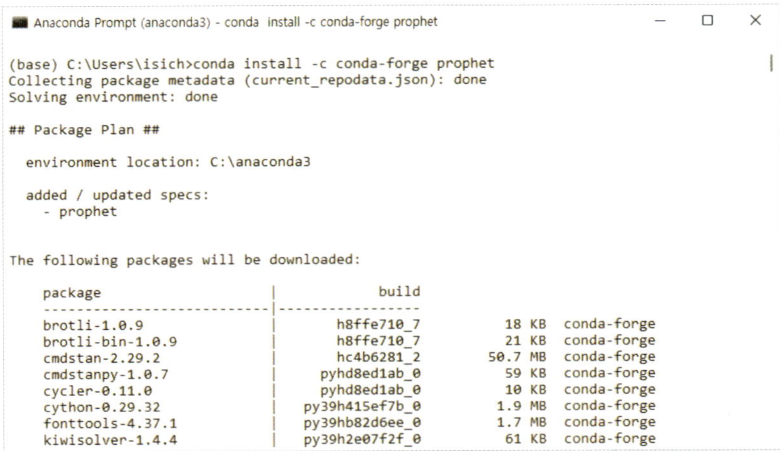

그림 8-8 프로핏 라이브러리 설치 시작

중간에 설치 유무를 확인하는 메시지가 출력되면서 설치가 잠시 멈춥니다. y를 입력하고 Enter 키를 누르면 다운로드가 시작되면서 설치가 진행됩니다.

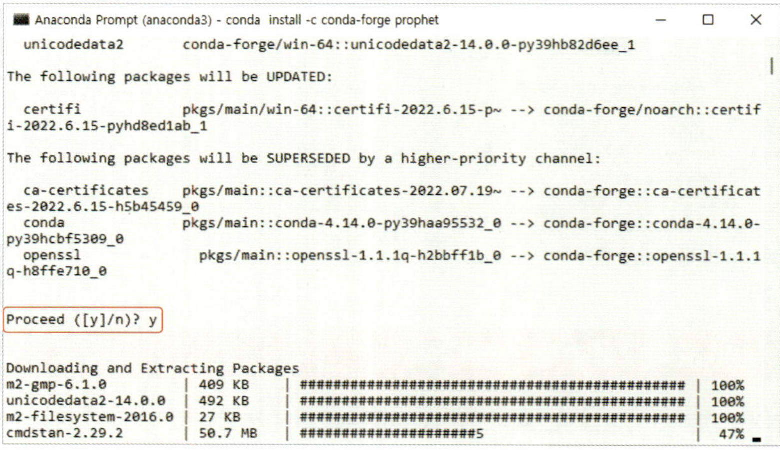

그림 8-9 설치 진행

설치가 끝나면 명령어를 입력하는 창이 다시 열립니다. conda list를 입력하여 설치된 라이브러리 리스트를 출력합니다.

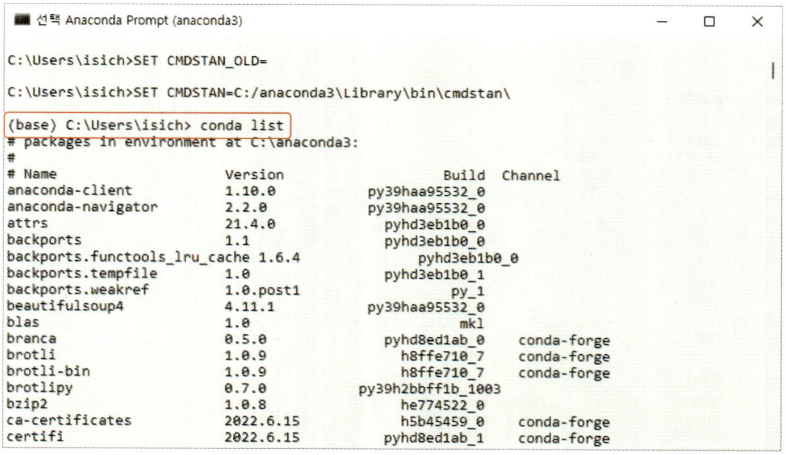

그림 8-10 아나콘다 설치 라이브러리 리스트 확인하기

방금 설치한 프로핏 라이브러리 promphet을 확인할 수 있습니다.

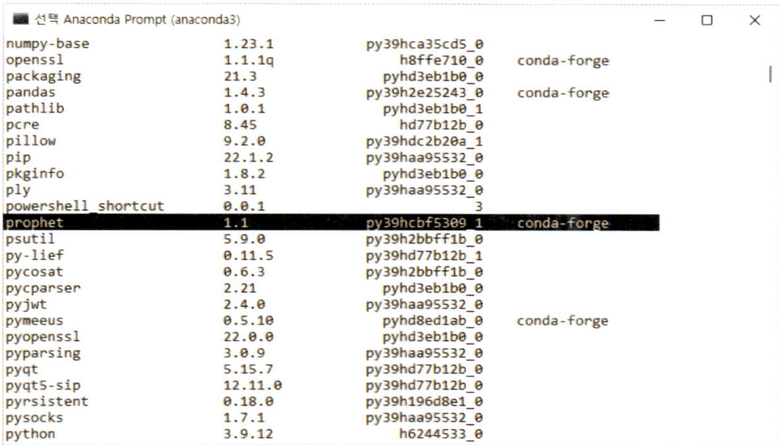

그림 8-11 프로핏 라이브러리 설치 확인하기

프로핏 라이브러리 탑재

새 주피터 노트북 파일을 생성하고 '8장. 주식 시세 예측하기'로 이름을 지정합니다. 설치 과정에 문제는 없었는지 확인할 수 있도록 프로핏 라이브러리를 탑재하겠습니다. 아래 소스 코드를 실행합니다. 설치가 잘 되었다면 아무 에러 없이 소스 코드가 실행될 것입니다.

```
In [1]: # 프로핏 라이브러리 탑재
        from prophet import Prophet
```

2 주식 시세 데이터 확보하기

수집 대상 선정하기

7장에서 주식 종목을 확인하기 위해 사용한 방법을 그대로 사용합니다. 네이버 금융(https://finance.naver.com) 웹 사이트에 접속해 TOP 종목 중 하나를 선택합니다. 여기서 선택한 종목은 'KODEX 200선물인버스2X'입니다.

TIP 여기서 선택하는 종목은 과거의 데이터를 기반으로 향후를 예측하는 그래프 실습을 위한 예시일 뿐입니다.

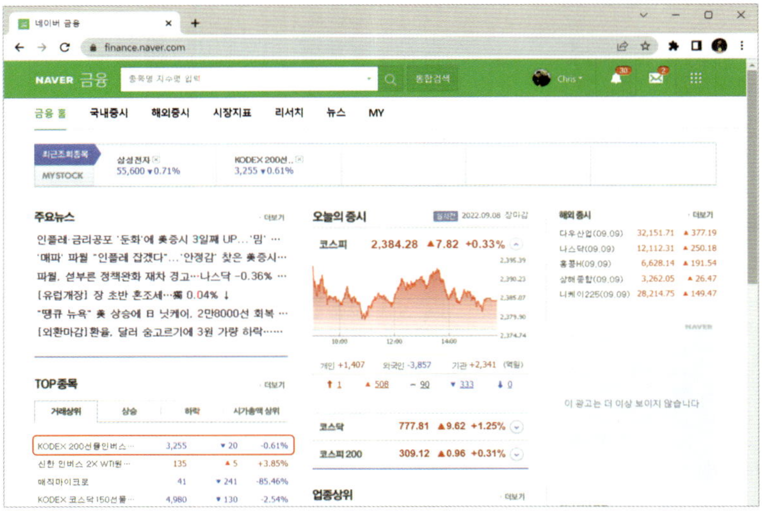

그림 8-12 주식 종목 선택하기

선택한 종목의 시세를 확인합니다. 방법이 기억나지 않는다면, 7장 3절의 '웹 스크래핑 대상 찾기'를 확인합니다.

선택한 주소는 다음과 같습니다.

```
https://finance.naver.com/item/sise_day.naver?code=252670&page=
```

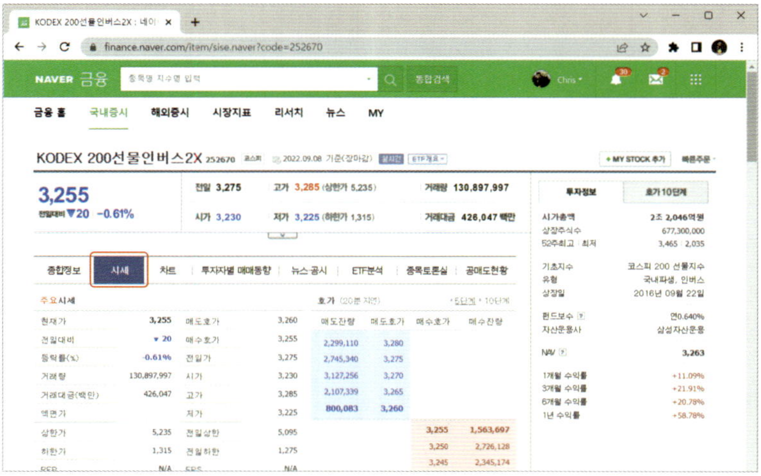

그림 8-13 선정 대상 종목 시세 확인하기

데이터 수집하기

웹 스크래핑을 하기 위해 기본적으로 필요한 모듈을 탑재하고, 주소와 헤더 정보를 설정하겠습니다. 다음 소스 코드를 실행합니다.

```
In [2]: # 판다스 라이브러리, request 모듈 탑재
        import pandas as pd
        import requests

        # 페이지 번호를 제외한 주소 저장
        new_url = 'https://finance.naver.com/item/sise_day.naver?code=252670&page='

        # 헤더 정보 설정하기
        my_headers = {'user-agent' : 'Mozilla/5.0'}
```

예측을 위한 데이터는 충분히 확보하는 것이 좋으므로 99페이지까지의 데이터를 수집하겠습니다. 아래 소스 코드를 실행합니다.

```
In [3]: # 데이터를 축적할 데이터프레임 생성
        all_tables_year = pd.DataFrame()

        for page_number in range(1, 100):   # 페이지 번호 증가용 반복문

            # 페이지 번호 추가한 주소 완성
            full_url = new_url + str(page_number)

            # 주소 확인하기
            print(f'{page_number} 번째 페이지 읽어오기({full_url})')

            # HTTP 요청 전송 후 응답 받아오기
            page = requests.get(full_url, headers=my_headers)

            # 테이블 추출
            table = pd.read_html(page.text)[0]

            # 수행할 내용 확인
```

```
    print(f'전체 {len(all_tables_year.index)} 줄에 {len(table.index)}
          줄 추가')

    # 데이터 축적용 데이터프레임에 테이블 추가
    all_tables_year = pd.concat([all_tables_year, table])
```

Out [3]:

```
1 번째 페이지 읽어오기(https://finance.naver.com/item/sise_day.naver?code=252670&page=1)
전체 0 줄에 15 줄 추가
2 번째 페이지 읽어오기(https://finance.naver.com/item/sise_day.naver?code=252670&page=2)
전체 15 줄에 15 줄 추가
3 번째 페이지 읽어오기(https://finance.naver.com/item/sise_day.naver?code=252670&page=3)
전체 30 줄에 15 줄 추가
---------------------------------------- ( 중 략 ) ----------------------------------------
97 번째 페이지 읽어오기(https://finance.naver.com/item/sise_day.naver?code=252670&page=97)
전체 1440 줄에 15 줄 추가
98 번째 페이지 읽어오기(https://finance.naver.com/item/sise_day.naver?code=252670&page=98)
전체 1455 줄에 15 줄 추가
99 번째 페이지 읽어오기(https://finance.naver.com/item/sise_day.naver?code=252670&page= 99)
전체 1470 줄에 15 줄 추가
```

3 주식 시세 데이터 가공하기

데이터 가공하기

수집한 데이터를 프로핏에서 사용할 수 있는 형태로 가공하겠습니다. 프로핏에서 데이터를 학습하는 방법을 이해하기 위해서 공식 레퍼런스 문서 중 퀵 스타트[Quick Start] 문서(https://facebook.github.io/prophet/docs/quick_start.html#python-api)를 참고합니다.

여기서 잠깐 **공식 레퍼런스 문서 활용 습관 들이기**

인기가 많은 오픈소스 라이브러리는 많은 사람이 쉽게 사용할 수 있게 다양한 가이드 문서를 제공합니다. 그 중에서 제목에 Quick Start, Getting Started와 같은 단어가 있는 문서는 해당 라이브러리를 간결한 방법으로 빠르게 체험할 수 있는 방법을 안내합니다. 구글 검색을 통해 찾은 개인 블로그의 설명보다는 이런 공식 문서를 참고하는 습관을 들이는 것이 좋습니다.

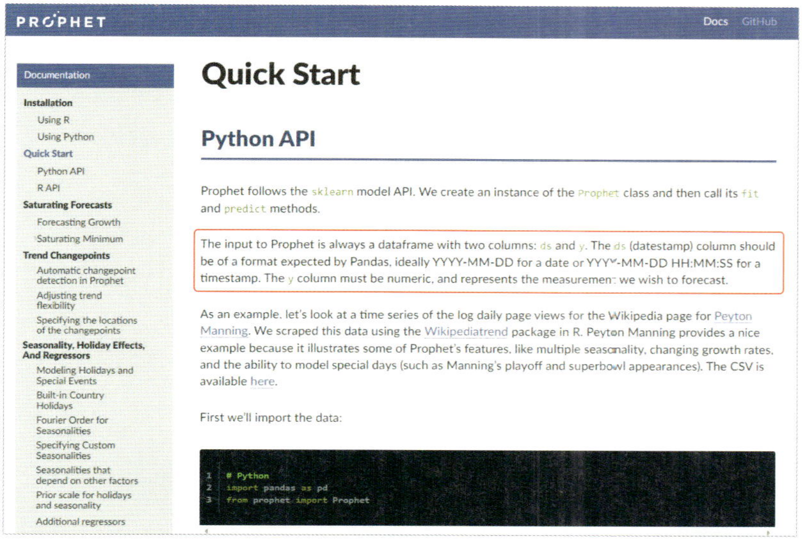

그림 8-14 프로핏 퀵 스타트 레퍼런스 문서 확인하기

프로핏에서 필요로 하는 입력 데이터 양식을 퀵 스타트 페이지에서 찾을 수 있습니다. 이번에 참고할 내용은 [그림 8-14]에 빨간색 박스로 표시한 부분입니다. 한글로 번역하면 다음과 같습니다.

> 프로핏에 입력하는 형태는 2개의 열(ds와 y)을 가진 데이터프레임이어야 한다. ds(데이트스탬프 datestamp) 열은 판다스에서 제공하는 유형을 따라야 하며, 보통 YYYY-MM-DD 형식의 일자나, YYYY-MM-DD HH:MM:SS 형식의 타임스탬프이다. y열은 반드시 숫자 형식이어야 하며, 예측 대상 값을 넣어야 한다.

위의 내용을 참고해 수집한 데이터에서 결손치를 제거하고, 날짜 열 이름을 ds로 변경한 후 중위값을 계산하여 열 y로 추가합니다. 다음 소스 코드를 실행합니다.

```
In [4]: # 결손치 제거
        all_tables_year.dropna(inplace=True)

        # 열 이름 영문으로 변경
        all_tables_year.rename(columns={'날짜' : 'ds'}, inplace=True)

        # 중위값 열 추가
```

```
all_tables_year['y'] = all_tables_year['고가'] - ((all_tables_year['고가']
                        - all_tables_year['저가']) / 2)

all_tables_year
```

Out [4]:

	ds	종가	전일비	시가	고가	저가	거래량	y
1	2022.09.08	3260.0	15.0	3230.0	3285.0	3225.0	118787732.0	3255.0
2	2022.09.07	3275.0	90.0	3230.0	3320.0	3230.0	169937113.0	3275.0
3	2022.09.06	3185.0	5.0	3180.0	3215.0	3140.0	165583479.0	3177.5
4	2022.09.05	3190.0	5.0	3175.0	3215.0	3130.0	179710894.0	3172.5
5	2022.09.02	3185.0	30.0	3125.0	3215.0	3120.0	180224702.0	3167.5
...	...	...	...	...	...	...	...	...
9	2018.09.10	6905.0	25.0	6960.0	6970.0	6885.0	7434837.0	6927.5
10	2018.09.07	6930.0	60.0	6960.0	7040.0	6890.0	17395125.0	6965.0
11	2018.09.06	6870.0	30.0	6860.0	6900.0	6800.0	11556103.0	6850.0
12	2018.09.05	6840.0	180.0	6715.0	6865.0	6690.0	8165472.0	6777.5
13	2018.09.04	6660.0	70.0	6725.0	6760.0	6655.0	6936477.0	6707.5

990 rows × 8 columns

최종 입력 데이터프레임 준비하기

프로핏에 학습할 입력 데이터프레임을 만들겠습니다. 다음 소스 코드를 실행해 열 ds와 y로 이루어진 990개 데이터가 있는 데이터프레임을 생성합니다.

In [5]:

```
# 학습 대상 데이터프레임 생성
df = pd.DataFrame()

# 필요한 열만 추출하여 저장
df = all_tables_year[['ds', 'y']]

# 데이터프레임 정보 확인하기
df.info()
```

Out [5]:

```
<class 'pandas.core.frame.DataFrame'>
Int64Index: 990 entries, 1 to 13
Data columns (total 2 columns):
 #   Column  Non-Null Count   Dtype
---  ------  --------------   -----
 0   ds      990 non-null    object
 1   y       990 non-null    float64
dtypes: float64(1), object(1)
memory usage: 23.2+ KB
```

Section 04 데이터 학습 및 시각화

1 데이터 학습하기

프로핏 라이브러리를 사용해 데이터 학습을 진행하겠습니다. 다음 소스 코드를 실행해 프로핏 객체를 생성하고, 앞서 준비한 데이터프레임을 fit() 메서드 인수로 사용합니다.

In [6]:
```
# 프로핏 모델 객체 만들기
m = Prophet()

# 데이터프레임 학습하기
m.fit(df)
```
Out [6]:
```
<prophet.forecaster.Prophet at 0x2319064a820>
```

CHECK 정보성 로그가 추가로 출력됩니다

퀵 스타트 가이드 소스를 그대로 사용했지만, 다음과 같이 정보성 로그가 추가로 출력됩니다.

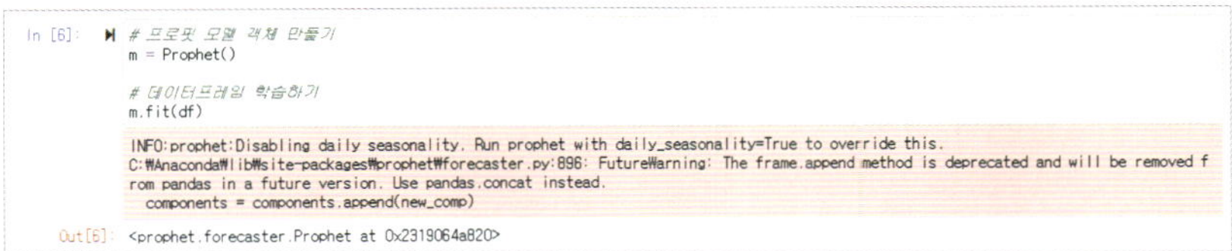

```
In [6]:  # 프로핏 모델 객체 만들기
         m = Prophet()

         # 데이터프레임 학습하기
         m.fit(df)

         INFO:prophet:Disabling daily seasonality. Run prophet with daily_seasonality=True to override this.
         C:₩Anaconda₩lib₩site-packages₩prophet₩forecaster.py:896: FutureWarning: The frame.append method is deprecated and will be removed f
         rom pandas in a future version. Use pandas.concat instead.
           components = components.append(new_comp)
Out[6]:  <prophet.forecaster.Prophet at 0x2319064a820>
```

그림 8-15 정보성 로그 출력 예시

첫 번째 줄의 daily seasonality는 비활성화되었다는 뜻이며, 활성화하는 방법을 알려주고 있습니다. 두 번째 줄 이후는 특정 소스 코드에서 더 이상 추천하지 않는(deprecated) 소스 코드를 사용하고 있다는 뜻입니다. 이러한 정보성 로그는 본 프로젝트의 최종 결과에 크게 영향을 미치지 않으므로 간단히 살펴보고 넘어가겠습니다.

예측 결과 저장용 데이터프레임 준비하기

학습한 데이터를 기반으로 예측한 데이터를 담을 추가 데이터프레임이 필요합니다. 이를 위해 프로핏의 make_futer_dataframe() 메서드를 사용합니다. 인수에는 얼마나 많은 데이터를 예측할 것인지 입력합니다.

다음 소스 코드를 실행해 1,000개의 예측 대상 데이터를 담을 데이터프레임을 만들고 값을 확인합니다. 수집한 데이터의 1,000일 이후 일자인 2025년 6월 4일이 맨 마지막 줄에 있는 것을 알 수 있습니다.

In [7]:
```
# 예측 데이터프레임 준비하기
future = m.make_future_dataframe(periods=1000)

# 끝부분 확인하기
future.tail()
```

Out [7]:

	ds
1985	2025-05-31
1986	2025-06-01
1987	2025-06-02
1988	2025-06-03
1989	2025-06-04

2 1차 예측 및 시각화

예측하기

예측에는 프로핏의 predict() 메서드를 사용합니다. 인수에는 조금 전에 만든 데이터프레임 future를 넣습니다. 그리고 예측 결과에서 확인하고자 하는 일부 열 데이터의 끝 부분을 확인합니다.

In [8]:
```
# 예측하기
forecast = m.predict(future)

# 예측 결과 끝부분 확인하기
forecast[['ds', 'yhat', 'yhat_lower', 'yhat_upper']].tail()
```

예측값 ('yhat'), 예측 최솟값 ('yhat_lower'), 예측 최댓값 ('yhat_upper')

Out [8]:

	ds	yhat	yhat_lower	yhat_upper
1985	2025-05-31	5623.281758	-6634.356377	16361.220366
1986	2025-06-01	5614.492961	-6301.546458	16409.967764
1987	2025-06-02	5948.467228	-6234.561541	16676.737769
1988	2025-06-03	5911.506889	-5997.758100	16516.576199
1989	2025-06-04	5906.759657	-6174.091946	16693.792422

yhat은 예측값을 의미하며, yhat_lower는 예측 최솟값, yaht_upper는 예측 최댓값을 의미합니다. 2025년 6월 4일까지 예측된 값이 담겨 있습니다.

단순 그래프로 시각화하기

예측한 결과를 프리핏 plot() 메서드의 인수로 설정하면 예측 결과를 쉽게 시각화할 수 있습니다. 다음 소스 코드를 실행합니다.

In [9]:
```
# 예측 결과 시각화하기
fig1 = m.plot(forecast)
```

Out [9]:

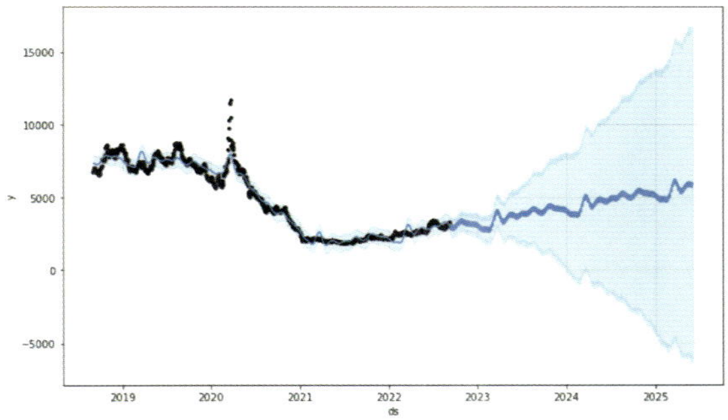

그래프를 보니 2020년부터 2021년 사이에 값이 많이 떨어지면서 전체적인 예측값의 최댓값과 최솟값을 표현하는 파란색 영역이 굉장히 크게 벌어졌습니다. 학습한 데이터의 값 변동 폭이 컸기 때문입니다.

예측 컴포넌트 그래프 확인하기

이러한 그래프 결과를 얻기 위해 프로핏은 여러 컴포넌트를 활용합니다. 프로핏의 plot_components() 메서드를 사용하면, 예측 결과에서 추출할 수 있는 여러 컴포넌트를 확인할 수 있습니다. 다음 소스 코드를 실행합니다.

In [10]:

```
# 예측 컴포넌트 확인하기
fig2 = m.plot_components(forecast)
```

Out [10]:

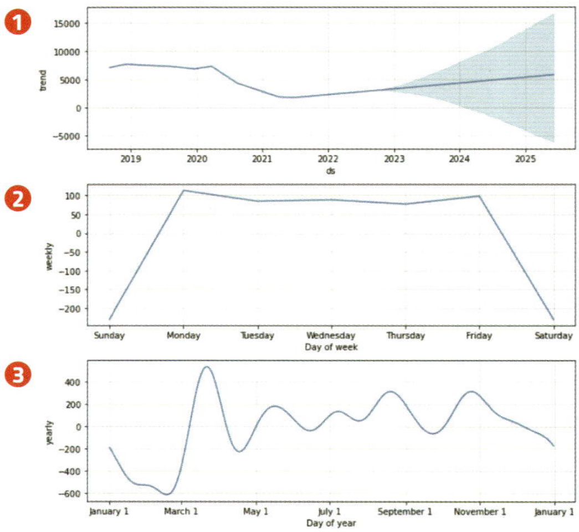

❶ 학습한 데이터와 예측한 데이터의 전반적인 흐름을 보여주는 그래프입니다.

❷ 학습한 데이터의 주 단위 데이터 흐름을 보여주는 그래프입니다. 평일에 100 정도로 유지하다가 주말에 -200 이상 하락하는 양상을 보였습니다.

❸ 학습한 데이터의 월 단위 데이터 흐름을 보여줍니다. 전반적으로 4월에 값이 가장 높았고 2월 말에 가장 낮았습니다.

3 2차 예측 및 시각화

데이터 범위 좁히기

현재 예측한 값은 변동 폭이 너무 크기 때문에 투자를 위한 지표로 사용하기에는 무리가 있어 보입니다. 예측 변동 폭이 크다는 것은 학습한 데이터의 변동 폭이 그만큼 컸다는 의미입니다. 현재는 값이 올라갈지 내려갈지도 예측하지 못하고 있습니다.

값이 크게 떨어진 시점을 보니 코로나 바이러스로 인한 팬데믹이라는 시대 상황이 크게 영향을 미친 것으로 판단할 수 있습니다. 따라서 학습 데이터의 범위를 급격하게 하강한 이후로 조정하겠습니다. 2021년 1월 1일 이후 데이터로 범위를 좁혀 소스 코드를 실행합니다.

```
In [11]: # 2차 예측을 위한 프로핏 객체 만들기
m2 = Prophet()

# 2021년 1월 1일 이후 데이터만 준비
df2 = df[df['ds'] > '2021-01-01']

# 데이터 끝 부분 확인하기
df2.tail()
```

Out [11]:

	ds	y
4	2021.01.08	2110.0
5	2021.01.07	2257.5
9	2021.01.06	2312.5
10	2021.01.05	2370.0
11	2021.01.04	2452.5

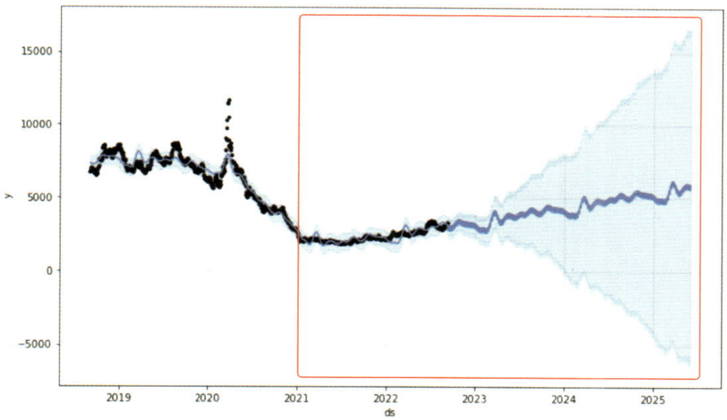

그림 8-16 2021년 이후로 범위 재조정하기

재예측하기

동일한 방법으로 다시 예측을 해 보겠습니다. 다음 소스 코드를 실행합니다. 예측 값의 변동 폭이 확실히 줄어들고 패턴이 더욱 간결해졌습니다.

```
In [12]: # 데이터 학습하기
m2.fit(df2)

# 예측 데이터프레임 만들기
future2 = m2.make_future_dataframe(periods=1000)
```

```
# 예측하기
forecast2 = m2.predict(future2)

# 예측 결과 끝부분 확인하기
forecast2[['ds', 'yhat', 'yhat_lower', 'yhat_upper']].tail()

# 시각화하기
fig3 = m2.plot(forecast2)
```

Out [12]:

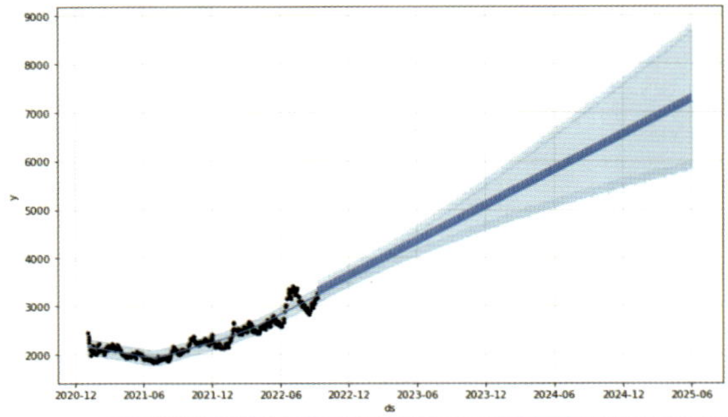

예측 컴포넌트도 확인하겠습니다. 다음 소스 코드를 실행하면 전반적인 데이터 흐름이 우상향으로 올라가는 것을 확인할 수 있습니다. 주 단위 시세 흐름은 위에서 살펴본 양상과 사뭇 다른 양상을 보입니다. 주말에는 120 선에 머물다가 평일에 -50 정도 하락하는 양상을 보입니다. 월 단위 데이터는 입력 데이터가 줄어들었기 때문에 표기되지 않는 것으로 보입니다.

In [13]:

```
# 2차 예측 컴포넌트 확인하기
fig4 = m2.plot_components(forecast2)
```

Out [13]:

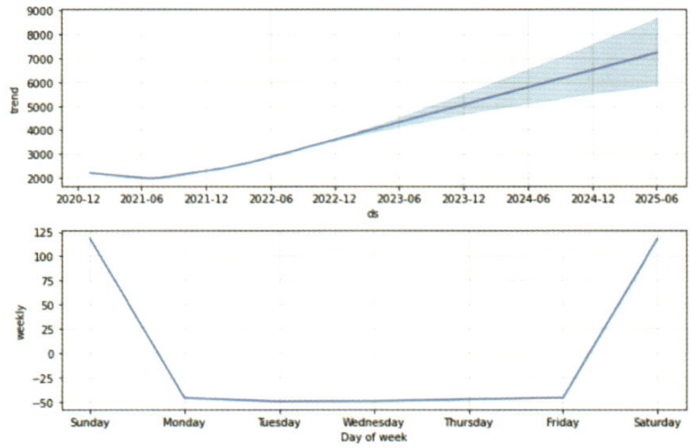

4 대화형 그래프

시계열성 그래프 결과를 분석하다 보면 기간을 변경하면서 특정 구간을 자세히 보고 싶은 경우가 많습니다. 하지만, 지금까지 그린 그래프는 정적 그래프이기 때문에 기간을 조정하려면 데이터프레임 자체를 다시 만들어야 하는 제약이 있습니다.

프로핏은 이런 경우를 위해 사용자가 실시간으로 x축을 조정할 수 있는 대화형interactive 그래프를 그리는 기능을 제공합니다. 대화형 그래프를 그리려면 plotly 모듈을 사용해야 합니다. plotly 모듈은 프로핏 설치 시 자동으로 설치되므로 따로 설치할 필요는 없지만, 추가로 탑재해야 사용할 수 있습니다.

다음 소스 코드를 실행해 plot_plotly() 메서드를 사용한 예측 그래프를 그립니다.

In [14]:
```
# plot 모듈 탑재
from prophet.plot import plot_plotly, plot_components_plotly

# 대화형 예측 그래프 그리기
plot_plotly(m2, forecast2)
```

Out [14]:

CHECK 주피터 노트북에서 프로핏을 설치하면 plotly 모듈이 제대로 설치되지 않습니다

주피터 노트북에는 소스 코드 입력 창에서 느낌표 기호(!)를 사용해 터미널 명령어를 실행하는 방법이 있습니다. 하지만 이 방법으로 프로핏 라이브러리를 설치하면 plotly 모듈이 정상적으로 설치되지 않습니다. 따라서, 이 책에서 설명한 방법대로 아나콘다 프롬프트를 열어 프로핏을 설치하기 바랍니다.

실행 결과에 그래프 2개가 보입니다. 아래에 있는 그래프는 기간을 조정할 때 사용하며, 조정한 기간에 따라 위쪽 그래프가 변합니다. 그래프 기간을 조정할 때 마우스 위치에 따라 화살표가 검은색, 흰색으로 변경됩니다.

검은색 화살표는 기간의 시작과 끝을 조정할 때 사용하며, 흰색 화살표는 기간의 시작과 끝을 고정해 좌우로 이동할 수 있게 합니다. [그림 8-17]은 2023년 결과만 확인하기 위해 기간을 조정한 예시입니다.

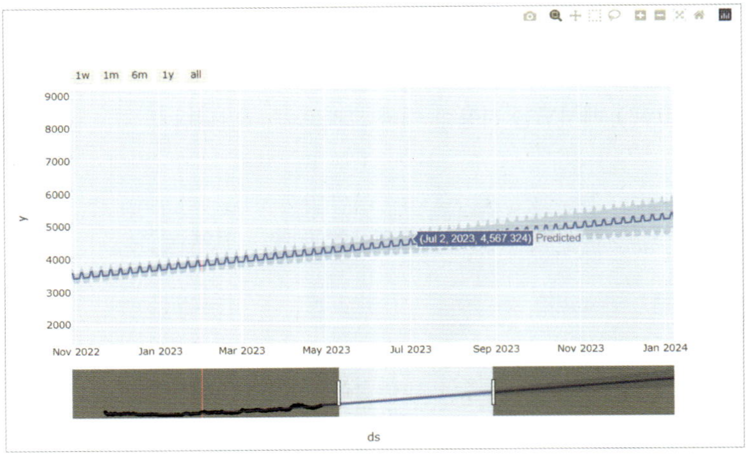

그림 8-17 대화형 그래프의 기간을 조정한 예

components_plotly() 메서드를 사용하면 예측 컴포넌트도 대화형으로 그릴 수 있습니다.

In [15]:

```
# 대화형 예측 컴포넌트 그리기
plot_components_plotly(m, forecast)
```

Out [15]:

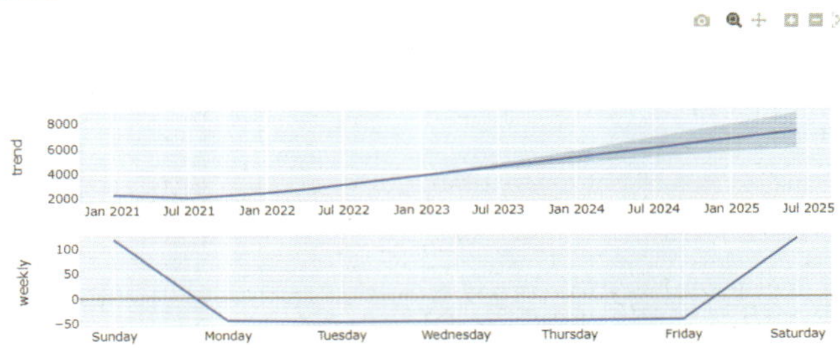

이 컴포넌트 그래프의 기간을 조정하는 방법은 조금 다릅니다. 그래프 위에 마우스를 올리면 포인

터가 더하기 기호(+) 모양으로 변경됩니다. 이때 원하는 기간을 드래그 앤 드롭하면 기간이 조정됩니다.

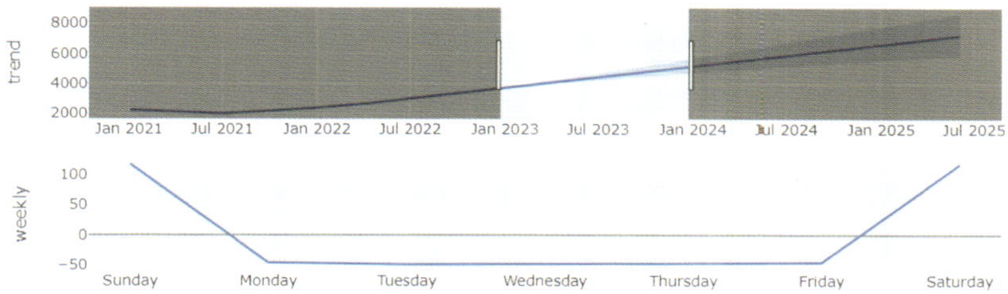

그림 8-18 대화형 컴포넌트 그래프 기간 선택

5 마무리

이번 프로젝트를 수행하면서 특정 주식 종목의 시세 예측 정보를 향후 1000일까지 확인했습니다. 1, 2차 예측을 수행하면서 확인했듯이, 동일한 종목이어도 학습한 데이터에 따라 예측 결과가 크게 달라집니다. 1차 예측 결과에서는 해당 종목이 1000일 뒤에 상승할지 하락할지 알 수 없었지만, 2차 예측 결과에서는 어느 정도 상승할 것이라는 기대를 할 수 있습니다.

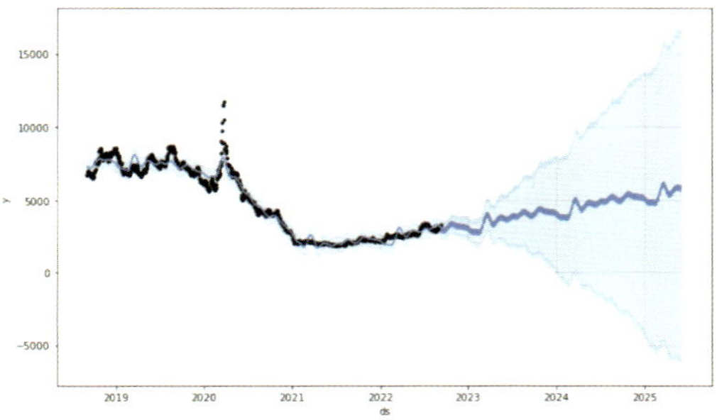

(a) 1차 예측 결과

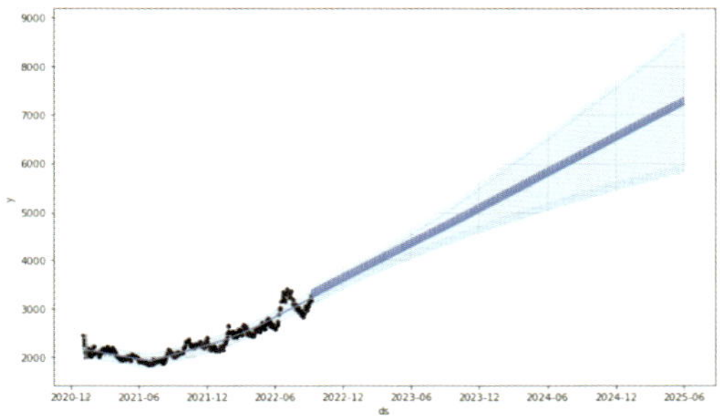

(b) 2차 예측 결과

그림 8-19 1차, 2차 예측 결과 비교

주식 시세는 시대적 상황에 따라 예측할 수 없는 변수가 굉장히 많습니다. 아무리 정교한 알고리즘을 사용한다고 해도 시세를 정확하게 예측하기는 어렵습니다.

예측의 정확성은 대상에 따라 천차만별일 수 있습니다. 물론 외부 상황으로 인한 변동 가능성이 적은 데이터도 있습니다. 예를 들어 생산 공장에서 사용하는 주요 설비의 고장을 감지하기 위해 수집하는 센서 데이터는 외부 요인에 의한 변동 가능성이 적으니 예측 정확도가 높을 것입니다. 하지만 센서 자체가 고장 나는 경우도 있고 날씨와 같은 환경의 영향을 받을 수도 있으니 예측할 수 없는 변수가 없는 것은 아닙니다.

여기서 잠깐 **예측 정확도를 올리는 방법**

낮은 예측 정확도를 개선하는 방법에는 여러 가지가 있습니다. 알고리즘을 여러 개 조합하는 방법도 있고, 각 알고리즘을 최적화하는 방법도 있습니다. 알고리즘에 대한 이해는 이 책의 범위에서 벗어나기 때문에 깊이 다루지 않을 것입니다. 대신, 마지막 장에서 알고리즘의 종류를 소개하고 있으니 참고하기 바랍니다.

직접 풀어보기

01 이번 분석 프로젝트에서 선정한 종목 이외에 본인이 관심 있는 종목의 향후 1년간 시세를 예측해 보자. 1년 후 예측 최댓값과 최솟값이 얼마인지 나열한 뒤, 투자 유무를 결정하는 분석 결과를 도출해 보자.

[실행 결과]

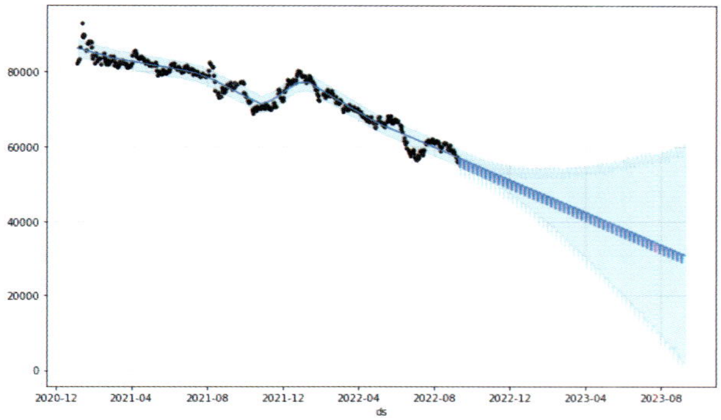

02 3장에서 수집한 대한민국 코로나 현황 데이터를 사용해 향후 1년간의 코로나 현황을 예측해 보자. 또 예측 결과를 어느 정도 신뢰할 수 있을지 토론해 보자.

요약

01 기계 학습은 컴퓨터가 데이터를 학습해 패턴을 인식하는 기술이다.

02 정해진 공식에 따라 값을 구하는 일반적인 수학 함수 계산 방식과는 반대로, 기계 학습은 값을 학습해 모르고 있던 공식을 찾는 방식이다.

03 근대 사회의 강력한 컴퓨팅 연산 처리 능력은 기계 학습 대중화에 크게 기여했고, 전문가가 아니더라도 오픈소스 라이브러리를 사용해 쉽게 기계 학습을 활용할 수 있게 되었다. 최근 인기가 높은 메타의 프로펫이 이를 가능케 하는 도구이다.

04 프로펫은 아나콘다에 포함되어 있지 않으므로 아나콘다 프롬프트를 사용해 별도로 설치해야 한다.

05 프로펫 사용법을 쉽게 이해하려면 공식 레퍼런스 문서에서 제공하는 퀵 스타트 문서를 참고하는 것이 좋다. 일반적으로 인기가 높은 오픈소스 라이브러리는 쉽고 간결한 사용법을 퀵 스타트나 게팅 스타트 문서로 공개하는 경우가 많다.

06 퀵 스타트에서 소개한 방법을 참고해 프로펫이 데이터를 학습하기 위해 반드시 지켜야 할 입력 포맷을 이해하고, 그에 맞춰 데이터를 가공한다. 프로펫은 2개의 열(ds, y)을 가진 데이터프레임을 입력해야 학습이 가능하다.

07 프로펫으로 데이터를 예측하기 위해서는 다음 순서를 지켜야 한다.

❶ 프로펫 객체 생성
❷ 데이터 학습
❸ 예측 데이터용 데이터프레임 생성
❹ 예측 수행
❺ 시각화

08 예측 데이터에 따라 결과는 크게 달라질 수 있다. 변동 폭이 클수록 예측값의 변동 폭도 크다. 경우에 따라 학습 데이터의 범위를 적절하게 조정해 학습을 수행하는 전략이 필요하다. 또한, 예측 결과는 완벽할 수 없으므로 학습 대상 데이터의 성격을 잘 이해하고 제약사항을 숙지한 상태에서 예측 결과로부터 통찰을 이끌어내는 것이 좋다.

연습문제

01 다음은 기계 학습에 관한 설명이다. 올바르지 않은 것은?

① 기계 학습은 컴퓨터가 데이터를 학습해 패턴을 인식하도록 하는 기술이다.

② 컴퓨터는 사람이 개입하지 않아도 스스로 학습할 수 있다.

③ 기계 학습 기술은 근래에 기하급수적으로 증가한 컴퓨팅 연산 능력으로 더욱 대중화되고 있다.

④ 전문가가 아니더라도 쉽게 사용할 수 있는 기계 학습 방법이 점점 많아지고 있다.

02 다음은 데이터 학습 및 예측 라이브러리로 잘 알려진 프로핏에 대한 설명이다. 올바른 것은?

① 메타에서 공개한 상용 라이브러리이며, 사용하려면 비용을 지불해야 한다.

② 이미 대중화되어 있기 때문에 아나콘다를 사용한다면 별도로 설치할 필요가 없다.

③ 높은 정확도를 제공하므로 예측 결과를 100% 신뢰할 수 있다.

④ 프로핏으로 데이터 학습을 하려면 반드시 특정 형태를 갖춘 판다스 데이터프레임이 필요하다.

03 다음은 프로핏에서 사용하는 입력 데이터프레임이 갖춰야 할 필수 조건에 대한 설명과 이를 구현하는 소스 코드이다. 빈칸 (1)과 (2)를 채워서 설명과 소스 코드를 완성하시오.

> 프로핏에 입력하는 형태는 열이 2개인 데이터프레임이어야 한다. [(1)] 열은 판다스에서 제공하는 유형을 따라야 하며, 보통 YYYY-MM-DD 형식의 일자나, YYYY-MM-DD HH:MM:SS 형식의 타임스탬프이다. [(2)] 열은 반드시 숫자 형식이어야 하며, 예측 대상 값을 넣어야 한다.

```
In [1]:  # 학습 대상 데이터프레임 생성
         df = pd.DataFrame()

         # 필요한 열만 추출하여 저장
         df = all_tables_year[['  (1)  ', '  (2)  ']]

         # 데이터프레임 정보 확인하기
         df.info()
```

연습문제

04 다음은 프로핏에서 데이터를 학습하는 소스 코드 예시이다. 빈칸에 들어갈 메서드의 올바른 이름은?

```
In [2]:  # 프로핏 모델 객체 만들기
         m = Prophet()

         # 데이터프레임 학습하기
         m.[          ](df)

Out [2]: <prophet.forecaster.Prophet at 0x2319064a820>
```

① fit

② learn

③ set

④ input

⑤ setup

05 다음은 프로핏에서 예측을 위한 데이터프레임을 준비하는 소스 코드이다. make_futer_dataframe() 메서드의 인수인 periods에 대한 설명 중 올바른 것은?

```
In [3]:  # 예측 데이터프레임 준비하기
         future = m.make_future_dataframe(periods=1000)
```

① 예측을 위해 학습할 데이터가 1000개라는 것을 지정한다.

② 예측 알고리즘을 선택하는 방법이다.

③ 예측 결과 1000개를 담기 위한 데이터프레임을 생성한다.

④ 이 소스 코드로 예측 1000번을 수행하게 된다.

06 다음은 프로핏으로 데이터를 예측하는 소스 코드의 일부이다. 빈칸을 채우시오.

```
In [4]:  # 예측하기
         forecast = m.[          ](future)
```

07 다음은 프로핏으로 예측을 완료한 데이터를 시각화한 소스 코드이다. 빈칸에 들어갈 소스 코드로 올바른 것은?

In [5]:
```
# 예측 결과 시각화하기
fig1 = m.[          ](forecast)
```

Out [5]:

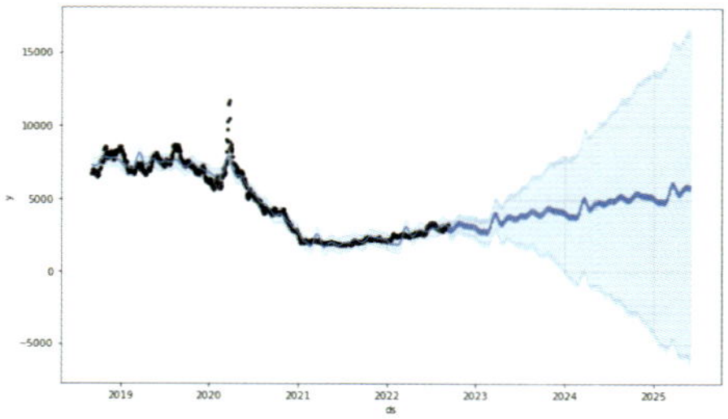

① line　　② plot

③ visualize　　④ graph

08 다음은 x축을 실시간으로 수정할 수 있는 대화형 그래프를 그리는 소스 코드이다. 2개의 빈칸에 동시에 들어갈 모듈 이름을 쓰시오.

In [6]:
```
# 추가 모듈 탑재
from prophet.plot import [          ]

# 대화형 예측 그래프 그리기
[          ](m2, forecast2)
```

Out [6]:

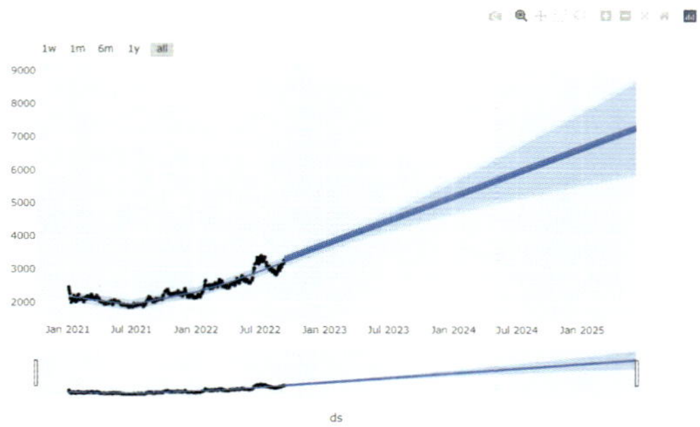

CHAPTER

09

프로그래밍 언어 사이의 연관 규칙 분석

학습목표

- 전체 데이터 셋에서 필요한 데이터만 추출할 수 있다.
- 기존 실습 데이터 분석 프로젝트의 소스 코드를 재활용할 수 있다.
- 트리맵과 워드클라우드로 시각화하여 빈도가 높은 데이터로 사전 탐색을 수행함으로써 연관 관계 분석 범위를 좁힐 수 있다.
- 기계 학습의 비지도 학습 방법 중 연관 규칙 학습을 통해 데이터 항목 간 연관 규칙을 지지도, 신뢰도, 향상도로 파악할 수 있다.
- 위 결과를 산점도 그래프와 히트맵으로 시각화해 통찰을 얻을 수 있다.

Section 01

프로젝트 개요

1 프로젝트의 목표

8장에서는 기계 학습 알고리즘을 사용해 주식 시세를 예측해 보았습니다. 흥미롭게도, 알고리즘을 구성하는 복잡한 수학 공식에 대한 깊은 이해가 없이도 누구든 라이브러리를 사용해 미래 데이터를 예측할 수 있음을 경험으로 알 수 있었을 것입니다.

이번 프로젝트에서는 또 다른 형태의 기계 학습 알고리즘을 사용해 보려고 합니다. 8장에서는 주식 시세를 나타낸 시계열성 데이터를 학습해 미래 데이터를 예측했다면, 이번 프로젝트에서는 5장에서 사용한 개발자 설문 조사 데이터를 재활용해 개발자들이 다루는 프로그래밍 언어 간의 연관 관계를 추출해 보겠습니다.

집필 의도에서 밝힌 바와 같이 기계 학습을 제대로 이해하기 위해 복잡한 알고리즘을 학습하는 것은 이 책의 범위를 벗어납니다. 하지만 기계 학습의 기본 개념을 이해하고, 오픈소스 라이브러리를 활용한 기계 학습 수행 과정을 경험하는 것은 앞으로 여러분이 고급 데이터 분석가가 되기 위해 반드시 거쳐야 하는 단계입니다.

이번 프로젝트에서는 기계 학습 라이브러리를 사용해 연관 규칙 분석을 수행하겠습니다.

2 문제 정의

데이터 분석가로 진로를 정한 대학생 신후는 열심히 파이썬을 학습하고 있습니다. 그런데, 아무래도 파이썬만 배워서는 경쟁력이 부족할 것 같습니다. 그래서 전 세계 개발자 현황 분석을 할 때 확보한 데이터로 데이터 분석가들이 다루는 프로그래밍 언어를 분석해 보아야겠다고 생각했습니다. 신후의 고민을 들어 보겠습니다.

저는 미래의 데이터 분석가, 신후입니다. 현재 파이썬을 열심히 배우고 있는데, 추가로 어떤 프로그래밍 언어를 배워야 취업 시장에서 경쟁력이 있을지 고민 중입니다. 데이터 분석가가 다루는 언어로 파이썬과 R을 많이 언급하던데, 그 두 언어를 익히면 충분할 것인지, 아니면 또 다른 프로그래밍 언어를 학습해야 할지 궁금합니다.

그래서, 전 세계의 데이터 분석가들이 다루는 프로그래밍 언어가 무엇인지 데이터를 통해 확인하고 싶습니다. 그리고 파이썬을 다루는 데이터 분석가들이 함께 다루는 대표적인 프로그래밍 언어가 무엇인지도 알고 싶습니다. 또 파이썬뿐 아니라 어떤 언어를 다루는 것이 좋을지 그래프로 표현하고 싶습니다. **제가 배운 파이썬 데이터 분석 기술로 항목 간의 연관 관계를 계산해 그래프로 그리고 싶은데, 어떻게 해야 하나요?**

5장에서는 개발자 설문 조사 응답 결과를 통해 개발자들이 사용하는 프로그래밍 언어의 비중을 확인했습니다. 9장에서는 파이썬을 사용할 수 있는 데이터 분석가가 사용할 수 있는 다른 프로그래밍 언어에는 무엇이 있는지 살펴보겠습니다. 또한 데이터 분석가들이 주로 사용하는 프로그래밍 언어는 무엇이고, 각 프로그래밍 언어 간에는 어떤 연관 관계가 있는지 시각화를 해 보겠습니다. 우선 연관 규칙 분석이 무엇인지부터 알아보겠습니다.

Section 02

연관 규칙 분석

1 연관 규칙 분석의 개념

연관 규칙 분석 Association Rule Analysis은 상품이나 서비스를 구매하는 등의 일련의 거래나 사건 안에 존재하는 항목 간의 연관 규칙을 발견하는 분석입니다.

연관 규칙 분석은 흔히 **장바구니 분석**Market Basket Analysis이라고도 합니다. 고객의 구매 기록을 분석해 상품 간의 연관성을 측정하면 다음에 고객이 어떤 상품을 구매할 때 함께 구매할 가능성이 높은 상품을 특정할 수 있는 데서 붙여진 이름입니다. 생필품을 파는 매장에서 기저귀를 구매하는 고객이 맥주를 함께 구매하는 확률이 높다는 것을 발견하고, 기저귀와 맥주를 가깝게 진열했더니 매출이 오른 경우를 예로 들 수 있습니다. 생필품 매장에서 찾을 수 있는 연관 규칙의 형태는 다음과 같습니다.

```
A를 구매하면, B를 구매할 가능성이 높다.
```

다시 말해 기저귀를 구매하는 고객이 맥주를 함께 구매할 가능성이 높다는 것입니다. 이를 벤 다이어그램으로 그려 보겠습니다. 숫자는 이해를 돕기 위한 예시입니다.

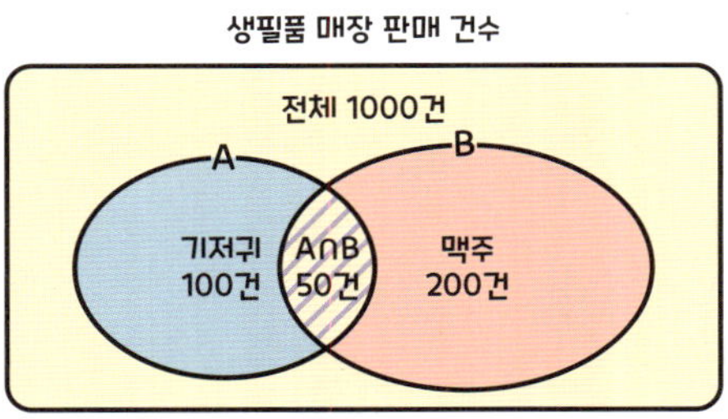

그림 9-1 연관 규칙 개념 설명을 위한 벤 다이어그램

여기서 연관 규칙을 측정하는 세 가지 지표가 등장합니다. 하나씩 알아보겠습니다.

2 지지도

지지도Support는 전체 거래 중 A(조건Antecedents)와 B(결과Consequent)가 동시에 판매되는 거래의 비율을 의미합니다. 예를 들어 [그림 9-1]과 같이 매장의 전체 거래가 1,000건인데, 기저귀와 맥주를 동시에 산 건수가 50건이라면, 지지도는 5%입니다.

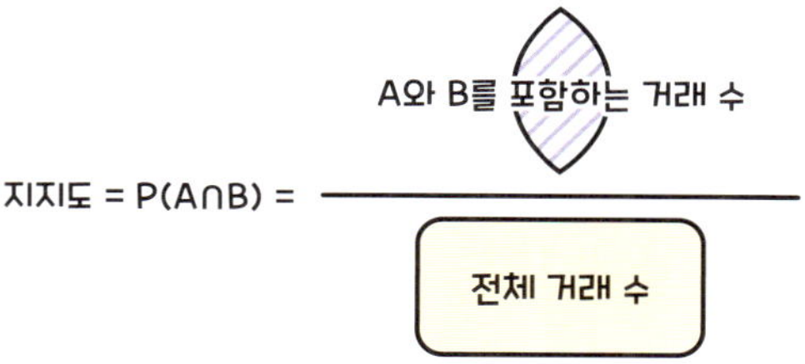

그림 9-2 연관 규칙 측정 지표 중 지지도 이해

3 신뢰도

신뢰도Confidence는 A를 구매한 거래 중 B도 함께 구매한 거래의 비율을 의미합니다. 가령, 기저귀를 구매한 100건 중 맥주도 함께 구매한 건수가 50건이라면 신뢰도는 50%입니다.

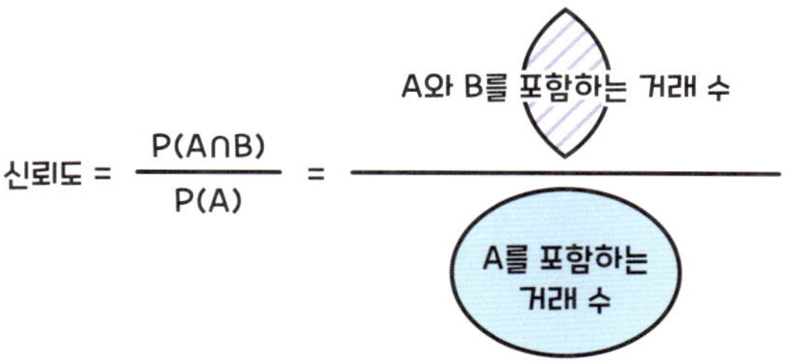

그림 9-3 연관 규칙 측정 지표 중 신뢰도 이해

4 향상도

향상도Lift는 전체 건수에서 B를 구매한 비율 대비 A를 구매했을 때 B를 구매한 비율(신뢰도)의 증가 비율입니다. 가령, 기저귀 구매 유무와 상관 없이 맥주를 구매한 비율은 전체 건수 1,000건 중

200건이므로 20%입니다. 기저귀를 구매했을 때 맥주를 구매하는 비율은 신뢰도를 의미하며 50%입니다. 그럼 향상도는 50%/20%로 2.5입니다. 이는 기저귀를 구매한 경우에 맥주를 구매할 확률이 2.5배 높다는 의미입니다. 숫자가 높을수록 확률이 올라간다고 생각하면 됩니다.

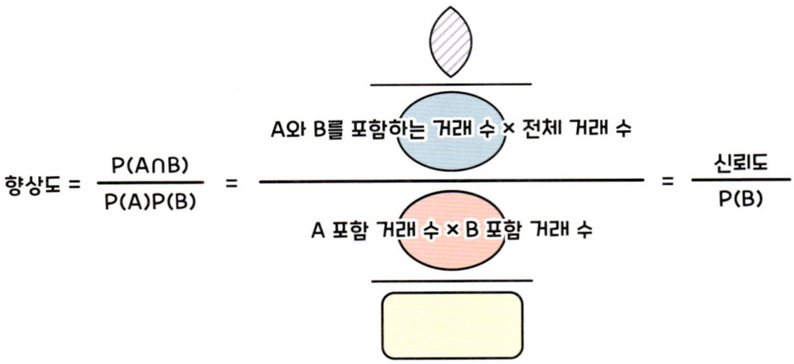

그림 9-4 연관 규칙 측정 지표 중 향상도 이해

만약 향상도가 1이면 기저귀 구매 여부는 맥주 판매량에 영향을 미치지 않는다고 생각할 수 있습니다.

5 어프라이어리

연관 규칙을 추출하려면 각 항목이 항목 집합 안에서 어떤 빈도로 출현했고 어떤 항목과 함께 출현했는지 파악해야 합니다. 하지만, 데이터 셋이 큰 경우 모든 후보 항목 집합을 하나씩 검사하는 것은 굉장히 비효율적입니다. 이러한 문제를 해결하기 위해 제시된 여러 알고리즘 중 하나가 이번 프로젝트에서 사용할 **어프라이어리**Apriori입니다.

어프라이어리 알고리즘의 원리는 **빈발 항목 집합**을 추출하는 것입니다. 빈발 항목 집합이란 지지도가 최소 이상인 항목 집합을 말합니다. 모든 항목 집합에 대한 복잡한 계산량을 줄이기 위해 최소 지지도를 정하고 그 이상의 값만 찾아 연관 규칙을 생성합니다. 만약, 항목 집합의 지지도가 사용자가 정한 최소 지지도를 넘지 못하면 연산 대상에서 제외하는 방식으로 계산량을 줄이는 것입니다.

이런 간단한 원리는 어프라이어리 알고리즘의 장점이지만, 데이터가 클수록 속도가 느려지고 연산량이 많아지는 단점이 있습니다. 이를 극복하기 위한 알고리즘도 등장했지만, 이번 프로젝트는 어프라이어리 알고리즘으로 진행하겠습니다.

Section 03

데이터 수집 및 가공

1 어프라이어리 설치하기

8장과 동일한 방법으로 외부 라이브러리를 설치하겠습니다. [윈도 ⊞] 키를 누르고 검색 창에 'anaconda prompt'를 입력합니다. 검색된 앱을 마우스 오른쪽 버튼으로 클릭하고 [관리자 권한으로 실행]을 클릭합니다.

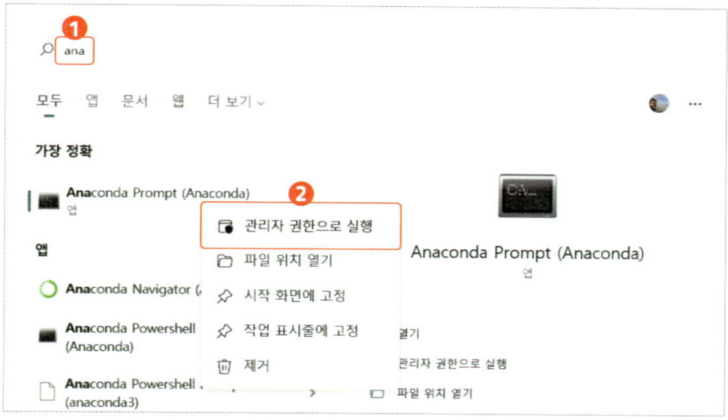

그림 9-5 아나콘다 프롬프트(Anaconda Prompt) 열기

다음의 설치 명령어를 그대로 실행합니다. `Mlxtend` 라이브러리는 이번 프로젝트에서 연관 규칙 분석을 위해 사용할 어프라이어리 알고리즘을 사용할 수 있는 기능을 제공하며, 알고리즘 적용을 하기 위해 수행해야 하는 데이터 전처리 기능도 함께 제공합니다.

명령어 실행 후 설치를 진행하겠느냐는 의미의 `Proceed ([y]/n)?` 문장에서 커서가 멈추면 y를 입력해 설치를 진행합니다.

```
conda install -c conda-forge mlxtend
```

TIP conda install 명령어를 수행할 때 -y 옵션을 지정하면 중간에 y를 입력하지 않아도 바로 설치가 됩니다.
→ `conda install -y -c conda-forge mlxtend`

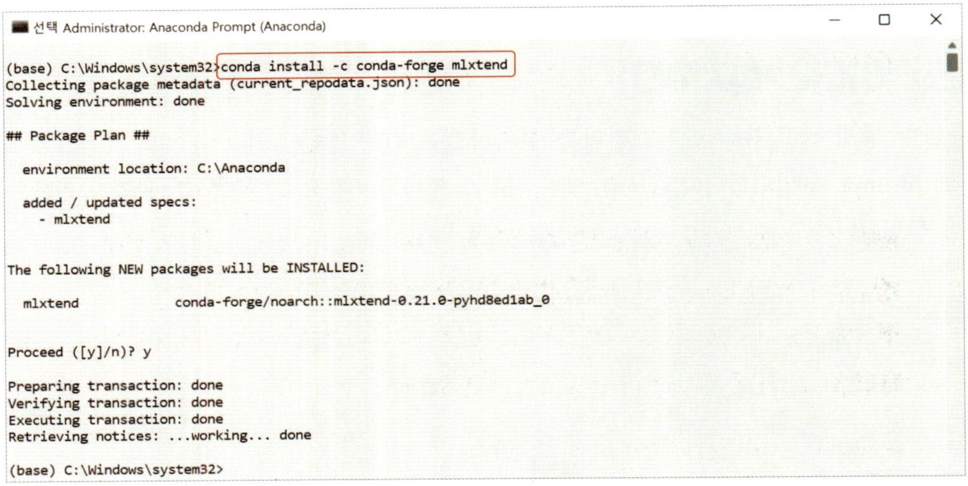

그림 9-6 아나콘다 프롬프트에서 Mlxtend 라이브러리 설치하기

추가로 프로그래밍 언어 빈도를 쉽게 확인하기 위해 워드클라우드를 만들 예정이므로, 다음 명령어를 실행해 Wordcloud 라이브러리도 함께 설치합니다.

명령어 실행 후 설치를 진행하겠느냐는 의미의 `Proceed ([y]/n)?` 문장에서 커서가 멈추면 y를 입력해 설치를 진행합니다.

```
conda install -c conda-forge wordcloud
```

TIP conda install 명령어를 수행할 때 -y 옵션을 지정하면 중간에 y를 입력하지 않아도 바로 설치가 됩니다.
→ `conda install -y -c conda-forge wordcloud`

```
Administrator: Anaconda Prompt (Anaconda)

(base) C:\Windows\system32>
(base) C:\Windows\system32>conda install -c conda-forge wordcloud
Collecting package metadata (current_repodata.json): done
Solving environment: done

## Package Plan ##

  environment location: C:\Anaconda

  added / updated specs:
    - wordcloud


The following packages will be downloaded:

    package                    |            build
    ---------------------------|-----------------
    wordcloud-1.8.2.2          |   py39hb82d6ee_0         187 KB  conda-forge
    ------------------------------------------------------------
                                           Total:         187 KB

The following NEW packages will be INSTALLED:

  wordcloud          conda-forge/win-64::wordcloud-1.8.2.2-py39hb82d6ee_0


Proceed ([y]/n)? y


Downloading and Extracting Packages
wordcloud-1.8.2.2    | 187 KB    | ############################################################################ | 100%
Preparing transaction: done
Verifying transaction: done
Executing transaction: done
Retrieving notices: ...working... done

(base) C:\Windows\system32>
```

그림 9-7 아나콘다 프롬프트에서 Wordcloud 라이브러리 설치하기

2 데이터 적재하기

신규 노트북 파일을 생성하고 이름을 '9장. 프로그래밍 언어 사이의 연관 규칙 분석'으로 지정합니다. 아래 소스 코드를 실행해 개발자 설문 조사 데이터를 불러옵니다. 해당 파일은 5장에서 다운로드한 파일과 동일한 csv 파일입니다.

읽은 파일의 데이터 정보를 확인해 정상적으로 적재가 되었는지 보겠습니다. 총 79개 열이 있는 7,368건의 데이터가 데이터프레임 raw_data에 저장되어 있습니다.

```
In [1]: # 판다스 라이브러리 탑재
        import pandas as pd

        # CSV 파일 읽어오기
        raw_data = pd.read_csv("C:\data\survey_results_public.csv")
```

```
# 데이터프레임 정보 확인하기
raw_data.info()
```

Out [1]:

```
<class 'pandas.core.frame.DataFrame'>
RangeIndex: 73268 entries, 0 to 73267
Data columns (total 79 columns):
 #   Column                          Non-Null Count  Dtype
---  -----------                     --------------  -----
 0   ResponseId                      73268 non-null  int64
 1   MainBranch                      73268 non-null  object
 2   Employment                      71709 non-null  object
 3   RemoteWork                      58958 non-null  object
 4   CodingActivities                58899 non-null  object
 5   EdLevel                         71571 non-null  object
------------------------ ( 중 략 ) ------------------------
 74  TrueFalse_2                     35715 non-null  object
 75  TrueFalse_3                     35749 non-null  object
 76  SurveyLength                    70444 non-null  object
 77  SurveyEase                      70508 non-null  object
 78  ConvertedCompYearly             38071 non-null  float64
dtypes: float64(5), int64(1), object(73)
memory usage: 44.2+ MB
```

설문 조사 결과를 보기 위해 일부 데이터를 확인합니다.

In [2]:

```
# 일부 데이터 확인하기
raw_data.head()
```

Out [2]:

	ResponseId	MainBranch	Employment	RemoteWork	CodingActivities	EdLevel	LearnCode	LearnCo
0	1	None of these	NaN	NaN	NaN	NaN	NaN	
1	2	I am a developer by profession	Employed, full-time	Fully remote	Hobby;Contribute to open-source projects	NaN	NaN	
2	3	I am not primarily a developer, but I write co...	Employed, full-time	Hybrid (some remote, some in-person)	Hobby	Master's degree (M.A., M.S., M.Eng., MBA, etc.)	Books / Physical media;Friend or family member...	documentation;Blogs;Prog
3	4	I am a developer by profession	Employed, full-time	Fully remote	I don't code outside of work	Bachelor's degree (B.A., B.S., B.Eng., etc.)	Books / Physical media;School (i.e., Universit...	
4	5	I am a developer by profession	Employed, full-time	Hybrid (some remote, some in-person)	Hobby	Bachelor's degree (B.A., B.S., B.Eng., etc.)	Other online resources (e.g., videos, blogs, f...	documentation;Blc Ove

5 rows × 79 columns

3 데이터 분석가 데이터만 추출하기

이번 프로젝트에서는 데이터 분석가 데이터만 사용할 예정입니다. 5장에서 확인한 Stack OverFlow의 설문 조사 결과 페이지를 다시 보면, 다음 [그림 9-9]와 같이 개발자 타입Developer type 세션이 있습니다. 해당 값은 열 이름 중 DevType과 매핑됩니다.

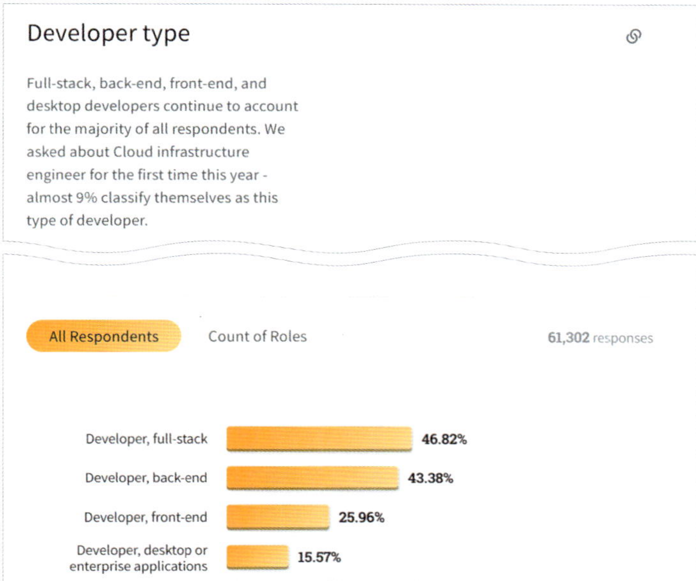

그림 9-8 설문 조사 결과에서 개발자 타입 확인하기

CSV 파일을 저장한 데이터프레임에서 해당 열(DevType)의 값을 확인하겠습니다. 값을 주의 깊게 살펴보면, 각 개발자 타입의 값이 세미콜론(;)으로 구분되어 있습니다.

```
In [3]: # 개발자 타입 열 데이터 확인하기
        raw_data['DevType']

Out [3]: 0                                                  NaN
         1                                                  NaN
         2        Data scientist or machine learning specialist;...
         3                                 Developer, full-stack
         4        Developer, front-end;Developer, full-stack;Dev...
                                                             ...
```

```
73263                                     Developer, back-end
73264         Data scientist or machine learning specialist
73265     Developer, full-stack;Developer, desktop or en...
73266     Developer, front-end;Developer, desktop or ent...
73267     Developer, front-end;Engineer, data;Engineer, ...
Name: DevType, Length: 73268, dtype: object
```

어떤 개발자 타입이 있는지 확인하기 위해 각 개발자 타입 문자열을 구분자인 세미콜론으로 나눈 리스트로 변경하겠습니다. 데이터프레임의 열을 선택한 후 str 객체를 호출해 split() 메서드를 사용합니다. 다음 소스 코드를 실행합니다.

In [4]:
```
# 문자열을 리스트로 변환
dev_type = raw_data['DevType'].str.split(';')
dev_type
```

Out [4]:
```
0                                                     NaN
1                                                     NaN
2         [Data scientist or machine learning specialist...
3                                   [Developer, full-stack]
4         [Developer, front-end, Developer, full-stack, ...
                                ...
73263                               [Developer, back-end]
73264       [Data scientist or machine learning specialist]
73265     [Developer, full-stack, Developer, desktop or ...
73266     [Developer, front-end, Developer, desktop or e...
73267     [Developer, front-end, Engineer, data, Enginee...
Name: DevType, Length: 73268, dtype: object
```

응답하지 않는 설문 결과로 보이는 결손치(NaN)가 보입니다. dropna() 메서드로 결손치를 제거하겠습니다. 73,268건의 데이터가 61,302건으로 줄어들었습니다.

In [5]:
```
# 결손치 제거
dev_type.dropna(inplace=True)
dev_type
```

```
Out [5]:
2           [Data scientist or machine learning specialist...
3                                    [Developer, full-stack]
4           [Developer, front-end, Developer, full-stack, ...
7                          [Developer, full-stack, Student]
8                                     [Developer, back-end]
                                                        ...
73263                                 [Developer, back-end]
73264        [Data scientist or machine learning specialist]
73265       [Developer, full-stack, Developer, desktop or ...
73266       [Developer, front-end, Developer, desktop or e...
73267       [Developer, front-end, Engineer, data, Enginee...
Name: DevType, Length: 61302, dtype: object
```

explode() 메서드를 사용해 리스트의 항목을 행으로 나눕니다.

```
In [6]:
# 리스트 항목을 각 행으로 나누기
exploded_dev_type = dev_type.explode()
exploded_dev_type
```

```
Out [6]:
2            Data scientist or machine learning specialist
2                                      Developer, front-end
2                                            Engineer, data
2                                Engineer, site reliability
3                                     Developer, full-stack
                                                        ...
73267                             Data or business analyst
73267                                             Designer
73267                                            Scientist
73267                                      Product manager
73267                                 System administrator
Name: DevType, Length: 164790, dtype: object
```

이제 unique() 메서드를 사용해 유일한 값 리스트를 구하겠습니다. 데이터 타입 중 데이터 분석가로 볼 수 있는 항목은 Data scientist or machine learning specialist와 Data or business analyst입니다.

```
In [7]: # 유일한 값 확인하기
        exploded_dev_type.unique()
```

```
Out [7]: array(['Data scientist or machine learning specialist',
                'Developer, front-end', 'Engineer, data',
                'Engineer, site reliability', 'Developer, full-stack',
                'Developer, back-end',
                'Developer, desktop or enterprise applications',
                'Developer, QA or test', 'Student', 'Developer, mobile',
                'Educator', 'Engineering manager', 'Database administrator',
                'Academic researcher', 'DevOps specialist',
                'Other (please specify):',
                'Developer, embedded applications or devices',
                'Developer, game or graphics', 'Project manager',
                'Cloud infrastructure engineer', 'Data or business analyst',
                'Designer', 'Scientist', 'Product manager',
                'Senior Executive (C-Suite, VP, etc.)', 'System administrator',
                'Blockchain', 'Marketing or sales professional',
                'Security professional'], dtype=object)
```

이제 이 두 항목을 포함한 리스트를 항목으로 갖는 데이터를 추출하겠습니다. 데이터프레임 필터링 기능을 사용해 대괄호([]) 안에 조건을 넣는 방법을 사용합니다. 이때 리스트 항목에 특정 항목이 있는지 확인하기 위해 isin() 메서드를 사용합니다. 다음 소스 코드를 실행하면 원하는 개발자 타입 정보만 추출해 742건이 출력됩니다.

```
In [8]: # 데이터 분석가 데이터만 추출하기
        data_analyst_data = raw_data[raw_data['DevType'].isin(['Data scientist or
                                machine learning specialist',
                                'Data or business analyst'])]

        # 데이터 타입 항목 값 확인하기
        data_analyst_data['DevType']
```

```
Out [8]: 240                          Data or business analyst
         400                          Data or business analyst
         463     Data scientist or machine learning specialist
         1089    Data scientist or machine learning specialist
```

```
1704        Data scientist or machine learning specialist
                                                     ...
73053                             Data or business analyst
73054                             Data or business analyst
73064       Data scientist or machine learning specialist
73204                             Data or business analyst
73264       Data scientist or machine learning specialist
Name: DevType, Length: 742, dtype: object
```

4 프로그래밍 언어 데이터만 추출하기

본 설문 조사의 결과로 나온 프로그래밍 언어는 굉장히 다양합니다. 데이터 분석가와 관련 있는 개발자들도 굉장히 다양한 프로그래밍 언어를 다루고 있습니다만, 모든 언어가 데이터 분석에 쓰이는 것은 아닙니다. 연관 관계 분석은 분석 대상이 많아질수록 복잡도가 증가하고 학습 시간이 기하급수적으로 늘기 때문에 학습 범위를 좁힐수록 좋습니다. 따라서, 데이터 분석에서 사용하는 프로그래밍 언어로 범위를 좁혀 보겠습니다.

데이터 분석가 관련 개발자 타입으로 확보한 데이터에서 프로그래밍 언어를 담고 있는 열의 이름은 LanguageHaveWorkedWith입니다. 다음 소스 코드를 실행해 해당 열에 있는 데이터를 확인하겠습니다. 프로그래밍 언어들이 하나의 문자열로 출력됩니다. 개발자 타입과 마찬가지로 구분자는 세미콜론(;)입니다.

In [9]:
```python
# 프로그래밍 언어 데이터 추출
languages = data_analyst_data['LanguageHaveWorkedWith']
languages
```

Out [9]:
```
240                     HTML/CSS;Python;Ruby;SQL;VBA
400                         Bash/Shell;C++;Python;SQL
463                             Bash/Shell;Python;SQL
1089                                           Python
1704              Elixir;Python;Rust;SQL;TypeScript
                                                ...
73053                           PowerShell;Python;SQL
73054                                               R
73064                          Java;Python;Scala;SQL
```

```
73204              Bash/Shell;HTML/CSS;Julia;R;SQL;VBA
73264        Bash/Shell;HTML/CSS;JavaScript;Python;SQL
Name: LanguageHaveWorkedWith, Length: 742, dtype: object
```

개발자 타입을 추출한 것과 동일한 방법으로 `str.split()` 메서드를 사용해 문자열을 리스트로 변환합니다.

```
In [10]: # 데이터 문자열 변환 후 구분자(;)로 구분
         languages = languages.str.split(';')
         languages
```

```
Out [10]: 240                    [HTML/CSS, Python, Ruby, SQL, VBA]
          400                        [Bash/Shell, C++, Python, SQL]
          463                             [Bash/Shell, Python, SQL]
          1089                                             [Python]
          1704             [Elixir, Python, Rust, SQL, TypeScript]
                                                 ...
          73053                           [PowerShell, Python, SQL]
          73054                                                 [R]
          73064                          [Java, Python, Scala, SQL]
          73204           [Bash/Shell, HTML/CSS, Julia, R, SQL, VBA]
          73264   [Bash/Shell, HTML/CSS, JavaScript, Python, SQL]
          Name: LanguageHaveWorkedWith, Length: 742, dtype: object
```

`explode()` 메서드를 사용해 리스트의 항목들을 각각 행으로 변경합니다.

```
In [11]: # 리스트 항목을 행으로 나누기
         exploded_languages = languages.explode()
         exploded_languages
```

```
Out [11]: 240        HTML/CSS
          240          Python
          240            Ruby
          240             SQL
          240             VBA
                          ...
```

```
73264    Bash/Shell
73264      HTML/CSS
73264    JavaScript
73264        Python
73264           SQL
Name: LanguageHaveWorkedWith, Length: 2566, dtype: object
```

각 프로그래밍 언어의 빈도를 구하기 위해 groupby() 메서드를 사용해 집계한 데이터에서 size() 메서드로 각 그룹의 크기를 확인합니다. 값은 그룹 크기의 역순으로 정렬합니다.

In [12]:

```
# 프로그래밍별 응답 수 구하기
size_by_languages = exploded_languages.groupby(exploded_languages).size()

# 데이터 빈도 역순으로 정렬
size_by_languages.sort_values(ascending=False, inplace=True)
size_by_languages
```

Out [12]:

```
LanguageHaveWorkedWith
Python          624
SQL             440
R               213
Bash/Shell      174

----- ( 중 략 ) -----


Elixir            2
Crystal           1
OCaml             1
COBOL             1
Erlang            1
Name: LanguageHaveWorkedWith, dtype: int64
```

시각화를 위해 현재 데이터를 데이터프레임으로 변환합니다.

In [13]:

```
# 데이터프레임 만들기 위한 딕셔너리 만들기
frame = {'language': size_by_languages.index, 'count': size_by_languages.
         values}

# 데이터프레임 만들기
size_by_languages_df = pd.DataFrame(frame)
size_by_languages_df.head()
```

Out [13]:

	language	count
0	Python	624
1	SQL	440
2	R	213
3	Bash/Shell	174
4	JavaScript	169
5	HTML/CSS	147
6	C++	113
7	Java	85
8	VBA	70
9	C	66

Section 04 워드클라우드와 트리맵

프로그래밍 언어를 추출하기에 앞서, 데이터 분석가들이 주로 사용하는 프로그래밍 언어가 무엇인지 확인하겠습니다. 5장에서는 파이 그래프를 사용했는데, 프로그래밍 언어가 워낙 많다 보니 파이 조각이 너무 작아져서 일부 데이터만 추출해 시각화를 진행했습니다. 그로 인해 잘려 나간 데이터가 보이지 않는 단점이 있었습니다.

따라서 9장에서는 모든 프로그래밍 언어를 확인하면서 각 프로그래밍 언어의 비중이 어느 정도 되는지 가늠할 수 있도록 워드클라우드와 트리맵을 사용해 시각화를 해 보겠습니다.

1 워드클라우드

먼저 사용할 도구는 **워드클라우드**Wordcloud입니다. **태그 클라우드**Tag cloud라고도 불리는 이 그래프는 메타 데이터에서 얻어진 태그들을 분석해 중요도나 인기도 등을 고려해 시각적으로 늘어놓아 웹 사이트에 표시하는 용도로 주로 사용합니다.

워드클라우드에서는 중요한 데이터를 직관적으로 알아볼 수 있도록 태그의 글자 색상이나 굵기 등의 형태를 측정 기준에 따라 다르게 적용합니다. 뉴스나 소셜 미디어 분석 자료 등에서 접한 경험이 있을 것입니다.

그림 9-9 워드클라우드의 예

라이브러리 탑재 및 예시 확인

매트플랏립으로 그래프를 그리기 위해 매트플랏립 라이브러리의 `pyplot` 모듈을 탑재하고, 앞에서 설치한 `Wordcloud` 라이브러리도 탑재합니다.

```
In [14]: # 매트플랏립 라이브러리 탑재
         import matplotlib.pyplot as plt

         # Wordcloud 라이브러리 탑재
         from wordcloud import WordCloud
```

구현할 수 있는 워드클라우드의 형태는 무척 다양합니다. 직접 사용하기 전에 `Wordcloud`의 공식 레퍼런스 문서(https://amueller.github.io/word_cloud/auto_examples/index.html)를 열어 여러 사례를 예제 코드와 함께 살펴보기 바랍니다. 레퍼런스 문서 하단에서 참고할 수 있는 소스 코드를 다운로드할 수도 있습니다.

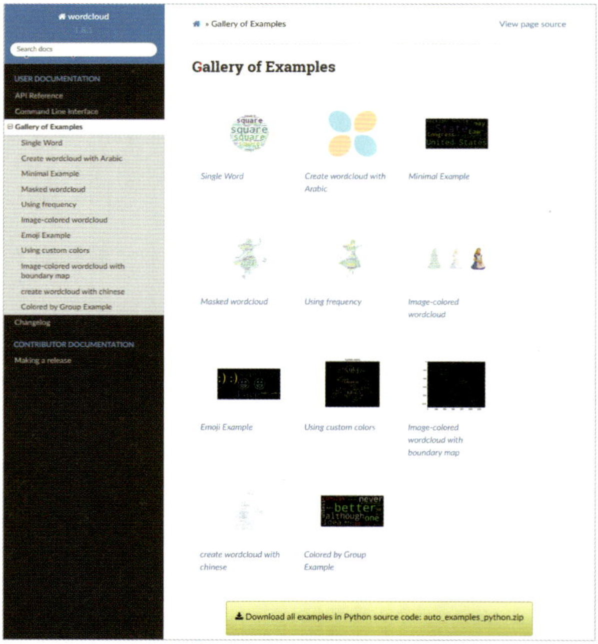

그림 9-10 워드클라우드 예시와 소스 코드

이제 본격적으로 워드클라우드를 생성하겠습니다.

워드클라우드 만들기

Wordcloud 라이브러리에 데이터를 넣으려면 프로그래밍 언어를 모두 나열한 전체 텍스트를 넣거나, 항목이 프로그래밍 언어와 크기의 쌍으로 이루어진 딕셔너리를 준비해야 합니다.

데이터는 이미 가공했으므로 데이터프레임의 to_dict() 메서드를 사용해 워드클라우드 생성에 필요한 형태로 변경합니다.

```
In [15]:  # 데이터프레임을 딕셔너리로 변경하기
          size_by_languages.to_dict()

Out [15]: {'Python': 624,
           'SQL': 440,
           'R': 213,
           'Bash/Shell': 174,
           'JavaScript': 169,
          ---- ( 중 략 ) ----
           'Elixir': 2,
           'Crystal': 1,
           'OCaml': 1,
           'COBOL': 1,
           'Erlang': 1}
```

위 딕셔너리를 사용해 워드클라우드를 만들겠습니다. 워드클라우드의 배경색은 흰색(white)으로 하겠습니다. 다음 소스 코드와 같이 generate_form_frequencies() 메서드를 실행하면 wordcloud 객체가 생성됩니다.

TIP 출력 결과의 번호는 객체 ID로 값이 동일하지 않습니다.

CHECK 내부 데이터가 어떻게 이루어져 있는지도 확인해야 합니다

앞서 데이터프레임 size_by_languages를 만들기 위해 frame이라는 딕셔너리를 만들었습니다. 그런데 이 딕셔너리로 워드클라우드를 만들면 에러가 발생합니다. 데이터 구성이 워드클라우드에 적합한 형태가 아니기 때문입니다. 데이터를 사용할 때는 데이터 타입뿐만 아니라 내부 데이터가 원하는 형태로 이루어져 있는지 반드시 확인해야 합니다.

```
In [16]:  # 워드클라우드 만들기
          wordcloud = WordCloud(background_color = 'white').generate_from_
                      frequencies(size_by_languages.to_dict())
          wordcloud
Out [16]: <wordcloud.wordcloud.WordCloud at 0x167a11fe1c0>
```

생성된 wordcloud 객체로 그래프를 그리겠습니다. 우선 다음 소스 코드를 작성해 실행합니다.

TIP 편집 모드에서 ESC 키를 누른 다음 L 키를 누르면 아래와 같이 소스 코드의 줄 번호를 확인할 수 있습니다.

```
In [17]:  01  # 워드클라우드 그리기
          02  plt.rcParams['figure.figsize'] = (10, 10)
          03  plt.imshow(wordcloud)
          04  plt.axis('off')
          05  plt.show()
```

Out [17]:

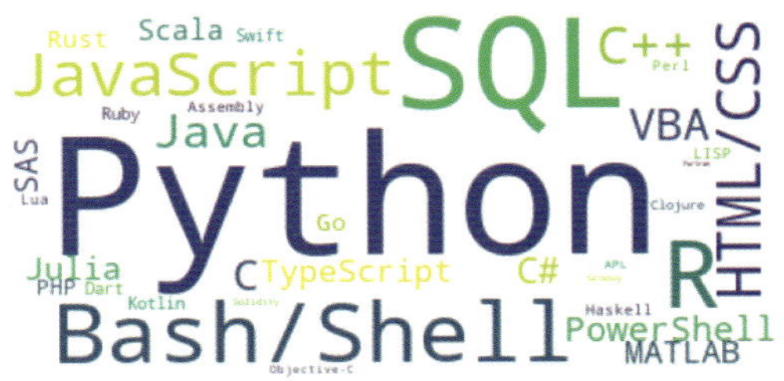

02 워드클라우드를 그릴 그래프의 가로, 세로 크기를 지정합니다. 그래프를 그릴 공간이 제한되어 있어 무한대로 커지지는 않으며, 작게 표현할 때 효과적입니다.

03 wordcloud 객체를 이미지로 표현합니다.

04 축 표기를 제거합니다. 워드클라우드에서는 좌표가 중요한 지표가 아니기 때문에 굳이 축을 표기할 필요가 없습니다.

05 그래프를 출력합니다.

Out [17]:의 워드클라우드를 보면 중앙의 Python 글자가 가장 큽니다. 이는 데이터 분석가로 분류된 개발자들이 파이썬을 가장 많이 사용한다는 의미입니다. 다음으로 SQL, Bash/Shell, R 등이 크게 보입니다.

이처럼 워드클라우드를 만들면 대략적인 빈도를 빠르게 확인할 수 있습니다. 하지만, 정확한 수치를 가늠하기에는 무리가 있습니다. 더 정량적인 방법으로 빈도를 확인하려면 트리맵을 사용하는 것이 좋습니다.

2 트리맵

트리맵Treemap은 큰 직사각형을 여러 개의 작은 직사각형으로 분할한 그래프입니다. 큰 범주에서 작은 범주로 나눠지는 것을 효과적으로 보여줄 수 있어 계층 구조나 계층(트리) 구조 데이터를 표시하는 데 적합합니다. 가장 큰 사각형은 왼쪽 상단에, 가장 작은 사각형은 오른쪽 하단에 표시됩니다.

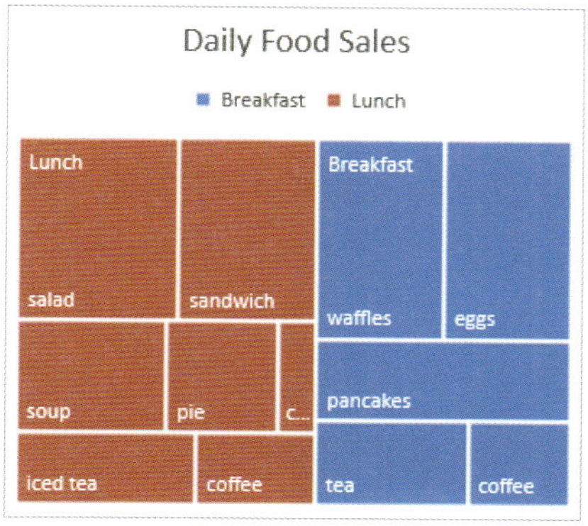

그림 9-11 트리맵의 예시

트리맵 만들기

트리맵을 그리기 위해 필요한 데이터프레임은 이미 만들어 놓았기 때문에 아주 간단하게 그릴 수 있습니다. 트리맵을 그리기 위해 필요한 `plotly.express` 모듈을 탑재한 뒤 `treemap()` 메서드로 그리면 됩니다. 다음 소스 코드를 실행합니다.

TIP 소스 코드 실행 후 붉은색 바탕의 경고 메시지가 출력되는 경우가 있습니다. 라이브러리 내부 소스 코드에서 사용한 코드가 앞으로 사용하지 못하게 될 수도 있다는 메시지이니 신경 쓰지 않아도 됩니다.

```
In [18]: # plotly.express 모듈 탑재
         import plotly.express as px

         # 트리맵 그리기
         fig = px.treemap(size_by_languages_df, path=['language'], values='count')
         fig.show()
```

Out [18]:

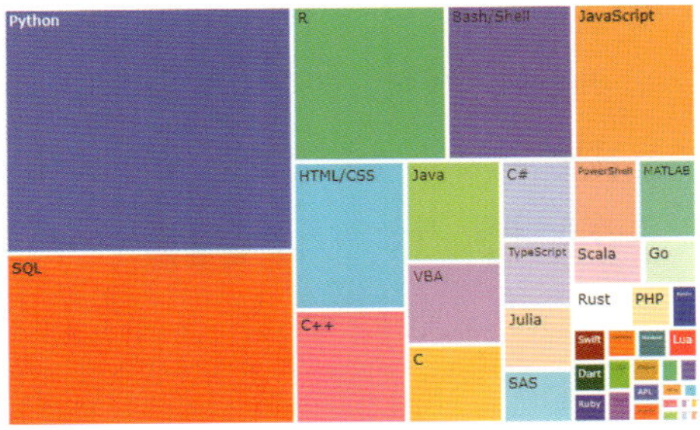

성공적으로 트리맵이 생성되었습니다. 대부분의 프로그래밍 언어가 한눈에 보이고, 차지하는 영역이 명확하게 보입니다. [그림 9-12]와 같이 마우스 포인터를 위치시키면 각 상자의 이름과 크기를 확인할 수 있습니다.

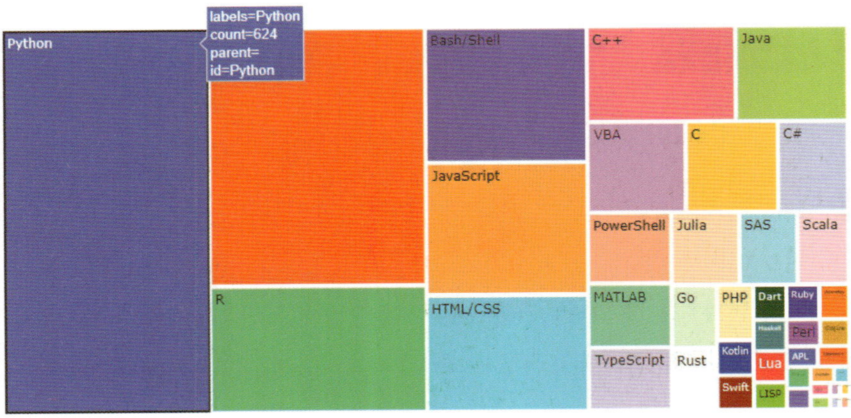

그림 9-12 각 상자의 상세 값 확인하기

Section 05

데이터 학습 및 시각화

1 데이터 2차 가공

전체 프로그래밍 언어를 빈도와 함께 파악해 보았습니다. 이제 일반적으로 데이터 분석가들이 사용하는 프로그래밍 언어만 추출하겠습니다.

데이터 분석가들이 응답한 프로그래밍 언어에서 결손치를 제거하고 필터링을 하기 위해 리스트로 변환합니다.

```
In [19]:  # 결손치 제거
          languages.dropna(inplace=True)

          # 필터링을 위한 리스트로 변환
          lang_list = languages.to_list()

          # 일부 값 확인
          lang_list[:10]

Out [19]: [['HTML/CSS', 'Python', 'Ruby', 'SQL', 'VBA'],
           ['Bash/Shell', 'C++', 'Python', 'SQL'],
           ['Bash/Shell', 'Python', 'SQL'],
           ['Python'],
           ['Elixir', 'Python', 'Rust', 'SQL', 'TypeScript'],
           ['Python'],
           ['Bash/Shell',
            'C++',
            'HTML/CSS',
            'JavaScript',
            'Python',
```

```
 'Rust',
 'SQL',
 'TypeScript'],
['Python', 'SQL'],
['Bash/Shell', 'Go', 'HTML/CSS', 'Python'],
['Bash/Shell', 'Python', 'Rust']]
```

데이터 분석가가 되기 위해 배워야 할 프로그래밍 언어를 구글에서 검색하면 다양한 결과가 나옵니다. 그중 가장 빈번하게 나오는 언어 10개를 다음과 같이 선정했습니다.

```
In [20]: # 추출 대상 프로그래밍 언어 선정
         target_langs = ['Python', 'R', 'SQL', 'MATLAB', 'Go', 'SAS', 'Scala',
                         'Julia', 'Java', 'JavaScript']
```

이제 전체 프로그래밍 언어 리스트에서 우리가 선정한 10개에 속하는 프로그래밍 언어만 남기고 나머지는 버리겠습니다. 그리고 이렇게 추출한 리스트에 파이썬이 포함되는 경우에만 학습을 진행하겠습니다. 다음 소스 코드를 실행합니다.

```
In [21]: # 필터링 완료된 프로그래밍 언어를 담기 위한 리스트 생성
         revised_lang_list = []

         # 필터링을 위해 전체 리스트 순회
         for lang in lang_list:
             filtered = [x for x in lang if x in target_langs]  ← 추출 대상 프로그래밍 언어만 필터링
             revised_lang_list.append(filtered)  ← 학습 대상 리스트에 추가

         # 필터링 결과 확인
         revised_lang_list

Out [21]: [['Python', 'SQL'],
          ['Python', 'SQL'],
          ['Python', 'SQL'],
          ['Python'],
          ['Python', 'SQL'],
```

```
------------- ( 중 략 ) --------------

 ['Python'],
 ['Python', 'SQL'],
 ['R'],
 ['Java', 'Python', 'Scala', 'SQL'],
 ['Julia', 'R', 'SQL'],
 ['JavaScript', 'Python', 'SQL']]
```

데이터 전처리

이제 연관 분석을 위한 전처리 과정을 진행하겠습니다. 현재 리스트로 되어 있는 정보를 2차원 행렬로 변경해야 합니다. 그리고 이 2차원 행렬에는 각 프로그래밍 언어의 출현 여부를 표기합니다.

TIP 전처리 방식에 대한 상세한 설명이 궁금하다면 어프라이어리 레퍼런스 문서를 참고합니다.

In [22]:
```
# 전처리 라이브러리 탑재
from mlxtend.preprocessing import TransactionEncoder

# 전처리기 생성
te = TransactionEncoder()

# 전처리 수행
te_ary = te.fit(revised_lang_list).transform(revised_lang_list)
te_ary
```

Out [22]:
```
array([[False, False, False, ..., False,  True, False],
       [False, False, False, ..., False,  True, False],
       [False, False, False, ..., False,  True, False],
       ...,
       [False, False, False, ..., False,  True, False],
       [False,  True, False, ..., False,  True,  True],
       [False, False,  True, ..., False,  True, False]])
```

이 전처리 결과를 데이터프레임으로 변환한 후 값을 확인합니다.

```
In [23]: # 전치리 결과를 데이터프레임으로 변환
         new_languages = pd.DataFrame(te_ary, columns=te.columns_)
         new_languages
```

Out [23]:

	Go	Java	JavaScript	Julia	MATLAB	Python	R	SAS	SQL	Scala
0	False	False	False	False	False	True	False	False	True	False
1	False	False	False	False	False	True	False	False	True	False
2	False	False	False	False	False	True	False	False	True	False
3	False	False	False	False	False	True	False	False	False	False
4	False	False	False	False	False	True	False	False	True	False
...	...	...	...	...	...	...	...	...	...	...
724	False	False	False	False	False	True	False	False	True	False
725	False	False	False	False	False	False	True	False	False	False
726	False	True	False	False	False	True	False	False	True	True
727	False	False	False	True	False	False	True	False	True	False
728	False	False	True	False	False	True	False	False	True	False

729 rows × 10 columns

실행 결과의 첫 번째 행을 보면, Python과 SQL의 값은 True이고 나머지는 False입니다. 이 정보는 In [21]:에서 리스트 항목으로 있었던 ['Python', 'SQL']과 일치하는 값입니다. 앞으로 데이터 분석 알고리즘을 수행할 때 이런 식의 데이터 변환을 자주 하게 될 테니 기억해 두기 바랍니다.

2 데이터 학습하기

이제 데이터 학습을 진행할 준비가 되었습니다. 데이터 학습은 지지도 구하기와 신뢰도, 향상도 구하기 두 단계로 진행됩니다.

지지도 구하기

학습을 위해 필요한 라이브러리를 탑재합니다. 그리고 어프라이어리 알고리즘을 사용해 각 항목의 출현 빈도를 의미하는 지지도를 구하겠습니다.

인수로 들어가는 min_support는 지지도를 구할 최솟값을 지정하며, use_colnames는 현재 데이터프레임에 있는 열 이름을 그대로 사용하기 위해 True로 설정합니다. verbose=1은 조합의 건수를 출력합니다.

```
In [24]: # 학습 알고리즘 탑재
from mlxtend.frequent_patterns import apriori, association_rules

# 지지도 구하기
freq_items = apriori(new_languages, min_support=0.01, use_colnames=True,
                     verbose=1)
```

```
Processing 55 combinations | Sampling itemset size 54
```

학습한 결과를 지지도 역순으로 상위 20건만 확인하겠습니다. Python이 포함된 결과만 추출했기 때문에 제일 윗줄의 지지도는 1입니다. 그리고 순서대로 가장 빈번하게 출현한 값들이 보입니다.

```
In [25]: # 학습 결과 확인하기
freq_items.sort_values(['support'], ascending=False).head(20)
```

Out [25]:

	support	itemsets
5	0.855967	(Python)
8	0.603567	(SQL)
32	0.517147	(Python, SQL)
6	0.292181	(R)
30	0.237311	(R, Python)
2	0.231824	(JavaScript)
35	0.213992	(R, SQL)
20	0.211248	(JavaScript, Python)
64	0.182442	(R, Python, SQL)
22	0.160494	(JavaScript, SQL)
53	0.148148	(JavaScript, Python, SQL)
1	0.116598	(Java)
14	0.098765	(Java, Python)
16	0.076818	(Java, SQL)
45	0.065844	(Java, Python, SQL)
13	0.064472	(Java, JavaScript)
41	0.060357	(Java, JavaScript, Python)
4	0.056241	(MATLAB)
27	0.056241	(MATLAB, Python)
3	0.053498	(Julia)

신뢰도와 향상도 구하기

신뢰도와 향상도를 구하려면 조금 전에 구한 지지도 데이터프레임에 각 항목 집합의 항목 개수를 포함한 데이터프레임이 필요합니다. 다음 소스 코드를 실행하면 apply() 메서드와 람다식을 사용해 구한 값을 length 열에 추가한 것을 확인할 수 있습니다.

In [26]:
```
# 항목 집합의 항목 개수 추가하기
freq_items['length'] = freq_items['itemsets'].apply(lambda x: len(x))
freq_items
```

Out [26]:

	support	itemsets	length
0	0.030178	(Go)	1
1	0.116598	(Java)	1
2	0.231824	(JavaScript)	1
3	0.053498	(Julia)	1
4	0.056241	(MATLAB)	1
...	...	...	...
78	0.017833	(R, Python, SQL, Julia)	4
79	0.019204	(R, MATLAB, Python, SQL)	4
80	0.021948	(R, SAS, Python, SQL)	4
81	0.012346	(R, Scala, Python, SQL)	4
82	0.013717	(Java, SQL, JavaScript, Python, R)	5

83 rows × 3 columns

association_rules() 메서드를 호출해 신뢰도와 향상도를 구합니다. min_threshold(최솟값 임계치)는 지표가 포함할 수 있는 최솟값을 지정합니다. 즉, 최솟값보다 낮아지는 순간부터는 계산을 더 진행하지 않습니다. min_threshold 값이 작아질수록 결괏값이 많아지면서 수행 시간은 더 길어질 것입니다.

In [27]:
```
# 신뢰도와 향상도 구하기
rules = association_rules(freq_items, min_threshold=0.01)
rules
```

Out [27]:

	antecedents	consequents	antecedent support	consequent support	support	confidence	lift	leverage	conviction
0	(JavaScript)	(Go)	0.231824	0.030178	0.013717	0.059172	1.960732	0.006721	1.030817
1	(Go)	(JavaScript)	0.030178	0.231824	0.013717	0.454545	1.960732	0.006721	1.408322
2	(Python)	(Go)	0.855967	0.030178	0.028807	0.033654	1.115166	0.002975	1.003597
3	(Go)	(Python)	0.030178	0.855967	0.028807	0.954545	1.115166	0.002975	3.168724
4	(SQL)	(Go)	0.603567	0.030178	0.017833	0.029545	0.979029	-0.000382	0.999348
...	...	...	...	...	...	...	...	...	...
437	(Java)	(R, JavaScript, Python, SQL)	0.116598	0.048011	0.013717	0.117647	2.450420	0.008119	1.078921
438	(SQL)	(R, Java, JavaScript, Python)	0.603567	0.013717	0.013717	0.022727	1.656818	0.005438	1.009219
439	(JavaScript)	(R, Java, Python, SQL)	0.231824	0.016461	0.013717	0.059172	3.594675	0.009901	1.045397
440	(Python)	(Java, JavaScript, R, SQL)	0.855967	0.013717	0.013717	0.016026	1.168269	0.001976	1.002346
441	(R)	(Java, JavaScript, Python, SQL)	0.292181	0.043896	0.013717	0.046948	1.069542	0.000892	1.003203

442 rows × 9 columns

실행 결과에서 보이는 열 중 꼭 기억해야 하는 열의 값은 다음과 같습니다.

- **antecedents**: 조건이 되는 프로그래밍 언어 리스트
- **consequents**: 결과가 되는 프로그래밍 언어 리스트

- `support`: 지지도
- `confidence`: 신뢰도
- `lift`: 향상도

이를 기반으로 실행 결과의 첫 번째 행을 해석하면 다음과 같습니다.

- JavaScript를 다룰 줄 아는 데이터 분석가가 Go를 함께 다룰 가능성, 즉 전체 데이터에서 JavaScript와 Go를 함께 다룰 가능성(지지도)은 약 1%(0.013717)입니다.
- JavaScript를 다루는 데이터 분석가가 Go를 함께 다룰 가능성(신뢰도)은 약 6%(0.059172)입니다.
- 전체 데이터 분석가가 Go를 다룰 가능성에 비해서, JavaScript를 다루는 데이터 분석가가 Go를 다룰 가능성(향상도)은 약 1.96배(1.960732) 높습니다.

학습 결과를 상세히 분석하기에 앞서 시각화를 해 보겠습니다. 현재 구한 지지도, 신뢰도, 향상도와 같은 값을 한 그래프에 적절하게 표현하려면 산점도 그래프를 사용하는 것이 효과적입니다.

3 산점도 그래프

산점도(산포도) 그래프는 두 변수의 관계를 알아보는 데 유용한 그래프입니다. x축에 한 변수를, y축에 다른 변수를 설정하고 각 변수의 값을 나타내는 점을 찍어 두 변수의 관계를 파악합니다.

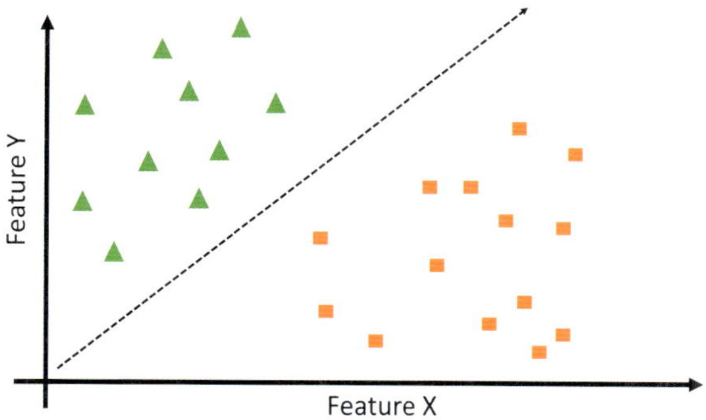

그림 9-13 산점도 그래프의 예시

`px.scatter()` 메서드를 사용해 산점도 그래프를 그리기 위한 데이터를 설정합니다. x축에는 지지도를, y축에는 신뢰도를 설정하겠습니다. 그리고 향상도는 점의 크기와 색으로 구분하겠습니다.

산점도 그래프의 데이터를 설정하고, 반환한 fig 객체에 update_layout() 메서드를 사용해 그래프에 표기할 다양한 값을 설정합니다. x축과 y축에 표기할 라벨, 제목에 보일 내용, 글꼴 이름과 색 등을 설정합니다.

TIP 소스 코드 실행 후 붉은색 바탕의 경고 메시지가 출력되는 경우가 있습니다. 라이브러리 내부 소스 코드에서 사용한 코드를 앞으로 사용하지 못하게 될 수도 있다는 메시지이니 신경 쓰지 않아도 됩니다.

In [28]:

```
# 산점도 그래프 그리기
fig=px.scatter(
    rules['support'],
    rules['confidence'],
    size=rules['lift'],
    color=rules['lift']
)

# 그래프 레이아웃 설정
fig.update_layout(
    xaxis_title='support',
    yaxis_title='confidence',
    font_family='Courier New',
    font_color='blue',
    title_font_family='Times New Roman',
    title_font_color='red',
    title=('Support vs Confidence')
)

# 그래프 출력
fig.show()
```

Out [28]:

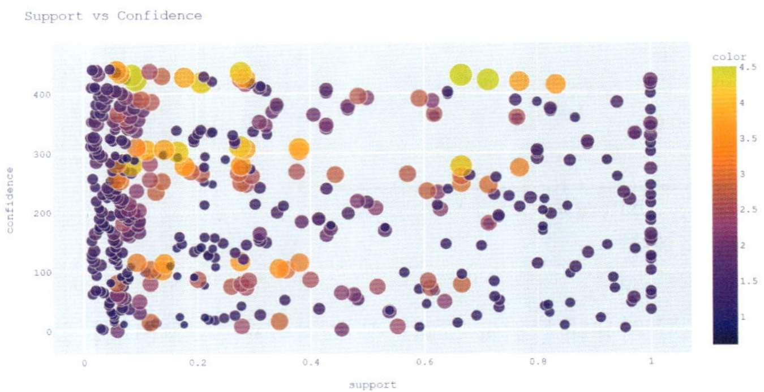

상당히 다채로운 그래프가 출력되었습니다. 점의 위치는 지지도와 신뢰도에 따라 결정됩니다. 왼쪽에 몰려 있는 값이 많은 것으로 보아 지지도가 낮은 값이 많다는 것을 알 수 있습니다. 프로그래밍 언어가 조합으로 동시에 나타나는 경우가 적다는 의미입니다.

신뢰도는 전반적으로 다양해 보입니다. 색이 밝고 큰 원은 높은 향상도를 의미합니다. 전반적으로 신뢰도가 높은 값의 향상도가 높은 경향을 보이고 있습니다.

그런데 그래프 오른쪽에 한 줄로 늘어선 데이터가 눈에 띕니다. 지지도가 1인 데이터들로, 전체 건수에 조건과 결과 프로그래밍 언어가 모두 나타난다는 의미입니다. 이는 말이 되지 않는데, scatter 함수 안에서 값이 너무 몰리는 것을 방지하기 위해 자체적으로 x축 데이터를 `0`과 `1` 사이에 정규화Normalization한 것으로 보입니다. 그리고 현재 산점도 그래프는 점에 마우스를 위치시켜도(마우스 호버hover) 어떤 조건과 결과 프로그래밍 언어인지 알 수 없습니다.

다음 [그림 9-14]와 같이 마우스를 위치시키면 조건과 결과 프로그래밍 언어를 확인할 수 있도록 학습 결과 데이터프레임에 값을 추가하겠습니다.

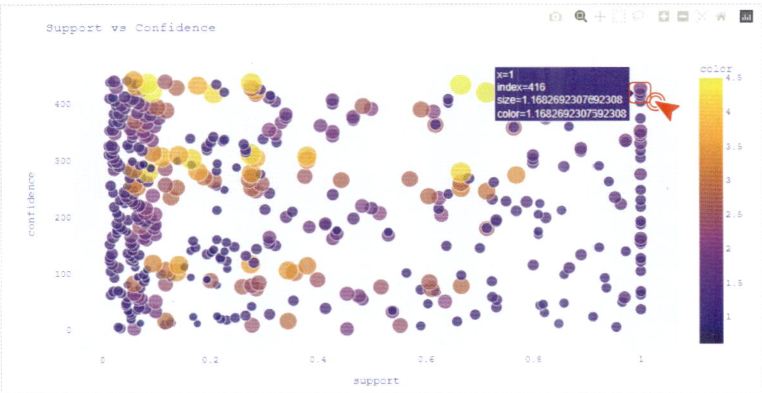

그림 9-14 산점도 그래프에서 특정 데이터의 값을 마우스 호버로 확인하기

산점도 그래프 수정하기

`Out [29]:`의 실행 결과를 보면 `antecedents` 열과 `consequents` 열의 데이터들이 괄호로 묶여 있습니다. 일반 문자열이 아니라 `Set` 타입의 데이터이기 때문입니다. 정확히는 파이썬의 기본 데이터 타입인 `frozenset`입니다. 이 데이터는 가공하지 않으면 그래프에 출력할 수 없습니다. 따라서 이 두 열의 `frozenset`을 문자열로 변경한 열을 추가하겠습니다.

In [29]:

```python
# frozenset 데이터를 문자열로 변환하여 열 추가
rules['antecedents_str'] = rules['antecedents'].apply(lambda x: ','.
                           join(list(x)))
rules['consequents_str'] = rules['consequents'].apply(lambda x: ','.
                           join(list(x)))
rules
```

Out [29]:

	antecedents	consequents	antecedent support	consequent support	support	confidence	lift	leverage	conviction	antecedents_str	consequents_str
0	(Go)	(JavaScript)	0.030178	0.231824	0.013717	0.454545	1.960732	0.006721	1.408322	Go	JavaScript
1	(JavaScript)	(Go)	0.231824	0.030178	0.013717	0.059172	1.960732	0.006721	1.030817	JavaScript	Go
2	(Python)	(Go)	0.855967	0.030178	0.028807	0.033654	1.115166	0.002975	1.003597	Python	Go
3	(Go)	(Python)	0.030178	0.855967	0.028807	0.954545	1.115166	0.002975	3.168724	Go	Python
4	(SQL)	(Go)	0.603567	0.030178	0.017833	0.029545	0.979029	-0.000382	0.999348	SQL	Go
...	...	...	...	...	...	...	...	...	...	...	...
437	(Python)	(R, Java, SQL, JavaScript)	0.855967	0.013717	0.013717	0.016026	1.168269	0.001976	1.002346	Python	R,Java,SQL,JavaScript
438	(Java)	(Python, SQL, R, JavaScript)	0.116598	0.048011	0.013717	0.117647	2.450420	0.008119	1.078921	Java	Python,SQL,R,JavaScript
439	(SQL)	(Python, Java, R, JavaScript)	0.603567	0.013717	0.013717	0.022727	1.656818	0.005438	1.009219	SQL	Python,Java,R,JavaScript
440	(R)	(Python, Java, SQL, JavaScript)	0.292181	0.043896	0.013717	0.046948	1.069542	0.000892	1.003203	R	Python,Java,SQL,JavaScript
441	(JavaScript)	(R, Python, Java, SQL)	0.231824	0.016461	0.013717	0.059172	3.594675	0.009901	1.045397	JavaScript	R,Python,Java,SQL

42 rows × 11 columns

In [30]:

```python
# 산점도 그래프 그리기
fig=px.scatter(
    rules,
    x='support',
    y='confidence',
    size='lift',
    color='lift',
    hover_data=['antecedents_str', 'consequents_str']
)

# 그래프 레이아웃 설정
fig.update_layout(
    xaxis_title='support',
    yaxis_title='confidence',
    font_family='Courier New',
    font_color='blue',
    title_font_family='Times New Roman',
    title_font_color='red',
    title=('Support vs Confidence')

)
```

```
# 그래프 출력
fig.show()
```

Out [30]:

이제 다시 산점도 그래프를 그리겠습니다. 산점도 데이터를 설정하는 부분을 변경했으니 주의해서 입력하기 바랍니다.

결과를 보면, x축에 데이터가 변경 없이 제대로 출력되는 것을 확인할 수 있으며, 점의 분포가 사뭇 달라졌습니다.

[그림 9-15]와 같이 오른쪽 상단에 있는 점에 마우스 포인터를 올려 보면, SQL을 다룰 줄 아는 데이터 분석가는 파이썬을 다루는 경우가 가장 많다는 정보가 보입니다. 지지도와 신뢰도는 높지만 향상도는 낮기 때문에 원의 크기가 작고 색이 어둡습니다. SQL을 다룰 줄 알기 때문에 파이썬을 다루게 될 확률은 그리 높지 않다고 해석할 수 있습니다.

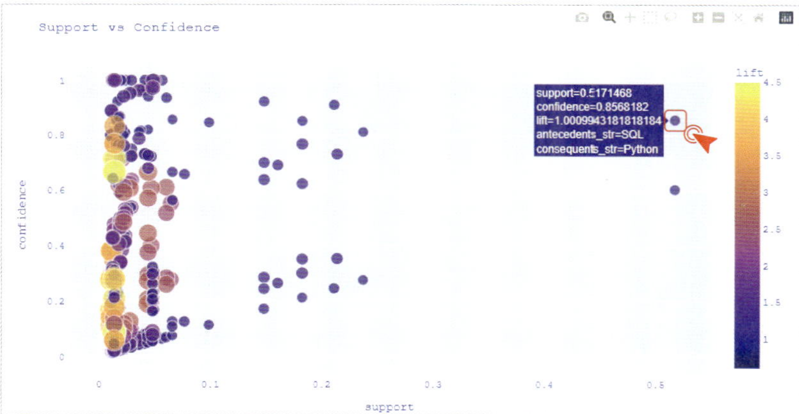

그림 9-15 오른쪽 상단의 점 데이터 확인하기

향상도가 높은 값은 오히려 왼쪽에 몰려 있습니다. 이는 지지도가 낮다는 의미입니다. 즉, 전체 데이터 대비 나타날 확률이 낮지만, 조건 프로그래밍 언어를 다룰 줄 안다면 결과 프로그래밍 언어를 다루는 경향이 더 짙다는 것을 알 수 있습니다.

가장 밝은 노란색 원이 있는 영역을 드래그해서 그래프를 확대한 후 마우스를 위치시켜 보겠습니다. Java와 R을 함께 다루는 사람은 파이썬, SQL, JavaScript를 모두 다룰 가능성이 높지만, 그런 데이터 분석가는 드물다는 뜻으로 해석할 수 있습니다.

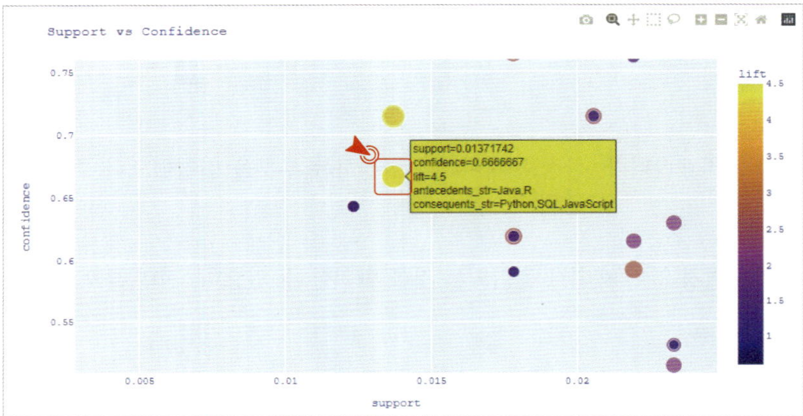

그림 9-16 향상도가 가장 높은 값 확대하여 확인하기

4 히트맵

이번 프로젝트의 목적은 파이썬 외에 어떤 언어를 배우면 좋을지 선택하는 데 도움이 될 정보를 제공하는 것입니다. 앞에서 그려 본 산점도 그래프는 전체 데이터의 경향을 파악하는 데는 도움이 되지만, 파이썬을 다룰 줄 아는 데이터 분석가가 가장 많이 사용할 줄 아는 언어가 무엇인지 알기는 쉽지 않습니다.

이 값을 쉽게 파악하기 위해 히트맵으로 그려 보겠습니다. 모든 언어를 x축과 y축에 나열하고 신뢰도 값을 설정해 어떤 조합이 가장 높은 신뢰도를 보이는지 확인할 것입니다. 히트맵은 6장에서 지하철 승하차 인원을 지도에 표기할 때 사용한 그래프입니다. 이 그래프를 이번에는 2차원 표에 그리겠습니다.

연관 관계 분석에서는 항목이 하나가 아니라 여러 개가 동시에 나올 수 있도록 결과가 도출됩니다. 이번에는 하나의 프로그래밍 언어로 이루어진 연관 관계 분석 결과를 추출해 보겠습니다. 데이터프레임의 apply 메서드와 람다식을 활용합니다.

In [31]:
```
# 항목이 하나인 값만 필터링하기
rules_for_single = rules[rules.apply(lambda x: (len(x['antecedents']) ==
                    1 and len(x['consequents']) == 1), axis=1)]
rules_for_single
```

Out [31]:

	antecedents	consequents	antecedent support	consequent support	support	confidence	lift	leverage	conviction
0	(JavaScript)	(Go)	0.231824	0.030178	0.013717	0.059172	1.960732	0.006721	1.030817
1	(Go)	(JavaScript)	0.030178	0.231824	0.013717	0.454545	1.960732	0.006721	1.408322
2	(Python)	(Go)	0.855967	0.030178	0.028807	0.033654	1.115166	0.002975	1.003597
3	(Go)	(Python)	0.030178	0.855967	0.028807	0.954545	1.115166	0.002975	3.168724
4	(SQL)	(Go)	0.603567	0.030178	0.017833	0.029545	0.979029	-0.000382	0.999348
5	(Go)	(SQL)	0.030178	0.603567	0.017833	0.590909	0.979029	-0.000382	0.969060
6	(Java)	(JavaScript)	0.116598	0.231824	0.064472	0.552941	2.385172	0.037442	1.718287
7	(JavaScript)	(Java)	0.231824	0.116598	0.064472	0.278107	2.385172	0.037442	1.223729
8	(Java)	(Python)	0.116598	0.855967	0.098765	0.847059	0.989593	-0.001039	0.941754
9	(Python)	(Java)	0.855967	0.116598	0.098765	0.115385	0.989593	-0.001039	0.998628
10	(Java)	(R)	0.116598	0.292181	0.020576	0.176471	0.603977	-0.013492	0.859494
11	(R)	(Java)	0.292181	0.116598	0.020576	0.070423	0.603977	-0.013492	0.950326
12	(Java)	(SQL)	0.116598	0.603567	0.076818	0.658824	1.091551	0.006443	1.161960
13	(SQL)	(Java)	0.603567	0.116598	0.076818	0.127273	1.091551	0.006443	1.012231
14	(Java)	(Scala)	0.116598	0.039781	0.013717	0.117647	2.957404	0.009079	1.088249
15	(Scala)	(Java)	0.039781	0.116598	0.013717	0.344828	2.957404	0.009079	1.348350
16	(JavaScript)	(Julia)	0.231824	0.053498	0.012346	0.053254	0.995448	-0.000056	0.999743
17	(Julia)	(JavaScript)	0.053498	0.231824	0.012346	0.230769	0.995448	-0.000056	0.998628
18	(MATLAB)	(JavaScript)	0.056241	0.231824	0.012346	0.219512	0.946890	-0.000692	0.984225
19	(JavaScript)	(MATLAB)	0.231824	0.056241	0.012346	0.053254	0.946890	-0.000692	0.996845

현재 프로그래밍 언어는 파이썬 기본 데이터 타입인 frozenset으로 되어 있습니다. 히트맵에 반영하기 위해 frozenset을 리스트로 변환한 뒤, 첫 번째 항목을 꺼내는 방식으로 각 프로그래밍 언어를 문자열로 변경하겠습니다. 그리고 이 2개의 값과 신뢰도로 구성된 데이터프레임을 생성하겠습니다. 다음 소스 코드를 실행합니다.

In [32]:
```
# 프로그래밍 언어 문자열로 추출
rules_for_single_df = pd.DataFrame(rules_for_single['antecedents'].
                      apply(lambda x: list(x)[0]))
rules_for_single_df['consequents'] = rules_for_single['consequents'].
                                     apply(lambda x: list(x)[0])
rules_for_single_df['confidence'] = rules_for_single['confidence']

rules_for_single_df
```

Out [32]:

	antecedents	consequents	confidence
0	JavaScript	Go	0.059172
1	Go	JavaScript	0.454545
2	Python	Go	0.033654
3	Go	Python	0.954545
4	SQL	Go	0.029545
5	Go	SQL	0.590909
6	Java	JavaScript	0.552941
7	JavaScript	Java	0.278107
8	Java	Python	0.847059
9	Python	Java	0.115385
10	Java	R	0.176471
11	R	Java	0.070423
12	Java	SQL	0.658824
13	SQL	Java	0.127273
14	Java	Scala	0.117647
15	Scala	Java	0.344828
16	JavaScript	Julia	0.053254
17	Julia	JavaScript	0.230769
18	MATLAB	JavaScript	0.219512
19	JavaScript	MATLAB	0.053254

이제 히트맵에서 사용할 데이터프레임을 생성하겠습니다. 색인이 분석 대상 프로그래밍 언어인 데이터프레임을 하나 생성합니다. 대상 프로그래밍을 순회하면서, 색인을 조건 프로그래밍 언어로 하여 나온 결과를 열에 배치하고, 값은 각 조합의 신뢰도로 설정하겠습니다. 다음 소스 코드를 실행합니다.

In [33]:

```
# 히트맵용 데이터프레임 생성, 색인은 대상 프로그래밍 언어로 설정
revised_rules_df = pd.DataFrame(index=target_langs)

# 대상 프로그래밍 언어 순회
for col in target_langs:

    # 열 설정을 위한 빈 리스트 생성
    col_conf = []
    for row in target_langs:
        confidence = rules_for_single_df[rules_for_single_
                     df['antecedents'] == row][rules_for_single_
                     df['consequents'] == col]['confidence']

        if len(confidence.values) > 0:
            col_conf.append(confidence.values[0])
```

신뢰도 확보, 조건 언어는 줄, 결과 언어는 행으로 설정

신뢰도 값이 존재하는 경우에만 행에 값 추가

```
        else:
            col_conf.append(0)

    # 완성된 열을 데이터프레임에 추가
    revised_rules_df[col] = col_conf

# 최종 데이터프레임 값 확인
revised_rules_df
```

그렇지 않은 경우 0 설정

Out [33]:

	Python	R	SQL	MATLAB	Go	SAS	Scala	Julia	Java	JavaScript
Python	0.000000	0.277244	0.604167	0.065705	0.033654	0.043269	0.044872	0.051282	0.115385	0.246795
R	0.812207	0.000000	0.732394	0.079812	0.000000	0.098592	0.065728	0.098592	0.070423	0.169014
SQL	0.856818	0.354545	0.000000	0.068182	0.029545	0.072727	0.047727	0.047727	0.127273	0.265909
MATLAB	1.000000	0.414634	0.731707	0.000000	0.000000	0.000000	0.000000	0.000000	0.000000	0.219512
Go	0.954545	0.000000	0.590909	0.000000	0.000000	0.000000	0.000000	0.000000	0.000000	0.454545
SAS	0.818182	0.636364	0.969697	0.000000	0.000000	0.000000	0.000000	0.000000	0.000000	0.000000
Scala	0.965517	0.482759	0.724138	0.000000	0.000000	0.000000	0.000000	0.000000	0.344828	0.310345
Julia	0.820513	0.538462	0.538462	0.000000	0.000000	0.000000	0.000000	0.000000	0.000000	0.230769
Java	0.847059	0.176471	0.658824	0.000000	0.000000	0.000000	0.117647	0.000000	0.000000	0.552941
JavaScript	0.911243	0.213018	0.692308	0.053254	0.059172	0.000000	0.053254	0.053254	0.278107	0.000000

이제 이 데이터프레임을 사용해 히트맵을 그리겠습니다. 히트맵을 그리는 데는 Seaborn 라이브러리의 heatmap() 메서드를 사용합니다. 인수를 annot=True로 설정해 해당 값을 출력하겠습니다.

In [34]:
```
# Seaborn 라이브러리 탑재
import seaborn as sns

# 히트맵 크기 설정
plt.figure(figsize=(15, 5))

# 히트맵 그리기
heatmap = sns.heatmap(revised_rules_df, annot=True)
```

Out [34]:

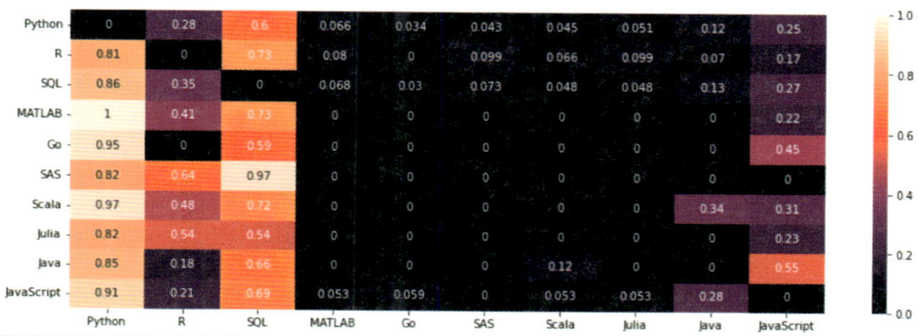

각 프로그래밍 언어가 x축과 y축에 설정되었으며, 신뢰도가 높을수록 밝은색으로 표기되고 있습니다. 실행 결과의 첫 번째 줄에 파이썬 결과가 보입니다. 파이썬을 다룰 줄 아는 사람이 가장 많이 다루는 언어는 SQL로, 무려 60%의 개발자가 파이썬과 SQL을 동시에 다루고 있습니다. SQL은 데이터베이스에서 값을 가져오는 용도로 사용하는 언어이기 때문에 아주 적합한 결과로 보입니다. R과 JavsScript가 그 뒤를 잇고 있습니다.

한 가지 더 흥미로운 값 데이터가 보입니다. 네 번째 줄에 있는 MATLAB입니다. MATLAB과 Python의 신뢰도는 100%입니다. 즉, 설문 조사에 응답한 데이터 분석가 중 MATLAB을 다룰 줄 아는 사람은 모두 Python도 다룰 수 있다는 의미입니다.

SQL도 무려 75%의 데이터 분석가가 다룰 줄 아는 것을 알 수 있습니다. MATLAB은 시뮬레이션용 언어로, 파이썬의 시각화 라이브러리인 매트플랏립의 시초가 된 언어입니다. 이 언어를 다룰 줄 아는 사람이 모두 파이썬을 다룰 수 있다는 것도 흥미롭습니다.

분석 결과를 바탕으로 신후에게 SQL을 추천할 수 있겠습니다. 실제로 SQL은 실무 현장에서 반드시 다뤄야 하는 언어이니 좋은 선택이 될 것입니다.

5 마무리

이번 프로젝트에서는 전 세계 개발자 대상으로 실행한 설문 조사 결과를 활용해 데이터 분석가와 관련 있는 개발자 타입을 추출하고, 이들이 주로 사용하는 프로그래밍 언어를 워드클라우드와 트리맵으로 그려 보았습니다.

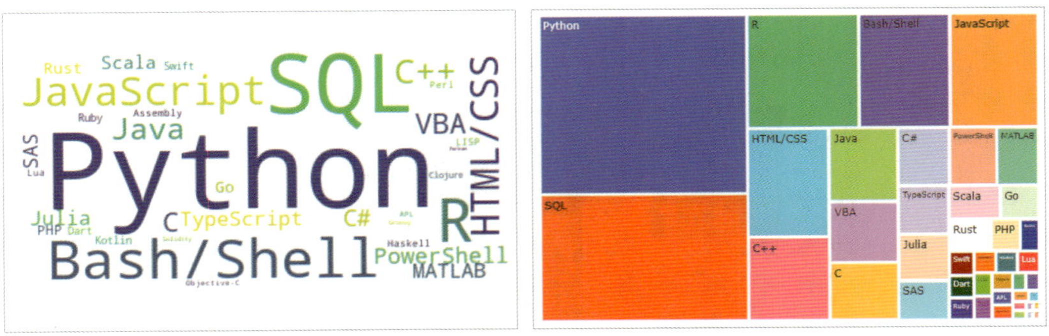

그림 9-17 프로그래밍 언어 출현 빈도 출력 결과

데이터 분석가가 주로 사용하는 프로그래밍 언어 10개를 선정한 후, 프로그래밍 언어 간의 연관 관계를 분석해 산점도 그래프로 표현했습니다. 이를 통해 전체 데이터의 연관 관계를 확인할 수 있었습니다.

다음으로 프로그래밍 언어의 신뢰도를 히트맵 그래프로 시각화했습니다. 데이터를 기반으로 도출한 이 결과를 바탕으로 신후가 파이썬 외에 배워야 할 프로그래밍 언어는 SQL이라는 것을 알 수 있었습니다.

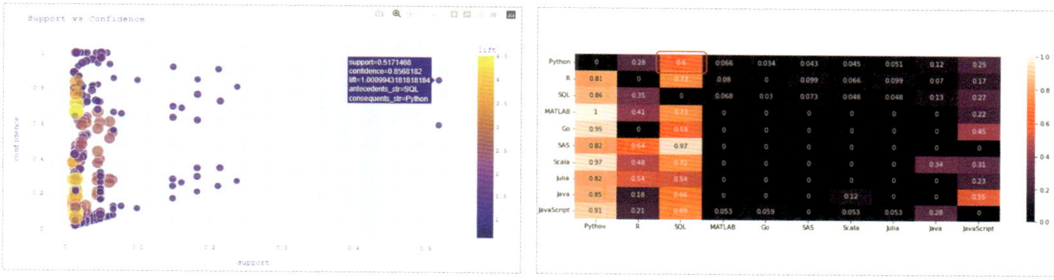

그림 9-18 산점도와 히트맵 그래프 실행 결과

이 장을 마지막으로 실습 프로젝트는 마무리되었습니다. 10장에서는 지금까지 실습한 프로젝트에서 사용한 기법들을 정리하고, 고급 데이터 분석가가 되기 위해서 앞으로 학습해야 할 내용을 소개하겠습니다.

직접 풀어보기

01 이번 프로젝트에서 사용한 데이터 셋을 재활용하여, 파이썬 프로그래밍 언어만 다룰 줄 아는 데이터 분석가의 프로그래밍 언어 연관 분석 결과를 산점도 그래프로 표현해 보자. 최종 결과는 다음과 같다.

[실행 결과]

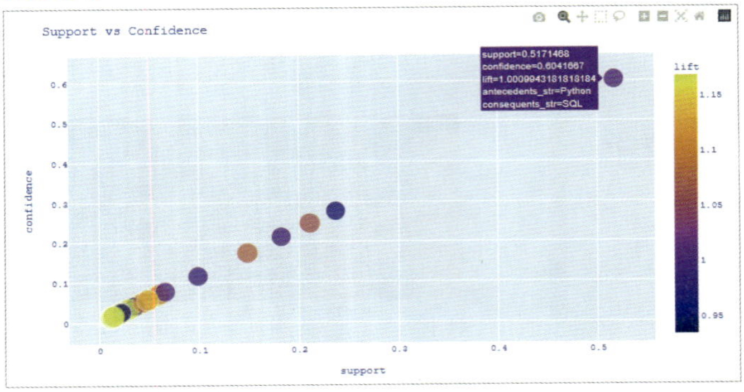

02 위 결과의 조건 프로그래밍 언어는 파이썬이다. 여기서 결과 프로그래밍 언어로 구성된 워드클라우드를 그려 보자. 최종 결과는 다음과 같다.

[실행 결과]

요약

01 이번 프로젝트에서는 개발자 설문 조사 결과 데이터를 사용해 데이터 분석가로 분류되는 개발자들이 다룰 줄 아는 프로그래밍 언어 간 연관 관계를 기계 학습 알고리즘 중 하나인 어프라이어리를 사용하여 분석해 보았다.

02 연관 관계 분석 결과를 이해하려면 세 가지 지표를 알아야 한다. 지지도(Support)는 전체 건수 중 조건 항목과 결과 항목을 동시에 갖는 비율을 말한다. 신뢰도(Confidence)는 조건 항목이 있을 때 결과 항목을 가지는 비율이다. 향상도(Lift)는 전체 건수 중 결과 항목을 갖는 비율 대비 신뢰도의 비율을 말한다.

03 프로그래밍 언어의 분포를 한눈에 파악하기 위해 워드클라우드와 트리맵 그래프를 그려 보았다. 워드클라우드는 전체 프로그래밍 언어 중 어떤 프로그래밍 언어가 더 자주 언급되는지 확인하는 데 효과적이며, 정량적인 수치를 파악하기는 어렵다. 트리맵은 상대적으로 정량적인 크기를 한눈에 확인하는 데 효과적이다.

04 데이터프레임에 저장된 데이터의 타입이 세트와 같은 집합 타입인 경우 그래프에 바로 표기할 수 없다. 이러한 데이터 타입을 문자열로 변경하는 경우, 다소 복잡한 변환은 데이터프레임의 apply() 메서드와 람다 함수를 사용해 변환할 수 있다.

05 연관 관계 분석은 항목이 많아질수록 복잡도가 올라가고 학습 시간이 기하급수적으로 증가하기 때문에 적절한 범위로 좁히는 것이 중요하다.

06 연관 관계 분석 결과는 산점도 그래프를 통해 지지도, 신뢰도, 향상도 간의 관계를 파악할 수 있다. 그래프 설정에 따라 마우스 호버로 확인할 수 있는 정보를 추가할 수 있다.

07 연관 관계 분석 결과를 변환해 프로그래밍 언어 간 신뢰도를 히트맵으로 표현해 보았다. 그 결과 파이썬을 다룰 줄 아는 데이터 분석가는 높은 확률로 SQL을 다룰 줄 아는 것으로 확인되었다.

연습문제

01 다음은 연관 관계를 측정할 수 있는 세 가지 지표이다. 예시의 답을 구하기 위해 참조해야 할 지표를 쓰시오.

지지도	신뢰도	향상도

❶ 파이썬을 다룰 줄 아는 개발자가 자바를 다룰 줄 아는 확률: [ ]

❷ 전체 구매 리스트에서 사과와 토마토를 함께 구매한 비율: [ ]

❸ 전체 학생 중 수학 만점을 받은 비율과 과학 만점을 받은 학생 중 수학 만점을 받은 비율의 차이: [ ]

02 데이터프레임 메서드에 대한 설명 중 옳지 않은 것은?

① `explode()`: 흩어져 있는 값을 하나로 합친다.

② `dropna()`: 결손치를 제거한다.

③ `apply()`: 데이터 변환이나 필터링을 한다.

④ `sort_values()`: 값을 정렬한다.

03 다음은 개발자가 다룰 줄 아는 프로그래밍 언어를 워드클라우드로 표현한 그래프이다. 이 그래프에 대한 설명으로 옳은 것은?

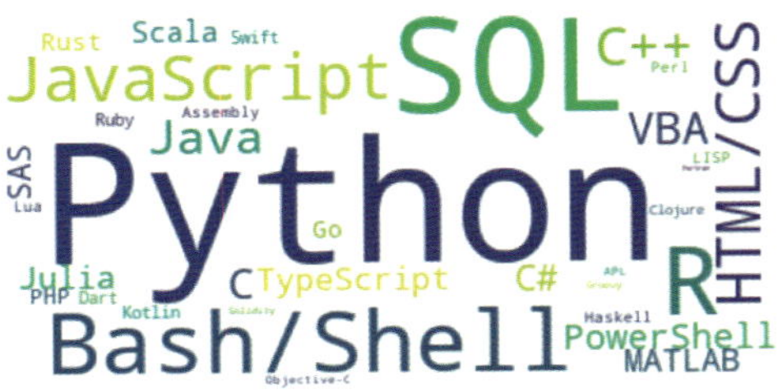

① Python을 다루는 개발자와 SQL을 다루는 개발자의 차이가 크다.

② 역사가 오래된 Assembly를 다루는 개발자는 없다.

③ 현장에서 많이 쓰이는 Java를 가장 많이 다룬다.

④ C, C++, C#을 다룰 줄 아는 개발자보다 JavaScript를 다룰 줄 아는 개발자가 더 많다.

04 다음 그래프의 이름은?

① 상자맵
② 구역맵
③ 계층맵
④ 트리맵

05 다음은 연관 관계 분석으로 얻은 지지도를 역순으로 정렬해 출력한 예시이다. 프로그래밍 언어를 3개 다룰 줄 아는 경우, 가장 높은 확률로 포함되어야 하는 프로그래밍 언어가 아닌 것은?

In [1]:
```
# 학습 결과 확인하기
freq_items.sort_values(['support'], ascending=False).head(20)
```

Out [1]:

	support	itemsets
5	0.855967	(Python)
8	0.603567	(SQL)
32	0.517147	(Python, SQL)
6	0.292181	(R)
30	0.237311	(R, Python)
2	0.231824	(JavaScript)
35	0.213992	(R, SQL)
20	0.211248	(JavaScript, Python)
64	0.182442	(R, Python, SQL)
22	0.160494	(JavaScript, SQL)
53	0.148148	(JavaScript, Python, SQL)
1	0.116598	(Java)
14	0.098765	(Java, Python)
16	0.076818	(Java, SQL)
45	0.065844	(Java, Python, SQL)
13	0.064472	(Java, JavaScript)
41	0.060357	(Java, JavaScript, Python)
4	0.056241	(MATLAB)
27	0.056241	(MATLAB, Python)
3	0.053498	(Julia)

① JavaScript ② R ③ Python ④ SQL

연습문제

06 다음은 연관 관계를 분석해 지지도를 구하는 소스 코드이다. 빈칸을 채우시오.

```
In [2]: # 학습 알고리즘 탑재
        from mlxtend.frequent_patterns import apriori, association_rules

        # 지지도 구하기
        freq_items = [          ](new_languages, min_support=0.01,
                     use_colnames=True, verbose=1)

        Processing 55 combinations | Sampling itemset size 54
```

07 다음은 데이터프레임의 값을 변환하거나 필터링하기 위해 apply 메소드를 람다식과 함께 사용한 예시이다. 각 문항의 빈칸에 들어갈 람다식을 작성하시오.

❶ frozenset으로 설정된 데이터를 리스트로 변환한 후 쉼표 기호(,)로 각 항목을 구분한 하나의 문자열로 변환

```
In [3]: rules['antecedents_str'] = rules['antecedents'].apply(lambda x:
        [          ])
```

❷ antecedents 열과 consequents 열의 데이터에 항목이 하나 있는 경우만 추출

```
In [4]: rules_for_single = rules[rules.apply(lambda x: [          ],
                           axis=1)]
        rules_for_single
```

08 다음은 연관 관계 분석으로 신뢰도와 향상도를 구하는 소스 코드이다. 빈칸을 채워 코드를 완성하시오.

```
In [5]: # 신뢰도와 향상도 구하기
        rules = [          ] (freq_items, min_threshold=0.01)
        rules
```

09 다음은 프로그래밍 언어 연관 관계를 분석한 결과를 산점도 그래프로 표현한 예시이다. 오른쪽 상단에 있는 데이터를 보고 나열한 설명 중 옳지 않은 것은?

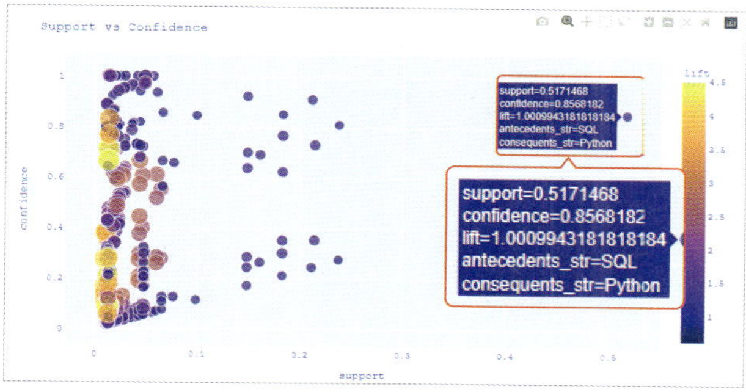

① SQL과 Python을 동시에 다루는 데이터 분석가는 전체의 50%가 넘는다.

② SQL을 다루는 데이터 분석가 중 80% 이상이 Python을 다룰 수 있다.

③ SQL을 다룰 수 있는지 여부는 Python을 다룰 수 있는 확률에 굉장히 큰 영향을 미친다.

④ 향상도가 높은 조합은 대부분 전체 데이터에서 나타날 확률이 10% 미만이다.

10 다음은 연관 관계 분석 후 프로그래밍 언어 간의 신뢰도를 히트맵으로 표현한 그래프이다. 다음 설명 중 옳은 것은?

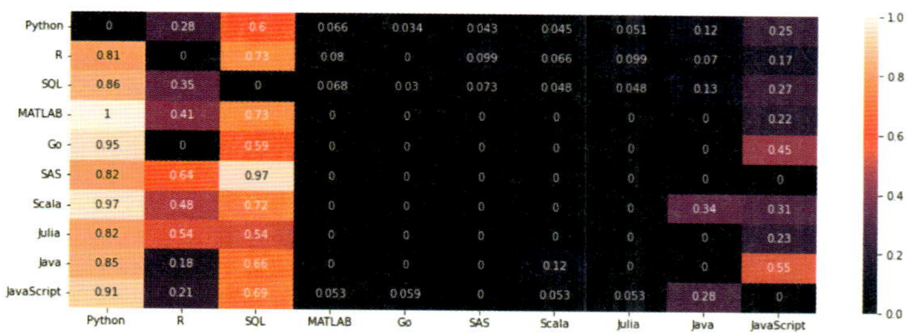

① MATLAB을 사용하는 개발자는 반드시 Python을 다룰 줄 안다.

② Python을 다루는 개발자의 80% 이상은 R을 다룰 줄 안다.

③ Java를 다루는 개발자 중 일부는 Go 언어도 다룰 줄 안다.

④ SQL을 다루는 개발자 중 97%가 SAS를 다룰 줄 안다.

CHAPTER 10

데이터 분석의 이해

학습목표

- 기업에 데이터 분석이 중요한 이유를 설명할 수 있다.
- 데이터 분석이 발전해 온 역사를 안다.
- 다양한 데이터 분석 기법을 이해하고 설명할 수 있다.
- 인공지능, 기계 학습, 딥러닝 등의 용어를 설명할 수 있다.
- 향후 데이터 분석 학습 목표를 스스로 세울 수 있다.

Section 01 데이터 분석의 유형

10장에서는 지금까지 실습한 데이터 분석 프로젝트가 어떤 데이터 분석 유형에 속하는지 알아보고, 각 분석 유형에서 사용할 수 있는 데이터 분석 기법을 살펴보겠습니다.

이 시간을 통해 앞으로 고급 데이터 분석가가 되기 위해 어떤 것을 학습해야 할지 생각하고 스스로 학습 목표를 수립할 수 있었으면 합니다.

1 데이터 분석이 점점 중요해지는 이유

근래 데이터 분석의 중요성에 대한 인식이 점점 높아짐에 따라 기업에서는 현재 데이터 분석 성숙도가 어느 정도인지 측정하려는 시도를 많이 하고 있습니다. 현재 수행할 수 있는 데이터 분석의 수준을 제대로 파악해야 부족한 부분을 알고 개선할 수 있기 때문입니다.

또한 이 과정을 통해 더 정교하고 의미 있는 결과를 도출할 수 있는 데이터 분석 능력을 갖추게 됩니다. 이는 과거와 현재 상황을 파악하는 데 도움이 될 뿐 아니라 미래 데이터 예측과 적합한 의사결정의 중요한 척도가 됩니다.

최근에는 기업에서 가장 중요한 사업의 한 부분으로 디지털 혁신, 즉 디지털 트랜스포메이션[Digital transformation]을 꼽습니다. 그동안 해 온 일을 디지털화하는 작업을 통틀어 표현하는 용어입니다.

이제 기업의 생존을 위해서는 수준 높은 데이터 분석 능력이 반드시 필요한 시대가 되었습니다. 그러므로 여러분이 데이터 분석가가 되려면 기업에서 어떻게 데이터 분석 역량을 진단하고 어떤 식으로 부족한 역량을 채우는지 이해해야 합니다.

2 데이터 분석 성숙도의 네 가지 유형

IT 기술에 대한 시장조사나 IT 컨설팅 관련 자료를 찾다 보면 가트너Gartner라는 회사가 항상 등장합니다. 가트너는 미국의 정보 기술 연구 및 자문 회사로, 세계적으로도 인지도가 높습니다. 가트너에서 개발한 수많은 도구 중 하이프 사이클Hype Cycle이라는 유명한 그래프가 있습니다. 하이프 사이클은 기술의 성숙도를 표현하기 위한 시각적 도구입니다.

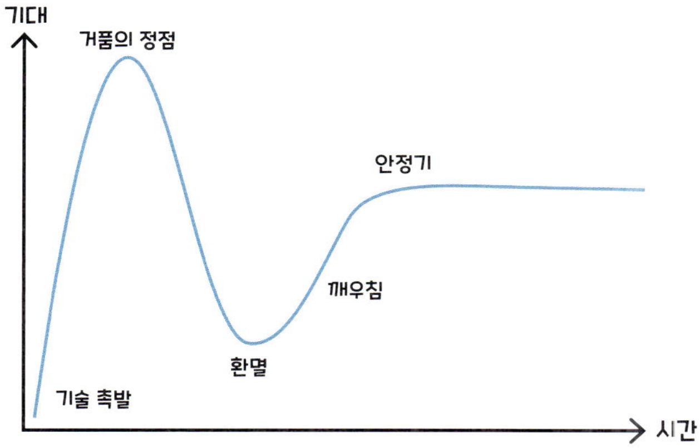

그림 10-1 가트너의 하이프 사이클

가트너 데이터 분석 성숙도 모델

기업에서 아직 데이터 분석의 성숙도를 정량적으로 측정하기 어렵던 2012년 3월에 가트너에서는 **데이터 분석 성숙도 모델**Gartner analytic ascendancy model을 발표했습니다. 이는 지금까지도 데이터 분석 성숙도를 판단하거나 기업에서 데이터 분석 역량을 높이는 계획을 수립할 때 널리 사용되고 있습니다.

이 모델에서는 데이터 분석의 유형을 다음과 같이 네 가지로 구분합니다.

- **서술 분석**Descriptive analytics: 과거 또는 현재에 발생한 사실을 다양한 기준으로 분류해 설명합니다.
- **진단 분석**Diagnostic analytics: 데이터를 이용해 특정 문제의 원인을 찾습니다.
- **예측 분석**Predictive analytics: 미래의 사실을 예측합니다.
- **처방 분석**Prescriptive analytics: 분석의 단계를 넘어 앞으로 해야 할 구체적인 행위를 제시합니다.

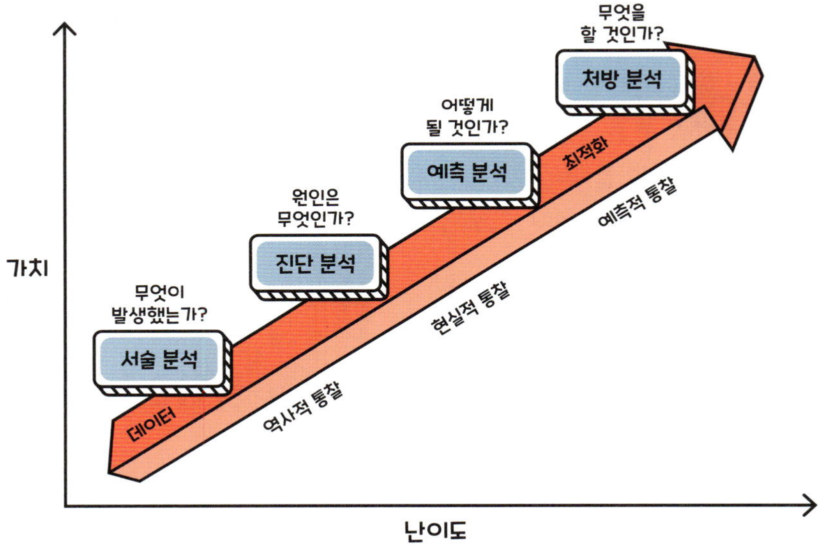

그림 10-2 가트너의 데이터 분석 성숙도 모델

[그림 10-2]의 그래프에서 x축은 난이도입니다. 오른쪽으로 갈수록 난이도가 높아집니다. y축은 가치인데, 위로 올라갈수록 더 큰 가치를 얻을 수 있다는 뜻입니다. 어려운 데이터 분석일수록 더 큰 가치를 얻을 수 있음을 알 수 있습니다.

가트너 데이터 분석 성숙도 모델의 사례

네 가지 유형을 제대로 이해하기 위해 사례를 하나 살펴보겠습니다. 여러분이 길가에서 음료수를 판매하는 사업을 한다고 가정하겠습니다. 현재 수집할 수 있는 데이터를 사용해 사업을 제대로 이해하고 부족한 부분을 개선하고 싶습니다. 가트너 데이터 분석 성숙도 모델을 이용해 데이터 분석을 실행하기 위한 유형별 질문을 정의해 보겠습니다.

- **서술 분석:** 지난 1년간 얼마나 많은 음료수를 팔았는가?
- **진단 분석:** 판매 당일 날씨는 판매량에 영향을 미쳤는가?
- **예측 분석:** 다음 달에는 얼마나 팔 수 있을까?
- **처방 분석:** 음료수 판매량을 늘리려면 어떻게 해야 하는가?

그림 10-3 노상 음료수 판매 사업에 데이터 분석 성숙 모델을 적용한 사례

질문을 살펴보면 서술 분석과 진단 분석은 과거와 현재 데이터를 분석하는 데 초점을 맞추고 있으며, 예측 분석과 처방 분석은 미래의 상황을 예측하는 데 초점을 맞추고 있습니다.

데이터 분석 유형에 따른 활용 기술

유형별로 데이터 분석 결과를 도출하는 데는 다양한 데이터 분석 기법을 사용할 수 있습니다. 다음 다이어그램에는 다양한 데이터 분석 기법의 영역이 표시되어 있습니다. 영역이 겹치는 부분이 굉장히 많습니다. 하나의 기술을 한 가지 용도로만 사용하지 않기 때문입니다.

예를 들면, 서술 분석에서 사용하는 기법을 예측 분석의 정확도를 높이기 위해 활용할 수 있습니다. 또 기존에는 진단 분석을 예측 관련 기술 없이 진행했지만 근래에는 인공지능 관련 기술을 사용해 더 정확한 진단을 내릴 수 있게 되었습니다.

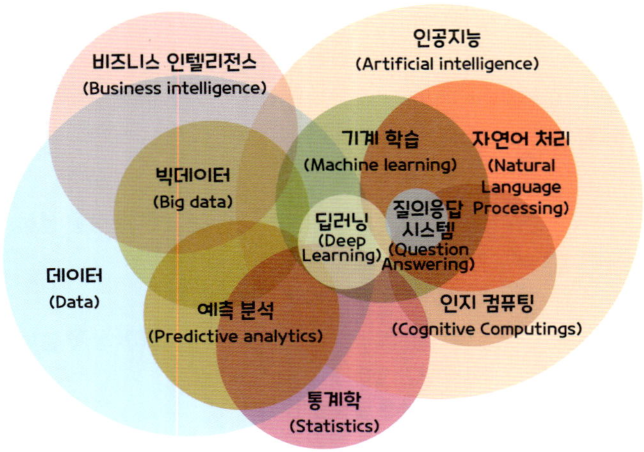

그림 10-4 다양한 데이터 분석 기법(출처: IBM)

각 데이터 분석 유형에서 주로 사용하는 기법은 다음과 같습니다.

- **서술 분석:** 통계 분석 기법 중 기술 분석
- **진단 분석:** 기계 학습의 상관 분석, 회귀 분석
- **예측 분석:** 기계 학습의 지도 학습, 비지도 학습, 강화 학습
- **처방 분석:** 위 모든 방법을 적절하게 활용해 최적화

이제 이 기법들의 개념을 하나씩 살펴보겠습니다.

Section 02

전통적 통계 데이터 분석

과거와 현재의 데이터를 집계하여 표현하거나 데이터를 시각화하여 통찰을 얻는 전통적 방식의 기술 통계 분석 기법들을 먼저 알아보겠습니다.

1 기술 통계 분석의 개념

통계 데이터 분석은 수집된 데이터를 이용해 유용한 정보를 뽑아내는 행위로, 서술 분석과 진단 분석에서 주로 사용합니다. 통계 데이터 분석은 크게 기술 통계 분석Descriptive statistics analysis과 추론 통계 분석Inferential statistics analysis으로 구분됩니다.

기술 통계의 '기술'을 뜻하는 영어는 Descriptive로, '묘사하는' 또는 '그려서 설명하는'이라는 뜻입니다. 즉, 수집한 데이터를 효과적으로 묘사하고 설명하는 통계 기법들을 말합니다. 데이터 분석을 수행하기 위해 가장 기본적으로 선행해야 하며, 이 책의 실습 프로젝트에서도 대부분 기술 통계를 수행했습니다. 기술 통계 분석의 몇 가지 기법을 살펴보겠습니다.

TIP 기술 통계 분석의 '기술'을 Technology를 의미하는 '기술'로 오해하지 않기 바랍니다.

2 기술 통계 분석의 기법

도수 분포표

도수 분포표Frequency table는 빈도표라고도 하며, 데이터를 특정 개수의 범위로 나누고 각 범위에 속한 데이터의 개수를 정리한 표입니다. 표본의 다양한 산출 분포를 목록으로 보여주는 표 그래프라고 할 수 있습니다. 5장에서 개발자 설문 조사 분석 실습 프로젝트를 수행할 때 집계한 설문 조사 결과를 데이터프레임에 담아서 값을 확인했는데, 그때 사용한 표가 도수 분포표입니다.

Response	Percentage	Responses
United States of America	18.88%	13,543
India	9.26%	6,639
Germany	7.52%	5,395
United Kingdom of Great Britain and Northern Ireland	5.84%	4,190
Canada	3.47%	2,490
France	3.25%	2,328
Brazil	2.94%	2,109
Poland	2.41%	1,732
Netherlands	2.17%	1,555
Spain	2.12%	1,521
Italy	2.11%	1,514

그림 10-5 도수 분포표의 예

히스토그램

히스토그램Histogram은 데이터를 측정한 연속적인 값을 일정 범위로 나눈 도수 분포표를 시각적으로 표현한 막대그래프입니다. 보통 x축은 범위를 나타내고, y축은 데이터 출현 빈도를 나타냅니다. 범위의 순서를 변경할 수는 없으며, 각 막대그래프가 간격 없이 붙어있는 것이 일반 막대그래프와 다른 점입니다.

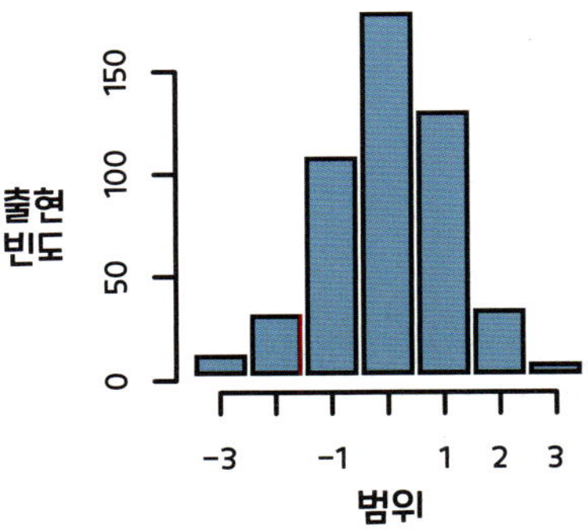

그림 10-6 히스토그램의 예

막대그래프

막대그래프 Bar graph 는 특정 범주로 나눌 수 있는 데이터를 값에 비례한 막대로 표현한 그래프입니다. 히스토그램과 같이 범주가 연속적인 데이터일 필요는 없습니다. 따라서 x축의 범주 순서는 변경될 수 있으며, 각 막대그래프는 서로 일정한 간격으로 떨어져 있습니다.

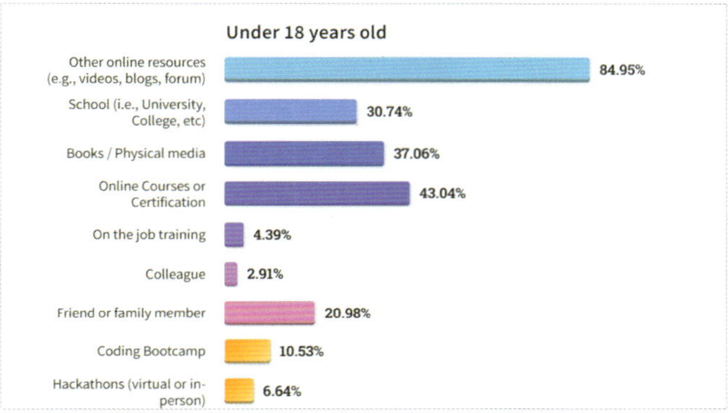

그림 10-7 막대그래프의 예

파이 그래프

파이 그래프는 원그래프 또는 파이 차트 Pie chart 라고도 합니다. 전체에 대한 각 부분의 비율을 부채꼴 모양으로 표현한 그래프입니다. 각 조각의 크기를 통해 전체에서 차지하는 비율을 한눈에 비교할 수 있다는 장점이 있습니다.

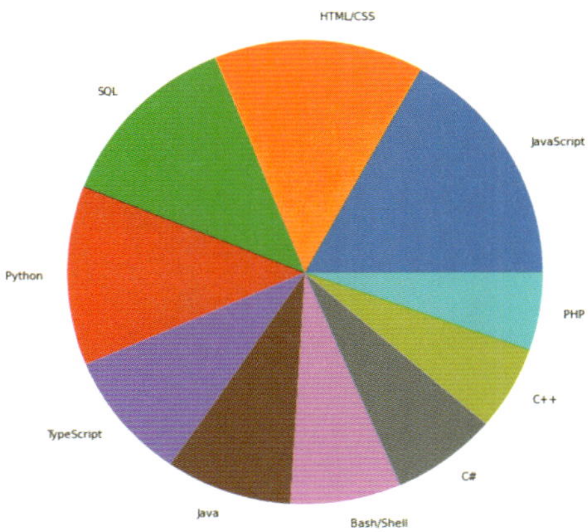

그림 10-8 파이 그래프의 예

선 그래프

선 그래프Line plot는 데이터의 값을 꼭짓점으로 표기하고, 이를 선으로 연결한 꺾은선 그래프를 의미합니다. 시계열성 데이터를 시간과 함께 표현할 때 주로 사용하는 그래프이기도 합니다.

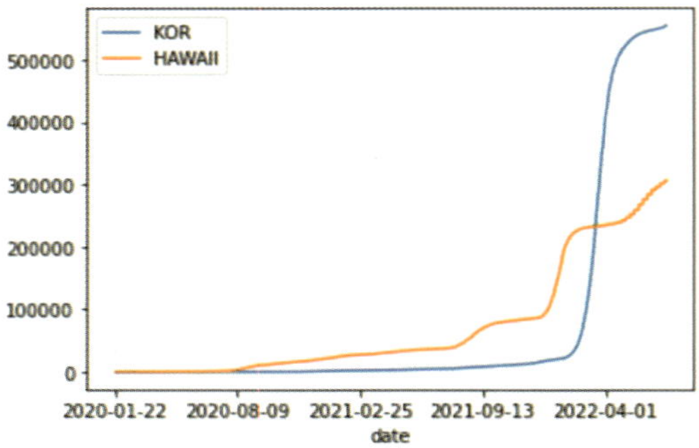

그림 10-9 선 그래프의 예

상자 수염 그래프

상자 수염 그래프Box-and-whisker plot는 앞에서 설명한 그래프들과는 다르게 여러 수치 자료를 한꺼번에 효율적으로 표현할 수 있습니다. 7장의 주식 시세 현황 분석 프로젝트에서 직접 그려 보았습니다. 이 그래프는 데이터에서 얻은 통계량인 다섯 가지 요약 수치(최솟값, 제1 사분위, 제2 사분위, 제3 사분위, 최댓값)를 표현합니다. 히스토그램과는 달리 여러 집단의 데이터도 한 공간에 쉽게 표현할 수 있습니다.

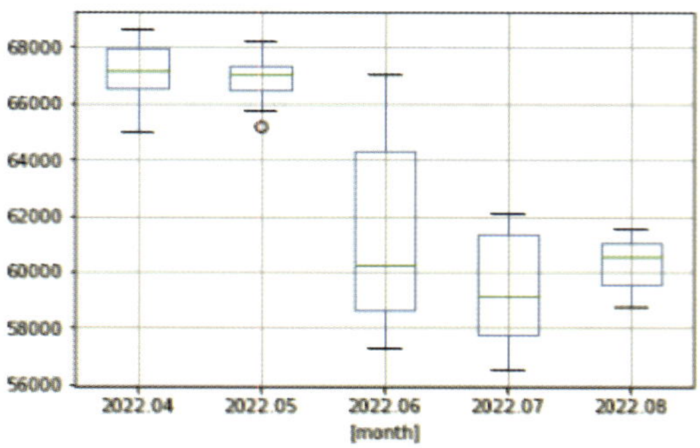

그림 10-10 상자 수염 그래프의 예

산점도 그래프

산점도 그래프Scatter graph는 직교 좌표계를 이용해 좌표상에 점들을 표기해 두 변수 간의 관계를 나타내는 그래프입니다. 이 그래프로 두 변수의 관계를 알 수 있으며, 데이터를 군집화할 때도 활용할 수 있습니다. 9장에서 데이터 분석가가 다루는 프로그래밍 언어 간 연관 관계 분석 결과를 표현하는 데 사용했습니다.

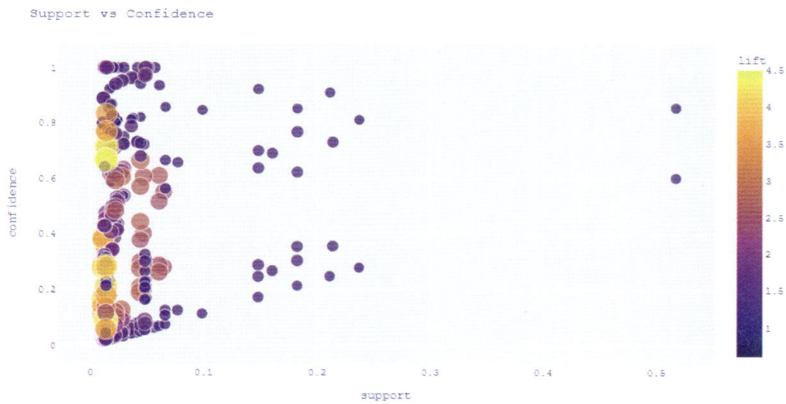

그림 10-11 산점도 그래프의 예

히트맵

히트맵Heatmap은 색상으로 표현할 수 있는 다양한 정보를 일정한 이미지 위에 열이 퍼지는 듯한 형식으로 표현하는 독특한 그래프입니다. 6장의 서울시 지하철 승/하차 인원 분석 프로젝트에서 지리적 정보와 함께 데이터 출현 빈도를 실습할 때 구현한 적이 있습니다. 또 9장의 데이터 분석가가 다루는 프로그래밍 언어의 연관 관계를 분석하는 프로젝트에서도 활용했습니다.

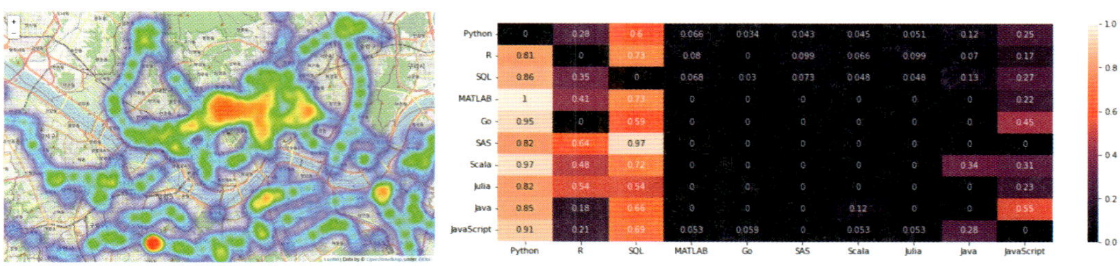

그림 10-12 히트맵의 예

트리맵

트리맵Treemap은 큰 직사각형을 여러 개의 작은 직사각형으로 분할한 그래프입니다. 큰 범주에서 작은 범주로 나뉘는 것을 효과적으로 보여줄 수 있어 계층(트리) 구조 데이터를 표시하는 데 적합합니다. 9장에서 개발자들이 다루는 프로그래밍 언어의 비중을 표시하는 데 사용했습니다.

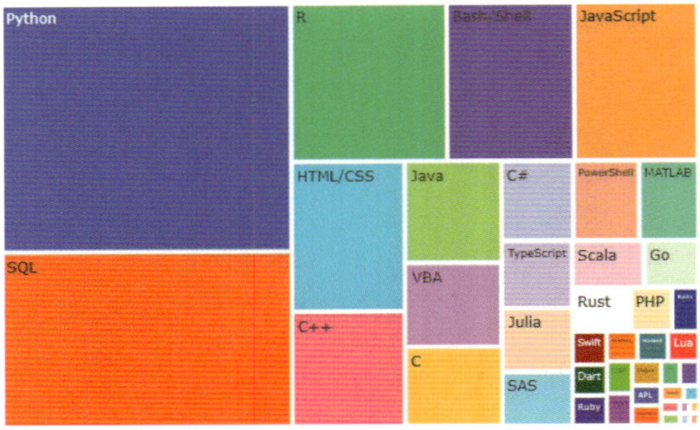

그림 10-13 트리맵의 예

워드클라우드

워드클라우드Wordcloud는 데이터에서 얻은 단어(태그)들을 분석해 시각적으로 늘어놓은 그래프로, 웹 사이트에서 정보를 표시할 때 주로 사용합니다. 데이터의 중요도나 인기도에 따라 각 태그의 글자 색상이나 굵기 등의 형태가 다르게 표시됩니다. 9장에서 개발자들이 다루는 프로그래밍 언어의 빈도를 확인하기 위해 사용했습니다.

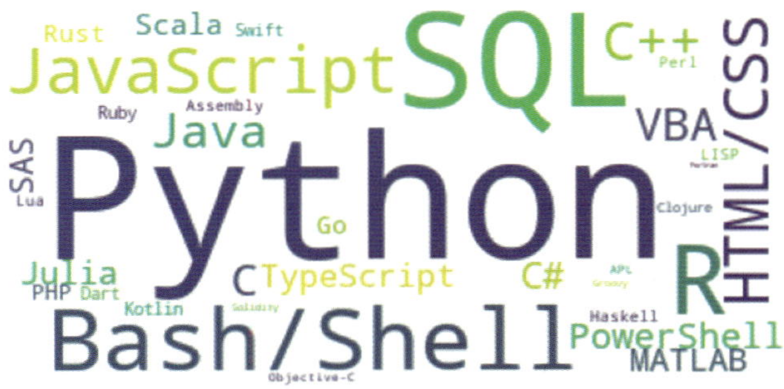

그림 10-14 워드클라우드의 예

이외에도 다양한 그래프를 활용해 기술 통계 기법으로 데이터 분석을 실행할 수 있습니다.

Section 03

인공지능

1 예측 분석과 인공지능

예측 분석은 아직 발생하지 않은 미래의 사실을 예측하거나, 알려지지 않은 결과의 가능성을 파악하기 위해 사용하는 기법입니다. 8장에서 실습한 주식 시세 예측 프로젝트가 이 범위에 속합니다. 예측 분석에는 다양한 기법이 있는데, 각 기법에 대해 알아보기 전에 우선 인공지능, 기계 학습, 패턴 인식, 딥러닝 등의 용어를 이해해야 합니다.

인공지능의 개념

인공지능AI: Artificial Intelligence은 인간의 지능을 흉내 낸 기능을 갖춘 컴퓨터 시스템으로, 인간의 지능을 기계 등에 인공적으로 구현한 것입니다. 일반적으로 범용 컴퓨터에 적용한다고 가정합니다. 기계 학습Machine learning, 패턴 인식Pattern recognition, 인공 신경망ANN: Artificial Neural Network 등을 포함하는 광범위한 개념입니다.

그림 10-15 인공지능의 개념 및 범위

여기서 잠깐 **데이터 분석 기법과 가트너 데이터 분석 성숙 모델의 관계**

데이터 분석 기법은 가트너의 데이터 분석 성숙 모델의 여러 유형에 적용할 수 있습니다. 예를 들어, 인공지능은 예측 분석뿐 아니라 어느 분석 유형에서도 사용할 수 있습니다. 실제로 다양한 인공지능 알고리즘이 설명 분석이나 진단 분석에 활용되고 있습니다.

2 인공지능의 역사와 발전

인공지능의 역사

인공지능이 대중적으로 알려진 것은 최근의 일이기에 인공지능이 등장한 것도 최근이라고 오해하는 경우가 있습니다. 그러나 인공지능은 생각보다 오래전에 등장해 꾸준히 개발되고 있었습니다. 다만 컴퓨터 하드웨어의 물리적인 한계로 인해 인공지능으로 얻을 수 있는 결과에 제약이 많았습니다. 역사적으로 두 차례의 암흑기를 거쳤으나 극복했고, 현재는 일상생활에서 어렵지 않게 접할 수 있게 되었습니다.

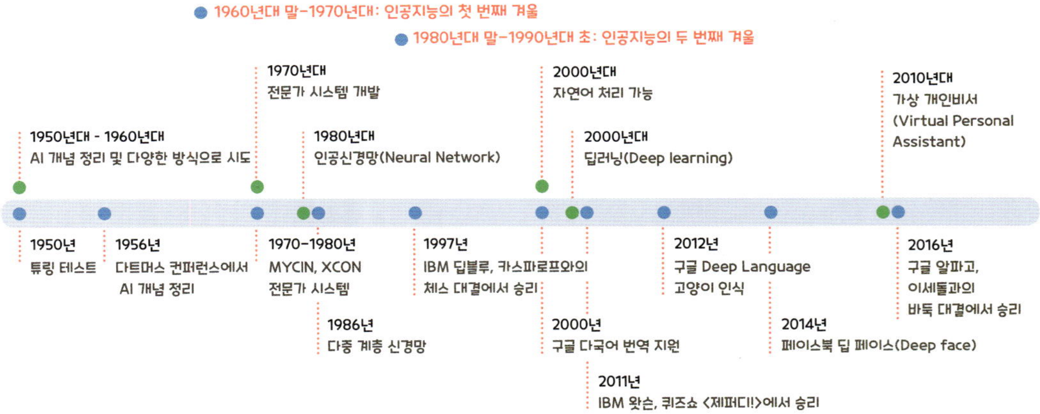

그림 10-16 인공지능의 역사

인공지능의 발전

정보통신기획평가원[IITP]에서 제공하는 자료에서 알 수 있는 것처럼, 인공지능은 [그림 10-17]과 같이 네 단계를 거쳐 발전해왔습니다. 전문가 시스템, 인공 신경망, 기계 학습, 딥러닝은 인공지능 분야에서 사용되는 특정 기술을 일컫는 용어입니다. 주식 시세와 같이 과거의 데이터를 학습해 미래 데이터를 예측하는 방식으로 동작하는 기계 학습은 인공지능의 한 분야입니다.

인공지능의 발전

최근 인공지능이 중요하게 여겨지는 것은 학술적인 연구 단계를 넘어 실제 우리 생활에 적용이 가능한 수준으로 발전하고 있기 때문이다. 기계 학습의 하나의 기술인 인공 신경망 분야에서 두드러진 발전이 이루어졌는데, 바로 딥러닝의 탄생이다.

논리·규칙 기반 (1950년대~1980년대)
- 현실의 문제는 명확하게 정의되지 않는 경우가 많다.
- 세상의 모든 상황과 지식을 알려줄 수 없다.

➡

연결 기반 (1980년대~1990년대)
- 계산이 복잡하고 컴퓨팅 파워가 신경망을 충분히 학습시킬 수준이 안 된다.
- 훈련시킬 데이터가 부족하다.

➡

통계 기반 (1990년대~2010년대)
- 설계의 능숙도에 따라 성능이 좌우된다.
- 특정 분야의 문제를 해결하기 때문에 다른 분야에 적용하기 어렵다.

➡

딥러닝 기반 (2010년대~현대)
- 컴퓨터가 스스로 자질을 학습해서 설계한다.
- 학습한 데이터를 다른 문제에 응용하거나 재활용할 수 있다.

그림 10-17 인공지능의 발전(출처: IITP)

Section 04

기계 학습과 딥러닝

기계 학습은 명시적으로 프로그램을 작성하지 않고, 컴퓨터가 스스로 학습하는 방법을 연구하는 분야입니다. 8장에서 주식 시세 예측 프로젝트를 실습하면서 기계 학습을 가볍게 다루어 보았습니다. 이번에는 기계 학습의 세 가지 유형과 딥러닝에 대해 자세히 알아보겠습니다.

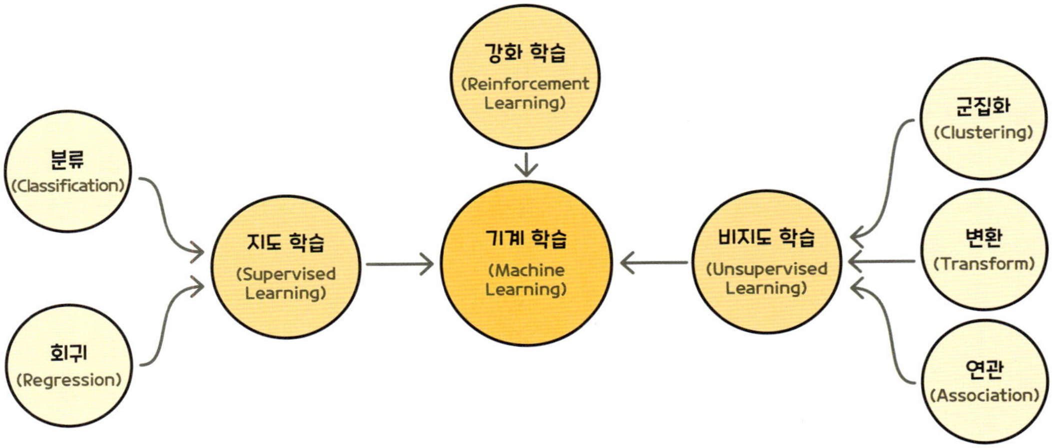

그림 10-18 기계 학습의 여러 분야(출처: 오픈튜토리얼스)

1 기계 학습의 유형

지도 학습

지도 학습Supervised Learning은 입력값과 결괏값을 함께 제공하고 학습시키는 방법입니다. 쉽게 말해 정답이 있는 문제를 정답과 함께 입력해 학습시킨 후, 새로운 문제를 주고 정답을 맞히도록 하는 것입니다. 예를 들어 개와 고양이 사진을 입력값으로 하고, 어떤 사진이 개이고 어떤 사진이 고양이인지 구분한 결괏값을 함께 주면 기계가 스스로 사진을 개와 고양이로 분류하는 기법을 익히는데, 이는 지도 학습의 분류 Classification 기법에 해당합니다. 또 다른 예로, 음료수 판매량과 당일 기온을 입력해 학습시킨 후 기온에 따른 음료수 판매량을 예측하는 데 지도 학습의 회귀 Regression 기법을 사용할 수 있습니다.

지도 학습으로 분류되는 대표적인 알고리즘에는 SVM Support Vector Machine, K-최근접 이웃 K-Nearest neighbors, 결정 트리 Decision tree, 회귀 모델 Regression model, 신경망 Neural network 등이 있습니다.

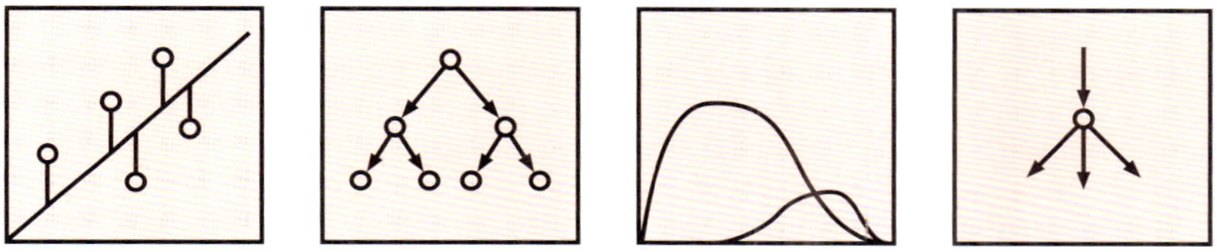

그림 10-19 지도 학습의 예

비지도 학습

비지도 학습 Unsupervised learning 은 결괏값 없이 입력값만 이용해 학습시키는 방법을 의미합니다. 다시 말해, 정답이 없습니다. 예를 들어 쇼핑몰에서 특정 상품을 구매하는 고객을 특정 항목에 따라 구분하려면 비지도 학습의 군집 Clustering 기법을 사용할 수 있습니다.

또한 매장에서 품목을 배치할 때는 비지도 학습의 연관 규칙 학습 Association rule learning 기법을 사용할 수 있습니다. 그 결과 기저귀를 구매하는 고객이 맥주를 구매할 확률이 높다는 것을 발견하고 함께 배치할 수도 있습니다. 또, 기계 학습을 수행하기 위해 복잡한 구조의 데이터를 단순화하는 작업을 할 때는 비지도 학습의 변환 기법을 사용할 수 있습니다.

비지도 학습으로 분류되는 대표적인 알고리즘에는 K-평균 K-means, 계층 군집 분석 HCA: Hierarchical Cluster Analysis, 주성분 분석 PCA: Principal Component Analysis, 어프라이어리 Apriori, 이클렛 Eclat 등이 있습니다.

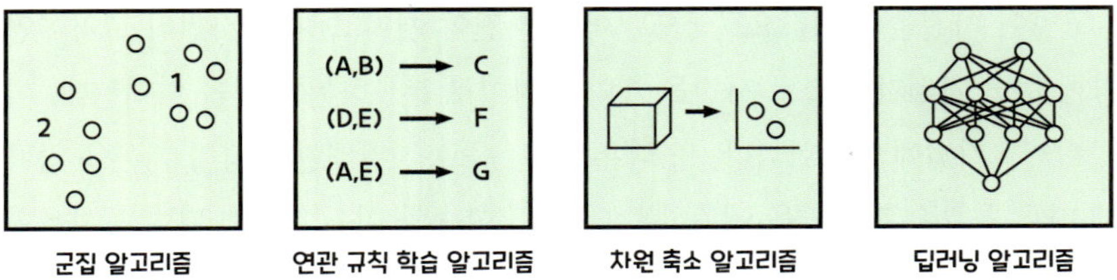

그림 10-20 비지도 학습의 예

강화 학습

강화 학습Reinforcement learning은 지도 학습이나 비지도 학습과는 매우 다른 종류의 알고리즘입니다. 기존 데이터를 입력하기보다는 어떤 일을 잘했을 때 보상Reward을 주는 방식으로 학습시켜 최대한 보상을 많이 받을 수 있는 방법을 알아내는 것이 목표입니다.

딥 마인드의 알파고가 강화 학습의 좋은 예입니다. 알파고는 바둑 게임에서 승리하기 위해 수많은 경기를 학습하면서 보상이 높은 방향으로 수를 놓는 방법을 익혔는데, 이 과정에 강화 학습이 활용되었습니다.

강화 학습은 예전부터 있던 학습법이지만, 실제로 적용할 만큼 좋은 결과를 내지 못했었습니다. 하지만 딥러닝과 함께 쓰이면서 자율주행차와 같이 복잡한 문제에 성공적으로 적용할 수 있게 되었습니다.

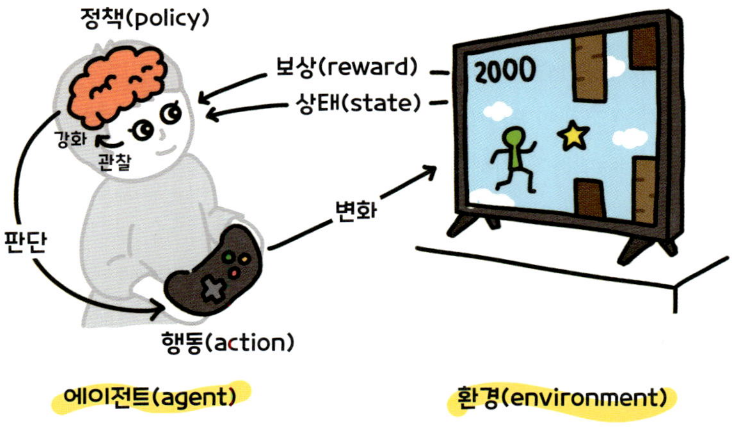

그림 10-21 강화 학습 개념(출처: 오픈튜토리얼스)

2 딥러닝

딥러닝Deep learning은 간혹 기계 학습과 같은 수준의 기술로 오해받기도 하지만, 정확히는 기계 학습에 속하는 하위 개념입니다. 또한 앞에서 설명한 지도 학습, 비지도 학습, 강화 학습보다 큰 개념입니다. 딥러닝은 인간의 뇌 신경망을 모방한 인공 신경망의 한 종류입니다. 먼저 인공 신경망에 대해 알아보겠습니다.

인공 신경망

인공 신경망ANN: Artificial Neural Network은 기계 학습과 함께 인지 과학 분야의 신경망에서 영감을 얻은 통계학적 학습 알고리즘입니다. 인간의 뇌는 1,000억 개가 넘는 신경세포인 뉴런이 100조 개 이상의 시냅스를 통해 병렬적으로 연결되어 있습니다. 각각의 뉴런은 수상돌기를 사용해 다른 뉴런에서 입력 신호를 받아 축색돌기를 사용해 다른 뉴런으로 신호를 보냅니다. 시냅스는 뉴런과 뉴런을 연결하는 역할을 합니다. 출력 신호는 일정한 용량을 넘어선 입력 신호가 모였을 때 전달됩니다.

인공 신경망 뉴런 모델은 생물학적인 뉴런을 수학적으로 모델링한 것입니다. 즉, 생물학적인 뉴런이 다른 여러 개의 뉴런으로부터 입력값을 받아 외부로 출력값을 내보내는 것처럼, 인공 신경망 뉴런은 여러 입력값을 받아 일정 수준이 넘어서면 활성화되어 출력값을 내보냅니다. 이 최초의 인공 신경망 모델을 퍼셉트론Perceptron이라고 합니다.

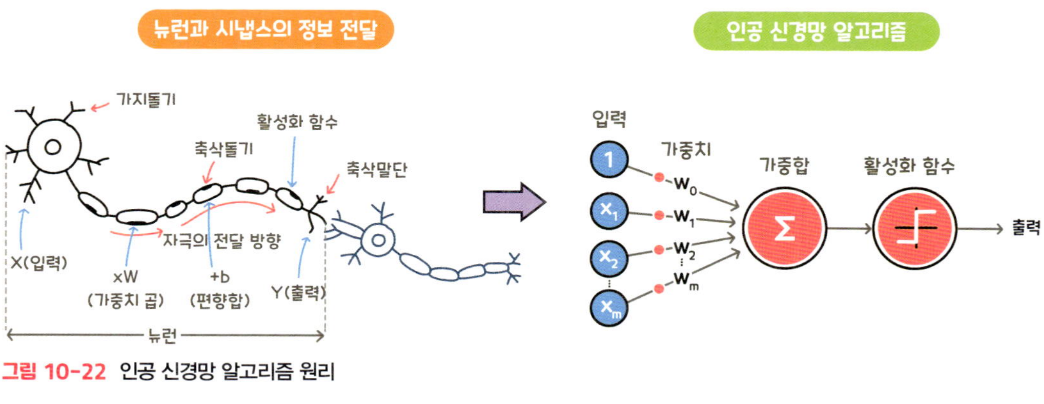

그림 10-22 인공 신경망 알고리즘 원리

인공 신경망의 구조와 한계점

인공 신경망의 근본적인 문제를 해결하기 위해 퍼셉트론은 입력층Input layer, 은닉층Hidden layer, 출력층Output layer으로 구성된 다층 퍼셉트론으로 발전했습니다. 여기에서 더 복잡한 문제를 해결하기 위해 은닉층을 여러 층으로 깊게 쌓아 만든 심층 신경망DNN; Deep Neural Network 알고리즘이 등장했지만, 여전히 근본적인 한계가 있었습니다. 여러 층으로 쌓은 모델은 층이 깊어질수록 데이터가 누락되어 학습을 제대로 할 수 없으며, 새로운 사실을 추론하거나 신규 데이터를 처리하는 능력이 현저히 떨어진 것입니다. 실행 시간도 너무 오래 걸려서 실제로 활용하기에는 불가능하다는 결론에 이르기도 했습니다. 이로 인해 인공 신경망은 연구자들이 기피하는 기법으로 전락했습니다.

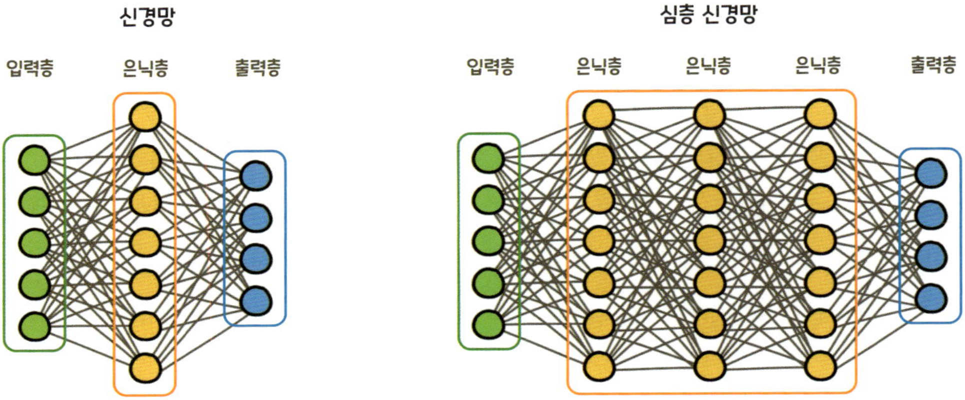

그림 10-23 인공 신경망이 여러 층으로 발전하는 모습

딥러닝의 등장

인공 신경망의 한계를 극복하는 방법은 2000년이 넘어서야 등장했습니다. 누락되는 데이터는 사전 학습으로 해결하고, 새로운 데이터를 잘 처리하지 못하는 문제는 학습 도중에 고의로 데이터를 누락하는 방법을 사용해 해결할 수 있다는 것이 밝혀졌습니다. 하지만 인공 신경망이라는 이름이 부정적인 인식을 벗어나는 것은 쉽지 않았습니다. 그래서 사용하게 된 이름이 DNN에서 유래한 딥러닝입니다. 기존 인공 신경망의 제약 사항을 제거하면서 다층 퍼셉트론을 실용적으로 활용한 알고리즘을 통틀어 딥러닝이라 부르게 되었습니다.

딥러닝 알고리즘

오늘날 넘쳐나는 데이터와 급격하게 향상된 하드웨어 능력이 합쳐져 딥러닝은 대중적으로 널리 사용되는 기술이 되었습니다. 딥러닝으로 분류되는 알고리즘에는 합성곱 신경망 알고리즘[CNN: Convolutional Neural Network], 순환 신경망[RNN: Recurrent Neural Network], 제한 볼츠만 머신[RBM: Restricted Boltzmann Machine], 생산적 적대 신경망[GAN: Generative Adversarial Network] 등이 있습니다.

이러한 알고리즘들은 이미 다양한 분야에 사용되며 일상생활 깊숙이 들어와 있습니다. 많은 입력값에 의존하면서 일반적으로 베일에 싸인 함수를 추측하고 근사치를 추출하는 경우에 사용됩니다. 음석 인식, 이미지 인식, 필기체 인식 등의 정확도는 딥러닝을 적용하면서 상당히 높아졌으며, 자율주행차와 같이 컴퓨터 비전과 복잡한 패턴을 인식하는 프로젝트에도 널리 사용되고 있습니다.

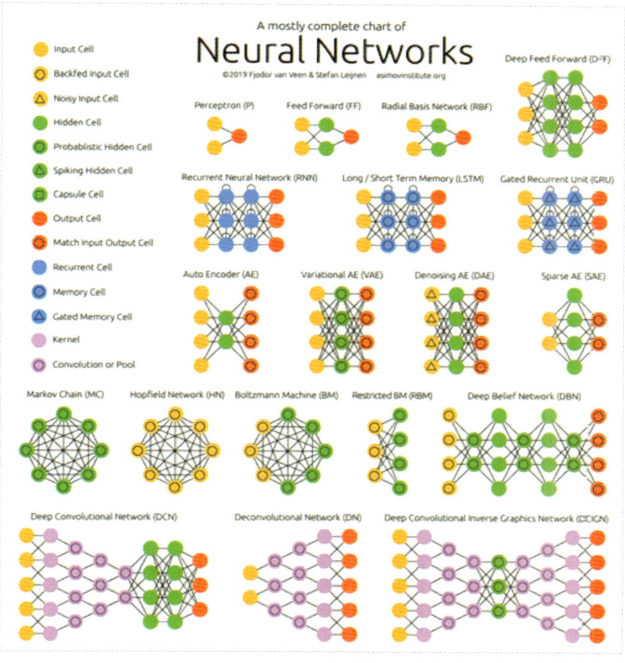

그림 10-24 인공 신경망 알고리즘의 종류(출처: asimovinstitue.org)

여기서 잠깐 기계 학습 기법을 선택하는 방법

기계 학습을 사용하기로 마음을 먹었어도, 어떤 기법을 사용해야 할지 결정하는 것은 쉽지 않습니다. 풀어야 할 문제에 적합한 알고리즘을 선택해야 만족스러운 결과를 얻을 수 있습니다. 또한, 원하는 알고리즘이 있다고 해도 여러 제약 사항으로 인해 사용하지 못하게 될 수도 있습니다.

규모가 큰 대한민국 개발자 커뮤니티 중 하나인 생활코딩을 이끌고 있는 이고잉 님이 오픈튜토리얼스에 올린 기계 학습 강좌에서 본인에게 필요한 기계 학습 기법을 찾아내는 방법을 공유하니 참고하세요.

TIP 전반적인 기계 학습의 개념을 이해하는 데는 오픈튜토리얼스의 Machine Learning 1 유튜브 강의를 추천합니다.

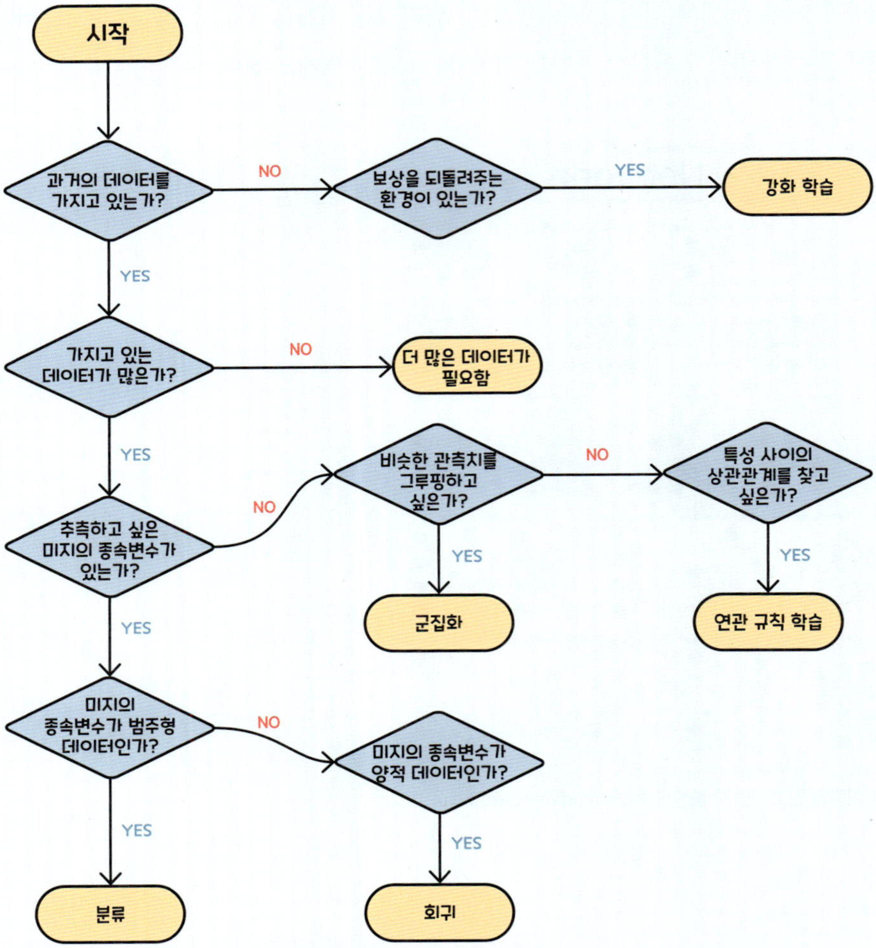

그림 10-25 기계 학습 알고리즘 선택 방법(출처: 오픈튜토리얼스)

Section 05 데이터 분석가가 갖춰야 할 역량

지금까지 다양한 데이터 분석 기법을 파이썬으로 실습해 보았습니다. 그리고 10장에서는 앞으로 학습해야 할 데이터 분석 관련 기법의 전체 청사진을 가볍게 살펴보았습니다.

더 나은 데이터 분석가가 되려면 어떤 역량을 갖춰야 하는지 알고 싶다면 다음 [그림 10-26]의 **데이터 사이언스 벤 다이어그램**Data science venn diagram에서 힌트를 얻을 수 있을 것입니다.

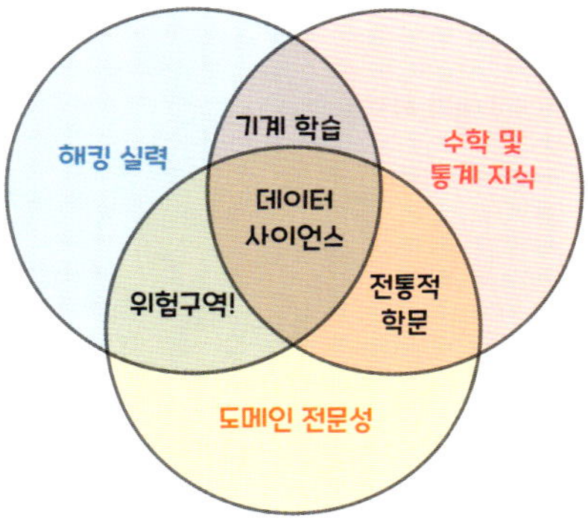

그림 10-26 데이터 사이언스 벤 다이어그램

[그림 10-26]의 벤 다이어그램에서는 크게 세 가지 영역이 필요한 것으로 표현되어 있습니다. 각 영역에 대해 살펴보겠습니다.

1 해킹 실력

여기서 말하는 '해킹'은 다른 사람이나 기관의 컴퓨터에 몰래 잠입하는 일을 말하는 것이 아닙니다. 데이터 분석은 결국 디지털 세계에 쌓여 있는 데이터를 분석한 결과로 통찰을 얻어내는 작업이기 때문에 최소한의 프로그래밍 능력을 갖춰야 한다는 의미입니다.

소프트웨어 개발 영역에서 데이터 분석 영역으로 진입하는 사람에게는 데이터 분석에서 작성하는 소스 코드의 난이도가 굉장히 낮습니다. 하지만 프로그래밍을 전혀 못 하는 사람은 이 영역에 발을 들이기 쉽지 않습니다.

물론 프로그래밍을 하지 않아도 데이터 분석을 할 수 있는 도구가 굉장히 많습니다. 큰 노력을 하지 않아도 원하는 그래프를 그릴 수 있고, 널리 알려진 알고리즘을 적용해 쉽게 결과를 도출할 수도 있습니다. 다만 프로그램의 동작 원리를 제대로 이해하지 못하고 프로그래밍을 전혀 할 수 없는 수준이라면 고급 데이터 분석가로 성장하는 데 큰 걸림돌이 될 것입니다. 따라서 프로그래밍을 아직 배우지 않은 분들은 반드시 기본적인 프로그래밍 실력을 컴퓨팅 사고력과 함께 확보해야 합니다.

그림 10-27 기본적인 프로그래밍 능력 확보

2 수학 및 통계 지식

데이터 수집과 정제의 다음 단계는 데이터에서 통찰을 이끌어내는 것입니다. 그러기 위해서는 연관 있는 수학 및 통계학적 방법론을 이해하고 적절한 기법을 선택해 적용할 수 있어야 합니다. 고급 데이터 분석가가 되기 위해 반드시 통계학 박사학위가 필요한 것은 아니지만, 적어도 기본적인 통계 용어는 숙지하고 있어야 합니다. 다양한 시각화 그래프를 읽는 데도 어려움이 없어야 합니다.

그림 10-28 수학 및 통계 기반 그래프

3 도메인 전문성

도메인 전문성이라는 용어는 다소 생소할 수 있습니다. 도메인이란 사업 영역과 비슷한 용어로, 은행, 증권, 병원, 발전소, 선박 등이 도메인이 될 수 있습니다. 그런데 도메인의 전문성이 왜 중요한 것일까요? 데이터 분석을 수행하기 위해 필요한 프로그래밍 기술과 기본적인 수학 및 통계 지식만으로는 의미 있는 데이터 분석 프로젝트를 완성하기 어렵기 때문입니다.

예를 들어 전력 발전소에 납품하는 발전기의 고장을 예측하는 데이터 분석 프로젝트가 있다고 가정합시다. 발전기의 고장을 예측하려면 발전기에 붙어있는 센서 데이터를 수집해야 합니다. 그리고 해당 센서에 어떤 데이터가 들어가면 고장으로 인식하는지 알아내야 합니다.

센서의 종류는 진동 센서, 온도 센서, 압력 센서 등 파악하기 힘들 정도로 많은데, 발전기의 고장을 예측하려면 어떤 센서에서 들어오는 데이터에 가중치를 주어야 하는지 알아야 합니다. 데이터가 있다고 해서 프로젝트를 시작했는데, 막상 열어 보니 데이터가 없거나 예상했던 데이터가 아닐 수도 있습니다.

그러므로 데이터 분석을 하려면 반드시 분석 대상 사업에 대한 전문지식을 갖추어야 합니다. 그렇지 않으면 프로젝트를 성공할 수 없다고 해도 과언이 아닙니다.

4 마무리

이 세 가지 역량을 모두 확보해야만 데이터 분석가가 될 수 있는 것은 아닙니다. 사실, 이 모든 역량을 모두 다 갖춘 사람을 찾는 것은 거의 불가능합니다. 따라서 각 영역에서 실력을 갖춘 사람들을 하나의 팀으로 구성해 프로젝트를 수행하는 경우가 많습니다.

그림 10-29 각 영역 전문가의 협업

과거 데이터 분석이 다소 생소할 때는 이렇게 각 전문가가 모여서 데이터 분석 프로젝트를 수행하는 것이 일반적이었습니다. 하지만 시간이 지나면서 서로의 영역이 점점 넓혀지고 있으며 두세 가지 영역에 능통한 실력 있는 데이터 분석가들이 등장하고 있습니다.

모든 역량을 한꺼번에 갖추는 것은 불가능합니다. 본인이 흥미를 느끼는 영역을 먼저 섭렵하고, 다른 영역의 역량도 천천히 확보하면서 모든 역량을 골고루 갖춘 데이터 분석가가 될 수 있도록 노력하기 바랍니다.

그림 10-30 데이터 분석가들의 모습

요약

01 전 세계적으로 잘 알려진 IT 연구 및 자문 회사인 가트너에서 발표한 데이터 분석 성숙도 모델에는 설명 분석, 진단 분석, 예측 분석, 처방 분석의 4단계 유형이 있다.

02 전통적인 통계 데이터 분석 기법은 과거나 현재의 데이터를 분석해 현상을 설명하거나 진단하는 형태로 주로 활용되는 기술 통계 기법이다.

03 기술 통계 기법에는 굉장히 다양한 시각화 그래프가 있다. 시각화 그래프에는 도수 분포표, 히스토그램, 막대그래프, 파이 그래프, 선 그래프, 상자 수염 그래프, 산점도 그래프, 히트맵, 트리맵, 워드클라우드 등이 있다.

04 예측 분석은 아직 발생하지 않은 사실을 사전에 예측하거나, 알려지지 않은 결과의 가능성을 파악하기 위해 사용하는 분석 기법이다. 예측 분석 기법에는 주로 인공지능, 기계 학습, 패턴 인식, 딥러닝 등이 활용된다.

05 인공지능은 인간의 지능을 흉내 낸 기능을 갖춘 컴퓨터 시스템이며, 인간의 지능을 기계 등에 인공적으로 구현한 것이다. 기계 학습, 패턴 인식, 인공 신경망 등을 포함한 광범위한 개념이다.

06 기계 학습은 컴퓨터가 스스로 학습하는 방법을 연구하는 분야이다. 기계 학습의 종류에는 지도 학습, 비지도 학습, 강화 학습 등이 있다.

07 지도 학습은 입력값과 결괏값을 함께 제공하고 학습시키는 방법으로, 정답이 있는 문제를 정답과 함께 입력해 학습시킨 후 새로운 문제를 주고 정답을 맞히도록 하는 것이다. 분류나 회귀가 지도 학습에 속한다.

08 비지도 학습은 결괏값 없이 입력값만 이용해 학습시키는 방법으로, 군집이나 연관 규칙 학습이 여기에 속한다.

요약

09 강화 학습은 기존 데이터를 입력하기보다는 어떤 일을 잘했을 때 보상을 주는 방식으로 학습시켜 최대한 보상을 많이 받을 수 있는 방법을 알아내는 것을 목표로 한다.

10 인공 신경망은 기계 학습과 함께 인지 과학 분야의 신경망에서 영감을 얻은 통계학적 학습 알고리즘이다. 기존 인공 신경망의 제약 사항을 제거하면서 다층 퍼셉트론을 실용적으로 활용한 알고리즘을 통틀어 딥러닝이라고 한다.

11 뛰어난 데이터 분석가가 되려면 최소한의 프로그래밍 능력, 수학 및 통계 지식, 그리고 도메인 전문성을 고루 갖춰야 한다. 한 번에 모든 것을 익힐 수는 없으므로 흥미 있는 영역을 먼저 섭렵하고, 나머지 영역의 역량도 천천히 확보하면서 모든 역량을 골고루 갖춰야 훌륭한 데이터 분석가가 될 수 있다.

연습문제

01 다음은 가트너에서 개발한 데이터 분석 성숙도 모델의 네 가지 데이터 타입과 그에 대한 설명이다. 설명에 맞는 데이터 분석 타입을 연결하시오.

① 미래의 사실을 예측한다. (다음 달에는 얼마나 팔 수 있을까?) •	• ⓐ 서술 분석
② 과거 또는 현재에 발생한 사실을 다양한 기준으로 분류해 설명한다. (지난 1년간 얼마나 많은 음료수를 팔았는가?) •	• ⓑ 진단 분석
③ 분석의 단계를 넘어 앞으로 해야 할 구체적인 행위를 제시한다. (음료수 판매량을 늘리려면 어떻게 해야 할까?) •	• ⓒ 예측 분석
④ 데이터를 이용해 특정 문제의 원인을 찾는다. (판매 당일 날씨는 판매량에 영향을 미쳤는가?) •	• ⓓ 처방 분석

02 다음은 통계 데이터 분석에서 사용하는 그래프 중 하나에 대한 설명이다. 설명에 맞는 그래프의 이름은?

> 데이터에서 얻은 통계량인 5가지 요약 수치(최솟값, 제1 사분위, 제2 사분위, 제3 사분위, 최댓값)를 한꺼번에 효율적으로 표현하는 그래프

① 산점도 그래프

② 상자 수염 그래프

③ 통계 요약 그래프

④ 히스토그램

연습문제

03 데이터 분석가가 다루는 프로그래밍 언어의 인기도를 확인하는 그래프를 그리려고 한다. 이때 적합하지 않은 시각화 기법은?

① 선 그래프
② 도수 분포표
③ 파이 그래프
④ 트리맵
⑤ 워드클라우드

04 다음은 통계 데이터 분석에서 사용하는 그래프에 대한 설명이다. 설명에 적합한 그래프의 이름을 쓰시오.

직교 좌표계를 이용해 좌표상에 점들을 표기해 두 변수 간의 관계를 나타내는 그래프

05 다음은 인공지능과 관련된 설명이다. 올바르지 않은 것은?

① 인공지능은 인간의 지능을 흉내 낸 기능을 갖춘 컴퓨터 시스템이다.
② 기계 학습, 패턴 인식, 딥러닝은 인공지능 분야에서 사용하는 개념이다.
③ 인공지능 기술은 예측 분석에만 사용되며, 기술 분석이나 진단 분석에는 사용할 수 없다.
④ 인공지능은 오래전에 나온 개념이지만, 하드웨어 발전과 대량 데이터 확보에 힘입어 근래에 크게 주목받고 있다.

06 다음은 기계 학습과 관련된 설명이다. 올바른 것은?

① 기계 학습은 인공지능과 상관없는 독립적인 기술이다.
② 기계 학습의 종류에는 지도 학습, 비지도 학습, 강화 학습 등이 있다.
③ 분류 기법이나 회귀 기법은 비지도 학습에 속한다.
④ 군집 기법이나 연관 규칙 기법은 지도 학습에 속한다.
⑤ 강화 학습을 하려면 결괏값을 반드시 학습해야 한다.

07 다음 그림에서 설명하고 있는 기계 학습 기법은?

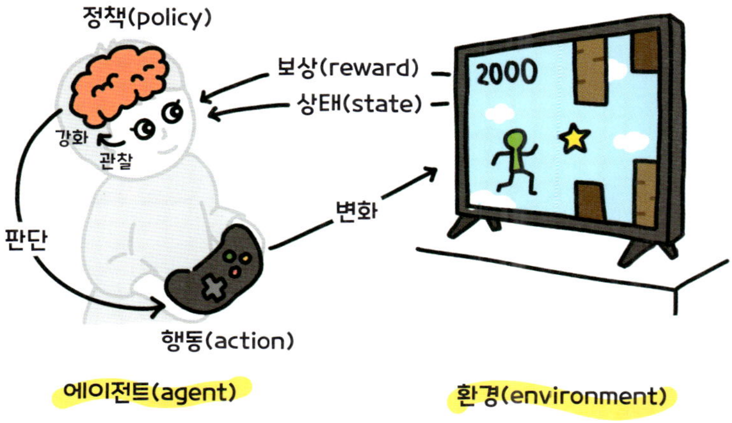

① 지도 학습

② 비지도 학습

③ 반지도 학습

④ 강화 학습

08 다음은 인공 신경망에 관한 설명이다. 빈칸을 채우시오.

> 기존 인공 신경망의 제약 사항을 제거하고 다층 퍼셉트론을 실용적으로 활용한 알고리즘을 통틀어 (   ) 이라고 한다.

09 고급 데이터 분석가가 되기 위해 확보해야 할 역량으로 가장 연관성이 적은 것은?

① 수학 및 통계 지식

② 해킹 실력

③ 도메인 전문성

④ 리더십 및 프로젝트 관리 능력

연습문제

10 다음은 기계 학습 기법을 선택하는 방법을 도식화한 그림이다.

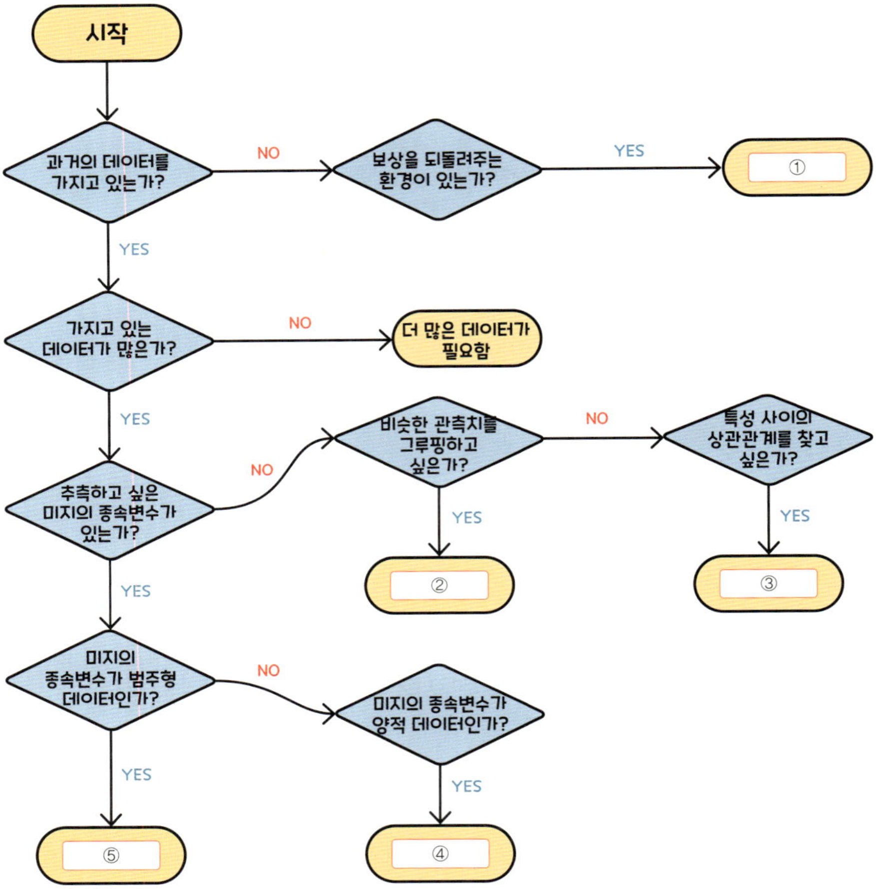

아래에 나열한 기법을 그림의 상자 번호에 맞게 입력하시오.

분류	회귀	군집	연관 규칙 학습	강화 학습

① ______ ② ______ ③ ______

④ ______ ⑤ ______

찾아보기

찾아보기

찾아보기